KB008540

OVERLOAD

정상 과로

OVERLOAD

정상 과로

유연하지 않은 유연 근무에서 벗어나기

에린 L. 켈리 Erin L. Kelly
필리스 모엔 Phyllis Moen

백경민 옮김

OVERLOAD:
How Good Jobs Went Bad and What We Can Do About It
by Erin L. Kelly and Phyllis Moen

일러두기

- 원주는 미주로, 옮긴이주는 각주로 처리했다.

그레이엄, 노아, 제임스, 그리고 윌리엄에게

목차

Contents

2부 잠재적 해결책

3부 앞날 내다보기

한국어판 서문

Preface to the Korean Edition

지금은 삶의 질과 가족 관계를 개선하기 위해 일을 재구성하고 효과적인 업무 방식을 찾아낼 가능성이 큰 시기입니다. 『정상 과로』는 코로나19 팬데믹 이전에 쓰였으며 미국의 전문가와 관리자들의 경험을 바탕으로 하고 있습니다. 하지만 이 연구에서 얻은 인사이트와 교훈은 '팬데믹 이후'와도 관련이 있으며 한국 사회의 구체적인 과제와도 직접적으로 연결될 수 있다고 믿습니다. 이 책이 한국 독자들에게 새로운 아이디어, 유용한 데이터와 증거, 그리고 새로운 낙관론을 제공할 수 있기를 바랍니다. 이 책은 하이브리드 형태의 근무와 유연 근무가 광범위하게 시행될 수 있음을 보여 주고, 이러한 변화가 직원의 복지를 개선하고 일과 삶 사이에서 일어나는 갈등을 줄이는 동시에 기업에도 이익을 가져올 수 있다는 사회과학적 증거를 제시하고 있습니다.

특히 코로나19 팬데믹의 여파로 변화의 필요성은 분명해졌습니다. 한국은 특히 전문직과 사무직의 업무 강도가 높습니다. 이러한 장시간 노동과 유연하지 못한 고용 구조가 성 불평등(전문직에 대한 여성의 관심과 역량의 위축으로 인한)과 부부의 가족 계획(원하는 자녀 수 등)과 같은 결정에 미치는 우려스러운 영향은 굳이 설명하지 않아도 한국 독자들이 잘 알고 있을 것입니다. 지난 수십 년 동안 한국 정부는 여러 정권에 걸쳐서 한국 사회 및 고용 정책에 여러 가지 변화를 추진했습니다.

이러한 정책 변화의 목표는 일과 가정을 보다 효과적으로 조화시키고, 여성의 유급 직장 진출을 촉진하며, 출산율을 높이고 인구학적 위기를 방지하는 것이었습니다. 출산 휴가 및 육아 휴직 정책은 수차례 조정되었고, 보육 혜택은 확대되고 홍보되었으며, 지난 몇 년 동안 최대 근무 시간과 초과 근무를 줄이면서도 기업의 요구를 충족시킬 수 있는 전략에 대한 논쟁이 반복되었습니다.

하지만 조직 문화와 업무 관행이 바뀌지 않는다면 공공 정책의 변화가 미치는 영향은 제한적일 수밖에 없습니다. 직원들은 고위 경영진과 관리자가 보내는 메시지, '이상적인 근로자나 승진을 원하는 직원은 가족을 돌보는 의무 때문에 실제로 휴가 정책을 활용하거나 근무 시간을 줄이지는 않는다'라는 것에 예민하게 반응합니다. 그 결과 공식적인 정책과 직원들이 내리는 결정 사이에 격차, 즉 '디커플링'이 발생합니다. 따라서 정책을 추진하는 사람들이 구상하는 변화는 좌절되거나 최소한 축소됩니다. 이러한 딜레마는 한국의 학자와 분석가들이 수십 년 동안 인지해 온 익숙한 문제입니다. 『정상 과로』의 사례는 어떻게 새로운 정책과 더불어 조직 문화도 함께 변화시킬 수 있을지 보여줌으로써, 조직 내 변화를 완전히 구현하는 데 유용한 예시가 될 수 있을 것으로 기대합니다.

팬데믹으로 인해 업무 방식을 재설계해야 한다는 압박이 더욱 커지고 있습니다. 많은 노동자들, 특히 젊은 세대는 원격 근무와 하이브리드라는 선택지에 열광하고 있습니다. (하이브리드 근무란 직원들이 주당 또는 월당 며칠은 사무실에 출근하고, 그 외에는 집이나 본인이 선택한 장소에서 근무하는 것을 말합니다). 젊은 세대는 하이브리드 근무를 원하고 기대하는 것이 분명합니다. 특히 IT 업계와 대기업을 중심으로 하이브리드 방식을 도입하는 기업이 늘고 있습니다. 일부 직원은 출퇴근 시간을 줄이기 위해 거주 지역 인근에 있는 거점 오피스에서 근무하거나 다른 도시에 단기 체류할 수 있는 완전 원격(또는 '어디서나 근무')이라는 선택지도 고려하고 있습니다.

이 책은 하이브리드 업무 방식을 성공적으로 구현할 방법에 대해 상세하고 섬세한 분석을 제공합니다. 따라서 변화를 원하는 직원과 대응 방법을 고민하는 관리자 및 조직 리더가 관심을 가질 만한 책입니다. 운 좋게도 저희는 미국 《포춘Fortune》 잡지 선정 500대 기업과 협력하여 원격 근무 및 근무 일정 변경을 포함한 새로운 근무 방식에 대한 엄격한 실험 연구를 수행했습니다. 이러한 기회를 통해 보다 유연하게 근무할 수 있게 된 직원들을 장기간 추적 관찰하고, 이들을 전통적인 회사 정책에 따라 계속 근무한 동료 직원들과 비교함으로써 새로운 업무 방식이 미치는 영향을 확신할 수 있습니다. 직원들의 업무 만족도, 심리적 삶의 질, 일과 삶의 통합, 직원의 자녀에 대한 파급 효과 등에도 분명한 긍정적인 효과가 있는 것으로 나타났습니다. 회사의 이직률도 현저히 낮아졌으며, 생산성에도 부정적인 영향을 미치지 않았습니다.

또한 이 책은 한국 독자들이 유연 근무제의 의미, 그리고 일부 형태의 유연 근무제가 성 불평등과 근로자의 복지에 미치는 의도치 않은 결과에 대해 생각해 볼 수 있도록 합니다(특히 2장, 4장, 8장 참조). 그리고 '이중 의제 업무 재설계' 개념을 소개하여 직원에게 매력적이고 도움이 되며 회사에도 유익한 변화를 직원과 관리자가 알아볼 방법을 보여 줍니다. 이는 직원, 관리자, 경영진, 그리고 정책 입안자에게 '성과를 희생하지 않고 일에 더욱 전념하도록 만들면서, 업무를 재설계하여 더 행복하고 건강한 인력을 육성하는 일이 가능하다'는 중요한 메시지가 될 수 있습니다.

또한 이 책은 하이브리드 근무 방식을 효과적으로 구현할 방법을 설명하기 위해, 회사 내 업무팀을 상대로 한 인터뷰와 관찰을 통해 얻은 풍부한 증거를 제공합니다. 우리가 연구한 변화 조치의 핵심은 어디서, 언제, 어떻게 함께 일할 것인지에 대한 팀 간의 대화, 그리고 직원의 개인 및 가족 생활을 전적으로 지원하는 방법에 대한 관리자 교육입니다. 한 가지 중요한 인사이트는 원격 근무 방식에 관한 대화뿐만 아니라, 직원들이 언제 일해야 하는지, 직원의 건강, 삶의 질, 가족생활을 지원하기 위해 직장에서 충분한 휴식을 취하는 방법(메신저 같은 통신 기술로부터 완전히 분리된 상태가 특히 중요!), 그리고 모든 사람이 매일 사무실에 있지 않을 때 팀으로서 어떻게 잘 조율하고 소통할 수 있는지에 대해서도 이야기해야 한다는 것입니다. 다시 말해, 팀과 회사 문화에 대한 실질적인 논의 없이 근무지를 옮기는 것은 위험합니다. 하지만 직원과 관리자가 개인의 필요를 해결하며 효과적으로 협력하는 방법을 명확히 하는 기회로서 이러한 변화에 접근하면 그 효과는 강력합니다. (이러한 아이디어는 4장, 5장, 6장에서 다룹니다.)

『정상 과로』가 한국어로 번역되어 영광입니다. 지금은 개인과 조직, 더 나아가 더 넓은 사회에 혜택을 가져다주기 위해 업무 관행을 바꿔야 하는 중요한 시기입니다. 우리의 연구는 대규모 하이브리드 근무가 실현 가능할 뿐만 아니라 유익하다는 강력한 증거를 제시하며, 독자들이 이 책을 통해 저마다 흥미로운 변화를 이끌어 낼 수 있기를 바랍니다.

에린 L. 켈리와 필리스 모엔
2023년 6월

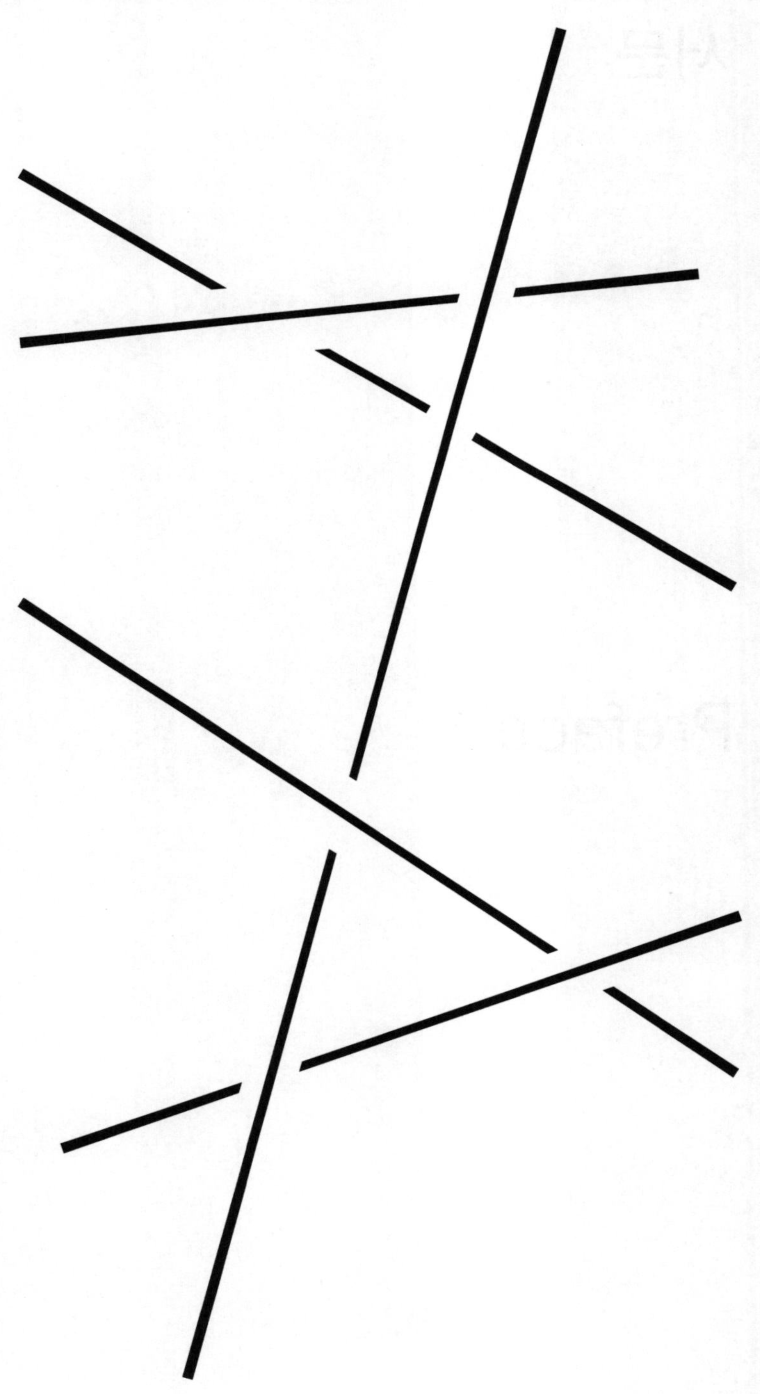

한국어판 서문

서문

Preface

『정상 과로』는 코로나19 팬데믹이 미국과 전 세계로 확산되던 2020년 3월에 처음 출간되었습니다. 미국 각 주에서 자택 대피령을 내리고, 기업들이 안전을 위해 사무실을 폐쇄하면서 많은 사람들이 갑자기 수개월 동안 재택근무로만 일해야 하는 상황에 처했습니다. 원격 근무를 경계하거나 그것을 일부 직원에게만 가능한 일회성 조치로 여겼던 경영진은 갑자기 직원들의 근무 방식이 전적으로 달라질 수 있다는 사실을 알게 되었습니다. 직원, 관리자, 고객, 공급 업체는 Zoom, WebEx, Microsoft Teams와 같은 기술을 빠르게 습득하여 가상으로 업무를 처리하는 방법과 대면 접촉 없이 협업하는 방법을 알아냈습니다. '유연 근무는 실용적이지 않다'라는 오래된 진리는 갑자기 무의미해졌고, 필요가 진정한 발명의 어머니라는 문구가 힘을 얻게 되었습니다.

우리는 코로나19 팬데믹이 발생하면서 업무 수행 방식이 광범위하게 변화하기 전에 연구하고 책을 집필했지만, 원격 근무는 우리가 원래 연구한 업무 재설계 조치의 중요한 요소 중 하나였습니다. 팬데믹 이전 사무직에 종사하는 지식 근로자를 위한 사업장 혁신 연구에서 얻은 교훈과 원칙은 이제 놀랍도록 적절합니다. 백신 접종을 통해 팬데믹을 더 잘 통제할 수 있게 되면서, 경영진이 조직에서 업무가 이루어지는 장소와 방식을 재고하는 방법을 이해하는 데 우리의 연구가 도움을 줄 것입니다.

팬데믹으로 인해 화이트칼라 직종에 종사하는 많은 전문가와 관리자들은 업무를 수행하는 장소, 시간, 방식에 있어 자연스레 실험을 해 왔습니다. 이번 연구 결과는 팬데믹 이후의 더 나은 업무 환경을 위한 통찰을 제공하며, 재택근무를 수행하는 것만으로는 그 목표를 달성할 수 없음을 보여 줍니다.

우리는 다른 보완적인 변화 없이 원격 근무를 늘리는 일의 위험성을 파악했습니다. 동시에, 사무직 직원이 모두 안전하게 사무실로 복귀할 수 있음에도 원격 근무가 훨씬 더 일반적인, 새로운 팬데믹 이후의 하이브리드 시스템으로 전환하기 위한 실용적인 가이드를 제공하고 있습니다.

물론 코로나19가 촉발한 노동 시장 혼란은 원격 근무만이 아닙니다. 서비스업 종사자들도 일자리를 잃거나 임금이 줄어 타격을 입었습니다. 의료 분야 종사자들은 엄청난 수요에 맞닥뜨렸습니다. 또한 식료품점, 식품 생산, 창고, 배달 서비스 분야의 근로자들은 이제 '중요하다'고 간주되지만 새로운 건강 및 안전 위험과 고객의 요구에 직면하고 있습니다. 그러나 이 책의 연구 대상과 같은 사무직 전문가와 관리자는 새로운 업무 방식을 시도할 새로운 기회와 위험, 그리고 도전을 마주하고 있습니다.

증가하는 과부하의 위험

코로나19는 이 책에서 설명하는 문제인 업무 과부하, 즉 비현실적인 업무량과 주어진 자원에 비해 해야 할 일이 너무 많다는 느낌을 더욱 악화시켰습니다. 많은 전문가와 관리자들은 팬데믹으로 인해 '일반적인' 업무량 외에 많은 프로세스를 재구성해야 했기 때문에 업무량이 급증했습니다. 우리 대학에서도 이러한 상황을 확실히 목격했습니다. 팬데믹을 통제하기 위한 다양한 규제가 지속되는 와중에, 변화하고 불확실한 보건 상황에 적응하기 위해 대학의 프로세스와 정책이 계속해서 바뀌고 있었습니다. 그런 환경 속에서 우리는 컴퓨터상으로 가르치고, 조언하고, 연구를 수행하는 방법을 빠르게 배워야 했습니다.

재택근무로 인해 집과 직장의 경계가 사라지면서 많은 노동자들이 더 많은 시간을 업무에 투입하게 되었습니다. 특히 출근 준비, 출퇴근, 현장 근무, 퇴근이라는 루틴이 사라지면서 이른 아침이나 늦은 밤에도 노트북을 열고 일하기가 쉬워져 업무 시간이 점점 늘어나고 있습니다. 물론 재택근무를 하는 부모들, 특히 아이가 있는 여성들은 어린이집과 학교가 문을 닫은 상황에서 자신의 업무와 비일상적인 가족 요구가 직접적으로 충돌하기 때문에 근무 시간을 단축하기도 하고, 일부는 직장을 그만두기도 했습니다. 하지만 이러한 상황에서도 아이가 있는 많은 직원들이 정규직으로 계속 근무하였으며 심지어 근무 시간을 늘리면서 업무를 하루 중 이른 시간이나 늦은 시간으로 옮기거나, 수면, 운동, 여가를 줄이는 방식으로 자신의 업무량을 유지하곤 했습니다.

코로나19 경제 위기가 발생하기 훨씬 전에 실시한 설문 조사에 따르면 많은 전문가와 관리자들이 사무실에서 종일 근무하든 아니든, 밤늦게까지 집에서 일하고 주말에도 일하는 것으로 나타났습니다. 고용 불안으로 인해 장시간 근무하고, 비현실적인 일정을 수용하며, 이메일, 문자, 채팅에 빠르게 응답함으로써 관리자와 경영진에게 눈에 띄려고 노력하는 등 직장을 계속 유지하기 위해 노력했습니다.

팬데믹은 비슷한 두려움을 조장했습니다. 실업 증가와 노동 참여율 감소는 지금까지 직장을 잃지 않고 살아남은 사람들의 불안감을 고조시켰습니다. 재택근무자들은 언제든 일할 수 있어야 한다는 압박감을 느끼며, 누군가 해고되거나 그것이 예상되는 상황에서 회사에 대한 헌신을 보여 주고 자신의 가치를 증명하기 위해 필사적으로 노력하게 됩니다. 많은 사람들의 머리 위에 놓인

다모클레스의 칼*은 일에 지치거나 가족을 돌보거나 몸이 아플 때에도, 장시간 근무하고 기대를 뛰어넘는 일을 하면서 어떻게든 가치 있게 보이기 위해 노력하게 만듭니다.

이러한 근무 패턴은 9시부터 5시라는 기존의 전통적인 근무 시간에서 벗어나 집에서 근무하기 때문에 유연해 보일 수 있지만, 이 책에서 설명했듯이 이는 업무의 필요에 따른 유연성이지 직원이 선택할 수 있거나 혜택을 받는 유연성이 아닙니다. 업무 관행과 요구 사항을 조정하지 않은 채 재택근무를 시행하면 직원의 건강과 삶의 질은 오히려 악화될 수 있으며, 그 가족에게도 부담이 가중될 수 있습니다.

업무 관행을 개선하고 재택근무를 관리하는 더 좋은 방법이 있다

업무 과부하는 궁극적으로 긍정적인 측면을 가지고 있습니다. 조직, 상사, 팀 리더는 전문가와 관리자, 그들의 가족, 회사에 더 효과적인 방식으로 업무를 재설계할 수 있습니다. 그러나 한 가지 중요한 교훈은 원격 근무로의 전환이 업무 재설계 조치의 유일한, 또는 주된 초점이 되어서는 안 된다는 점입니다. 원격 근무를 해야 한다고 선언하거나 언제 어디서나 원하는 시간에 근무할 수 있다고 선언하는 정책은 자칫 장시간 근무와 연중무휴 근무에 대한 압박으로 이어질 수 있습니다. 그 대신 이해관계자들은 팀 내에서 업무를 구성하는 방식과 관리자가 성과를 평가하는

* 다모클레스의 칼은 기원전 4세기 시칠리아에 있었던 시라쿠사의 참주(僭主) 디오니시오스 2세의 측근이었던 다모클레스와 관련된 고사(古事)이다. 디오니시오스는 다모클레스를 연회에 초대하면서 한 올의 말꼬리털에 매달린 칼 아래에 앉혔다. 이는 참주의 권좌가 언제 떨어질지 모르는 칼 아래에 있는 것처럼 위기와 불안 아래에서 유지되고 있다는 것을 알려주기 위함이었다.

방식을 반드시 재구상하고 재창조해야 합니다.

《포춘》 잡지 선정 500대 기업에서 연구한 혁신적인 업무 재설계 접근법은 광범위한 재택근무를 촉진하지만, 원격 근무를 단지 더 나은 업무 방식을 종합적으로 만들기 위한 광범위한 전략의 한 요소로만 취급합니다. 이 책의 2부에서는 관리자가 자신의 역할에 접근하는 방식의 주요 변화, 그리고 과부하가 걸린 직원들이 개인으로서 그리고 서로 협력함으로써 만들 수 있는 변화를 찾는 데 도움이 될 팀 토론 방식 등 다각적인 업무 재설계에 대해 설명합니다.

이러한 업무 재설계 접근 방식은 근무 시간을 일정하게 유지하면서 원격 근무를 늘리는 등 일상적인 업무 관행을 변화시킵니다. 이러한 변화는 직원과 관리자의 건강, 복지, 워라밸을 개선하고 직무 만족도를 높이며, 유능하고 경험이 풍부한 직원의 이직을 줄여 회사의 비용을 절감하고 전문성을 확보할 수 있게 만듭니다.

하지만 이러한 혜택은 단순히 원격 근무를 의무화하거나 모든 사무실을 폐쇄한다고 생기는 것이 아니라, 직원들이 근무 장소와 시간을 선택할 수 있다고 느낄 때에만 발생합니다. 또한 관리자와 동료가 직원의 개인 및 가족 상황을 인식하고 존중하는 것도 중요합니다. 즉, 재택근무의 이점은 주로 재택근무 자체에서 오는 것이 아니라 통제감과 지지를 얻는 데서 비롯됨을 알 수 있습니다. 이 책에서 살펴본 전문가와 관리자들은 언제, 어디서, 어떻게 일할지 스스로 결정할 수 있다는 신뢰감과 인간으로서 더 많은 지지를 받는 새로운 팀 문화를 만들 기회를 갖게 되어 좋아했습니다.

코로나19 이후의 업무는 도전이자 기회이기도 합니다. 팬데믹은 기존의 업무 패턴을 파괴하여, 원격 근무나 보다 유연한 일정뿐만 아니라 이전에는 당연하게 여겨졌던 업무 방식을 재평가할 가능성을 열어 주었습니다. 이 책에서 설명한 업무 재설계 전략은 관리자와 직원들이 2021년 현재 계획하고 실행하고 있는 '업무 복귀' 단계에 대한 모델을 제공합니다.

이는 어떤 모습일까요? 연구에 참여한 직원과 관리자들은 팬데믹으로 인해 '하이브리드'라는 용어가 생기기 훨씬 전부터 실행 가능한 하이브리드 근무를 만들어 냈습니다. 선택의 여지가 있고 서로를 지지하는 팀 문화가 있었기 때문에, 대부분의 사람들은 재택근무를 자주 하면서도 사무실에서 시간을 보냈습니다. 많은 사람들이 대부분 집에서 일하고 중요한 회의가 있을 때는 출근하는 것을 선호했습니다. 고객과의 첫 미팅, 직접 만나는 것이 더 효과적이고 활력이 넘치는 디자인 세션, 동료의 큰 생일이나 성공적인 프로젝트 시작을 축하하는 자리 등에서는 직접 만나는 것을 우선시했을 수 있습니다. 어떤 사람들은 대부분 시간 동안 사무실에서 일하는 것을 선호했는데, 이는 다른 가족 구성원이 (은퇴하여, 어린 자녀가 있어, 원격 근무를 하여) 집에 있기 때문이거나, 때로는 사무실에서 더 생산적이라고 느끼기도 하기 때문이며, 동료들과 더 많은 사회적 상호 작용을 원하기 때문이기도 했습니다.

일부 회사에서는 부동산 비용 절감을 위해 모든 직원이 집에서 근무하기를 원할 수도 있지만, 우리는 대부분의 사람들이 원격 근무와 사무실 근무를 어느 정도 혼합하기를 선호할 것으로 예상합니다. 혼합의 정도는 업무 유형과 직원의 개인 및 가정 생활에 따라 달라질 수 있지만, 전적인 재택근무는 일부 직원과 일부 직무에만 적합합니다. 하지만 연구 결과에 따르면 연령, 생애주기, 성별, 업종에 관계 없이 언제, 어디서, 어떻게 일할지에 대해 어느 정도 결정권을 갖는 것이 중요하다는 사실은 변하지 않습니다.

본 연구의 핵심은 매주 또는 매월 사무실에 있어야 하는 시간을 정하거나 재택근무에 대해 관리자나 경영진의 허가를 받도록 요구하는 공식적인 정책 수립이 아닙니다. 대신, 사람들이 어떻게 일하기를 희망하는지, 팀이 최고의 성과를 내기 위해 어떻게 조율할 수 있는지에 대한 정기적인 대화를 통해, 유연하고 적응력 있는 맞춤형 업무 방식을 창출할 기반을 마련하는 데 있습니다. 팀원 간 대화를 통해 그리고 관리자의 지침에 따라 직원들은 자신이 해야 할 일을 알게 되고, 다른 사람들이 자신의 근무 장소, 시간, 방식을 평가하는 것에 대해 걱정하지 않고 업무 성과에 집중할 수 있습니다. 다른 조직에서는 이보다 조금 더 형식적인 프로세스를 설정할 수도 있지만, 업무 재설계에 대한 집단 토론이 핵심입니다.

이후에 설명하겠지만, 다양한 근무 패턴을 제공하고 심지어 기대하게 하는 것이 중요합니다. 한동안 많은 회사에서 유연 근무제를 공식적으로 도입했지만 실제로 이를 실행하는 것은 위험한 일로 여겨졌습니다. 사무실에서 장시간 근무하는 것이 업무를 완수하고 헌신을 증명하는 이상적인 방법이라고 생각하는 고용주와 직원들이 너무 많았습니다. 팬데믹 이전에는 재택근무 혹은 개인적 사유로 근무 시간을 조정하는 것은 부정적으로 여겨졌습니다. 가족에 대한 책임에 있어 성별 차이를 고려할 때, 여성, 특히 아이가 있는 여성 근로자는 이전에는 경력에 낙인이 찍히는 등 위험할지라도 유연 근무를 추구할 가능성이 더 높았습니다. 앞으로 '직장 복귀'가 이루어지면서 조직에서 재택근무를 계속 허용하지만 이를 차선책으로 여긴다면, 아이가 있는 여성의 경력은 더욱 지체되고 오래된 성 불평등 패턴이 강화될 수 있습니다. 그러나 우리가 설명하는 업무 재설계 접근 방식은, 새로운 업무 방식이 모든 직원과 이들을 고용하는 회사에 도움이 될 수 있음을 보여 줍니다.

지금이야말로 이 책에서 설명하는 것과 같은 업무 재설계 조치를 시작하기에 완벽한 시기라고 할 수 있습니다. 팀들이 개별적으로나 집단적으로 어려움에 어떻게 적응해 왔고 어떤 어려움을 겪었는지 토론하고 배우며 무엇이 잘 작동할 수 있을지 상상해 보도록, 이 책은 독자들을 새로운 도전의 장으로 초대합니다. 토론할 기회가 주어지면 팀은 일하는 방식을 재구상하여 조직과 조직원에게 적합한, 새로운 일상을 만들 수 있습니다. 지금은 직원과 회사에게 더 나은 방향으로 업무를 크게 변화시킬 수 있는 흔치 않은 기회입니다. 바로 이 책이 그 기회를 잡는 데 도움이 될 것입니다.

1

he

blem

문제 제기

1장

오래된 규칙 그리고 새로운 현실

Chapter 1

Old Rules, New Realities

현재 우리가 일하는 방식은 지속 가능하지 않다. 셔윈은 이 사실을 잘 알고 있었다. 그는 우리가 인터뷰한 많은 전문가와 관리자 중 한 명으로 경력이 20년 된 아주 숙련된 정보기술IT 전문가로서 TOMO*라고 불리는 《포춘》 잡지 선정 500대 기업 중 하나에서 일하고 있다. 셔윈은 비즈니스 수행에서 발생하는 다양한 문제를 해결하기 위한 새로운 소프트웨어 솔루션을 설계할 뿐만 아니라 소프트웨어 개발에도 직접 참여하는 이중의 역할을 회사에서 맡고 있었다. 셔윈은 큰 그림을 주로 생각하는 사람이지만, 동시에 복잡하고 세밀한 컴퓨터 코드 작성에도 익숙하다. 개인으로서 셔윈은 두 딸과 함께 사는 이혼한 아빠다. 그는 또한 노모老母의 요양원 입주 시기를 결정해야 하는 역할도 맡고 있다.

셔윈은 가족을 돌보는 일은 그럭저럭 감당할 수 있다고 느낀다. 하지만 그는 자신의 업무량이 과도하다고 느끼고 있다. 셔윈은 자신이 일주일에 70시간 정도 일한다고 생각한다. 그는 새벽 5시에 전화로 일을 시작하고, 아이들을 학교에 보낸 후 하루 종일 일한다. 그리고 퇴근 후 저녁을 준비하고, 아이들의 숙제를 감독한다. 아이들을 재운 후에는 집에서 자정까지 일상적으로 일을 한다. 그의 직속 관리자들과 비교하면 셔윈의 긴 노동 시간과 엄청난 속도는 놀랄 만한 것이 아니다. 셔윈의 매니저인 타나이는 자신을 "일중독자"라고 표현하며 자기 상사(조직도에서 셔윈보다 두 단계 위 상사)가 팀을 너무 강하게 밀어붙여서 "바위에서 피를 뽑을 정도로" 노력하고 있다고 말했다.

셔윈은 자신의 일에 헌신적이며 때때로 일하는 것을 즐긴다. 그는 업무에서 발생하는 다양한 기술적 문제를 해결하는 일을

* 본 연구에서 회사명은 익명으로 처리하였다. 따라서 TOMO는 회사의 실제 이름이 아니다.

즐기고 자기 팀에 속한 재능 있는 다른 사람들에게 "와, 정말 똑똑하네요!"라고 말하면서 높이 평가한다. 셔윈이 속한 팀에서도 셔윈을 그렇게 여긴다. 타나이를 따로 인터뷰했을 때 그도 셔윈의 지능과 기술에 대해 존경심을 표했다. 하지만 셔윈은 자신의 업무에 좋은 점이 많다는 걸 알지만, 업무 방식에는 문제가 있음을 알고 있다. 그는 "이 시스템에서는 일을 끝내는 것이 불가능하다"고 말한다. 그리고 "이러한 방식은 건강에 해를 끼친다"고 주장한다. 그의 업무 패턴은 자신을 잘 돌보는 것을 더 어렵게 만든다. "밤늦게까지 일하고, 늦은 식사를 하면, 일어나서 운동해야겠다는 생각이 전혀 안 들어요. 너무 피곤하거든요." 실제로 셔윈은 최근 다행스럽게도 경미한 증상이긴 했지만 심장마비를 겪었다.

> 저는 심지어 알지도 못했어요. 단지 몸이 좋지 않아서 의사에게 갔는데, 심전도 검사를 하시더니, "환자분 어제 심장마비가 왔었습니다."라고 말했죠.

셔윈은 건강을 회복하기 위해 약 4주 동안 일을 쉬었는데, 이것이 일과 생활에 대한 그의 생각에 지속적인 영향을 미쳤다. 그는 "나는 이제 내 주변 일들을 다르게 보고 있어요."라고 말하면서 이제 자기 자신을 위해 다른 방식으로 일하고 싶어 한다.

셔윈이 일하고 생활하는 방식은 오늘날 많은 전문가와 관리자들이 직면하고 있는 과부하 (너무 짧은 시간 안에 해야 할 일이 너무 많다는 느낌)라는 문제를 잘 보여 준다. 일반적으로 전문직와 관리직으로 분류되는 직원들은 높은 급여, 다양한 직무 관련 혜택, 깨끗하고 편안한 사무실에서 일할 수 있다는 점에서 특권을 누린다. 그들은 일반적으로 그들의 일에 대해 공로와 아이디어를 인정받는 방식으로 조직 내에서 존중을 받는다.[1] 이런 측면에서 볼 때 이러한 직업은 많은 면에서 '좋은 일자리'로 보일 것이다. 하지만 노스캐롤라이나 대학교University of North Carolina의 사회학자인 아니 캘러버그Arne Kalleberg는 직원들이 자기의 일에 자율성이나 통제력을 얼마나 가지고 있는지, 일이 얼마나 의미 있고 흥미로운지, 일하는 시간과 일정이 나머지 삶과 어떻게 조화하는지뿐만 아니라 소득, 복지, 직업 안정성, 승진의 기회를 고려하여 직업의 질을 총체적으로 평가할 것을 제안한다.

그러나 전문가와 관리자들은 좋은 직업이었던 자신의 일이 더 치열하고 덜 안전한 직업으로 바뀌었음을 알게 되었다. 특히 새로운 통신 기술 덕분에 상시 연결always-on 상시 근로always-working 문화가 조성되고 있다. 매니저와 동료들은 그들이 어디서든, 그리고 근무일과 관계없이 언제든지 다른 직원들과 연락할 수 있다는 사실을 알게 되었다. 세계화, 자동화, 그리고 인공 지능의 발전은 가장 학력이 높고, 경험이 많고, 숙련된 노동자들에게도 그들의 직업이 근본적으로 변하고 있고 심지어 사라질 수도 있다는 점을 명확히 해 주고 있다. 좋은 일자리가 주는 수익과 혜택은 여전히 비교적 후하지만, 이러한 일자리에 따르는 비용은 점차 증가하고 있다. 이전에는 상대적으로 자율적이고 안정적이라 여겨졌던 좋은 일자리가 업무량 증가, 일의 속도 증가, 충족하기 어려울 정도로 상승한 업무에 대한 기대치 등으로 나빠지고 있다.

노동의 미래는 초고속 연결, 급증하는 요구 사항, 보안 약화로 점철된 모습인가? 이러한 노동 방식은 결국 조직을 망가뜨리거나 사람을 망가뜨릴 것이다. 시대에 뒤떨어진 노동 정책과 직무에 대한 기대는 디지털 혁명의 격렬한 현실과 전 세계적으로 생산되는 '지식 노동'(상품 제조와 더불어)과 충돌하여 번아웃

증상을 일으키고 스트레스를 악화시키는 요인으로 작동한다. 기업 대부분은 이른 아침 해외 동료와의 통화, 밤 10시에 급하게 처리해야 하는 업무 요청, 언제 어디서나 날아오는 이메일과 문자, 인스턴트 메시지* 때문에, 9시에서 5시(또는 8시에서 6시)까지의 통상적인 업무 시간 이외의 노동을 계속 요구하고 있다.

신기술과 글로벌 경쟁이 유발하는 변화 때문에 미국 기업들은 일상적으로 합병, 사업 재편, 사업 축소를 겪고, 심지어 시장에서 퇴출되기도 한다. 이로 인해 숙련된 전문가와 중간 관리자를 포함한 모든 직원들은 내년이나 심지어 다음 주에도 일자리를 유지할 수 있을지 확신할 수 없게 된다. 정리 해고에서 살아남은 사람들은 해고된 동료들의 일을 떠안을 때 훨씬 더 많은 과부하를 경험한다. 회사는 '적은 비용으로 더 많은 일을 한다'고 결심하고 직원들은 이를 실현하기 위해 필사적으로 노력한다.

TOMO의 IT 부서에서 실시한 인터뷰와 설문 조사는 노동의 과부하가 해당 근로자에게 해를 끼친다는 사실을 보여 준다. 아마도 독자들에게는 놀라운 일이 아니겠지만, 이는 우리가 인터뷰한 전문가들과 관리자들에게 매우 분명하게 나타났다. 30명에 가까운 직원들을 감독하는 매니저이자 아내이자 어머니이기도 한 쿤와르는 밤 10시 회의 때문에 "긴장하고" 통화 준비에 바쁘기 때문에 "저녁 전체를 사실상 망친다"고 설명한다. 마찬가지로 토요일이나 일요일 아침 5시 30분이나 6시 30분에 하는 정기적인 "상황 파악" 회의는 그녀의 주말 하루 전체에 영향을 미친다.

---

* 인터넷을 통한 메시지를 의미한다. 미국에서는 주로 WhatsApp과 같은 어플리케이션을 사용하고, 한국에서는 카카오톡 어플리케이션을 사용하여 메시지를 송신한다.

> 긴장을 완전히 풀지 못해요. 계속된 긴장은 분명히 건강과 스트레스 수준, 그리고 아마도 내가 모르는 사이에 혈압에 영향을 미치고 있을 거예요. 잠을 잘 수 없고 운동하러 갈 시간도 없죠. 저는 분명히 계속해서 일에 대해 생각하고 있어요.

그러나 우리는 또한 과부하가 전문가와 관리자를 고용하는 조직에 문제를 야기한다는 것을 알 수 있다. 빠른 속도로 하는 작업은 해당 작업이 최상의 품질이 아니라는 것을 의미한다. 문제는 인재 부족이 아니라 시간 부족이다. 지식 근로자에게 의존하는 기업은 보통 혁신적 역량이 있는 창의적인 인력을 채용하고 유지하려고 한다. 그러나 창의성과 혁신성은 번아웃과 에너지 소진과는 양립할 수 없다.

한 관리자는 자신이 담당하는 소프트웨어 개발자들이 "사람들이 정보를 찾으려고 온종일 연락한다"는 이유로 짜증을 낸다고 이야기한다. 그들은 회사가 사용하는 채팅 소프트웨어를 통해 질문을 받기 때문에 프로그램 코드를 작성할 때 방해를 받는다고 말한다. 이처럼 IT 전문가들은 "주중 정규 근무 시간에 이러한 일들이 계속되어서 자신들의 일을 하지 못한다"고 말하면서 자기 일은 늦은 밤 또는 주말에 할 수밖에 없다고 말한다(앞서 이야기했던 셔윈과 마찬가지로). 그 관리자는 이러한 빠른 업무 속도가 팀워크에도 영향을 미친다고 보고하면서, 팀원들이 너무 많은 압박을 받고 있어서 이런 속도가 만들어 내는 문제점을 이야기하지 못한다고 말했다. 그러면서 해당 관리자는 이러한 상황을 "긴장감이 끓어오르고 있다"고 표현하였다.

> 마치 페달을 계속 밟으면서 전속력으로 움직이는

> 것 같아요. 계속하세요! 다치셨어요? 그래도 이걸 끝내야 해요! 제가 당신을 무시한다는 말은 아니지만…. 미안해요. 그래도 우리는 이걸 끝내야 해요.

이러한 압박감이 몇주 후(9월)에 팀이 직면한 큰 마감일 때문이냐고 물었더니, 그는 그렇다기보단 이것이 일상이라고 말하면서 다음과 같이 이야기하였다.

> 우리는 6월에 있을 마감을 준비했죠. 그리고 9월에 있을 마감을 위해서도 준비했죠. 그런데 벌써 12월(또 다른 마감이 있을)이 다가오고 있군요.

새로운 현실과 직장 내 오래된 규칙 사이의 충돌과 과부하는 더 이상 직원과 일선 관리자가 일찍 일어나거나, 저녁에 이메일을 읽지 않기로 스스로 결심하거나, 가족에 대한 의무를 줄임으로써 스스로 해결할 수 있는 사적인 문제가 아니다. 이러한 문제를 해결하려면 건전하고 지속 가능한 일자리를 창출하고, 업무 효율성을 증진하는 동시에, 성별, 연령, 교육 수준, 직종, 생애 주기에 관계없이 모든 근로자의 삶의 질을 높일 수 있는 새로운 업무 방식을 고안할 필요가 있다.2

우리는 미국을 비롯한 전 세계에서 점증하는 불평등 문제와 더불어 노동 현장에서 발생하는 새로운 형태의 업무 강도와 불안정성을 해결하기 위해 연방 안전망과 노동 규정이 개정되어야 한다고 생각한다. 하지만 기업과 다른 고용주도 과중한 업무 부담에 대해 할 수 있는 일이 있다. 우리는 '일, 가족, 건강 네트워크Work, Family, and Health Network'*라는 다양한 분야의 학자들이 모인 연구팀과의 공동 연구를 통해, 기존의 업무 방식을 재구성하기 위한 이중 의제 업무 재설계dual-agenda work redesign라는 창의적이고 실용적인 방법을 모색하고자 한다. 본 연구에서는 이중 의제 업무 재설계 방식을 노동 현장에 적용함으로써 직원과 관리자가 직원(및 그 가족)뿐만 아니라 조직에도 도움이 되는 방식으로 일할 수 있게 바꿀 방법을 함께 모색하도록 할 것이다. 그리고 이러한 변화가 직원과 가족, 그리고 직원을 고용하는 조직에도 도움이 된다는 사실을 입증할 것이다.[3]

이 연구를 통해 우리는 근로자를 둘러싼 상황이 더 좋게 변할 수 있음을 증명하고자 한다. 우리가 여기에서 제시하는 것과 같은 혁신적인 업무 방식은 새로운 표준new normal을 창출할 수 있다. 그 새로운 표준에서, 직원들은 스스로 결정을 내릴 수 있는 더 큰 권한을 가지고, 관리자들은 직원들의 업무 외 삶의 현실을 인식하고 지원하게 된다. 그 결과 모두는 업무를 수행하는 시간과 장소가 아니라 효과적이고 효율적으로 함께 일하는 데 더 집중하게 된다. 이 같은 스마트한 작업 방식은 일부 작업과 회의를 중단하고, 때때로 통신 수단을 끄는 것을 포함한다. 비록 조직 전체의 리더 교체와 같은 급격한 조직 변화에 직면해서는 이러한 재설계 방식이 지속되기 어렵지만, 우리가 수행한 TOMO에 대한 연구는 업무를 둘러싼 규칙, 일상적 관행 및 기대치가 바뀔 수 있음을 보여 준다.

현재의 상황은 우리에게 비협조적인 것처럼 보일 수 있다. 하지만

---

* '일, 가족, 건강 네트워크'는 미국 국립보건원과 질병통제예방센터가 직장 내 심리사회적 개입 분야를 발전시켜 근로자와 그 가족의 건강을 개선하는 동시에 고용주에게 혜택을 제공하기 위해 모인 학제 간 연구팀이다. 해당 네트워크의 홈페이지는 다음과 같다. https://workfamilyhealthnetwork.org

우리에게 의지와 힘, 상상력만 있다면 보다 지속 가능하고 즐겁고 효과적인 직장 생활로 나아갈 방법은 있다. 그리고 이는 궁극적으로 일의 미래에 있어 우리가 추구해야 할 방향이다.

누구를 어떻게 연구했는가?

본 연구에서 우리는 설문 조사, 회사 기록, 민족지학적 관찰, 심층 인터뷰 등 다양한 방법으로 수집한 데이터를 통해 과부하와 그 결과를 조사할 것이다. 그리고 다른 사람들이 수행한 관련 연구도 요약할 것이다. 그런 다음 획기적인 무작위 현장 실험randomized field experiment의 증거를 활용하여 무엇이 어떻게 변화할 수 있는지 파악할 것이다.

이 연구는 약 5년에 걸쳐 진행되었으며, 《포춘》 잡지 선정 500대 기술 중심 대기업인 TOMO의 IT 부서에 근무하는 약 천 명의 직원과 관리자로부터 수집한 데이터를 사용하였다. 이 회사는 실리콘밸리에 본사를 두고 있지도 않고, 일하기 좋은 회사로 알려져 있지도 않지만, 일반적으로 좋은 고용주이자 괜찮은 기업으로는 알려져 있다. 처음 TOMO 사무실을 방문했을 때 우리가 본 풍경은 많은 사무직 직장과 대중문화에서 보았던 익숙한 모습이었다. 우리가 만난 IT 전문가와 관리자들은 청바지나 캐주얼 슬랙스, 면 셔츠나 깔끔한 스웨터를 입은 중년층이 많았고, 대부분 백인이거나 남아시아계 사람들이었다. 이는 엔지니어에 대한 우리의 문화적 고정관념에 부합하는 모습이지만, TOMO의 IT 부서에는 다른 기술 관련 회사의 조직에 비해 여성(약 40%)이 더 많았다. 그런데 덜 익숙한 것은 빈 자리가 상당히 많다는 사실이었다. 많은 층에서 자리의 3분의 1 이상이

비어 있었는데, 이는 회사가 업무를 해외로 이관하거나 업무를 자동화하기 위해 기술에 더 많이 의존하면서 지속적으로 인력을 감축해 왔음을 보여 준다.

이러한 인력에는 소프트웨어 개발자, 품질 보증 직원, 프로젝트 관리자, 고객의 요구 사항을 IT 전문가의 프로젝트로 변환하는 분석가 등 다양한 IT 관련 종사자가 포함된다. 직원과 관리자는 평균 연봉이 9만 달러가 넘을 정도로 높은 급여를 받고 있으며, 전통적으로 복리 후생도 상당히 후한 편이었다. 좋은 급여와 복리 후생 외에도 TOMO의 직원들은 상호 존중하는 근무 환경, 지적 도전이 필요한 업무, 합리적인 생활비와 매력적인 편의 시설을 갖춘 미국 중부 도시에 있다는 점을 회사의 장점으로 평가한다. TOMO의 IT 전문가들은 뛰어난 기술력을 보유하고 있지만, 실리콘밸리나 뉴욕의 유명 기술 회사에서 일하는 사람들보다는 미국 중부에 있는 다른 대기업의 전문가 및 관리자와 더 유사한 경험을 가지고 있다. TOMO의 IT 부서 직원들은 해고되지 않는 한 회사에 계속 근무하는 경향이 있으며, 본 연구에 참여한 응답자들은 평균적으로 14년 이상 근무한 것으로 나타났다.

연구진들은 본 연구에서 의도적으로 '좋은 직업'에 종사하지만 최고 엘리트 근로자나 부의 최상위층에 속하지 않는, 기술 전문가와 일선 관리자에 초점을 맞추고 있다. 이러한 전문가와 관리자들은 대부분 학사 학위를 가지고 있고, 미국 평균 연봉보다 훨씬 높은 연봉을 받으며, 정규직으로서 좋은 복리 후생 혜택을 받고 있다. 일자리에 관해 최근 수행된 연구는 주로 소매점이나 패스트푸드점 같은 시간제 서비스직에서 고군분투하는 사람부터 유명한 경영 컨설팅 회사, 금융 회사 또는 '대형 로펌'을 포함한 엘리트 전문 서비스 회사에서 일하는 사람 등을, 즉 직업

스펙트럼의 양쪽 끝을 다 살펴보고 있다.[4] 우리는 이처럼 양쪽 끝을 모두 살피는 대신 경제 엘리트는 아니면서 주요 대기업에는 고용되지 않은, 학사라는 학력과 중상위의 소득을 가진 근로자에 집중하기로 결정했다. TOMO에서 들을 수 있는 격렬한 업무, 불안정성, 과부하에 대한 이야기는 이미 많은 사람들에게 친숙할 것이다. 다양한 업종의 사무직 근로자, 전문가, 관리자에게 우리의 연구 결과를 공유했을 때, 그들은 고개를 끄덕이거나 종종 과부하에 대한 자신의 경험을 이야기하며 아쉬운 미소를 짓기도 하였다. 우리는 TOMO에서 우리가 연구한 사람들이 오늘날 미국의 훨씬 더 많은 직원과 관리자를 대표한다고 생각한다. 그들의 이야기는 오늘날의 현실과 미래의 가능성에 대해 우리에게 많은 것을 말해 줄 수 있다.

이 연구는 여러 조직의 구성 요소와 여러 사람을 대상으로 장기간에 걸쳐 진행되었다. 특히 전국 대학 및 연구 센터에 소속된 다양한 분야의 학자들이 참여하는 '일, 가족 건강 네트워크'에서 수행하는 연구의 일환으로 진행되었다. 우리들은 이 책 전체에 걸쳐 이 연구팀이 출판한 다양한 논문에서 얻은 결과를 공유할 것이다. 그러나 이 책에서 제시하는 증거는 주로 앞서 언급한 특성을 가진 근로자들이 직면한 어려운 현실과 이 회사 및 다른 회사에서 나타나는 조직 변화의 가능성과 과제에 대한 자체 분석을 기반으로 한다. 우리 둘은 경영진 및 회사 내 다양한 사람들과의 회의, 관찰, 인터뷰, 브리핑을 위해 회사 안팎을 드나들었다. 우리 연구팀에는 사회과학자가 여럿 포함되었는데, 이들은 참여 관찰, 반복적인 설문 조사, 약 400건의 인터뷰를 실시하고, 우리가 STAR Support: 지원, Transformation: 혁신, Achievement: 달성, Results: 결과라고 부르는 이중 의제 업무 재설계를 회사 내에 적용하는 교육을 편성하기 위해 회사에 상주했다.[5]

TOMO의 IT 부서에 소속된 팀 중 절반은 STAR 재설계 실험에 참여했고, 나머지 절반은 기존 회사 정책에 따라 계속 근무하는 대조군으로 배치되었다. 이 실험 설계는 우리가 주장하는 업무 재설계의 유용성에 대해 강력한 증거를 제공한다. IT 부서에 소속된 팀들은 무작위로 STAR '조치treatment'에 배정되었기 때문에 연구 시작 시 두 그룹의 직원들은 동일한 정도의 긴장, 스트레스 및 태도를 보였다. 이와 같은 무작위 배치random assignment 때문에 시간이 지남에 따라 실험군과 대조군 직원의 경험과 태도가 어떻게 변화하는지 비교하면 STAR의 효과를 알 수 있다. 우리 연구팀은 엄격하게 연구를 설계하고, 연구 결과에 영향을 미칠 수도 있는 우리의 가정과 바람을 억제하기 위해 최선을 다했다. 그래서 우리는 현장 실험으로 살펴본 결과, STAR를 통해 무엇이 변화하고 무엇이 변화하지 않는지를 평가하는 데 자신감을 갖게 되었다.

이 책은 언제, 어디서, 어떻게 일을 하는지에 대한 비공식적인 규범과 형식적인 규칙을 바꾸려고 노력한 결과를 보여 준다. STAR는 팀과 직원들에게 시간, 프로젝트 목표와 마감일을 맞추는 방법, 작업을 완료하면서도 자신을 돌볼 수 있게 기술을 사용하는(혹은 끄는) 방법에 대해 더 많은 통제권을 주는 것을 목표로 한다. 또한 STAR는 관리자가 직원의 우선순위와 업무 외적인 책임을 인식하여 직원을 적극적으로 지원하게 한다. 물론 동시에 조직의 관심사도 중요하기에, STAR는 업무 수행에 방해가 되지 않으며 회사의 성과 향상에도 도움이 될 수 있는 변화를 목표로 한다.

실제 기업에서 일어나는 조직 변화를 연구하는 일은 도전적이면서도 만족스럽다. 이 연구 설계를 통해 우리는 사회 세계에서 매우 중요한 두 렌즈를 활용할 수 있다. 첫째, STAR과 같은 조직 변화가 시행되면 조직 구성원들은 '그렇지 않으면 어떻게 될까?'라는 질문에 직면하게 된다6. 전통적인 업무 조직 방식이 합리적이고 이성적이며 실현 가능한 유일한 방식은 아니다. 이는 기술, 업무, 인력, 기대치가 지금과는 매우 달랐던 지난 세기 중반에 고안된 현상 유지 방식일 뿐이다. STAR 프로세스는 게임의 규칙이 바뀔 수 있음을 여러 이해관계자에게 명확히 보여 준다. 실제로 우리는 이 업무 재설계 방식의 집단적이고 성찰적인 프로세스를 통해, 당연하게 여겨지는 정책, 관행, 상호작용 패턴 및 일자리에 대한 다양한 전제가 합리적이거나 최적이라고 가정하지 않고 이 모두를 전면 재검토한다. STAR 실험군에 속한 전문가와 관리자는 보다 건전하고 지속 가능한 방식으로 업무를 수행할 방법을 재구상하도록 허가받고 실제로 장려받는다. 우리는 업무 재설계 방식에 대해 생기는 질문을 관찰하고, STAR에 속한 직원과 관리자가 일자리에 관해 무엇을 바꿀지를 선택할 때 무슨 일이 일어났는지 추적하며, 새로운 표준으로 나아가는 실험을 했다. 이 책을 통해 우리는 독자들에게도 이와 유사한 성찰 과정을 불러일으켜, 모든 종류의 직종과 산업에서 업무가 조직되는 방식과 더 나은 업무 방식을 발전시킬 방법에 대해 비판적으로 생각해보는 계기가 되기를 바란다.

둘째, 사회과학의 핵심 교훈은 사회 시스템을 변화시켜봄으로써 사회 시스템에 대해 배운다는 것이다. 유명한 조직학자인 쿠르트 레빈Kurt Lewin은 "무언가를 진정으로 이해하고 싶다면 그것을 바꾸어보라"고 말했습니다.7 업무 조직을 변화시키려는 노력은 반응을 불러일으키며, 이러한 반응을 통해 우리는 의도한 방식으로 변화했는지 여부와 관계없이 매우 유익한 정보를 얻을 수 있다. 우리의 연구 설계는 기존의 업무 관행, 해석,

관계의 변화는 물론, 계획된 변화가 어떻게 탈선할 수 있는지를 포착할 수 있게 해 준다. 우리 연구의 경우, TOMO는 연구 진행 중에 합병을 통해 비교적 보수적인 회사(이 책에서는 ZZT로 명명한다)에 인수되었다. 합병 과정에서 STAR가 결국 폐지된 본 연구의 사례는, 이 업무 재설계 조치의 성공적인 실행을 통해 배운 것만큼이나, 치열하고 불안정하며 변화하는 시대의 기업 세계에 대해 많은 것을 알려 준다.

21세기의 일을 다시 상상하기

이 책에서 우리는 TOMO의 조직 변화 사례를 중심으로 폭넓은 분석을 시도한다. 이 책의 1부에서는 우리 시대의 핵심 문제로 떠오른 과부하에 대해 자세히 살펴볼 것이다. 과부하란 무엇이며 그 결과는 어떠할까? 과부하는 어떻게 그렇게 보편화되었는가? 문제의 해결책을 찾기 위해서는 먼저 문제를 정의하는 것이 매우 중요하다. 본 연구를 수행하면서 제기된 문제에 대한 우리의 이해는 상당히 깊어졌다. 우리는 연구자로 일하며 일과 가정에 대한 다양한 고민에 대해 많이 연구해 왔다. 우리가 보기에 많은 전문가와 관리자의 핵심 고민은 이제 워라밸이 아니라, 직장에서 요구하는 일들을 어떻게 다 할 수 있을지가 되었다.

즉, 우리는 일과 가정이 연결되고 갈등하는 방식이 아니라 업무 강도가 높아지는 것 자체에서 근본적인 문제를 찾으려 시도한다. 이는 문제를 바라보는 기존의 틀을 바꾸는 중요한 변화라고 할 수 있다. 일과 가정을 분리된 것으로 바라보는 프레임에서는 주로 문제를 여성의 문제, 일하는 어머니나 소수의 아버지에 대한 문제로 간주하기 때문에 해결하기 어렵다고 생각하게 되었다.[8]

하지만 업무 과부하는 모든 연령과 생애 주기에 있는 남녀 근로자 모두에게 영향을 미칠 수 있다. 어머니나 아버지, 고령의 파트너나 부모를 돌보는 사람, 자기 건강에 문제가 있는 사람들에게만 일이 어려운 것은 아니다. 가족에 대한 책임이 없는 밀레니얼 세대를 비롯한 젊은 직장인들은 여전히 '항상 일해야 한다'고 생각하고 있지만, 인터뷰에 응한 베이비붐 세대 중 상당수는 업무 과부하와 번아웃을 느끼고 있었다.[9] 과부하는 만연해 있으며, 이러한 고강도 업무 방식은 건강, 삶의 질, 생산성, 혁신성을 위험에 빠뜨린다.

이 책의 2부에서는 업무 과부하를 해결하고 새로운 업무 방식을 가능하게 하는 잠재적 솔루션을 소개하고 평가한다. 이중 의제 업무 재설계 전략의 한 예로서 STAR를 활용한 실험을 살펴볼 것이다. STAR에 의해 촉발된 변화에는 일정 변경, 가능한 경우 재택근무, 회의 및 '저가치' 업무의 효용에 의문을 제기함으로써 사람들이 업무의 핵심에 집중할 수 있도록 만드는 일 등이 포함된다. 이러한 업무 관행은 직장 내 업무 환경의 유연성으로도 볼 수 있지만, 이러한 유연성이 상황에 따라 어떻게 다른 의미를 갖는지 재검토한다. 우리는 직원들에게 상시 근무를 강요하거나 유연성과 통제권을 얻기 위해 좋은 경력을 포기하라고 요구하는 대신, 그들에게 실제로 도움이 되는 유연성의 방식을 만들 필요가 있다.

이 책의 3부에서는 일하는 방식을 재설계할 가능성을 살펴본다. 여기에서는 TOMO의 STAR 사례 외의 내용 또한 다루고자 한다. 조직은 직원에게 더 잘해주는 동시에 사업에서도 더 나은 성과를 낼 수 있다(2부에서 설명한 것처럼). 우리는 기업 및 공공 정책에서 나타나고 있는 변화의 틈새와 흥미로운 혁신을 보여 주는 동시에, 다양한 근로자가 처한 여러 맥락 속에서 해당 정책들로 의미 있는 제도적 변화를 실현하는 데 어려움이 있다는 것 또한 확인한다. 마지막으로 더 바람직하고 지속 가능한 일자리를 창출하기 위한 다양한 방법을 공유하며 글을 마무리할 것이다.

앞으로 나아갈 수 있는 길은 있다. 이 연구를 통해 우리는 오늘날의 광기를 당연시하지 않는, 새로운 업무 방식을 만들 진정한 가능성을 제시하고자 한다. 하지만 그 길로 가기 전에 우리는 과중한 업무와 과부하라는 느낌이 일으키는 문제에 대해 더 많이 알아야 한다.

2장

과부하

Chapter 2

Overload

랜달은 소프트웨어 개발자로, 짙은 수염이 단정하고 에너지가 넘치는 40대 초반의 백인 독신 남성이다. 그는 최근 집을 사 리모델링을 계획하고 있으며, 스포츠 관람과 운동도 즐기는 편이다. 하지만 일주일에 50~70시간을 일하느라 이런 취미 생활을 할 시간이 거의 없다. 그는 요즘 자신의 일과를 다음과 같이 설명한다. 오전 8시 30분부터 오후 5시 30분까지 사무실에서 일하고, 그리고 그 이후에도 좀 더 일한다.

> 이 많은 프로젝트들을 진행하면서 그들은 당신이 오후 8시부터 자정까지도 일하기를 기대하죠. 그리고 만약 8시부터 자정 사이에 전화를 받지 않으면, 다음날 아침에 "어제 8시부터 자정까지 어디에 있었어?"라는 말을 듣게 되죠.

랜달은 사무실에서 하루 종일 일한 후 심야에 업무 관련 통화를 또 해야 한다는 것에 심한 압박감을 느낀다. 랜달의 직속 상사 중 누군가가 랜달과 나머지 팀원들이 심야 통화를 해야 한다고 '결정'(랜달의 표현에 따르면)했기 때문이다. 랜달은 TOMO IT팀의 관리 스타일을 "독재에 가깝다"고 묘사하며 "즐거운 업무 환경이 전혀 아니다"라고 말한다.

랜달은 이처럼 늦은 시간까지 이어지는 통화에 자신이 실제로 필요하지 않다고 느꼈을 때 굉장히 짜증이 났다. 그는 최근 몇 주간 논의된 안건인 기술적 문제에 대해 구체적으로 의견을 낸 기억이 없지만, "매일 밤 8시부터 자정까지 근무하고 있습니다."라고 말한다. 하지만 랜달은 저녁 통화에서 기여한 것이 있는 날에도 이러한 일정이 피곤하고 과도하다고 생각한다. '회사'가 정한 과중한 업무 요구가 그의 남은 인생을 장악했기 때문에, 그는 회사에 '소유'되었다고 느낀다. 그는 이렇게 회상한다.

> 저녁 7시에 퇴근해서 밤 9시부터 자정까지 일해야 한다는 걸 알았기 때문에 일부러 낮잠을 잔 적도 있어요. 그 당시에 저는 회사를 위해 살았어요. 저를 위한 낮잠이 아니었죠. 회사를 위해 낮잠을 잔 거죠. 직원들과 밤새도록 일할 걸 알았기 때문에 낮잠을 자야 했죠. 매일 밤이 그랬어요….

이러한 업무 패턴은 분노를 조장할 뿐만 아니라 실질적인 문제를 야기한다. 랜달은 최근 팀이 '위기 모드'였던 시기를 다음과 같이 회상했다.

> 저는 스피커폰을 켜 둔 채 화장실에서 변기 물을 내릴 정도로 뭐든 하곤 했어요. "네가 내 인생을 망쳤는데 이제 어쩌란 말이야?"라는 생각이 들었죠. 그렇지 않나요? 그리고 통화 중인 모든 사람이 제가 어떻게 사는지 들을 수 있었겠죠.

> 하지만 하루에 3시간만 자라고요? 그건 그냥 말도 안 돼요. 회사와의 관계가 그런 식이라면, 정말 행복하지 않죠.

랜달의 매니저인 조나단은 세 자녀를 둔 백인 중년 기혼 남성이다. 그는 대규모 소프트웨어 개발 그룹을 감독하고 있고, 그의 직속 상관은 이사인 바네사다.[1] 조나단은 매니저로서 자신이 하는 일에 자부심을 느끼며 자신의 직업이 본인의 능력에 걸맞는다고 생각한다. 또한 그는 사무실에서 차로 약 1시간 거리에 있는 교외에 살며 가족과 지역 사회 활동에 전념하고 있고, 봉사활동에 시간을 할애할 수 있도록 근무 시간을 적절하게 유지하려고 애쓴다.

하지만 조나단과의 첫 인터뷰에서 그가 들려준 이야기와 중간중간 나눈 대화를 통해 그가 일에서 벗어나기가 얼마나 어려운지 알 수 있었다. 조나단에게 업무가 개인 생활과 건강에 어떤 영향을 미치는지 물었을 때, 그는 먼저 업무의 경계가 뚜렷해야 한다고 말했다. 그러나 그는 곧바로 가정에서 그가 보내는 시간을 업무가 얼마나 자주 방해하는지 설명했고, 인터뷰 도중에도 휴대폰이 계속 울렸다.

> 집에 가면 호출기나 전화벨이 울릴 때를 제외하고는 일을 하지 않으려 합니다. 집에서 로그인은 안 하려고 해요. 진짜로요! 집에 있을 때는 가족과 아이들과 함께 있으려 합니다.
>
> 제가 예외를 두는 경우는 (전화벨이 울린다) 그래요, 이럴 때뿐입니다. 또는 상사에게 (전화벨이 울린다) 전화가 걸려올 때입니다. 또는 제가 참여하기로 미리 이야기한 회의가 있을 때입니다. 오늘 밤 9시 30분처럼요. 하지만 꽤 늦은 시간이죠. 그래도 그 시간에는 아이들이 잠자리에 들고 다 끝나기 때문에 제가 전화를 받고 제 일을 할 수 있죠.

조나단은 과도한 업무량이 가족과의 시간에 영향을 미치는 것이

싫고, 밤늦게 걸려 오는 전화로 인해 아내의 건강이 나빠졌다고 생각한다. 그는 휴대전화를 다른 방에 두려고 했지만, 그러자 집으로 전화가 걸려 왔고, "그 소리가 너무 커서 가족 모두가 잠을 깼죠."라고 말했다.

집으로 돌아오는 길에, 가족과 함께 집에 있을 때(깨어 있거나 자고 있을 때), 스카우트나 교회 행사에 참석할 때, 방해받는 현실은 가족과 함께하는 시간과 커뮤니티 참여를 우선시하는 조나단의 가치관과 충돌한다. 조나단은 두 개의 다른 커뮤니티 그룹에서 임원으로 활동하고 있으며, 최근 요리 대회 운영을 도울 때 있었던 일을 떠올렸다. 행사 도중 그의 상사인 바네사가 그에게 전화를 걸었다.

> 하지만 제가 뭘 어떻게 해야 하죠? 전화를 안 안 받을 수 있나요? 결국 전 전화를 받았죠. 바네사였어요. 할 얘기가 있대요. 그래서 얘기를 했죠!

하지만 상사와의 통화는 생산적이거나 효율적이지 않다. 그는 전화를 받느라 자신의 시간을 빼앗기게 된다. 하지만 조나단은 웃으며 이렇게 말했다.

> 다음날 아침, 그녀가 무슨 말을 했는지 (전화벨이 울린다) 기억조차 안 났어요. 저는 심지어 우리가 무엇에 대해 이야기를 나눴는지 (전화벨이 울린다) 기억조차 나지 않습니다. 정보가 너무 많아서요.

또한 조나단은 현재 과중한 업무에 비추어 그가 자녀들에게 바라는 것이 무엇인지 생각해 보았다. 그는 자녀들과 “진로에 대해” 이야기를 나누고 자녀들을 TOMO 빌딩 견학에 데려가기도 하였다. 아이들은 IT의 다양한 역할에 대해 호기심을 갖고 있으며, 그 역시 그 매력을 잘 알고 있다.

> 다른 산업과 비교했을 때 평균보다 높은 보수를 받는 경향이 있습니다. 하지만 동시에 그에 상응하는 대가를 치러야 하죠. 솔직히 저는 제 아이들이 이 업계에 종사하는 것을 원하지 않습니다.

조나단과 랜달의 팀을을 비롯해, 여러 팀을 관리하는 이사인 바네사는 다소 다른 관점을 가지고 있었지만 그녀 역시 업무가 과중하다는 것은 인정한다. 그녀는 자신의 휘하에서 일하는 매니저들이 평균적으로 일주일에 45시간에서 50시간 정도 일한다고 추정하고 있다.

> 그들은 365일 연중무휴 언제든지 연락 가능해야 합니다. 그리고 만약 그들이 도시를 떠나거나, 휴가 때문에 혹은 주말이나 다른 일 때문에 연락이 안 된다면, 나에게 알려줄 필요가 있어요.

바네사는 정해진 업무 시간 외에 업무 관련 연락을 받지 않는다는 건 규칙이 아니라, 예외라는 점을 분명히 한다.

바네사는 업무 과부하에 대한 책임을 일선 관리자와 직원들에게 전가하는 것 같아 보인다. 그녀는 근무 시간은 팀이 직면한 프로젝트와 마감일, 즉 ‘약속’에 따라 결정되어야 한다고 말한다.

만약 무언가 약속을 했다면, 그게 일주일에
70시간을 일해야 지킬 수 있는 일이었다면,
다음에는 그런 약속을 하지 마세요.

하지만 그건 업무를 거절하거나 근무 시간을 길게 설정하는 것만큼 간단하지 않다. 우리는 관리자와 직원들이 보다 합리적으로 마감일을 설정하거나 근무 시간을 조절하면, 자신을 나쁘게 보고 일자리를 잃을 가능성이 높아질까 봐 걱정한다는 이야기를 여러 번 들었다.

새로운 현실로서의 과부하

랜달, 조나단, 바네사의 사례는 미국을 비롯한 선진국의 전문직 및 관리직 노동자들에게 일어나고 있는 상황을 잘 보여 준다. 돈을 잘 벌고 존경받는 조직에서 일하는 근로자들도 점점 더 강도가 높아지고 감당하기 어려워지는 업무에 직면해 있다. 오전 9시부터 오후 5시까지 사무실에 있는 표준 업무 시간 외에도 전화, 이메일, 문자 등을 통한 업무 연락 때문에 온전히 업무에서 벗어날 수 있는 시간은 거의 없고, 회복하고 재충전할 수 있는 정신적 공간도 사라지고 있다. 그리고 점점 더 많은 일을 처리해야 한다는 압박감에 시달리는 경우가 많다. 증가하는 요구에도 불구하고 기업뿐만 아니라 비영리단체와 공공 부문 조직은 직원들에게 대응력과 민첩성을 발휘해야 한다는 압박감을 안고 있다. 우리는 이러한 현실을 《포춘》 잡지 선정 500대 기업의 IT 부서를 통해 알게 되었지만, 업무 과부하 경험은 여러 산업과 직종에 걸쳐 점점 더 분명해지고 있다. 여러분도 과부하와 과부하를 유발하는 관행을 자신의 삶에서 발견할 수 있을 것이다.

과부하에는 장시간 근무가 포함되지만 근무 시간 자체만 고려해서는 상황을 완전히 이해할 수 없다. 많은 사람들이 미국인(그리고 부유한 선진국에서 일하는 다른 사람들도)이 점점 더 오래 일하고 있다고 생각하지만, 실제 상황은 그보다는 좀 더 복잡하다. 취업자의 주당 평균 근무 시간을 측정해 보면, 업무 처리 속도 향상과 그것을 따라갈 시간이 부족하다는 느낌에도 불구하고 최근 수십 년 동안 거의 변화가 없었다. 물론 평균은 근로자의 경험에 따른 차이를 가리고 있으며, 1970년대 이후 미국에서는 근무 시간이 양분되는 것을 볼 수 있다. 더 많은 사람들, 특히 전문가, 관리자, 고소득층이 매우 긴 노동 시간이라 할 수 있는 주당 50시간 이상 일하고 있다. 근무 시간 분포의 다른 쪽 끝에는 상대적으로 적은 시간을 근무하는 근로자 그룹도 상당수 존재한다. 이러한 시간제 근로자 중 상당수는 현재 근무하는 시간보다 더 많이 일하고 싶어 한다. 근무 시간 분포의 양쪽 끝에서 근무 시간의 변화는 1980년대와 1990년대에 더 극적인 변화를 보였으며 2000년 이후에는 그 변화가 줄어들었다.[2]

연간 근무 시간을 살펴보면 지난 몇 년 동안 더 큰 폭의 증가가 있었다. 2013년 미국의 연간 평균 근무 시간은 1,836시간으로 1975년 이후 183시간 이상 증가했다. 이는 연간 주 40시간 근무를 4번 더 한 것과 같다. 연간 근무 시간이 증가한 이유는 대부분 여성들이 더 많이 일하게 된 것 때문이다. 여성이 유급 노동에 종사할 가능성이 더 높아지고, 풀타임으로 일할 가능성이 더 높아지면서, 여성들이 일하는 날이 많아졌고 이 때문에 유급 근로 총 시간이 증가한 가정이 많아졌다고 할 수 있다.[3]

또한 업무를 수행할 때 들이는 노력이나 업무 강도 측면에서 근로자가 업무를 어떻게 경험하는지도 고려해야 한다. 근무 시간 계산만으로는 업무의 무게와 그것이 직원, 가족, 지역 사회에 미치는 영향을 완전히 이해할 수 없다. 경향 연구에 따르면 미국과 많은 유럽 국가(특히 영국, 프랑스, 아일랜드)에서 업무 강도가 증가하고 있는 것으로 나타났다. 업무 강도는 '열심히 일해야 한다', '빨리 일해야 한다', '마감에 대한 압박감을 느낀다', '업무를 마칠 시간이 충분하지 않다'는 설문 조사 문항으로 측정된다. 인지된 업무 강도Perceived Work Intensity는 1990년대 내내 증가한 후 평준화되는 듯하다가 대공황의 여파로 다시 증가했다.[4]

우리는 특히 '과부하'에 초점을 맞추고 있는데, 이것의 정의는 '자원 대비 업무 요구가 비현실적'이라고 볼 수 있다. 이는 업무 스트레스에 대한 고전적인 정의로, 필요하거나 기대하는 바를 달성하기에는 너무 많은 요구와 너무 적은 자원(시간 또는 직원 등)이 결합된 상태를 의미한다.[5] 또한 업무 스트레스는 다른 사람의 기대에 부응하지 못할 때뿐만 아니라 자신의 기대에 부응하지 못할 때에도 발생한다. TOMO에서 IT 전문가의 41%와 관리자의 61%가 "업무를 완수하기에 시간이 충분하지 않다"는 진술에 동의하거나 매우 동의했다. 특히 업무 변화나 업무 처리 속도 향상이 감지될 때 매우 열심히 또는 매우 빠르게 일해야 할 필요성을 느끼는 것도 이와 관련된 문제라고 할 수 있다.[6] 우리가 연구한 전문가와 관리자들은 과부하에 취약하지만 그들만 그런 것은 아니다. 최근 전국적인 설문 조사에 따르면 미국인 직장인의 3분의 1 이상이 현재 직장에서 "업무가 너무 많아서 잘 해낼 수 없다"는 말에 동의하거나 매우 동의하는 것으로 나타났다.[7]

과중하게 일하는 관행과 그로 인한 과부하는 만성적인 긴장의 원인이 된다. 과도한 업무 요구로 인해 사람들은 자신이 통제할 수 있는 부분이 거의 없다고 느껴 스트레스를 받게 된다. 그런데 실제로 상황을 바꿀 수 있는 옵션은 없는 것 같다. 이 장의 서두에 소개된 일선 직원인 랜달과 관리자 조나단 모두 이러한 통제력의 한계에 대해 이야기했다. 업무 요구는 통제 불능의 수준으로 치닫고 있지만 '그들'(아마도 상급 관리자로 추정되는)은 밤새도록 하는 전화 회의를 고집하고, 상사가 전화나 문자를 할 때마다 부하 직원이 개인, 가족 또는 커뮤니티와의 약속을 깰 것을 당연하게 기대한다.

이러한 업무 조건은 종종 '원래 그런 것'으로, 때로는 '어쩔 수 없는 것'으로 여겨지기도 한다. 그런데 정말 그럴까? IT 시스템을 유지 관리하고 기술적 문제를 신속하게 해결하는 것은 사실 당연한 일이다. 이러한 실제 조직 운영상의 요구는 TOMO의 IT 부서 근로자들이 상시 연락 가능해야 하고 업무를 볼 수 있어야 한다는 사실을 정당화한다. 컨설팅 및 법률과 같은 전문 서비스 조직, 숙박업 및 소매업과 같은 고객 대면 서비스, 외과 의사부터 간호 조무사까지 다양한 의료 직종 등, IT뿐만 아니라 다른 분야에서도 업무 시간 외 긴 초과 근무 시간과 빠른 응답이 일상적으로 요구되고 있다.[8]

IT 환경에서는 긴급한 기술적 문제가 없는 경우에도 거의 일정하게 상시 업무 참여와 연락 가능성을 기대하는 경향이 강하다. 그리고 이러한 요구는 실제로 긴급한 사안이 아니라 하더라도 관리자, 동료 또는 고객이 제기하는 질문에 직원들이 신속하게 응답할 것이라는 경영진의 기대가 반영되어 있다. 이는 다른 직종과 산업에서도 마찬가지다. 과부하에 대해 한 가지 중요한 시사점은 업무 과부하 경험은 업무 할당량이나 근무 시간뿐만 아니라 언제, 어디서, 어떻게 업무를 수행하는지, 근로자를 평가하는 방식에 관한 사회적 규범에 영향을 받는다는 것이다.

과부하를 주관적 관점에서 다시 한번 정의하면 (시간 및 사람을 포함한 주어진 자원을 고려할 때) 해야 할 일이 너무 많다는 느낌이라고 할 수 있다. 그러나 업무 요구가 통제 불능이라는 느낌을 만들어 내는 구체적이고 객관적인 업무 관행들이 있다. 이러한 업무 관행들을 통해 노동 강도의 구체적 차원을 들여다볼 수 있다.9

— 긴 노동 시간의 무게

과부하는 분명히 장시간 근무와 관련이 있다. 소프트웨어가 계획대로 작동하는지 확인하기 위해 품질 보증 업무를 수행하는 테스터 관리자인 조지아는 하루 12시간씩, 때로는 그 이상을 근무하기도 한다.

> 저는 보통 아침 6시부터 저녁 6시 정도까지 온라인에 접속합니다. 그리고 상황에 따라 정말 크고 굵직굵직한 일에 연루된 경우에는 24시간 내내 접속해 있을 수도 있습니다. 아니면 적어도 하루 24시간 켰다 껐다를 반복하기도 하죠.

업무로 인해 장을 보거나 적절한 휴식을 취하는 등 기본적인 일에 사용되는 시간도 뺏기게 된다. 랜달과 마찬가지로 조지아도 현재 자신의 업무 루틴에 대해 생각할 때 화장실을 떠올린다.

> "세상에! 여기 뭔가 문제가 생겼어! 그래도 5분

> 정도는 시간을 내서 화장실에 갈 수 있을 거야!"라는 생각이 들었습니다…. 지난 몇 달 동안 정말 피곤하다는 느낌을 받았습니다.

IT 이외의 다른 분야의 직원들도 기본적인 휴식을 취하는 데 비슷한 어려움을 겪고 있다고 말한다. 다음은 30~40대에 조기 은퇴를 계획하는 전문가와 관리자를 다룬 뉴욕타임스의 최근 기사에서 인용한 약사의 말이다.

롱 씨는 "일이 너무 많이 쌓여서 화장실도 못 가고 밥도 안 먹고 12~14시간 일하는 날이 있었다"고 말했다.

간호사, 의사, 교사들이 근무 중 화장실에 갈 시간이나 간식을 먹을 시간을 내기 어렵다는 이야기 외에도, 한 설문 조사에 따르면 단지 40%의 전문가들만이 점심 시간에 정기적으로 책상에서 일어나 시간을 보내는 것으로 나타났습니다. 또한 설문 응답자의 4분의 1이 "멀티태스킹을 더 잘하기 위해 혼자 밥을 먹는다."는 진술에 동의하고 있었다.[10]

장시간 근무가 지속되면 근로자는 지치게 된다. 우리가 연구한 IT 전문가들은 소프트웨어 개발 주기와 특정 프로젝트의 난이도에 따라 업무량이 달라지는 것에 대해 종종 언급했다. 첫 번째 포커스 그룹*중 하나에서 할라는 업무량에는 "최고점(peak: 봉우리)과 최저점(valley: 골짜기)이 있다"고 설명했다. 하지만 곧 이 '봉우리와 골짜기'라는 수사가 지금의 현실과 맞지 않는다는 이야기를 듣게 되었다. 포커스 그룹에 참여한 할라의 동료들은

* 포커스 그룹 인터뷰는 특정한 경험을 공유한 사람들을 모아 특정 사안에 대해 그들의 의견을 묻고 듣는 인터뷰 방법이다. 정성적 연구 방법 중 하나이다.

 최근 들어 업무 시간의 골짜기가 생기지 않고 있다고 말한다.

> 레베카: 우리는 골짜기가 없었는데…. 얼마 동안….
> 카리: 몇 년 됐지….
> 레베카: 맞아! 그래서 잠도 푹 못 자고 원인을 알 수 없는 두드러기가 생겼어요. XXX 클리닉에 가봤어요. 의사들도 몰라요. 밤에 진정제를 먹어야만 잠을 잘 수 있는데, 스트레스 때문인지 아닌지 알 수가 없어요.

TOMO IT 전문가 및 관리자 약 1,000명을 대상으로 실시한 설문 조사에서 근무 시간과 주관적인 업무 과부하 감각 사이의 연관성을 확인했다. 응답자가 업무를 완수하기에 시간이 충분하지 않다는 데 동의하거나 매우 동의하는 경우 과부하로 분류하였다. 주당 50시간 이상 근무하는 응답자의 65%가 과부하를 느낀다고 답한 반면, 주당 50시간 미만으로 근무하는 응답자의 경우에는 35%만 과부하를 느낀다고 답했다. 다른 위험 요인을 조정한 통계분석 모델에서는 주당 50시간 이상 근무하는 경우, 과부하를 느낀다고 보고할 위험이 두 배로 증가하는 것으로 나타났다.[11]

집에 아이가 있거나 성인 친척을 돌보는 IT 전문가와 관리자들이라고 해서 반드시 업무 과부하를 호소하는 것은 아니었다.[12] 이 점이 중요한데, 왜냐하면 업무 스트레스와 장시간 근무로 인한 부담감에 대한 이야기는 종종 일과 가정의 양립에 대한 직원들의 바람을 강조하기 때문이다. 우리는 (업무와 가정에 대한 책임의 조합이 아닌) 업무 영역을 스트레스의 주요 원인으로 보고 있다. 가족에 대한 책임이 거의 없는 직원들도 상당한 업무 과부하를 호소한다. 업무 노동은 가족의 유무와 같은 개인적 상황에 관계없이 시간과 집중력을 빨아들이는 과부하의 원인이며, 모든 연령과 생애 주기에 있는 사람들에게 건강과 삶에 질에 있어 광범위한 영향을 미친다.

— 상시 근무 가능성

오늘날 전문직과 관리직의 업무 범위는 무한하다. 새로운 통신 기술을 사용한다는 것은 언제 어디서나 직원이나 관리자에게 업무 도중 일어나는 문제를 문의할 수 있음을 의미한다. 바네사는 언제나 업무와 질문이 가능한 스마트폰을 언급하면서 "그러므로 연중무휴 365일 언제든지 연락할 수 있어야 한다"고 분명하게 말했다. 이러한 통신 기술의 사용은 업무를 유연하게 만드는 유용한 도구로 포장될 수 있지만, 실제로는 직원들이 업무 방해에 가까울 정도로 계속 들어오는 요청에 따라 유연하게 대응할 수 있어야 함을 뜻한다. 우리의 관점에서는 스마트폰과 클라우드 저장 등 새로운 통신 기술이 언제 어디서나 업무 관련 질문에 응답하고 전 세계 어디서나 업무를 조정하는 일을 가능하게 만들었다. 하지만 이러한 기술이 과부하를 만들어 내는 진짜 문제는 아니며, 적어도 근본적인 문제는 아니라고 할 수 있다. 과부하는 업무 관련 질문이 들어오는 시간 그 자체의 문제가 아니라, 직원과 관리자가 요청하는 것은 언제든지 무엇이든 해야 한다는 경영진의 기대가 근본적인 원인이라 할 수 있다.[13]

모든 책임을 기술에 돌리고 싶지는 않지만, 이메일, 스마트폰 및 기타 네트워크 기술 덕분에 사람들은 항상 상시 응답이라는 기대에 부응하기 위해 노력하게 되는 것은 사실이다. 주당 약 55시간을 근무하고 보통 아이들이 잠자리에 든 후 집에 도착하는 매니저 브라이스는 주말 동안 그에게 온 이메일에 그가 답장을 하지 않았다는 사실에 그의 동료나 관리자들이 놀라는 듯한 반응을 본다.

> 그건 이제 점점 더 문화적인 기대가 된 것 같아요. 이젠 야근과 주말 근무가 정상인 것 같아요.

또 다른 매니저인 헤이든은 자신의 팀에 대해 이렇게 말한다. "우리는 지난 5년 동안 연중무휴를 유지해 왔습니다." 이게 무슨 뜻일까? 물론 해당 기간 동안 실제로 매일매일 24시간 근무한 직원은 없겠지만, 헤이든의 직원 5명은 언제나 호출을 받을 수 있으며 필요할 때면 언제든 일할 것을 요구받아 왔다. (헤이든이 TOMO에서 근무한 첫 15년 동안은 훨씬 더 많은 인력이 근무하고 있었기 때문에 그런 방식으로 일하지 않았다.) 헤이든의 팀이 운영 시스템에 기술적 문제에 대한 모니터링이나 일상적으로 일어나는 문제를 담당한 것은 아니었다.이러한 문제는 공식적으로 생산 지원 팀에서 떠맡는다. 하지만 헤이든의 팀은 운영상 복잡한 문제나 그의 표현의 빌리자면 "비즈니스에 큰 영향을 미치는" 문제에 투입된다. 하지만 이러한 문제는 언제든 발생할 수 있다. 헤이든은 자신의 팀이 "믿을 수 없는 스트레스" 아래에서 기술적인 문제를 해결하기 위해 미친 듯이 노력하는 "SWAT 호출*"에 대해 이야기했다.

또한, 이와 같은 근무 가능 시간에 대한 기대치 때문에 TOMO가 제공하는 비교적 넉넉한 휴가 시간을 실제로 사용하거나 공식적인 휴가 기간 동안 온전히 업무에서 벗어나기는 어려워진다. 한

---

* SWAT은 Special Weapons And Tactics 미국의 특수 경찰 부대를 일컫는 말로, SWAT 호출은 특수 경찰을 불러야 할 정도로 긴급한 문제가 발생했다는 의미이다.

소프트웨어 개발자는 늦은 오후에 딸의 축구 경기에 참석하기 위해 휴가 시간을 2시간씩 쪼개서 사용하기로 했다. 그녀는 미리 업무 달력을 비워 두고 이 시간을 공식 휴가 시간으로 계산하였다. 하지만 그녀의 매니저는 경기 때문에 일찍 퇴근하는 그녀에게 "거의 매번" 전화를 한다고 그녀는 말했다. 사회학자 댄 클로슨Dan Clawson과 나오미 거스텔Naomi Gerstel의 용어를 빌리자면, 근로자는 "일상적으로 만연한 업무 방해the pervasiveness of routine disruption"에 대처해야 하고, 바뀌는 업무 요청에 따라 지속적으로 자신의 계획을 변경해야 하는 "예측 불가능성의 정상성normal unpredictability" 상황에 처해 있다.[14]

직원들이 이메일을 받는 대로 확인하고 업무 관련 전화를 바로바로 받을 것이라는 기대는 업무에 소요되는 시간 외에도 직원들에게 영향을 미친다. 한 연구에 따르면 직원이 '퇴근 후' 이메일을 쓰거나 응답할 경우, 해당 업무에 대해 정신적으로 집중하기 어렵고 업무에 대한 번아웃이 증가한다. 실제로 이러한 부정적인 영향은 직원들이 실제로 이메일을 열어 보는지 여부와 관계없이, 응답해야 한다고 느끼고 있는 직원들 사이에서 발견되었다.[15] (해당 문제를 조사하기 위한 설문 조사에서는 업무 시간과 업무 외적인 개인 시간 사이의 경계가 불명확해지면서, 정규 근무 시간 이후 발생하는 업무 방해에 대한 일반적인 질문이 예전보다 덜 명확하게 인식되어 '퇴근 후'라는 용어를 문항에서 따옴표로 묶었다).

설문 조사에서도 점점 더 보편화되고 있는 '비표준적' 업무 시간대 근무와 업무 과부하 사이의 연관성을 확인할 수 있었다. 저녁, 야간, 이른 아침에 주당 10시간 이상 근무하는 응답자는 60%가 업무 과부하를 느끼는 반면, 전통적인 업무 시간 외에는 근무를 적게 하는 응답자의 경우 41%가 업무 과부하를 느끼는 것으로 나타났다. 또한 주말 중 절반 이상을 근무하는 응답자는 68%가 과부하를 느끼는 반면, 주말에 근무하는 시간이 적은 응답자는 42%에 그쳤다.[16] 전체적으로 근무 시간이 길수록 과부하를 느끼는 응답자의 비율은 증가하였지만, 일주일 내내 모든 시간대에 걸쳐 근무하는 경우 과부하를 호소하는 응답자의 비율은 더 높은 것으로 나타났다. 미국 근로자를 좀 더 폭넓게 살펴보면 이러한 비표준적 업무 관행은 IT 전문가만의 업무 패턴이 아님을 알 수 있었다. 미국 근로자는 유럽 선진국 근로자보다 더 긴 시간 근무하며, 이전에 표준 근무 시간으로 간주되던 시간 외에 근무할 가능성도 더 높았다. 미국인 3명 중 1명은 주말 근무를 하고 4명 중 1명은 야근을 하고 있다.[17]

우리는 전문가와 관리자에 대한 상시 업무 가능성*에 대한 높은 기대치를 강조했는데, 이러한 직원에게 상시 근무 가능성이 높다는 것은 종종 장시간 근무를 의미하기 때문이다. 하지만 다른 직종에서 나타나는 상시 근무 가능성에 대한 기대치 또한 다소 다른 방식이지만 높은 것으로 나타나고 있다. 예를 들어 소매업, 숙박업, 의료 서비스업 등 서비스 부문 직종의 근로자는 항상 근무할 수 있어야 하고, 배정된 교대 근무를 수행해야 하며, 요청이 있을 경우 근무 시간을 더 늘려야 한다. 이러한 근로자는 시간당 임금을 받고 있으며 우리의 연구 대상인 IT 전문가보다 대체로 훨씬 낮은 임금을 받기 때문에, 잦은 근무 시간의 변동성은 그들의 가계 예산을 더 빠듯하게 만드는 경향이 있다.[18]

이러한 문제에서도 드러나듯 새로운 기술은 근무 시간 관리

* 저자들은 Availability를 전문가와 관리자가 항시 업무 요구에 응하는 가능성을 의미하는 단어로 사용하고 있다.

방식에 이러한 변화를 촉진하지만, 근본적인 문제는 상시업무에 대한 경영진의 요구라고 할 수 있다. 이제 기업은 스케줄링 소프트웨어를 통해 '적시에' 일정을 조정할 수 있다. 이러한 기술을 통해 고객 수요를 더 쉽게 예측하고 매출과 인건비를 면밀히 추적할 수 있으므로 일선 관리자는 즉각적으로 직원들의 근무 일정을 변경할 수 있다. 동네 식당에 예상보다 손님이 적으면 관리자는 대기하고 있는 직원에게 출근할 필요가 없다고 통보한다. 그럴 경우 해당 직원은 그 주에 예상보다 적은 수입을 얻게 된다. 어떤 병원이나 요양원의 병동에 환자가 (예상보다) 몇 명 더 입원하면 (대기 중인) 간호조무사에게 갑자기 출근하라고 하거나, 이미 근무 중인 간호조무사에게 갑자기 두 번째 교대 근무를 하라고 요청하는 경우가 발생한다. 창고 및 운송 (아마존 및 고객에게 직접 상품을 배송하는 기타 다른 회사 포함하여) 업체에서는 약속된 배송 시간을 맞추기 위해 그날 배송해야 하는 주문량에 따라 교대 근무를 줄이거나 연장하는 일이 일상적으로 발생할 수 있다.

추가 근무 시간은 돈을 더 벌 수 있다는 점에서 환영받을 수 있지만, 근무 일정이 예측 불가능하면 안정적인 일상을 유지하기도 자신과 가족을 잘 돌보기도 매우 어려워진다.[19] 스케줄을 예측할 수 없다는 어려움에도 불구하고, 시간제 근로자는 거의 모든 시간에 출근할 수 있어야 하며, 그렇지 않으면 적은 시간만 근무하게 되어 급여가 줄어들 위험이 있다는 점을 알고 있다.

감당할 수 없을 정도로 업무가 많을 때는 어떻게 해야 할까? 많은 직원과 관리자는 장시간 근무하고 전화와 이메일에 항상 신경을 쓰는 것 외에도, 멀티태스킹을 통해 주어진 시간에 더 많은 업무를 처리하려고 노력한다.

TOMO에서는 프로젝트 팀이 지리적으로 분산되어 있어 회의는 대부분 전화로 이루어지고 있었다. 관리자와 직원은 같은 시간대에 여러 회의에 참석할 수 있었다. 이는 개인이 접속하여 회의에 참여하여 의견을 제시하다가 다른 통화에 참여하기 위해 조용히 나가거나, 다른 동료와 직접 대화하기 위해 헤드셋을 벗는 방식이었다. 물론 한 사람이 동시에 두 개의 전화 회의를 수행하는 것도 가능했다. 연구 초기에 양쪽 귀로 서로 다른 통화를 하는 사람을 처음 본 것이 바로 멀티태스킹을 하는 IT 전문가를 관찰한 가장 생생한 순간 중 하나다.20

TOMO의 직원과 관리자가 한 회의에 온전히 집중하는 경우는 거의 없었다. 그들은 일상적으로 내부 채팅 시스템을 사용하는 동시에 통화를 했다. 연구 당시에는 Facebook Message와 WhatsApp과 같은 인스턴트 메신저 프로그램을 활용하였지만, 현재 미국에서는 슬랙Slack*이라는 프로그램을 주로 사용한다. 채팅을 통해 누가 질문을 하거나 특정 사안을 추진할지 서로 의견을 주고 받을 수 있었지만 이러한 대화는 곧 전혀 다른 프로젝트에 대한 주제로 확장되게 되었다. 그리고 다른 시간이 없다는 이유로 회의 시간이 이메일을 검토하고 답장하는 시간으로 바뀌는 경우 또한 많았다. 조지아는 이렇게 상황을 설명했다.

* 이는 한국의 카카오톡과 같은 기능을 수행하는 업무용 메신저 프로그램이다.

> 저는 하루에 10~12시간 동안 전화 통화를 할 때도 있어요. 회의 말고는 다른 일을 못해요.

전화를 받으면서 다른 업무를 하는 것은 너무나 당연한 일이어서 회의를 주도하는 사람들은 질문을 하기 전에 상대방이 집중할 시간을 주기 위해 상대방의 이름을 두어 번 말하는 것이 일상이다. 직원들은 때때로 어떤 말을 반복해 달라고 요청하기도 하고, 농담을 하다가 또는 말없이 있다가 자신이 듣지 못했다고 말하기도 했다. 우리가 수행한 인터뷰에서, 헤이든은 통화 중 주의가 산만해졌다가 다시 집중하는 모습을 마임으로 표현하기도 하였다.

> 그리고 저는 다른 누구 못지않게 멀티태스킹에 능숙하죠. 저는 이렇게 (책상 위에 있는 무언가를 바라본다.) 끄덕끄덕하고, 또 (테이블 건너편에 있는 다른 것을 바라본다.) 이쪽에서 끄덕끄덕하죠. 그러다가…, “내 이름이 들려!” 하면 (똑바로 앉으면서 웃는다.) 이렇게 하죠.

전화 통화와 미팅을 제외하고도 업무 방해는 밥 먹듯 일어난다. 직원들은 사내 채팅 시스템에서 ‘업무 중’ 표시로 바꾸게 되면, 동료와 관리자로부터 거의 끊임없이 질문을 받게 된다.(물론 직접 자리로 오기도, 이메일로 질문이 오기도 한다).[21] 채팅 시스템에서 바로 메시지를 보내는 것은 논의 내용이 문서 형태로 보관될 수 있는 이메일보다 덜 형식적이라는 이유로 많은 사람들이 선호한다. 그런데 또한 직원들은 사내 채팅 시스템은 실시간으로 답변을 얻을 수 있을 방법이라고 생각한다 (커뮤니케이션 학자들은 이를 동기同期식 커뮤니케이션이라고 말한다). 따라서 직원들은 사내 채팅 시스템을 통해 메시지를 교환할 때, 특히 연락을 받는 사람이 '업무 중'으로 표시된 경우, 질문에 대한 답변을 거의 즉시 받을 수 있을 것으로 기대한다. 사무실 위치와 도시에 따라, 팀이 분산되어 있는 방식에 따라 달라지기도 하지만, 동료들은 또한 다른 동료의 자리에 가서 대화를 나누는 낡은 방식을 통해 업무를 방해하기도 한다.[22]

사내 채팅 시스템을 통해 질문할 경우 직원들과 관리자들은 상대방에게 (문제가 실제로 긴급하지 않은 경우에도) 빠른 응답을 요구한다. 차기 기술 시스템의 큰 그림을 계획하는 IT 설계팀을 관리하는 모니카를 예로 들어 보자. 모니카의 직원들은 시스템 중단이나 기타 위기 대응에는 관여하지 않기 때문에, 모니카는 직원들의 근무 장소에 대해 이례적으로 유연성을 발휘하고 있다. 하지만 그녀는 사내 채팅 시스템으로 직원들에게 메시지를 보낼 때, 특정 회의나 교육 세션에 참석 중인 직원을 제외하고는 15분 이내 빠른 응답을 기대한다.

직원과 관리자는 이러한 업무 패턴이 효율적이지 않다는 사실을 알고 있으며, '진짜 업무'를 하기에 가장 좋은 시간은 저녁과 밤이라고 불평하기도 한다. 업무 방해 또는 업무 중단이 적고 예정된 회의가 적을 때, 직원들은 새로운 애플리케이션을 설계하거나, 코드를 작성하거나, 테스트에서 산출된 데이터를 살펴볼 수 있다. 하지만 업무량이 많으면 직원들은 낮에도 가능한 한 더 많은 업무를 처리하려고 노력하게 된다. 따라서 직원과 관리자는 요청받은 모든 업무를 처리할 수 있기를 바라며 계속해서 멀티태스킹을 하고 다른 이의 업무를 방해한다.[23]

많은 팀에서 직원들이 최소 9시부터 5시까지 사무실에 있어야 한다는 요구사항에 더해 표준 주간 근무 시간 외의 시간에도 근무할 수 있기를 기대한다. 즉, 새로운 기술과 전 세계적으로 분산된 업무 프로세스로 인해 많은 직원과 관리자가 시간과 공간을 넘나드는 새로운 모델에 적응하고 있지만, '대면 시간'과 관리자 및 계층 구조 상위에 있는 다른 사람들에게 모습을 보여야 하는 기존 업무 모델의 제약을 받기도 한다. 기존의 경직된 업무 방식과 제약 없는 노동에 대한 새로운 기대가 겹치면서, 업무 과부하가 발생하고 있다.[24]

세간의 이목을 끄는 프로젝트를 진행 중인 개발 관리자인 캐슬린은 사내에서 대면 시간에 대한 요구가 어떻게 작동하는지 아래와 같이 묘사했다.

> 상사가 여기 있는 한 나도 있어야 한다는 기대가 분명히 있습니다. 그건 또 이렇게 번지죠. 제 상사가 오후 6시 30분에도 사무실에 있으면 저도 계속 있겠죠. 그러면 제 팀원들도 계속 여기 있어야 한다고 느끼는 거죠. 분명 문화적인 문제입니다.

캐슬린은 예상보다 일찍 퇴근하는 사람은 업무를 완수했더라도 위험하다고 생각했다.

> 4시에 계속 퇴근하는 직원은 표적이 될 수 있어요. 해고의 표적이죠. 알죠? "일을 제대로 하지 않는다"는 거죠, 아니면 (일시 정지)…. 하루에 8시간 일해도요.

대면 시간이 적은 사람이 실제로 해고될 가능성이 더 높은지는 알 수 없지만, 이러한 우려는 직원들의 행동과 부하 직원에 대한 관리자의 기대치를 좌우했다.25 캐슬린의 팀은 마감일을 맞추기 위해 몇 주 동안 사무실에서 밤늦게까지 일한 후 집에 돌아와서도 일한 적이 있다. 부하 직원들이 밤늦게까지 일하거나 새벽에 일한 후 휴식하기 위해 낮에 휴가를 낼 수 있는지 물었더니 캐슬린은 다소 유감스러운 표정으로 대답했다.

> 아니요, 그게 다예요. 제가 직접적으로 그러지 못한다고 말하지는 않지만, 만약 그렇게 하면 눈에 띄게 될 거예요. 아무도 그러지 않으니까요. 그래서 우리는 이런 문제를 잘 다루지 못해요. 아침 일찍이든 밤늦게든 무슨 일이 있어도 하루 종일 여기 있을 거라고 생각하죠.

캐슬린의 팀은 예외적 사례가 아니다. 많은 전문직 및 관리직 근로자가 주당 정규 근무 시간 외에 재택근무를 하고 있다. 메리 누난Mary Noonan과 제니퍼 글래스Jenifer Glass는 전국 모집단을 대표하는 두 가지 데이터 세트를 분석한 결과 "재택근무가 주당 40시간 동안 현장 근무를 대체하는 용도로 주로 사용되지 않고 있다."26 즉, 재택근무라는 옵션은 업무량이 많은 사람들 사이에서 주당 근무 시간을 연장하는 데 주로 사용되며, 재택근무 시간이 사무실에서 근무하는 시간을 대체하기는 어렵다는 점을 보여 주고 있다.

캐슬린과 같은 부사장의 직속인 또 다른 관리자 오스틴은 부사장이 재택근무를 싫어하지만, 장시간 근무에 대한 보상을 주기 위해 그의 직원들에게 비공식적으로 휴가를 부여하고 재택근무를 할 수 있도록 허용하고 있다. 그의 상사는 재택근무를 하는 직원들이 '게으름을 피우는 것'이라고 생각하지만, 오스틴은 다르게 생각하고 있다.

> 하지만 실제로 저희와 같은 직업은… 특히 밤새도록 대기해야 하는 경우에는 하루 종일 사무실에 앉아 있을 수 없어요.

연구 초기 TOMO의 고위 관리자들은 직원들이 공식 근무 시간에 재택근무를 선택할 때에는 의구심을 표했다. 그런데 같은 직원들이 밤이나 이른 아침, 주말에는 일상적으로 재택근무를 강요당하고 있었다. 오스틴은 이러한 '구식' 조직 문화와 '밤샘 근무'에 대한 새로운 기대치가 충돌하는 것은 비현실적이라고 생각한다. 그의 해결책은 팀의 업무 방식에 대한 일반적인 기대에 도전하기보다는 직원들이 다른 방식으로 일할 수 있도록 허용하는 것, 즉 유연성을 수용하는 것이었다. 오스틴보다 직원을 덜 배려하는 관리자를 둔 직원의 경우, 엄격한 대면 시간에 대한 기대치는 장시간 근무와 거의 항상 대기해야 함으로 인한 피로를 증폭시켜 업무 과부하를 더욱 극명하게 느끼게 하고 있었다.

건강과 삶의 질에 대한 과부하의 함의

과부하가 중요한 이유는 무엇인가? 이 장은 강도가 강한 업무 관행과 과부하가 직원과 관리자들을 부담스럽게 하며 짜증을 유발한다는 사실을 분명히 보여 준다. 또한 이러한 관행은 건강과 삶의 질, 개인 및 가족생활, 조직의 성과에도 영향을 미친다.

경영학자인 조엘 고Joel Goh, 제프리 페퍼Jeffrey Pfeffer, 스테파노스 제니오스Stefanos Zenios는 최근 업무 '노출'과 건강에 대해 알려진 사실들을 종합하였다. 학자들은 더 많이 버는 사람들이 평균적으로 더 나은 건강을 유지하는 경향이 있다는 사실을 오랫동안 알고 있었다. 그런데, 급여 외에 중요한 것은 무엇일까? 그들은 자가 검진을 통한 신체 건강 및 정신 건강, 의사의 진단을 받은 만성 질환 또는 질병 보유 여부, 사망률로 측정한 지표를 통해 건강 악화를 유발하는 10가지 특정 업무 조건을 확인하였다. 이에 따르면 TOMO의 전문직 및 관리직으로 구성된 표본은 10가지 유해한 근무 환경 중 최소 6가지에 노출되어 있었다. 이 중 4가지 위험 요소는 긴 주당 근무 시간, 긴 교대 근무 또는 휴식 시간까지 파고드는 근무 시간, 빠른 업무 처리를 요구하는 압박감, 업무 방식과 워라밸에 대한 통제력이 제한되어 있다는 느낌이다. 이러한 전문가와 관리자에게는 업무상 위험 요소가 두 가지 더 있었다. 다음 장에서 설명하겠지만, 흔한 갈등인 일과 가정의 갈등과, 이러한 전문직과 관리직들이 열심히 일하는 이유를 물어보았을 때 가장 큰 이유로 꼽히는 고용 불안정이다.27

특정 근무 조건이 건강 악화와 관련이 있다는 연구 결과는 TOMO의 전문가와 관리자에게는 놀라운 일이 아니었다. 그들은 매일 이를 경험하고 있었다. 이들이 들려주는 이야기는 고강도 업무가 건강과 삶의 질에 어떤 실질적인 결과를 가져오는지 알려 주면서, 앞서 언급한 건강에 해를 입힐 수 있는 위험 요소를 우리가 생생하게 이해할 수 있도록 도와주었다.28

테스트 관리자인 멜리사는 자신의 팀에서 업무가 건강에 미치는 영향에 대해 자주 이야기한다고 말한다.

> 더 이상 운동할 시간이나 충분한 휴식을 취할 시간, 제대로 된 식사를 할 시간이 부족하다는 것이죠. 그래서 모두들 살이 찌는 것에 대해 불평하고 있어요.(웃음)

이어서 그녀는 직원들이 운동보다는 잠을 택하고, 건강한 음식을 만들어 회사에 가져올 시간은 거의 없다고 말했다.

> 먹을 걸 아무거나 사서 길 건너편으로 뛰어가죠. 그리고 저도 죄책감을 느낍니다. 제 말은 우리 모두 똑같이 가슴 아프단 말이죠…. 저도 제 혈압이 높다는 걸 알아요.

인터뷰 당시 멜리사는 일주일에 60시간 이상 근무하며 하루에 200~500통의 이메일을 받고 있었다. 그녀는 주로 인도에 있는 해외 직원들과 긴밀히 협력하고 있었다. 또한 멜리사는 아침 일찍(보통 오전 5시) 전화 회의를 하고 난 다음 사무실로 이동하여, 첫 통화부터 시작해서 최소 오후 5시까지 근무하였다. 또한 새로운 소프트웨어 프로그램이나 애플리케이션이 그 당시 출시되었기 때문에 (이는 항상 온라인 상태가 되어야 함을 의미했다), 야간 통화 빈도가 적었지만 주말에는 여러 번 근무하였다. 멜리사는 마지막으로 "운동기구로 운동했던"

때가 작년에 팀원들을 압도한 애플리케이션 프로젝트를 받기 전이었다고 말했다. 안타깝게도 멜리사와 첫 인터뷰를 하고 약 2년 후, 그녀는 "고혈압으로 인한" 뇌졸중을 겪었다. 그녀는 병가를 받았지만 업무에 복귀할 수 있을 만큼 회복되지 않았고, 결국 50대 중반에 조기 퇴직해야 했다.[29]

업무로 인한 스트레스는 건강한 습관을 지키고 나쁜 습관을 피하는 일을 더 어렵게 만든다. 30대 백인 기혼 여성인 케이시는 운동광이자 요즘 업무 시간을 조절하려고 노력하는 '준準 워커홀릭'임에도 불구하고, 운동 계획을 충실히 따르고 건강한 식습관을 유지하기가 어렵다는 사실을 알게 되었다. 그녀는 또한 업무 스트레스가 심할 때는 "퇴근 후 술 한잔이 생각나기 때문에, 해피아워*가 문제"라고 인정하긴 하였다. 실비아는 50대 초반의 백인 여성으로 주당 50시간 정도 근무하며 약 15명의 직원을 관리 감독하고 있다. 그녀는 3년 동안 끊었던 담배를 다시 피우고 있다.

> 담배를 끊을 때마다 다시 담배를 생각나게 하고 피우게 만드는 것은 업무 때문에 받는 스트레스예요. 매번요. 의심할 여지가 없어요.

실비아를 비롯해 우리가 관찰한 다른 직장 내 흡연자들은 흡연 자체뿐만 아니라 흡연을 통해 갖는 휴식 시간도 중요하게 생각하는 것 같았다. 회의가 계속 이어지고, 업무량이 많고, 질문이 끊임없이 들어오기 때문에 실비아와 다른 직원들은 점심을 거르는 일이 잦았다.

* 해피아워(Happy Hour)는 주류를 판매하는 음식점에서 특별히 주류를 할인하여 판매하는 시간대를 의미한다.

> 그래서 스트레스가 심할 때는 그냥 일어나서 밖에 나가 담배를 피웁니다. 습관이에요.

모니카는 앞서 언급했듯 직원들이 자신의 채팅에 15분 내에 응답하기를 기대하는 관리자로, 이 50대 백인 여성은 이와 같은 업무 관행에 대한 부담을 스스로 느끼고 있었다. 모니카는 그녀가 맡은 업무가 개인적으로 그녀에게 어떤 영향을 미쳤는지 그리고 건강에는 어떤 영향을 미치는지에 대해, 인터뷰 진행자가 질문을 하기도 전에 대답하기 시작했다. 그녀는 자신이 맡은 업무의 관행을 자신의 건강 및 신체 변화와 연결시켰다.[30]

> 지난 2년 동안 제가 얼마나 많은 약을 복용했는지 아세요? 저는 지금 여섯 가지 약을 먹고 있습니다(약을 나열하며). 지금은 심장 전문의를 만나고 있어요.(웃음)

> 척추 지압사한테도 갔어요. 그가 말했죠. "IT 업계에 계시죠?" 저는 "네, 어떻게 아세요?"라고 대답했죠. 그러자 그는 이렇게 대답했어요. "고개를 숙이는 자세와 목, 그리고 몸이 경직된 걸 보면 알죠."

약 1,000명의 TOMO 직원과 관리자를 대상으로 한 설문 조사에서도 이러한 인터뷰 결과가 확인되었다. 업무 과부하(업무에 충분한 시간이 없다는 데 동의하거나 매우 동의함)와 주당 50시간 이상의 근무는 모두 정신 건강 악화를 뜻하고 있었다. 과부하에 걸린 직원과 장시간 근무하는 직원은 번아웃, 스트레스, 심리적 고통(얼마나 자주 슬픔, 긴장, 불안, 절망감, 무가치함, 어떤 일이든 하기가 힘든 느낌을 느끼는지로 측정)의 정도가 훨씬 더 높았다.[31] 예측할 수 없는 일정과 상시 업무 가능 여부도 직원의 삶의 질에 영향을 미치고 있었다. 특히, 자신의 스케줄이 상시로 변경될 수 있다는 걸 알지만, 근무 시간에 대한 선택권이 거의 없다고 느끼는 직원은 번아웃, 스트레스, 심리적 고통이 훨씬 더 높다고 설문 조사 결과는 보여 주고 있다. 그리고 당연하겠지만 이러한 직원은 직무 만족도가 낮고 곧 회사를 떠날 계획이 있을 가능성이 높았다.[32]

— 과부하와 수면

많은 전문가와 관리자들은 업무가 수면에 미치는 영향 때문에 건강이 나빠진다는 사실을 잘 알고 있었다. 심장마비를 겪기 전 자신의 업무 패턴과 수면 부족에 대한 셔윈의 반성, 심야 전화로 인해 하루에 3시간밖에 못 자던 랜달의 분노, 호출과 전화가 자신뿐만 아니라 아내의 수면을 방해한다는 조나단의 이야기, 원인 모를 두드러기가 생기고 수면을 위해 약물이 필요하다는 레베카의 이야기를 떠올려 보자. 이들의 이야기는 우리가 들은 수면 부족으로 인한 고민 중 일부에 불과하다.

약 150명의 직원과 하청 업체를 관리하는 폴린은 충분하지 않은 수면과 업무 외 시간이 부족한 것이 직원들에게 어떤 영향을 미치는지 설명했다. 그녀는 사람들이 주말에 휴식을 취하고 회복할 것이라는 생각으로 스트레스가 많은 한 주를 버텨 내는 경우가 많다고 지적했다.

> 저희 팀에는 그런 게 없습니다. 근무 중이 아니라는 느낌을 전혀 느낄 수 없습니다.

30대의 남아시아 남성이자 두 아이의 아버지인 카비는 장시간 근무와 야간 통화가 자신의 건강과 삶의 질에 어떤 영향을 미치는지 설명하였다. 인터뷰 당시 그는 막 휴가를 마치고 돌아온 상태였는데, 그는 올해 휴가 기간 동안 이메일을 확인하지 않기로 결심했고, "믿거나 말거나 정말 푹 잤습니다."라고 말했다. 하지만 카비의 안도감은 오래가지 못했다. 그는 이미 계속된 심야 통화와 업무에 대한 걱정으로 인해 수면에 영향을 받는 이전 생활로 되돌아왔기 때문이다.

> 몇 가지 문제로 부사장들과 정말 힘든 통화를 했어요. 그러고는 잠을 이룰 수가 없었어요. 오늘 아침 생각해 보니 그 통화와 관계가 있는 것 같아요. 스트레스 때문인 거 같아요.

카비는 수면 부족이 낮에 겪는 주의 분산과 관련이 있음을 지적했다.

> 가끔 혼잣말을 할 때가 있어요. 업무와 관련된 내용일 뿐인데, 아내가 "누구랑 얘기하는 거야?"라고 말하죠.

전문직 종사자에게 수면의 질 저하는 이제 일상적인 문제다. '일, 가족, 건강 네트워크'의 동료들은 600명 이상의 IT 직원에게 수면 시간을 객관적이고 자세하게 측정하는 액티그래피 시계*를 착용하도록 하여 수면 시간과 수면 중단을 모두 파악했다. 그 결과 거의 3분의 2(65%)의 직원들이 학자들이 '수면 부족'이라고

* 액티그래피 시계는 해당 시계를 차고 있는 사람의 수면의 질, 잠들기까지 걸리는 시간, 도중에 깨는 횟수와 같은 수면에 관련된 변수를 측정하는 도구이다.

부르는 증상을 보였다. 설문 조사 결과를 살펴보면 41%는 하룻밤 동안 처음 잠이 들었다가 도중에 깨 45분 이상 깨어 있었고, 18%는 하룻밤 평균 수면 시간이 6.5시간 미만이며, 22%는 잠을 자고 일어난 후 전혀 또는 거의 휴식을 취하지 못한다고 응답하였다. 심지어 일부 근로자는 이러한 조건 중 두세 가지에 모두 해당한다고 답했다.[33]

본 설문 조사 데이터는 업무 과부하와 수면 문제 사이의 연관성도 보여 주고 있다. 업무량이 너무 많다고 답한 응답자의 63%는 보통 6.5시간 미만을 자는 반면, 업무 과부하를 느끼지 않는다고 말한 응답자 중에서는 40%만이 6.5시간 미만을 자고 있었다. 또한 주당 50시간 이상 근무하는 경우, 하룻밤에 6.5시간 미만으로 잠을 잘 가능성이 더 높았다. 결국 본 설문 조사는 주관적으로 업무 과부하를 느끼는 경우와 장시간 근무는 모두 수면의 질을 떨어뜨리고, 잠들기 어렵게 만들고 있음을 보여 주고 있다.[34]

과부하가 가족 관계에 미치는 영향과 그 함의

긴 근무 시간, 상시 접속 가능 여부, 그리고 사무실에서 대면 근무를 해야 하는 상황은 업무가 개인 생활과 가족 시간의 범위를 침범해 들어와 영향을 미치는 경우가 많음을 의미한다. TOMO 직원과 관리자를 대상으로 한 설문 조사와 다른 직원을 대상으로 한 이전 연구에 따르면, 근무 시간이 길고 업무 과부하가 있다고 응답한 직원들은 업무가 가정생활이나 개인 생활에 개입하고 갈등을 유발한다고 답했다. 또한 그들은 자녀, 배우자 또는 가족과 함께할 시간이 충분하지 않다고 답할 가능성이 더 높았다.[35]

앞서 강조한 업무 강도를 측정하는 네 번째 차원은 어떠한가? 멀티태스킹은 집에서도 매우 분명하게 나타나며, 가족 및 친구와의 상호 작용에도 영향을 미치는 것으로 보인다. 집에 있을 때 전화기는 문자, SNS 메신저로부터 오는 메시지, 긴급한 사안에 대한 통화로 계속해서 울릴 수 있으며, 쌓여 있는 이메일을 확인해야 한다는 부담감도 항시 느낀다. 이렇게 과부하가 걸린 전문가와 관리자는 집에 있을 때에도 업무를 보다가 가족들과 함께하고, 또 반대로 가족들과 시간을 보내다가 업무를 보느라 주의가 분산되는 경우가 많았다. 즉, 그들은 물리적으로만 집에 있음으로써, 가족 구성원들을 짜증나게 만들었다.

20명 이상의 직원을 관리하는 남아시아 여성으로, 장시간 근무하는 다른 IT 관리자와 결혼한 쿤와르를 생각해 보자. 쿤와르의 어린 딸은 엄마의 관심이 분산되어 있어 엄마의 존재에 만족하지 못한다고 말한다.

> 그리고 제 딸은 종종 짜증 내면서 소리를 질러요. "엄마 일은 너무 스트레스가 많아! 나한테 말도 안 해." 라고 말하면서 말이죠. 저도 딸과 함께 있으려고 노력하지만 거의 이메일에 매달려 있죠. 그래서 애가 짜증 내죠.

소프트웨어 개발자를 관리하는 50대의 스텔라도 주의 분산에 대해 다음과 같이 이야기했다.

> 다른 사람들이 거실에서 각자 뭔가 하고 있을 때, 저는 소파에 앉아 노트북으로 회사에서 하는 것과 똑같은 일을 합니다. 좋은 점은 제가 그들과 함께

> 있다는 사실이고, 나쁜 점은 반은 거기 있고 반은 다른 일을 하고 있다는 겁니다.

우리는 이를 일과 삶의 관계에서 나타나는 다양한 문제를 다룰 때 중요한 부분으로 간주하는 시간적 긴장time strain과 더불어 집중력 긴장focus strain이라고 부르기로 하였다. 집중력 긴장은 전문가와 관리자가 자신들의 과중한 업무 요구에 대처하기 위해 가족의 시간과 공간에 업무를 끌어들일 때 발생할 수 있다.36 셔윈의 첫 번째 이야기에서 언급된 아버지이자 남편인 관리자 타나이는 새로운 기술이 어떻게 직속 상사들 사이에서 집중력 긴장을 조장하는지 잘 묘사했다.

> 핸드폰으로 새 메시지를 받을 때 자녀가 말을 걸어오면 잠시 당황한다는 얘기를 많이 들었죠. 배우자와 자녀는 상사로부터 받은 이메일을 보고 있는 그들이 자기들에게 주의를 기울이지 않아 화를 내죠.

이러한 IT 전문가와 관리자, 그리고 그 가족들은 업무의 개입과 예기치 않은 업무로 인해 벌어지는 '예측 불가능성의 정상성'을 싫어할 수도 있지만, 이제 그것은 일상적인 일이 되었다.37 관리자이면서 장성한 자녀를 둔 백인 남성인 몽고메리는 직원들이 장시간 근무와 긴 주간 노동에 익숙해져 있다고 말한다.

> 주 7일 연속 근무를 거의 완벽한 관리하에 해내고 있습니다.

그는 가족 생활에 "가장 큰 영향"을 미치는 것은 주말이나 야간에 발생하는 "계획에 없던" 업무라고 말했다. 손튼은 주말에 예상치 못한 업무을 받을 때 "무엇보다도 더 화가 난다"고 지적하며 불만을 토로하였다. 주말 근무를 토요일 아침에 전화로 요청받았을 때와 목요일이나 금요일에 미리 사전 공지를 받았을 때, 자신을 비롯해 직원들은 주말 근무에 대해 전혀 다른 반응을 보인다고 말했다. 사전에 없던 주말 근무를 요청받을 때, 손튼은 어린 딸과 보낼 수 있는 시간이 날아가 버렸다고 생각하며, 이미 날아가 버린 '아빠와 딸의 시간'을 딸과 보내고 싶다고 느꼈다.

이러한 불만에도 불구하고 우리가 수행한 인터뷰에서는 체념하는 듯한 분위기가 느껴졌다. IT 전문가와 관리자는 자신의 업무가 과중해질 것으로 예상되면 그에 따라 대응해야 한다고 생각하고 있었다. 그리고 새로운 기술로 인해 근무 시간 이후에도 업무 확인이 가능해졌고, 이것이 일상화되었다. 이들은 심지어 가족 구성원(특히 배우자)에게도 이를 일의 일부로 받아들이도록 가르치고 있다. 조셉은 여러 소프트웨어 개발 그룹의 작업을 검토하고 모니터링하는 프로젝트 관리자PM로 구성된 팀의 관리자다. 그는 직원들의 가족이 정기적인 주말 근무를 다음과 같이 받아들인다고 말했다.

> 대부분의 직원들은 주말이 거의 총알받이가 된다고 농담을 하기도 합니다. 다행히도(적어도 제게는 이렇게 말하더군요.) 가족들은 그것이 일의 일부임을 이해하고 있어요. 그리고 그게 PM이 해야 하는 일이니까요.

배우자들은 장시간 근무, 개인 시간 방해, 만성적인 과부하로 인해 짜증스럽지만, 방해받지 않는 시간을 크게 기대하지는 않는

 것으로 보였다.38 집에서 하는 연장 근무가 공식적으로 가족이 함께 보내는 시간에서도 당연시되어 가고 있다고 헨리는 말했다.

> 제가 6시 30분 전에 집에 가면 아이들이 엄청 놀라요. 주말에 컴퓨터 앞에 있는 제 모습을 보지 못하면 "어, 이제 일 안 하세요?"라고 말하며 또 놀라워해요.

젠더와 관련된 이야기는 있는가?

업무 강도는 주로 일과 가정 사이의 균형Work-Family Balance을 이루어야 한다는 당위성 안에서 '너무 많이' 논의되어 왔다. 최근 몇 년 동안 대중 언론 기사와 학술 연구는 모두 역할 갈등(일과 가정의 책임이 서로 조화되지 않는 문제)에 초점을 맞추었다. 물론 이것은 정말로 중요한 문제이긴 하다. 하지만 이제는 모든 연령대와 생애주기의 많은 사람들에게 영향을 미치는 더 심각한 문제는 역할 과부하role overload라고 우리는 확신한다.

문제를 올바르게 정의하는 일은 누가 이 문제와 관련이 있다고 보는지, 그리고 해결책을 모색하기 위해 얼마나 광범위한 연합을 동원할 수 있는지에 영향을 미치기 때문에 중요하다. 일과 가정, 그리고 일과 삶의 문제는 많은 조직, 대중문화, 때로는 학술 연구에서도 주로 여성의 문제로 이해되어 왔다.39 그러나 증가하는 업무량, 긴 근무 시간, 사무실에서 하루 종일 일하면서 밤, 아침, 주말에도 업무 요구에 대응해야 한다는 기대 때문에 건강, 행복, 개인 생활에 끼치는 영향은 여성(특히 어머니, 아내, 특히 노약자를 돌보는 딸), 그리고 양육과 같은 가정 생활에 적극적으로 개입하는 일부 남성만의 문제는 아니다. 랜달과 같은 독신 남성 또한 업무가 개인 시간을 침해하고 수면에 영향을 미쳐 회사에 악감정을 갖게 되었다.

오늘날 상시 근무라는 환경은 여성과 남성 모두에게 영향을 미치고 있다. 관리직이 아닌 TOMO IT 전문가는 성별에 관계없이 매주 50시간 이상 유급 근무를 하고, 주당 10시간 이상 야간 또는 새벽 근무를 하며, 한 달에 최소 4일 이상 주말에 근무할 확률이 동일하게 높다. 관리자인 여성은 주당 평균 49시간, 남성 관리자는 주당 평균 50시간을 근무하고 있다. 즉, TOMO의 IT 직군에서 일하는 여성들은 같은 직군에서 일하는 남성들과 아주 유사한 방식으로 일하고 있었다.

TOMO에서 일하는 남녀 직원 모두에게 강도 높은 업무 관행이 광범위하게 적용되고 있지만, 우리 연구진이 수집한 자료에서는 여성이 남성보다 더 큰 타격을 받고 있는 것으로 나타났다. 설문 조사 데이터는 주관적인 업무 과부하에 대해 성별에서 차이를 보이고 있다. IT 전문가 중 남성의 36%는 업무를 완수하기에 시간이 충분하지 않다는 말에 동의하거나 매우 동의하는 반면, 여성은 48%가 동의하고 있었다. IT 관리자 중에서는 남성의 40%, 여성 관리자의 74%가 업무 과부하를 느낀다고 응답했다.

앞서 여러 인터뷰에서 살펴본 것처럼 많은 남성이 업무 과부하와 피로를 느낀다고 답했고, 근무 시간, 비표준 근무 시간, 주말 근무 시간이 비슷한데 왜 이런 결과가 나왔을까? 한 가지 가능성은 설문 조사에서 스트레스나 긴장을 보고하는 경향에 성별 차이가 있다는 것이다. 여성은 삶의 질 및 정신 건강 관련 질문이 포함된 다양한 설문에서 일관되게 스트레스, 고통, 우울증을 더 많이 보이고 있다(이는 TOMO 표본에서도 동일하게 나타나고 있다).[40] '업무를 완수할 시간이 충분하지 않다'라는 질문 문항은 응답자가 무의식적으로 사회적 기대에 맞추기 위해 응답을 조정하게끔 유도할 수 있다. 즉, 이러한 문항들은 성별에 따른 사회적 바람직성social desriability 편향*을 유발할 수 있다. 남성은 직장에 전념하고 생계를 책임져야 한다는 강한 문화적 기대에 직면해 있으며, 우리 문화의 정서적 규칙은 남성성을 금욕주의와 연결시킨다. 따라서 남성은 설문 조사를 실시하는 현장 면접관이나 스스로에게 업무의 어떤 측면에 압도당했다거나 업무 수행이 어렵다는 사실을 인정할 가능성이 낮을 수 있다.[41]

또 다른 가능성은 여성이 느끼는 업무 과중함이 여성들의 유급 및 무급 노동을 모두 합친 총 업무량의 차이를 반영하고 있을 수도 있다는 점이다. 즉, 여성들은 유급 직장에서 풀타임(및 초과 근무)으로 일하고 있으며, 여기에 가족에 대한 책임과 돌봄에 소비하는 시간과 에너지가 더해져 다른 일을 할 시간이 충분하지 않다고 느낄 수 있다. 업무 과부하는 업무 영역에 집중되어 있기는 하지만, 집에서도 해야 할 일이 너무 많으면 전반적으로 더 많은 일을 해야 한다고 느낄 수 있다. 인터뷰에 응한 남성들은 가족 생활에 투자를 많이 하고 있는 것으로 보였으며, 자녀의 삶에 구체적으로 관여하고 있다고 답한 사람도 많았다. 하지만 이러한 이야기의 대부분은 스카우트 활동, 스포츠, 교회 단체, 수업 및 공연 참석 등 칼라 쇼Carla Shows와 나오미 거스텔이 전문직 남성의 이상향으로 묘사한 '공적인 책임을 담당하는 아버지public fatherhood'를 상징하는 활동에 초점을 맞추고 있다.[42] 우리가 인터뷰한 기혼 아버지 중 가사 및 육아 업무를 주로 담당하거나

* 사회적 바람직성 편향은 사람은 일반적으로 자신의 행동이나 의견을 밝힐 때 자신이 속한 사회가 바람직하다고 생각하는 가치에 맞춰 왜곡해서 표현하려는 경향이 있기에, 설문 조사 때 이러한 경향에 따라 응답에 편향이 나타날 수 있음을 뜻한다.

상당한 '가족을 위한 정신노동'(학교 또는 스포츠 경기 마감일, 병원 약속 등을 조율하고 예상하는 등)을 한다고 밝힌 아버지는 소수에 불과했다. 사회학자 시라 오퍼Shira Offer는 이러한 가족 중심의 정신노동은 종종 불평등하게 분배되어 여성의 행복을 저해할 수 있다는 사실을 발견했다.43

또한 인터뷰에 따르면 여성은 직장에서 받은 스트레스와 나쁜 기분을 집에 가져오는 것에 대해 더 많이 의식하고 우려하고 있는 것으로 나타났다. 일반적으로 어머니와 아내는 가족 구성원에게 정서적으로 도움을 줄 수 있어야 하고, 가족 간의 상호 작용에서 다른 사람들을 지원하기 위해 자신의 감정을 조절할 수 있어야 한다고 여겨진다. 맥켄지는 자신의 팀에 대해 다음과 같이 말한다.

> 이들은 아주 오랜 시간 일하고 있어요. 그리고 하루 종일 화를 내고 짜증을 냅니다. 그래서 집에 돌아갈 때 그 짜증을 집으로 가져가요.

맥켄지는 팀원 중 집에 아이가 있는 한 여성에 대한 이야기를 이어 갔다.

> 그녀가 말했죠. 집에 도착하니 모두가 엄마를 쳐다보며 엄마의 기분이 어떨지 가늠하려 하더라고요. 그리고 엄마가 일하기 시작하고 집중하기 시작하면, 모두가 흩어지는 것 같다고도 했죠.

맥켄지는 직장에서 안 좋았던 기분이 집으로 이어지는 건 흔한 일이라며, 남편이 무슨 말을 하는지 전혀 알아듣지 못하는 상황에서 그녀가 일에 대해 호통을 치거나 소리를 질렀던 기억을 떠올리며 웃었다.

직장에서 받은 스트레스를 남편에게 토해 내는 맥켄지의 웃음과는 대조적으로, 다른 여성들은 스트레스의 원인이 특정한 업무 상황이라는 사실을 알 때에도 가족에게 부정적인 감정을 표출하는 것에 대해 죄책감을 느낀다. 자신의 딸이 부모님의 장시간 근무와 업무로 인한 관심의 분산 때문에 대해 "비명을 지른다"고 앞서 묘사한 쿤와르는 자신의 관리자로부터 지지를 받지 못한다고 느낀다. 그녀는 상사가 "사람을 좋아하는 사람이 아니다"라고 완곡하게 말하며, 상사가 소통할 때 소리를 지르고 "자신이 매우 작아진 느낌"을 받는다고 이야기했다. 그녀는 직장에서 부하 직원들에게 그런 감정을 표출하지 않으려고 노력하지만, 쿤와르는 자신의 기분이 가족에게까지 영향을 미친다는 사실에 당혹감을 느낀다고 말했다. 부하 직원들은 인사부에 찾아가면 되지만, 그녀의 가족들은 자신의 감정을 감당해야 한다는 사실에 죄책감을 느낀다는 것이다.

> 저는 가족에게 화풀이를 했습니다. 그랬죠. 제 어린 아이에게요. 집에 가서 소리를 질렀어요. 그건 좋지 않잖아요? 그러고 제 방에 가서 울었던 적도 있어요.

쿤와르는 인터뷰에서도 자신의 '스트레스 정도'와 이따금씩 내지르는 분노를 이야기하면서, 상당히 감정적인 모습을 보였다.

> 가끔은 제가 좋은 엄마가 아닌 것 같아요.(울면서) 더 좋은 아내가 되려고 노력하고는 있어요.

우리는 남성들이 때때로 업무 스트레스를 집으로 가져와 가족에게 폭언이나 불만을 토로할 것이라고 생각했다. 하지만 남성 직원들과의 인터뷰에서는 가족에게 화풀이한 것에 대해 후회한다는 이야기는 듣지 못했다. 이는 우리 문화에서 행복한 가정과 가족에 대한 책임이 자신에게 있다고 생각하는 여성들이, 자신의 업무가 종종 가족 시간을 방해하는 것에 대해 더 많은 죄책감을 느끼고, 업무가 가정생활에 영향을 미치는 방식에 대해 더 괴로워한다는 설문 조사 결과와 일치함을 보여 준다.[44]

마지막으로, 남성이 여성보다 가정에 많은 시간을 할애하는 배우자가 있을 가능성이 높기 때문에 남성과 여성의 업무 과부하 경험은 다를 수 있다.[45] 다시 말하면, 업무 과부하는 업무에 대한 요구와 업무 수행에 활용 가능한 자원으로 인해 발생하지만, 가정과 가족을 돌볼 수 있는 사람이 누구인지에 따라 영향을 받을 수도 있다는 말이다. TOMO에서 수행한 설문 조사의 표본으로 포함된 여성들을 살펴보면 여성은 애초에 기혼이거나 파트너가 있는 비율이 남성보다 낮았다(남성은 89%, 여성은 73%였다). 이는 기존의 다른 연구와도 잘 부합한다. 기존의 설문 조사 결과를 살펴보면, 기혼 및 파트너가 있는 근로자 중 IT 전문가 또는 관리자로 일하는 남성의 29%는 일하지 않는 배우자 또는 파트너가 가정의 더 많은 일을 맡을 수 있는 반면, 여성은 그런 경우가 15%에 그쳤다. 또한 여성이 남성에 비해 주당 50시간 이상 근무하는 사람과 결혼할 가능성이 더 높을 수 있다. 그리고 한 연구에서 기혼 여성의 37%, 기혼 남성의 13%가 실제로 주당 50시간 이상 근무하는 사람과 결혼함을 보여 주고 있다.[46]

직장에서 일을 줄인 배우자가 있는 여성도 어느 정도 균형을 찾는다. 예를 들어, 캐슬린은 특히 업무 강도가 높은 그룹에서

 일하는 개발 관리자로, 출근해서 대면으로 일하는 시간이 부담스럽다고 말했다.

그녀의 남편도 IT 부서에서 일했는데, 몇 년 전 '미친 듯이 일이 몰아치는' 직장을 그만두고 자신의 사업을 시작했다. 캐슬린은 남편이 자신보다 훨씬 더 많은 시간을 집에서 보낼 수 있다는 점을 높이 사고 있었다.

> 남편이 애들이랑 야구 경기도 보러 가고, 아이들과 방과 후 일정을 함께할 수 있어요. 애들만 오후에 집에 있는 경우는 없어요….
>
> 그래서 정말정말 도움이 많이 됐어요. 그리고 남편은 거의 모든 일을 도맡아 하죠. 빨래도 하고 집 청소도 하고요. 요리도 하고요. 제 남편은 마치 엄마 같은 존재예요. 하루 12시간 일하고 집에 돌아오고 나면 완전히 지쳐 버려요. 그래서 남편이 그런 일을 많이 해 줘서 도움이 많이 됐어요.

노엘 체슬리Noelle chesley와 카렌 크레이머Karen Kramer의 연구는 가족 내에서 일어나는 다양한 일에 대해 책임을 지는 남성은 일을 완전히 그만둔 전업 주부이기보다는 자영업을 하거나 계약직으로 일하는 것이 일반적이라는 사실을 재확인했다.10 남편에게 직장에서 받은 스트레스를 쏟았던 맥켄지 역시 자녀는 없지만 남편의 자영업 덕분에 생활이 편해졌다고 말했다.

> 그래서 남편은 자기 사업을 시작했고 이제 우리는 남편이 파트타임으로 일하는 사치를 누리고

> 있어요. 정말 놀랍더라고요. 라이프스타일이 완전히 바뀌었죠. 저는 남편이 자기 사업을 하게 되어 정말 기뻐요. 남편이 풀타임으로 일하는데 저도 풀타임으로 일했다면 우리가 어떻게 살았을지 모르겠어요.

그렇다면 여기에서 젠더*에 대해 어떤 논의가 가능할까? 우리는 여기에서 두 가지 연관된 주장을 할 수 있다. 먼저 강도 높은 업무를 수행하는 것은 전문직과 관리직에 종사하는 남성과 여성 모두에게 실질적인 문제이지만, 이러한 상황은 남성보다 여성에게 더 심한 과부하로 이어지고 있다. 그렇다면 현재의 업무 관행이 오직 여성에게만 또는 주로 여성에게만 문제가 되는 것이 아니라, 전통적으로 여성의 몫이었던 자녀나 다른 가족 구성원을 돌보는 일을 하는 모든 사람들에게 문제가 된다고 할 수 있다. 인터뷰 결과, 고강도 업무 수행 관행과 그로 인한 업무 과부하가 다양한 상황에 처한 사람들에게 건강, 삶의 질, 개인 생활에 있어 실질적인 영향을 미친다는 사실이 드러났다. 그리고, 설문 조사 데이터에는 여성이 이러한 업무 강도에 직면했을 때 더 많은 과부하, 더 많은 스트레스, 더 많은 갈등을 느낀다는 몇 가지 증거를 발견할 수 있었다. 젠더, 노동, 가족에 관한 풍부한 기존 연구는 여성이 이러한 과부하와 긴장을 더 심하게 느끼는 이유가 여성이 이러한 감정을 더 기꺼이 수용하고 설문 조사에서 인정하기 때문일 수 있으며, 가정에서 더 많은 일을 하고 있거나 자신의 부정적인 감정과 스트레스를 가족에까지 번져 나가지 않게 막아야 한다고 더 많이 느끼기 때문일 수 있음을 보여 준다. 또한 여성이 처한 업무 상황을 변화시켜 가정에 도움이 되는 배우자가 있을

---

* 여기에서 gender를 성(性) 또는 성별(性別)으로 번역하지 않고 젠더라고 번역한 이유는 gender 라는 단어는 생물학적인 성이라기보다는 사회적 맥락에서 부여받은 성역할이라는 함의로 많이 활용되기 때문에 생물학적인 성과 구분하기 위함이다.

 가능성이 더 낮기 때문일 수 있다.

이 강도 높은 업무와 과부하를 만들어 내는 시스템에 젠더가 교묘하게 관여하는 경우가 있다. 조직이 좋은 일자리(높은 급여와 좋은 복리후생, 높은 지위, 보람이나 의미 있는 일, 승진 기회 등을 제공하는 일자리)를 차별적으로 제공하는 경우, 젠더 불평등을 조장할 수 있다. 이러한 시스템의 기본 전제는 유급 노동이 성인들의 삶의 주된 초점이라는 점이다. 이러한 방식으로 일할 가능성이 높은 사람들은 전통적으로 남성, 특히 집에 가정을 돌보는 아내가 있는 남성이다. 자녀나 부양가족을 일상적으로 돌봐야 하는 사람, 임신 또는 수유 중인 여성, 건강이 좋지 않은 사람 등 전통적 남성 외의 다른 사람들은 그렇게 오랫동안 고강도로 일하는 것이 훨씬 더 어려울 수 있다. 20여 년 전 페미니스트 조직사회학자 조안 에이커Joan Acker가 말했듯이, 직업이라는 개념 자체가 "직업을 위해 존재하는 육체 없는 노동자"를 전제로 한다고 표현했다. 다시 말해 "직무에서 요구하는 것 이외의 다른 정당한 의무를 가질 수 있는 여성 근로자는 그와 같은 추상적인 직무와 맞지 않는다."고 조안은 말한다.[48] 조직 내에서 성인 근로자에게 유급직이 유일한 또는 주된 목적이라고 가정할 때, 그 기반 위에서 조직은 미묘한 방식으로 젠더를 구별하고 차별할 수 있다는 말이다. 그리고 암묵적으로든 명시적으로든, 이것이 일반적인 가정이다.

전체 노동자를 살펴보면, 여성은 여전히 다른 모든 일보다 유급 노동을 우선시할 가능성은 다소 낮으며, 이는 성 불평등을 지속시키는 요인이 되고 있다. 사회학자 차영주Youngjoo Cha와 킴 위든Kim Weeden은 미국 전역을 대표하는 데이터를 분석 검토한 결과, 2009년에 남성이 50시간 이상 근무할 확률이 약

2배 높다는 사실을 발견했다(단, TOMO를 대상으로 수집한 설문 조사 표본은 근무 시간에 성별 격차가 크지 않다는 점을 기억하라). 또한 그들은 일과 가정 모두에 대한 과도한 기대치를 고려할 때, 일부 전문직 및 관리직 여성은 직장을 그만두기도 하지만, 이는 자의에 의한 퇴사라기보다는 융통성이 없고 일할 수 없는 상황에 의해 밀려난 것으로 이해해야 한다고 주장했다. 남성이 장시간 근무하는 경우 아내가 직장을 그만둘 가능성이 더 높지만, 극도로 장시간 근무하는 여성과 결혼한 남성의 경우는 그렇지 않았다. 이 결과는 여성 개인 혹은 부부가 내리는 이러한 어려운 결정이 결국 성 불평등을 강화하는 결과를 낳는다는 사실을 보여 주고 있다. 실제로 우리가 이 프로젝트에 관심을 갖게 된 것도 부분적으로는 과중한 업무와 이러한 제도화된 기대에 도전함으로써 더 많은 여성들이 전문직과 관리직에 종사할 수 있고 더 많은 남성들이 가족 돌봄을 정당화할 수 있을 것이라는 생각에서 비롯했다.[49]

또한 강도 높은 노동 관행은 근로자가 건강하고 유능하며 심지어 활기찬 신체를 가지고 있다는 가정 위에서 작동하고 있다. 법학자 캐서린 앨비스턴Catherine Albiston은 노동은 장애와 달리 문화적으로 그리고 법적으로 정의된다는 점을 상기시켰다.[50] 그녀에 따르면 장애인 근로자 지원을 목표로 하는 미국 장애인법 같은 정책 변화에도 불구하고, 근로자는 유능한 신체를 가졌다는 기본 가정하에 정의되고 있다고 말한다. IT 업무는 명시된 직무 요건에 따라 분류할 경우 육체적으로 힘들거나 위험하지 않은 지식 활용 업무지만, 장애가 있거나 에너지와 체력에 영향을 미치는 신체적 문제를 가진 근로자는 위에 설명된 방식으로 업무를 수행하지 못할 수 있다. 우리는 일부 고령 근로자가 장시간 근무와 수면 장애로 어려움을 겪고 있는 것을 볼 수 있었다.

마찬가지로 청년 및 중년 근로자 또한 강도 높은 업무로 인해 신체와 정신이 지쳐갔다.

근로자가 유능하고 체력이 좋다는 가정은 미국 문화의 남성에 대한 지배적인 문화적 기대와 잘 맞물린다. 남성은 강한 신체를 가지고 육체적으로 힘든 상황에서도 잘 견뎌 낼 수 있는 존재이거나 그래야만 한다. 사회학자 마리안 쿠퍼Marianne Cooper는 자신이 실리콘밸리에서 연구한 남성(주로 소프트웨어 엔지니어)들이 "자신의 헌신, 체력, 정력을 보여 주기 위해" 기술적 역량과 지칠 때까지 일하는 의지를 통해 남성성을 구현한다고 설명한다. 그녀는 "압도적인 과제가 주어졌을 때, 임무를 완수하고 과제가 실패할 확률을 극복하기 위해서는 남성적인 역량이 필요하다"고 주장했다. 이번 연구에는 남성과 여성 IT 인력이 모두 포함되었으며, 연구 대상의 IT 인력은 다른 기술 기업보다 성별 구성이 더 균형을 이루었다(TOMO의 IT 부서에는 여성이 약 40%였다). 우리의 인터뷰에서는 기술 기업의 '남성 중심 문화bro culture*'에 대한 다른 보고서에서 나타난 만큼 남성 중심적인 주장이 많이 나오지는 않았다. 그럼에도 불구하고 남성은 체력이 부족해 보이거나, 다른 것보다 일을 우선시하지 않으려 하거나, 극도로 높은 업무 요구에도 불구하고 나약해 보이는 경우, 자신의 남성성에 의문을 제기할 수 있음을 알고 있다고 가정할 수 있다.[51]

우리는 좋은 일자리에서도 경영진이 적은 인력으로 더 많은 일을 하도록 강요하고, 새로운 기술로 인해 장기적으로 건강하지 않고 지속 가능하지 않은 상시 근무 문화가 조성되는 상황을 설명한 바 있다. 앞서 인용한 관리자 중 한 명인 조지아의 말처럼, "세상에!

* bro culture는 주로 기술 기업에서 나타나는 남성 중심 문화를 의미한다. 따라서 이를 직역하여 형제 문화라고 표현하기 보다, 의역하여 '남성 중심 문화'로 옮겼다.

여기에도 뭔가 변화가 있어야 합니다!"라는 한탄을 되새길 필요가 있다. TOMO와 다른 많은 조직을 살펴보면서 지금까지 배운 점은 직원들이 업무에 대한 경계를 설정하고 휴식, 회복, 자신과 사랑하는 사람들을 돌볼 시간을 찾을 수 있는 능력이 있어야 한다는 것이다.

직원들은 업무상 필요하거나 요구되는 모든 일을 거의 언제나, 지친 몸이 감당할 수 있는 한도 내에서 수행할 수 있도록 자신의 삶을 바꾸고 끊임없이 재조정한다. 많은 사람들이 사무실에 나와서 관리자의 눈에 띄고 바쁘게 일하는 모습을 보여 주는 것이 중요하다는 기존의 기대치와 언제 어디서나 업무를 수행할 수 있는 새로운 기술 사이에 끼어 갈피를 잡지 못하고 있다.

어떻게 이런 일이 일어났을까? 그리고 전문가와 관리자들은 왜 이런 상황을 견뎌 내고 있을까? 다음 장에서는 이러한 질문과 더불어 업무 과부하가 비즈니스 성과에 미치는 영향에 대해 살펴본다.

3장

우리는 왜 이런 상황에 처했는가? 그리고 그건 왜 중요한가?

Chapter 3

How We Got Here and Why It Matters

과부하와 그 이면의 높은 업무 강도는 불가피할까? 우리의 대답은 '아니요'지만, 과부하와 높은 업무 강도를 유발하는 환경에 이의를 제기하는 것 또한 쉽지 않다. 특정 경영진의 결정이 전문직과 관리직에서 볼 수 있는 고강도 업무 관행과 과부하를 유발하고 있다. 조직의 최고 경영진은 직원들에게 점점 더 많은 것을 요구하지만, 증가하는 요구를 충족하는 데 도움이 되는 자원은 점점 더 줄어들고 있다.

장시간 노동과 업무에 과도하게 몰두하는 현상을 설명하는 일반적인 이론은 종종 직원에게만 초점을 맞추고 고용주와 기업을 이러한 방향으로 향하게 만드는 더 넓은 사회적 맥락에 대해서는 관심을 덜 기울이고 있다. 금융 시장은 분명히 인건비 절감에 대한 보상을 제공한다. 하지만 새로운 기술로 인해 업무를 다른 국가로 이전하거나 기계와 AI에 지식 업무를 맡기는 새로운 옵션이 생겨남으로써 발생하는 강도 높은 업무와 과부하가 창출하는 장기적인 비용은 무시하는 경우가 많다.

우리는 개별 근로자와 글로벌 시장 사이의 공간에 관심이 있다. 조직 내에서 이러한 상황을 만드는 구체적인 관리 관행에는 무엇이 있을까? 사람들에게 적은 자원으로 더 많은 일을 하라는 요구가 어떻게 합리적으로 보이는 걸까? 그리고 교육 수준과 지위에서 분명 특권을 누리고 있는 전문가와 관리자들이 업무량 증가와 상시적인 기대에 저항하지 않는 이유는 또 무엇일까? 이러한 직원들은 어떻게 이러한 업무 속도 향상을 받아들이도록 강요당하고 설득당할까?[1]

우리는 직원과 관리자의 경험을 분석하면서 현재 관행이 회사에 어떤 영향을 미치는지에 대한 중요한 사실도 알게 되었다. 회사는 급여를 받는 직원들에게 초과 근무 수당을 지급하지 않고 더 많은 시간을 근무하게 함으로써 IT 전문가와 관리자에게 더 많은 업무를 맡기고 업무 속도를 높이도록 하고 있다. 이는 현명한 전략으로 보일 수 있지만, 근로자와 그 가족뿐만 아니라 실제로는 회사에게도 실질적인 문제를 유발할 수 있다. 더 열심히 더 오래 일하게 되면 전문가와 관리자는 스트레스를 받고, 혁신성이 낮아지며, 업무를 명확하게 수행하거나 회사에 남아 있을 가능성이 낮아진다.

(사라진) 정책적 맥락

업무 강도가 높은 시기는 모든 종류의 근로자가 이러한 요구에 저항할 힘이 거의 없는 시기이기도 하다. 지난 20세기 초의 노동자들도 장시간 노동과 열악한 근무 환경을 경험했으며, 업무 과부하를 느꼈을 것이다. 산업 혁명으로 탄생한 기업들은 직원들이 주 6일 일출부터 일몰까지 일하기를 기대하는 농업 패턴을 채택했었다. 짧은 노동 시간과 최저임금으로 인해, 그리고 노동 보호 장치가 거의 없었기 때문에 충분한 수입을 얻기 위해서는 강도 높은 노동이 필요했었다. 노동자들이 너무 느리게 일한다고 생각되면 마음대로 해고할 수 있었다. (더 나은 조건을 위해 동료들을 조직하려다가 일자리를 잃기도 했다.) 도시적이고 산업적인 이상理想은 아버지의 임금이 가족을 재정적으로 지원하고, 아내와 자녀는 집안일을 돌보며 종종 부업을 하여 남성과 가족 중 젊은 미혼 여성은 공장에서 긴 하루를 보낼 수 있도록 하는 것이었다.

그 후 업무 강도와 노동 과부하가 적극적으로 완화되는 변화의 시기가 도래했다. 대공황의 위기와 수년간의 노동 운동 투쟁을 바탕으로, 1938년 공정 근로 기준법Fair Labor Standard Act*같은 정책이 제정되면서 많은 근로자를 위한 새로운 기준과 혜택을 만들어 내었다. 미국은 하루 8시간 근무와 초과 근무, 최저 임금, 안전 규정, 업무 중 부상자를 위한 산재 보상금, 사회보장법에서 정한 노인과 장애인을 위한 혜택에 관한 최초의 연방 규정을 만들었다. 노동조합은 전국노동관계법National Labor Relation Act**을 통해 법적으로 인정되었다. 많은 근로자가 혜택을 받았고 새로운 기대가 생겨났다. 예를 들어, 주 40시간 근무제는 풀타임 근무의 대명사처럼 미국 문화의 기본이 되었다.

하지만 여전히 많은 근로자가 이러한 노동법 보호의 혜택을 받지 못했다. 가장 심각한 사례는 남부의 아프리카계 미국인들이 주로 종사하던 가사 노동자와 농업 노동자가 보호 대상에서 제외된 것이다. 역사학자들은 이러한 직종(주로 흑인 노동자)을 위에서 언급한 법률에 포함했다면 인종적 배제가 노골적이고 지배적이었던 남부에서 이 법을 통과시키는 것이 훨씬 더 어렵거나 불가능했을 것이라고 지적한다.[2] 전문직과 관리자는 다른 이유로 배제되었다. 전문직의 경우 고용주와 독립적인 존재로 간주되고, 관리자의 경우 고용주의 대리인으로 간주되었다. 이처럼 노동자과 노동자 내 다양한 층위에 대한 이해는 많은 급여 근로자를 노동법의 시간 및 초과 근무 임금 조항에서 제외하는 것을 정당화했다.[3] 미국인들은 이제 대부분의 급여 근로자를 지칭할 때 구어체로 '면제'라는 용어를 사용하여, 공정 근로 기준법에서 이러한 예외가 만연함을 간접적으로 표현하고 있다.

* 미국 연방의 근로 기준법을 의미한다. 미국 연방의 근로 기준법은 실제적인 내용을 규정하고 있지 않아 주마다 별도의 노동 법규가 존재한다.

** 1935년 미국에서 노동자 권리를 보호하기 위해 제정된 법률이다. 이 법안을 제안한 민주당 상원의원 로버트 퍼디난드 와그너의 이름을 따서 '와그너법'으로 불리기도 한다.

심지어 이러한 노동법의 적용을 받는 근로자라 하더라도 최대 근무 시간을 정하거나 유급 병가, 유급 휴가, 유급 출산 휴가를 보장하지는 않는다. 이러한 휴가는 다른 선진국에서는 법으로 보장되고 있지만, 미국에서는 지난 20년 동안 일부 주와 지방에서 독립적으로 통과시킨 법안을 통해 노동자에게 이러한 휴가를 제공하거나, 기업이 노동자에게 주는 혜택을 통해서 노동자가 사용할 수 있도록 하였다. 일반적으로 다른 국가에서는 법으로 또는 노조와의 협상을 통해 근무 시간을 정하는 경우가 많지만, 미국의 상황은 고용주가 노동 시간을 정하는 '일방적'인 방식이다.[4]

과부하의 원인: 세 가지 관점

이러한 사회적 맥락을 이해하는 것은 과부하를 이해할 때 매우 중요하다. 학자들은 오늘날 전문가와 중간 관리자가 가진 제한된 영향력에 더 많은 관심을 기울여야 한다. 하지만 그 대신 많은 학자들은 전문가와 관리자가 명시적 또는 묵시적 강요를 받지 않는데도 장시간 높은 강도로 일하는 수수께끼 같은 현실에 초점을 맞추고 있다. 학자들은 이러한 현상이 직원들 사이에서 내면화되고 부드러운 형태의 통제를 통해 일어난다고 설명한다.

첫 번째 설명은 대중 언론이나 영감을 주는 비즈니스 리더의 전기에서 흔히 볼 수 있는 것으로, 어떤 사람들은 자신의 업무에 대해 '의욕'이 넘치고 매우 열정적이라는 것이다. 이러한 성격과 일에 대한 애정 때문에 업무에 많은 시간과 에너지를 투자하게 된다는 뜻이다. 반면에 장시간 근무하는 사람들은 자신의 정체성이나 세상과 다른 관계 맺기를 포기한 채, 일에 모든 것을 바치는 일 중독자라는 다소 부정적인 묘사도 있긴 하다.[5] 그러나 이처럼 개인의 성격에 기반을 둔 설명으로는 업무 과부하, 피로감, 심지어 회사에 '소유당하고 있다'고 느끼는 감정, 사람들 사이에서 광범위하게 나타나는 강도 높은 업무 패턴이나 이러한 관행의 지속성을 예측하는 데 한계가 있다.

두 번째 설명은 강도 높은 근무를 통해 기업 조직과 사회로부터 얻을 수 있는 보상에 초점을 맞추고 있다. 특히 미국에서, 그리고 다른 나라에서도 열심히 일하는 것은 중요하다고 여겨진다. 사회학자 메리 블레어-로이Mary Blair-Loy는 최상위 금융업에 종사하는 여성에 대한 연구에서, 고강도로 일할 동기를 부여하고 정당화하는 '업무 헌신 스키마work devotion schema'라는 개념을 개발했다. 그녀는 고강도 업무 패턴은 한 개인이 자신의 업무에 대해 얼마나 헌신하고 있는지를 보여 주는 지표로 간주되고 있다고 말한다. 다시 말하면, 그러한 헌신은 결국 열심히 일하고 이상적으로는 '신으로부터 받은 소명calling으로서의 일'에 대한 개인의 도덕적 헌신을 드러내는 것으로 인식된다는 것이다. 또 다른 사회학자 앨리슨 퓨Allison Pugh는 다양한 직종에 종사하는 근로자들을 인터뷰한 결과 다음과 같은 사실을 발견했다. "많은 미국인과 마찬가지로 대부분의 응답자는 명예로운 사람이 되기 위한 핵심 요소로 강도 높은 업무에 대한 헌신을 꼽았다." 이에 대해 그는 오랜 기간 동안 중산층 남성들은 고강도 노동을 당연하게 받아들였지만, 이제는 그 기대치가 상당히 높아졌다고 주장한다. 사회학자 마리안 쿠퍼는 1990년대 후반 IT 전문직에 종사하는 남성들을 대상으로 한 인터뷰를 수행했는데 이 연구는 특히 우리가 현재 살펴보고 있는 사례와 관련이 깊다. 그녀는 기술적으로 능숙하고 특권을 누리는 남성들이 강도 높게 일하고 장시간 근무하는 이유가 소중한 가족 시간을 기꺼이 희생하는

"일 잘하는 남자"가 되는 것이 해당 산업계 특유의 괴짜 남성성을 입증하고 긍정하기 때문이라고 주장한다.6 하지만 여성과 남성 모두에게 고된 하루가 점점 더 많이 요구되고 있다.

이러한 관점에서 볼 때 근로자는 일을 잘 해냈다는 만족감과 자부심이라는 심리적 보상을 얻을 수 있기 때문에 자기 동기 부여와 자기 훈련을 통해 오랫동안 열심히 일하게 되며, 기업은 이러한 방식으로 일하는 사람들에게 더 높은 급여, 보너스, 승진 기회를 제공하므로 금전적, 경력적 보상도 얻을 수 있다. 업무에 대한 헌신이 도덕적 가치를 반영한다는 믿음, 다른 사람들이 자신의 고강도 업무에 주목하고 칭찬하는 데서 오는 사회적 인정, 그리고 물질적 보상은 모두 상호 점증적으로 강화되게 된다.7

이러한 설명에서 근로자는 경영진이 원하는 바를 내면화하고 있는 것으로 여겨진다. 다시 말해 그들은 자신이 기꺼이 그렇게 강도 높은 방식으로 일하기로 선택했다고 느낀다. 학자들은 이를 규범적 통제normative control라고 부르며, 이는 경영진이 특정 행동을 강요하는 것과 같은 명시적인 강압적 통제coercive control와 대조된다. 물론 경영진은 보이지 않는 곳에서 규범적 통제를 촉진하기 위해 노력하고 있다. 조직은 특히 회사에 대한 깊은 헌신, 더 넓게는 근로자 자신과 직무를 동일시하게 만듦으로써 조직에 대한 깊은 헌신을 장려하는 문화를 의도적으로 조성한다. 예를 들어, 한 대형 제조 회사에 대한 사회학자 알리 호흐차일드Arlie Hochschild의 고전적인 연구에서는 경영진이 직원들을 긍정하고 인정하는 조직 문화를 만들어 직원들이 오랫동안 열심히 일하도록 동기를 부여하는 방법에 대해 이야기했다. 이러한 근로자 중 상당수는 직장 동료들보다 관계가 안 좋은 가족 생활과 그 스트레스에서 벗어날 수 있는 안식처로서 직장을 경험하기도 한다. 이러한 경우 장시간 근무하고 조직 문화에 깊이 몰입하는 일은 자신이 조직의 완전한 구성원임을 증명하는 것이라고 할 수 있다. 이러한 공동체 소속감은 근로자를 끌어당기고 강도 높은 업무를 정당화한다.8

세 번째는 내면화된 규범과 정체성보다 경제와 기술의 거시적이고 구조적인 변화에 주안점을 두는 설명이다. 노동자들이 노조 계약이나 평생 고용에 대한 기업의 비공식적 약속에 의해 보호받을 가능성이 낮음에도 불구하고, 상호 연결된 일련의 거시 구조적 변화로 인해 그들은 더 많은 압력을 받고 있다고 이 설명은 주장한다. 구조적 변화에 집중하는 이 설명 방식이 강조하는 한 가지 중요한 거시 구조적 변화는 기업, 특히 주식 시장에 상장된 기업들이 분기별로 또는 연간으로 특정 재무 목표를 달성하도록 강요받는 것이다. 다시 말하면 기업은 장기적인 성장, 안정성 또는 건강한 조직 문화에 대한 기여도 측면에서 관리되고 평가되기보다는 주주 가치와 단기적인 이익을 얼마나 극대화했는지에 따라 평가받고 있다. (이러한 압력의 증가를 금융화라고 부르기도 하지만, 이 용어는 여러 가지 의미로 사용되며 주주 혁명이라고도 불린다.)

이러한 재정적 압박으로 인해 경영진은 종종 인력을 감축하거나 더 저렴한 노동 시장으로 업무를 이전하여 비용을 절감하려 한다.9 기술 발전은 이러한 변화를 경제적이고 실용적으로 실현 가능하게 만들 수 있다. 정보를 즉시, 비공개적으로, 안전하게 공유할 수 있는 기술 없이는 전문직 또는 기술 업무를 인도나 불가리아로 보낼 수 없었다. 글로벌 정보기술 산업계에서는 (해외 인력이 확대됨에 따라 미국 내 인력이 감축되어) 불안정성이 강화되고, (글로벌 팀 간에 생산이 통합되어) 과부하를 악화시키는 새로운 조정 작업이 교차하는 것을 볼 수 있다. 다른 지식 근로 산업에서는 업무를 수행하는 팀이 전 세계로 확장되면서 근무 시간이 늘어나고 새로운 조정 작업이 발생하지만, 세계화가 새로운 시장으로의 확장을 반영하는 경우 불안감이 덜할 수는 있었다. 그러나 이제는 전 세계적 노동 사슬global labor chain뿐만 아니라 자동화와 AI로 인해 불안감이 증가하고 있다.[10]

이러한 거시적 구조적 변화는 근로자의 힘이 노동 시장에서 약해짐을 의미하며, 많은 근로자는 일자리가 불안해지고 경제적 안정이 위험에 처해 있다고 느끼고 있다. 이러한 불안감은 한 국가의 제조업 근로자가 다른 국가의 생산직 근로자에게 일자리를 빼앗길 때 잘 드러난다. 그러나 고도로 숙련된 전문직 및 관리직 종사자들도 불안감을 느끼고 있으며, 그로 인해 밤낮을 가리지 않고 더 오래, 더 열심히 일하라는 경영진의 압박에 저항하기 어려워지고 있다. 경영진은 단기적인 재무 목표를 달성하기 위해 인건비 절감이라는 '목표'에 점점 더 많은 관심을 보이고 있으며, 세법과 노동법 모두 이를 현명한 전략으로 만들고 있다. 그리고 기술은 미국이나 기타 선진국에 기반을 둔 값비싼 인력을 감축할 수 있는 새로운 '수단'을 제공하고 있다. 이러한 현상에 대해 사회학자 아니 캘러버그는 "실업률이 높고 일자리를 구할 준비가 된 상당한 규모의 예비군이 있는 경우, 근로자는 열심히 일하라는 관리자의 요구에 동의하는 것 외에는 다른 선택의 여지가 거의 없다."고 지적하였다.[11]

오늘날 한 근로자를 대신할 수 있는 예비 인력에는 미국이나 본국에서 실직한 사람뿐만 아니라, 전 세계 '신흥 시장'에서 일자리를 찾고 새로운 기술을 습득하는 사람, 안정적인 급여와 혜택을 제공하는 직장을 기대하기보다는 '단기 계약gig' 또는 프리랜서로 일할 사람들도 포함된다. 자동화와 AI로 인해 미래에는 최저 임금을 받는 일조차도 더 적은 수의 인력이 필요할 수 있다. 말콤 해리스Malcolm Harris는 "밀레니얼 세대의 탄생"에 대한 분석에서 점증하는 불평등과 경제적 불안감이 "근로자를 극도로 생산적이게 만들고 있으며 효율적으로 절망적이게 만들고 있다"고 지적한다.[12] 밀레니얼 세대는 그들의 커리어 초기에 '좋은 일자리'에 들어갈 가능성이 적기에 (그리고 학자금 부채가 많아 경제적 불안이 크기 때문에) 이러한 노동력 및 경영 전략의 변화로 특히 큰 타격을 받을 수 있다. 그러나 불안과 불평등의 증가로 인한 스트레스는, TOMO에서 일하는 전 연령대의 전문가와 관리자를 포함하여, 모든 세대를 정신없이 일하게 만들고 있다.

많은 경제학 연구와 계량적인 사회학 연구는 기업이 취하는 경제 전략의 추세를 살펴보고 이것이 직원들의 근무 시간, 강도, 스트레스와 어떠한 관련이 있는지 검토해 왔다. 하지만 이러한 연구들은 거시적 구조 변화와 개인의 경험 사이의 연관성만을 암시하고 있다. 다시 말해, 큰 그림과 사람들의 삶 사이의 연관성은 좀처럼 잘 드러나지 않고 있다. 내재화된 통제의 역학에 대한 풍부한 경험적(대체로 사회학적이며 질적인 연구) 연구가 있다. 이 연구에서는 많은 근로자가 스스로 고강도로 노동하도록 부추김을 보여 준다. 하지만 이제는 이러한 연구를 업데이트할 시기가 되었다. 내면화된 기대와 규범적 통제가 여전히 장시간 노동과 과부하의 주요 원인일까? 아니면 세계화, 디지털화, 그리고 기업의 규모 축소가 규범적 통제의 외관을 벗겨 내어, 과중한 업무와 과부하를 조장하는 것은 외부의 힘이며, 이러한 업무 관행이 선택이 아닌 강요라는 점을 보여 줄 수 있을까? 우리의 연구는 이러한 질문에 답하고 거시적 구조적 변화가 과부하라는 현실에 이르는 경로를 경험적으로 추적한다.[13]

최고 경영진이 직원들에게 장시간 근무하고, 거의 모든 시간에 근무할 수 있으며, 증가하는 요구를 참아 내기를 기대하는 이유는 명백해 보일 수 있다. 미국에서 일하는 대부분의 전문가와 관리자는 주당 40시간을 초과하여 근무해도 급여가 오르지 않는다.[14] 따라서 회사는 같은 급여를 주고 더 많은 시간을 일하게 하면 지불하는 달러당 생산량이 늘어날 것이라고 가정하여, 각 직원이 더 많은 일을 하게 하려고 노력하고 있다. 인건비는 금융 시장이 주시하는 특정 재무 목표를 달성하기 위한 최고 경영진의 노력의 일환으로 주의 깊게 추적 및 모니터링되고 있으며, 이로 인한 규모 축소 및 해외 인력으로의 전환과 같은 비용 절감 조치가 발표되면 주가는 종종 상승할 것으로 예측되었다.[15] 특히 TOMO와 같은 대규모 고용주는 의료 비용의 상당 부분을 부담하기 때문에, 직원 복리후생이 총 보수의 큰 부분을 차지하는 미국의 경우, 경영진은 미국 내 주요 지역에서 인력을 감축하고 이를 해외 인력, 복리후생이 없는 미국 내 계약 업체 또는 새로운 AI 도구로 대체하려는 유혹을 받게 된다.

근로자가 이러한 흐름에 저항하기는 어렵기에, 경영진은 이러한 비즈니스 모델을 따를 수 있다. 이럴 경우 높은 성과를 올리는 직원은 만성적인 업무 과부하 때문에 더 나은 조건을 찾기 위해 회사를 떠날 수 있다. 그리고 이러한 직원의 이탈은 회사 시스템에 대한 깊은 전문성을 상실하게 만들고, 리더십을 발휘할 수 있는 인재가 회사를 떠나 회사에 실질적인 비용을 초래할 수 있다. 그러나 많은 근로자는 급여와 복리후생은 동일하지만 업무 과부하가 덜한 직장을 찾을 수 있을지 의구심을 가지고, 다른 많은 동료들처럼 현 직장을 잃게 될까 봐 걱정하고 있다.

고용 불안은 또한 종종 규모 축소 및 업무를 해외로 위탁하는 과정에서 살아남은 사람들이 기존 업무 이상으로 가중되는 추가 업무(저임금 직원과의 조정, 교육, 모니터링 포함)를 받아들여야 함을 의미한다.

우리는 TOMO의 IT 전문가와 관리자의 사례를 통해 특정 조직 관리 관행과 인력 배치 결정이 과중한 업무와 과부하를 얼마나 조장하는지 살펴보고, 그것을 실행하는 과정에서 발생하는 숨겨진 비용을 지적함으로써, 이러한 관행과 전략이 가질 수 있는 함의를 살펴볼 것이다. 우리는 다른 업계에서도 유사한 분석 결과가 나올 것으로 예상하기에, 이 장의 마지막에서는 다른 업계에 대한 연구를 제시할 것이다. 하지만 먼저 IT 업계의 사례에 초점을 맞춘 이유는 이 업계가 시간과 공간에 걸쳐 지식 업무를 분산하고, 기술을 사용하여 업무를 분배하고 조정하며, 사무직에 자동화와 AI를 도입하는 데 있어 최첨단을 달리고 있기 때문이다. TOMO에서 수행한 인터뷰 응답자들은 이러한 전략이 불합리한 기대에 근로자들이 순응하게 만드는 작동방식을 생생하게 보여 줄 뿐만 아니라, 현재 관행에서 인식되지 않은 문제점을 드러냈다.

— 비현실적인 스케줄과 품질에 대한 함의

TOMO에서 업무 과부하가 얼마나 심각하게 발생하는지 이해하려면 소프트웨어 애플리케이션과 프로그램이 어떻게 생산되는지 이해해야 한다. TOMO와 다른 많은 IT 조직의 이상적인 소프트웨어 개발 프로세스는 선형적이면서도 상호 의존적이다(각 업무에 대한 자세한 내용은 책 후반부의 〈부록 1〉에 있다). 일반적인 프로세스는 다른 전문 서비스 및 프로젝트 기반 지식 업무에도 적용할 수 있다.[16] 소프트웨어 개발 프로세스는 고객과 기술 전문가가 정보기술(IT)이 해결할 수 있는 비즈니스 문제를 공동으로 식별할 때 시작된다. TOMO의 경우 대부분의 고객은 회사 내부의 다른 부서이다. 예를 들어, B2B 영업팀은 고객의 관심사를 차별적으로 추적하기 위해 소프트웨어를 업데이트해야 한다. 또는 외부 고객의 사용을 추적하고 적절한 비용을 청구하기 위해 특정 소프트웨어 제품을 개선해야 할 수도 있다. 이 경우 IT 부서의 고객은 외부 고객이나 최종 사용자가 아니라 해당 제품을 판매하고 서비스하는 TOMO 사업부라고 할 수 있다. 계획 단계에서 프로그램 관리자와 시스템 엔지니어는 고객의 요구 사항을 파악한 다음, 제안된 IT 솔루션에 필요한 기술 사양과 기술적 요구 조건을 개발하게 된다.

개발자 혹은 좀 더 공식적으로는 소프트웨어 개발 엔지니어라고 불리는 이들은 코드를 작성하고 디버깅하며, 테스트 또는 품질 보증quality assurance: QA 직원이 다양한 단계에서 그들의 코드를 테스트하게 한다. 새로운 애플리케이션이 출시되면 생산 지원 직원은 사내에서 개발되었거나 사내 시스템과 연결된 수많은 애플리케이션과 프로그램을 유지 관리하고 문제를 해결한다. 애플리케이션이나 프로그램이 잘 작동하려면 각 역할에 속한 직원이 자신의 업무를 잘 수행해야 하며, 그렇지 않으면 프로젝트에 실질적인 문제가 발생하기도 한다. 분석가는 최종 사용자의 요구 사항, 선호도 및 특이 사항을 잘 이해하고 있어야 하며, 설계자와 시스템 엔지니어는 새로운 코드를 더 큰 시스템에 통합하는 방법을 효과적으로 계획해야 하고, 개발자는 제대로 작동하면서도 가급적 깔끔한 코드를 작성해야 하며, 테스터는 출시 전에 문제를 조기에 발견해야 하고, 생산 지원 직원은 소프트웨어(및 그 목표)를 철저히 이해하고 오프라인 시스템을 다시 가동하기 위한 기민한 전략을 세워야 한다.

우리의 인터뷰에 응한 IT 전문가와 관리자에 따르면, 이러한 소프트웨어 개발 과정에서 발생하는 핵심적인 문제는 새로운 애플리케이션이나 프로그램을 제작하는 일정이 더 이상 현실적이지 않다는 것이다. 유명 애플리케이션을 담당하는 개발 관리자인 캐슬린은 상사가 사무실에 있는 한, 자신도 사무실에 있어야 한다는 문화적 기대에 대해 이야기했다. 직원들의 우려에 대해 묻자 그녀는 다음와 같이 말했다.

> 아마도 첫 번째 문제는 스케줄이 비현실적이라는 겁니다. 비즈니스와 경영진이 원하는 바와 프로젝트에 참여하는 사람들이 필요로 하는 실제 기간 사이의 균형을 맞추는 것은 아주 미묘한 문제죠.
>
> 일정에 맞추라는 압박이 정말 많습니다. 그래서 때때로 직원들은 제게 업무를 수행할 수 있는 현실적인 시간을 주지 않는다고 말하곤 합니다.

프로젝트의 정확한 범위가 결정되기 훨씬 전에 마감일이 설정되는 경우가 많았다. 이는 관리자가 고객에게 제품, 혹은 이 경우 비현실적인 일정을 약속하는 일종의 '과장 광고'라고 할 수 있다. 이 같은 과장 광고는 모든 종류의 전문 서비스에서 발생하고 있다.[17] 또 다른 문제는 고객과 계획을 세우고 나서, 해당 계획이 변경되는 경우가 많다는 것이다. 가족과 보내는 시간을 가급적 확보하려고 노력하지만 여전히 업무 과부하를 느끼는 개발 매니저 조나단은 자신의 팀이 프로젝트를 거의 끝내려고 할 때 고객이

"프로젝트 A를 취소하고 프로젝트 B로 이동하기로 결정"했다고 말하면서 이러한 현상을 설명한다. 이때는 "보통 하루 전에 그렇게 해 달라고 말해요." 번거롭고 혼란스럽지만 조나단은 그것을 있는 그대로 받아들이고 있다.

> 비즈니스가 원하는 바를 따라잡기 위해서는 빠른 속도로 움직여야 해요. 역동적이고 변화무쌍한 현실에서 핵심은 유연성이더라고요.

여기서 조나단이 말하는 유연성은 '일이 원하는 것'에 맞추기 위한 직원들의 유연성이지, 언제, 어디서, 어떻게, 얼마나 일할지에 있어 '직원들을 위한' 일의 유연성이 아니다.

촉박한 일정은 개발 주기의 후반부 작업에서 특히 문제가 되곤 한다. 개발 주기 중간에 설정된 중간 마감일을 놓치면 주기 후반에 해당하는 작업을 원래 계획보다 짧은 시간 내에 완료해야 한다. 바네사는 개발 과정 초기 마감일을 놓치면 나중에 스트레스를 받는다는 사실을 알고 있지만, 1년 전에 예정된 제품 출시 날짜는 변경되지 않는다는 사실을 받아들일 수밖에 없었다.

> 클라이언트는 (요구 사항을 설명하기 위한) 날짜를 절대 지키지 않습니다. 그러면 시스템 엔지니어도 제시간에 작업을 완료할 수 없습니다. 그러면 저희도 날짜를 맞출 수 없게 되고, 결국 (날짜를 맞추기 위해) 필요한 기간에 비용이 얼마인지 견적서를 제공할 수 없게 됩니다. 일종의 낙수 효과와도 같아서 결국에는 모두 엉망진창이 돼 버려요.

하지만 바네사는 더 이상 미룰 수 없다고 말한다.

> 하지만 (출시) 날짜는 바뀌지 않습니다. 여전히 날짜를 맞출 방법을 찾아야 합니다…. 그리고 우리는 "죄송합니다, 저희는 여기까지인 것 같습니다. 아시잖아요. 더 이상은 못하겠어요." 라고 말하며 일정을 미루는 것에 초점을 맞추지는 않는 거 같습니다.

따라서 IT 전문가는 도중에 요구 사항이 변경되거나 초기 지연으로 인해 개발 프로세스 후반에 큰 부담이 발생하더라도, 비현실적인 기한에 맞춰야 하는 부담을 떠안게 된다.

또한 이러한 전문가와 관리자는 추가 문서 작업을 비롯한 다른 일도 처리해야 하는데, 이러한 작업을 처리할 충분한 시간이 없다고 느끼게 된다. 회사는 이러한 기술 전문가들이 자신의 결정과 업무 경로 프로세스를 매우 상세하게 문서화해야 하는 '프로세스 변경'안案을 추진하기로 결정했다. 이제 IT 전문가들은 표준화된 단계를 따르고 정해진 템플릿을 사용하여 기술 문제를 진단하고 해결하도록 요청받게 되었다. 당연히 많은 사람들이 추가 문서 작업을 싫어하고 자율성과 창의성이 축소되었다고 느끼지만, 일부 사람들은 이러한 도구가 유용하고 소프트웨어 개발에 대한 회사의 접근 방식을 합리화하는 데 도움이 된다고 생각하고 있다. 하지만 새로운 프로세스가 새로운 작업을 수반한다는 점에는 모두가 동의하고 있다.

개발 관리자인 타나이는 이러한 문서화에 필요한 추가 작업은 인력이 부족한 상황에서 그 가치가 의심스럽다고 생각한다.

> 이미 세 개의 직업을 가진 사람에게 이 모든 문서를 작성해야 하는 또 다른 일을 맡기면…. 결국 10시간의 업무에 대해 80시간의 문서 작업을 해야 하는 희생양이 되는 것입니다.

이미 엄청난 요구와 업무 과부하에 시달리고 있는 테스트 관리자인 맥켄지는 문서 작업이 "통제 불능 상태"에 이르렀다고 생각한다. 그녀는 새로운 프로세스에 대한 압박이 주요 목표를 달성하는 데 방해가 된다고 생각한다.

> 결국 우린 좋은 품질의 코드를 생산해야 하고, 그게 우리가 여기 모인 이유라고 생각해요. 그런데 우리 모두가 길을 잃고 혼란스러워하고 있죠…. 이런 일이 우리를 죽이지 않기를 바랍니다.

그녀는 정말로 짜증이 난 것 같았다.

> 정말 우리가 더 나은 코드를 만들어 낼 수 있을까요? 우리 상황이 더 나아질까요? 그렇게 하기 위해 현실을 돌아보고 있는 것 같지도 않아요. 그냥 문서를 작성했는지 확인할 뿐이에요. 정말 안타까운 일이죠.

멕켄지는 직원들이 업무 시간이 길고 요구 사항이 많을 때, 다시 말하면 "일이 미치도록 많아질 때"는 과중한 업무량을 받아들이는 데 반해, 새로운 문서 작업으로 인해 업무량이 늘어날 때 더 큰 불만을 표시한다고 말한다.

> 직원들은 “왜 그렇게 해야 하나요?”라고 끊임없이 질문합니다. “말이 안 돼요. 내가 왜 이걸 해야 하죠?”… 그들은 일이 미친 듯이 진행되더라도 신경 쓰지 않아요. 그런데 제가 말도 안 되는 일을 시키면 신경을 쓰죠.

IT 프로젝트는 공식적으로 시간 준수, 예산 준수, 높은 품질이라는 세 가지 기준으로 평가된다. 하지만 비현실적인 일정은 직원과 관리자로 하여금 품질에 지장을 주지 않으면서도 일을 빨리 끝내야 한다는 압박감을 느끼게 한다. 시메온은 단순한 이치라고 말한다.

> 해야 할 일은 너무 많은데 시간은 충분하지 않죠. 그러면 상황은 간단해집니다. 우리는 서둘러 일을 끝내려고 하지만, 결국 그 일은 완벽하지도 않고, 완성되지도 않으며, (말을 잠시 멈췄다가) 죽도 밥도 안 되는 거죠.

우리가 수행한 포커스 그룹 인터뷰에서 주드는 “경영진이 볼 수 있는 것은 우리가 약속을 지켰는지 여부뿐이며, 우리가 어떤 문제를 신중하게 예방했는지는 볼 수 없다”고 말한다.[18] 또 다른 동료인 대런은 이 점을 더 자세히 설명했다.

> 소프트웨어 개발자이면서 설계자이자 디자이너인 저는 소프트웨어를 어떻게 구축할지 고민합니다. (하지만) 소프트웨어를 잘 구축해서 위기를 모면한 것에 대한 보상을 받지는 못합니다. 그리고 문화적으로도 이런 부분에 더 많은 관심을

> 기울였으면 좋겠어요. 전문성에 대해 더 많이 보상하고 그런 일을 할 시간도 주어졌으면 좋겠어요.

대런은 자신의 직업적 정체성(소프트웨어 개발자, 설계자, 그리고 디자이너)을 언급하며 이러한 접근 방식에 거부감을 느끼는 이유를 설명한다.

> 우리는 끊임없이 시달리고 있으며, 지름길을 찾기 위해 최선을 다하고 있습니다.

그의 동료인 마리는 팀이 마감 기한을 지키면 다른 사람들이 정말로 환호할 것이라고 말합니다.

> “야호! 제시간에 만들었어!”라고요. 하지만 저는 우리가 어떻게 제시간을 맞췄는지 알기 때문에 박수 치지 않을 거예요.(모두 웃음)

하지만 IT 전문가와 관리자가 종종 규칙을 어기더라도 고품질의 전문적인 작업을 수행하기 위해 최선을 다하기 때문에 촉박한 일정이 품질에 미치는 영향은 예상만큼 크지 않았다. 개발 관리자인 캐서린은 “우리 팀이 생산하는 제품 또는 서비스는 항상 고품질이어야 한다”고 말하면서 품질을 강조해 왔고, 이는 팀원들의 일정에 영향을 미쳤다. 캐서린의 상급자인 경영진은 캐서린이 마감 기한을 맞추고 예산 범위 내에서 프로젝트를 진행하기 위해 기술적 완벽함(“80/20법칙*”)을 포기하기를 원하는데, 이는 주로 캐서린의 팀 내 개발자들이 이 프로젝트에 투입하는 시간에 따라 결정되었다. 캐서린은 품질을 중시하고

* 상위 20%가 전체 생산의 80%를 해 낸다는 파레토(Pareto) 원칙을 말한다.

고객이 "완벽하기를 기대"한다고 말하면서 이러한 지침을 거부하고 있다. 하지만 대부분의 관리자는 타협을 하고, 캐서린은 1년 만에 프로젝트의 인원이 적고 중요도가 낮아 좌천으로 간주될 수 있는 다른 보직으로 이동하게 되었다.

회사에서 사용하는 작업 시간 추적 소프트웨어에는 반영되지 않는 일을 추가로 한 IT 전문가에 의해 규칙이 왜곡되기도 했다. IT 전문가는 프로젝트를 잘 완수하기 위해서는 관리자가 할당하는 것보다 더 많은 시간이 필요할 수 있다. 그래서 그들은 일정 수준 이상의 품질을 확보하기 위해 추가 시간을 투입하지만 "예산 낭비"를 피하기 위해 그것을 고객에게 청구하지 않기로 결정하는 경우가 있다. (이러한 직원과 관리자는 급여를 받고 공정 근로 기준법에 따라 초과 근무 수당이 면제되는 것으로 분류되기 때문에, 실제 근무 시간보다 적은 시간을 시스템에 보고해도 개인적으로 손해를 보는 일은 없다.) 그러나 이러한 관행은 실제로 기술 작업에 걸리는 시간에 대해 잘못된 기대치를 만들기 때문에 향후 과부하를 조장하게 된다. 스스로 장시간 근무하는 테스트 관리자인 조지아는 다음과 같이 설명한다.

> 이것이 향후 프로젝트에 필요한 자금을 확보하기 어려운 이유 중 하나입니다. 실제 작업 시간보다 더 적은 시간으로 이 모든 작업을 할 수 있었던 것처럼 보이기 때문입니다. 그래서 악순환이 되죠.

조지아는 이러한 이유로 직원들에게 실제 근무 시간을 보고하도록 지시하였다. 하지만 고위 관리자와 경영진은 특정 팀의 장시간 근무나 과로를 보지 못하는 경우가 많기에, 실제로는 1,200시간이 소요된 프로젝트지만 공식적으로 보고되고 청구된 대로

1,000시간만 소요되었다고 믿을 수 있다는 점도 조지아는 잘 알고 있었다.

많은 관리자가 이러한 '악순환'을 인식하고 정확한 시간 보고를 장려하는 반면, 어떤 관리자는 시간을 숨기는 한이 있더라도 예산 범위 내에 머물러야 한다는 압박을 느끼기도 한다. 주당 40시간 또는 40시간이 조금 넘는 근무 시간을 보고해야 한다는 '강요'를 받고 있다는 한 직원은 이를 윤리적 문제로 인식하고 있다. 그는 또한 이러한 긴 근무 시간이 인정받지 못하는 것에 대해 다음과 같이 불만을 토로하였다.

> 당신이 고용주라고 쳐요. 제가 일주일에 50시간, 55시간, 60시간을 일한다면 제가 당신한테 그렇다고 말할 수 있어야하고, 그래야 당신은 제 업무량을 조정할 수 있는 것 아닌가요? 그렇지 않으면 이중적인 신호를 보내게 되니까요.
>
> 만약 제가 "사장님, 저 정말 미친 듯이 일하고 있어요. 아침 일찍부터 밤늦게까지 일하고 있어요."라고 말했는데, 근무표를 보니 41시간이라고 적혀 있으면 "도대체 무슨 소리야?"라고 생각하실 거 아니에요. 그러니까 사람들이 정말 과부하 상태인데도 그냥 기업의 신화로밖에 안 보이는 거죠.

그럼에도 불구하고 직원들은 (자신의 노동을 숨기고 고객에게 아무런 보상 없이 효과적으로 노동력을 제공하는) 이러한 지침을 준수하는 것이, 프로젝트를 계속 수주하기 위해서는 필요하다고 결론을 내린다.19

또한 비현실적으로 짜인 업무 일정은 IT 전문가로 하여금 시스템 및 하드웨어 유지보수를 건너뛰거나 미루게 하고, 새로운 도구 개발에 대한 투자를 소홀히 하도록 부추긴다. 조나단은 시간에 쫓겨 시스템의 유지보수를 미뤘을 때 어떤 결과가 초래되는지 설명한다.

> 이쪽에서 한 푼이라도 아껴서 저쪽에 발생하는 비용을 내요. 지금 서버를 업그레이드할 수도 있고, 그걸 나중으로 미룰 수도 있죠. 여기에는 공짜가 없어요.

조나단은 나중에 또 다른 위기에 직면했을 때 대가를 치를 것이라고 예상은 하지만, 지금의 시스템을 유지 관리하는 데 시간을 할애하기에는 인력이 너무 적다고 말한다. 그러나 이 것은 기존 시스템의 유지 관리를 넘어, 새로운 기술 솔루션을 개발하거나 조직 전체에 더 나은 학습 프로세스를 구축하여 시스템을 개선하는 것으로 확장될 수 있다. 경영학자 넬슨 리페닝Nelson Repenning과 존 스털만John Sterman은 이 고전적인 문제를 다음과 같이 설명한다. 경영진은 현재의 프로세스를 사용하여 주어진 제품을 더 많이 생산하는 데 시간을 할애할지, 아니면 나중에 품질이나 생산성을 향상시킬 수 있는 역량을 개발하는 데 시간을 할애할지 결정해야 한다. 그들이 쓴 논문 제목과 앞서 인용한 포커스 그룹 참가자와의 대화에서도 알 수 있듯이, "일어나지도 않은 문제를 해결한 공로를 인정받는 사람은 아무도 없다"는 말을 떠올릴 필요가 있다. 또한, "더 열심히 일하고 지름길을 택하면 즉각적인 이득을 얻고 당장의 문제를 해결하는 데 도움이 되기 때문에" 더 강하게 밀어붙이고 싶은 유혹이 있지만, 이러한 결정은 중장기적으로 악순환을 일으키고 실제로는 더 많은 문제를 야기한다.[20]

주어진 자원에 비해 해야 할 일이 너무 많다는 느낌인 과부하는 '인적 자원', 즉 인원 삭감에서 직접적으로 발생한다. 프로젝트의 요구 사항이나 범위가 해당 프로젝트를 수행할 수 있는 전문가 수와 일치하지 않는 경우가 많기 때문에, 프로젝트 수행 일정이 비현실적으로 느껴지는 경우가 많다. 우리 연구를 시작하기 전 10년 동안 TOMO에서는 IT 인력을 거의 절반으로 줄였으며, 미국에 있는 일부 직원은 해외 인력으로 대체하였다. IT 부서 소속 직원들은 매년 같은 분기에 인력 감축을 예상할 정도로 다운사이징은 일상적인 일이 되어 버렸다. 그리고 다운사이징이 회사를 떠나는 직원뿐만 아니라 남아 있는 직원들에게도 지속적으로 영향을 미친다는 것은 잘 알려진 사실이다. 영국에서 직장인을 대상으로 한 설문 조사에 따르면 지난 3년 동안 다운사이징을 겪은 직원들은 매우 열심히 일해야 했고, 업무에 더 지치거나 소진되었다고 느끼고, 퇴근 후 긴장을 푸는 데 더 어려움을 겪는다고 답할 가능성이 더 높았다.[21] 앞서 언급한 개발 관리자 타나이(부서 내에서 존경받는)는 부족한 인력과 높은 업무량으로 인해 분명한 어려움을 겪고 있다고 말한다.

> 사실이라고 말하고 싶네요. 업무는 두 배로 늘어나고 인원은 줄어들고 있어요.

앞서 언급했듯이 팀 내 인력 감축*은 업무의 질과 시스템 유지 관리 또는 혁신성에 영향을 미친다. 인력 감축은 또한 직원이 다른 팀을 도울 수 있는 여지가 없어짐을 의미하기도 한다. 따라서 그것은 많은 사람들이 중요하게 여기는, 서로 지지하고 협력적인 문화를 유지하기 어렵게 만든다.[22] 약 20명의 직원을 관리하는 조셉은 일상적으로 주당 약 55시간을 근무한다. 자신이 관리하는 프로젝트 관리자들이 예전에는 다른 팀들이 과중한 업무에 시달릴 때 도움을 주곤 했지만, 이제 그는 그들에게 그렇게 하지 말라고 조언한다고 말했다.

> 저희 팀도 다른 팀과 마찬가지로 시간에 쫓기고 있습니다. 큰 그림으로 보면, 현실적으로 이 회사는 해고와 해고, 해고를 거듭하고 있지만 우리에게 오는 업무량을 줄이지 않고 있어요.
>
> 그래서 저희의 전체 업무량은 점점 더 늘어났고, 개인 업무량도 마찬가지로 늘어났죠. 그래서 다른 조직에 도움을 줄 여유가 없습니다.

인터뷰 후반부에 조셉은 이 회사 문화가 어떻냐는 일반적인 질문에 대해 자신의 불만을 솔직하게 털어놓으며 답했다.

> 여기 입사 지원하지 마세요. 차갑게 말하려는 건 아닙니다. 하지만 솔직히 말씀드리자면 제가 이곳에 있는 유일한 이유는 월급이 나오기 때문입니다. 전에는 제 직업을 사랑했어요. 예전에는 여기 오는 걸 좋아했죠.

조셉은 예전에는 긴 근무 시간에도 불구하고 출근하는 날이 기다려졌다고 회상하지만, 이제는 문화가 달라졌다고 생각했다.

* 원문에서는 이를 lean staffing이라고 표현하고 있다. 이 lean staffing은 생산 과정에서 낭비 요소를 제거하여 효율성을 극대화하는 lean management와는 다르게 인력 감축에 초점을 두어 장부 회계상 인력 효율성을 극대화하는 전략을 의미한다.

그의 상사는 종종 기분이 좋지 않고, 아무도 서로를 알아봐 주거나 감사 인사를 건네는 데 시간을 할애하지 않는다고 느낀다고 했다. 또 다른 중요한 변화는 팀 간의 협업과 지원이었다.

> 사람들은 서로를 돕기 위해 적극적으로 나섰었죠. 각 작은 개별 팀 안에서가 아니라 정말 팀 단위로 뭔가를 하려고 했죠. 그리고 그런 노력이 그룹과 조직 전체에 걸쳐 이루어졌었죠. 모든 사람이 함께 힘을 합쳐 목표를 달성하려고 했기 때문이에요.

아이러니한 점은 조셉이 더 큰 조직 내에서 이루어지던 협업을 그리워하면서도, 앞서 이야기했듯 감당할 수 없을 정도로 업무가 많아진 지금 직원들에게는 더 이상 협업이 불가능하다고 느낀다는 점이었다. 또한 조셉의 이야기는 인터뷰에 참여한 IT 전문가와 관리자들이 자신의 업무에 대해 어떻게 생각하는지 이야기할 때 가장 자주 등장하는 주제인 '일에 대한 애정'이 어떻게 변화했는지를 잘 보여 주었다.

실직에 대한 두려움으로 인해 협업과 팀워크도 위협받고 있었다. 인터뷰와 여러 대화에서 실직에 대한 두려움 때문에 정보를 숨기는 직원들 이야기를 들을 수 있었다. 한 관리자는 부하 직원들이 업무가 밀려와도 그룹 내 다른 직원에게 도움 요청하기를 꺼리는 '두려움에 기반한' 전략을 설명했다. 이들은 한 사람이 무리 없이 완수하기에는 너무 큰 업무라도 혼자서 완수함으로써 자신의 공헌을 인정받고, 상사가 다음 단계의 인원 감축에서 자신을 해고 대상으로 선택하지 않기를 바라고 있었다. 특정 프로그램이나 시스템을 잘 아는 유일한 직원들은(종종 이전 동료가 해고되었기 때문에) 다른 사람을 교육하는 데 신중을 기하게 되었다. 예를 들어, 자신이 개발한 특정 프로그램을 "자신의 아기"라고 표현한 개발자이자 아이의 아버지인 헤이워드는 이 프로그램에 대한 유일한 전문가라는 사실이 자신의 일자리를 보호함을 의미하기 때문에, 매우 긴 근무 시간과 수시로 걸려오는 전화를 참는 듯했다. 900명 이상의 IT 전문가와 관리자를 대상으로 실시한 설문 조사 분석에 따르면, 향후 1년 내로 실직할 수 있다는 두려움이 큰 사람은 동료를 돕는 횟수가 적다고 답했다. 이를 '조직 시민의식 행동' 척도라고 하는데, 이 조사 결과에 따르면 근로자는 자신의 일자리가 불안정하다고 느낄 때, 특히 다른 사람을 돕기 위해 더 많은 노력을 기울이려 하지 않음을 알 수 있다.[23]

— 노동 전략으로서의 해외 업무 위탁과 그것의 실제적 정서적 함의

미국 내 IT 직원의 수가 감소하고 있는 가운데 TOMO는 점점 더 많은 업무를 해외로 이전하고 있었다. 현재 많은 미국 직원과 관리자가 인도에 있는 직원들과 긴밀히 협력하고 있는데, 이는 주로 인도의 IT 컨설팅 회사가 공식적으로 고용한 계약 업체 또는 TOMO 자회사의 인도 직원과 협력함으로써 이루어진다. (수년 동안 인도로의 IT 아웃소싱이 주를 이루었지만 이제는 동유럽과 남미, 베트남, 중국 및 기타 아시아 국가에서도 IT 작업을 수행하는 경우가 많아지고 있다). 이러한 글로벌 노동 사슬은 새로운 기술, 즉 데이터 저장*을 위한 새로운 옵션, 컴퓨터 처리의 새로운 발전, 안정적인 전화 및 인터넷 서비스를 포함한 새로운 통신 기술 덕분에 가능해졌다. 자동화, 로봇 공학, 인공 지능AI 등

* 드롭박스(dropbox)나 구글 드라이브와 같은 데이터 공유 및 저장 서비스를 의미한다.

다른 기술도 IT 전문가와 관리자의 미래 업무에 영향을 미친다. 우리가 TOMO에서 연구를 수행할 당시에는 이러한 변화가 막 시작되는 단계였지만, 이제는 일부 일상적인 업무는 AI가 처리할 수 있게 되면서 사무직 지식 근로자가 일자리를 잃을 가능성이 현실화되고 있다.[24]

기업 입장에서는 해외 업무 위탁을 통해 얻을 수 있는 비용 절감 효과와 자동화 및 AI를 통한 예상 비용 절감 효과가 분명해 보인다. 인도의 IT 근로자에게 지급되는 급여는 미국 IT 직원 급여의 10~25% 수준으로 추정되고 있다.[25] 그러나 인터뷰에 응한 전문가와 관리자들은 글로벌 노동 전략에 중요한 비용이 발생하며, 이 중 일부는 직원과 그 가족이 부담하고 일부는 회사에 직접적인 영향을 미친다고 밝혔다.

TOMO의 직원과 관리자들은 전 세계 파트너들과 긴밀하게 협력하는 데 있어 현실적인 문제를 알고 있었다. 이러한 조율을 원활하게 하기 위해서는 근무 시간이 길어지고, 이른 아침과 늦은 밤에 통화하는 것은 당연한 일이었다. 이러한 노동 전략으로 인해 업무 결과물 검토, 신규 해외 직원 교육과 같은 추가 업무는 미국 내 직원에게 넘어가는 경우가 많다.[26] 추가 업무는 매주 미국 내 전문가와 관리자에게 넘어가 고강도 업무 관행과 과부하에 직접적으로 영향을 미치기도 한다. 그러나 이러한 전문가와 관리자는 일정한 급여를 받고 있고(초과 근무로 인한 추가 급여 없음), 자신의 일자리를 유지하기 위해 요구되는 모든 일을 해야 한다는 압박감을 느끼기 때문에, 이러한 노동 전략의 전체 비용은 회사 경영진이 명확하게 알 수 없거나, 알고는 있지만 명시적으로 드러내지는 않는다.

캐서린은 이러한 글로벌 업무 조율 작업으로 인해 팀의 근무 시간이 어떻게 늘어났는지 설명하면서, 하루 10시간 동안 사무실에서 근무한 후 "8시부터 자정까지, 때로는 자정을 넘겨서까지" 통화한다고 말한다. 이전에도 심야 및 새벽 근무에 대해 이야기한 적이 있지만, 이러한 근무 시간 연장이 기술적인 긴급 상황이나 주요 마감일 직전의 긴박함 때문이 아니라 해외 직원과의 일상적인 조율 때문이라는 점을 특별히 강조하지는 않았다. 공식적인 관리 직함 없이 기술 업무와 다른 사람의 기술 업무를 코칭하는 기술 관련 선임자 역할에 종사하는 사람들은 더 자주 통화하며, 일부 선임자는 "매일 밤마다 통화"한다고 캐서린은 이야기했다. 품질 보증(QA) 역할을 담당하는 직원 및 관리자도 해외 직원과 긴밀하게 협력하는 경향이 있으며, 이러한 테스트 업무는 점점 더 해외로 이전되고 있다. (테스트는 소프트웨어 개발이나 IT 시스템의 작동 방식을 계획하는 것보다 중요하지만 기술적으로 덜 복잡한 것으로 간주되고 있다.) 한 QA 관리자는 현재 테스트 업무 담당 직원의 80%가 해외에 있다고 말했다. 사울의 설명에 따르면 숙련된 직원들은 해외 근무자와 업무 조율을 하느라 추가로 근로하게 되고 이로 인해 어려움을 겪을 수 있었다.

> 밤 10시에 전화를 받고, 자정이나 새벽 1시까지 남아서 위탁할 업무를 보내 달라는 요청을 받고 있습니다. 이 중에는 30년 동안 이 일을 하고 있는 사람도 있습니다. 그런데 이들에게 이것은 이전의 익숙한 업무와는 완전히 다른, 사고방식의 전환이에요.

이러한 고강도 업무 관행은 정신적인 변화뿐만 아니라 육체적으로 몸을 혹사하고 수면을 방해하며, 가족과 개인 시간을 일상적으로 침해하곤 한다. 이러한 어려움은 "30년 이상 근무하고 나이가 많은 사람들"에게 더 분명하게 다가올 수 있지만, 항상 밤늦은 시간이나 이른 아침에도 유연하게 일할 수 있어야 한다는 요구를 받는 젊은 직원들도 역시 비슷하게 느끼고 있다.

프로젝트 진행 상황에 대한 정보 공유 및 질문에 대한 답변 등 글로벌 노동 체인을 유지하기 위해 일부 조정 작업이 필요하지만, 미국 내 직원과 관리자들은 새로운 해외 직원을 교육하고 해외에서 수행되는 작업을 모니터링해야 한다고 생각한다. TOMO는 인도에서 매우 저렴한 노동력을 활용하는 전략을 구사하고 있으며, 그들에게 가장 경험이 적은 IT 직원을 고용할 수 있을 정도의 비용만 지불하고 있다. 경험이 없는 직원에게 TOMO의 특정 시스템을 교육하려면 미국의 직원들이 오랜 시간을 들여 감독할 필요가 있다. 이는 비효율적이고 비합리적으로 느껴질 수 있다. 예를 들어, 소프트웨어 개발 그룹을 총괄하는 디렉터이자 세 자녀의 어머니이기도 한 조니는 미국의 숙련된 직원이 특정 CS(요구 사항)에 필요한 사항에 대해 매우 상세히 설명해야, 해외의 경험이 적은 직원이 해당 코드를 직접 작성할 수 있다고 말했다. 미국의 고도로 숙련된 개발자들은 결국 직접 개발하는 일은 많이 하지 않게 된다. 왜냐하면 그들은 지긋지긋한 시간을 모두 해외 위탁 업무를 수행하는 직원들과 소통하는 데 소비하기 때문이다.

직원과 관리자들은 이런 방식으로 업무를 분배하는 것이 합리적인지 의문을 제기하기도 한다. 디렉터인 사울은 직원들이 자신에게 이렇게 말한다고 전했다. "해외에 있는 세 명이랑 조율하는 저의 이 일을 대신 할 국내 직원 한 명을 고용하는 게 당신에게 더 좋을 거예요."[27]

우리가 수행한 설문 조사와 인터뷰의 응답자들은 해외로 업무를 이전하는 데는 다양한 전략이 있으며, TOMO의 저비용 전략은 여전히 미국에 기반을 둔 전문가와 관리자라는 전문 인력에 크게 의존하여 작업을 설정하고 검토하고 있다는 점을 인식하고 있었다. 인도에서 IT 인력에 대한 수요가 급증하고 있는 데 반해, TOMO가 인도에 지불하는 급여는 숙련된 IT 전문가를 채용하거나 이들이 이러한 애플리케이션과 프로젝트에서 경험을 쌓을 수 있도록 충분히 오래 고용할 수 있을 만큼 높지 않다. 앞서 소개한 디렉터인 조니는 인도에서 경험이 많은 IT 직원은 더 많은 선택권이 있다고 말한다. 하지만,

> 급여가 높지 않기 때문에 학교를 졸업하고 바로 입사해 6개월만 일하고 떠나는 사람들이 많아요. 그래서 우리에게는 항상 경험이 매우 부족한 사람들만 남기 때문에 업무 상황이 더욱 악화되고 있죠.

조니와 다른 IT 관리자들은 전반적으로 해외 업무 위탁에 반대하는 것처럼 보이지 않도록 조심하지만, 회사의 현재 전략에 대해서는 가끔 의문을 제기하기도 한다.

> 우리는 비용을 너무 낮추려고 노력하는데, 언젠가는 누군가 "이봐요, 받은 만큼만 일할 거예요."라고 말해야 할 것 같아요.

하지만 현실은 TOMO가 지불하는 것보다 더 많은 것을 얻고

있다는 것이다. TOMO는 미국의 숙련된 IT 전문가들에게 주당 40시간 근무하든 주당 60시간 근무하든 동일한 급여와 복지를 제공하고 있다. 이 직원들은 가난한 나라에서 경험이 적은 IT 전문가의 업무를 검토하고, 조율하고, 교육하고, 검토하는 새로운 업무를 맡게 되지만, 미국에서 근무하는 이들은 자신들의 노동에 대해 추가적으로 보상받지 못하고 있다. 회사는 글로벌 인력 배치 전략으로 인해 업무량이 증가하더라도 급여, 보너스 또는 복리후생을 늘려서 보상하는 대신, 이들을 계속 고용함으로써 직원들을 '보상'하고 있다.

추가 업무 외에도 글로벌 인력 배치 전략과 관련된 정서적 부담도 있다. 훨씬 적은 임금을 받는 해외 IT 전문가들과 함께 일하다 보면 미국 현지 TOMO 직원들은 자신의 미래에 대해 불안감을 느끼게 된다고 한다. 조나단과 그의 팀은 해외 직원들과 광범위하게 협력하는데, 그 이유는 그들이 업무를 서로 '주고받기' 때문이다. 그의 팀이 기술적인 문제를 해결할 수 없는 경우 인도 직원에게 8~10시간 동안 문제를 해결하도록 넘기고, 인도 직원은 시도한 사항에 대한 메모와 함께 문제를 다시 넘겨 온다. 조나단은 언어 차이와 문화적 차이(예를 들어, 동료를 인정하는 방식이나 사람들을 코칭하는 방식)로 인해 "엄청난" 어려움이 발생한다고 말한다. 하지만 그는 알고 있었다.

> 여기 있는 제 팀이 저기 있는 팀과 협력하고 있는지 확인해야 합니다. 그리고 제 팀은 점점 더 줄어들고 있고, 점점 더 많은 업무를 해외로 보내고 있습니다. 그래서 직원들의 사기에 관한 문제도 있습니다. 특히 지금 같은 상황에서는 "내 일자리가 얼마나 안전한가?"에 대한 우려가 많아요.

잭를 포함한 많은 사람들이 이러한 인력 배치 전략에 체념한 것 같아 보였다.

> 대부분의 사람들은 직장을 유지하기 위해서는 이런 상황을 감수해야 한다고 솔직하게 말합니다. 하지만 이런 방식이 정말 마음에 드시나요? 하고 묻는다면… 아마 아닐 겁니다.

하지만 그런 인내심이 일자리를 보호하지는 못한다. 잭은 한 고위 임원이 미국 인원의 추가 정리 해고 가능성에 대해 "직설적으로" 이야기했던 회의에 대해 말했다. 잭의 설명에 따르면, 그 임원은 중간 관리자가 기술적 목표를 달성하기 위해 무엇을 할 수 있는지(즉, 적은 직원 수로 어떻게 IT 시스템을 지원할 수 있는지) 질문했다고 한다.

> 그는 "여러분이 할 수 있는 일은 직원들이 잘 교육받도록 하는 것입니다. 그래야 그들이 직장을 잃게 되더라도, TOMO 외부에서 다른 직장을 구할 수 있게 더 나은 기술을 갖추도록 말이죠."라고 말했어요. 그리고 그는 상황에 대해 솔직하게 이야기했습니다.

글로벌 인력 배치 전략 때문에 회사나 개별 관리자는 미국에서 이러한 일자리를 보호하거나 추가할 수는 없다. 대신, 경영진은 이러한 근로자에게 교육을 제공하고 기술을 늘려 열린 노동 시장으로 복귀할 수 있도록 도와주는 것이 책임 있는 관리자의 조치라고 암시한다(시간적 압박을 고려할 때 이는 어려운 일이다).28 잭은 이러한 현실을 받아들이고 자신도 해고될 것으로

 예상한다고 웃으며 말했다.

> 여러분(즉, 질문자)이 18개월 후에 다시 오면 저기(제 책상 아래)에 있는 상자가 비어 있을 거라는 건 반만 농담이에요. 그날이 오면, 상자를 싸서 갈 겁니다.(둘 다 웃음) 아니요, 진심이에요. 전 여기서 17년을 일했어요. 솔직히 말하면 시간 문제죠.

반대 의견을 제한하는 불안정성

실직에 대한 두려움은 과부하를 차악으로 만든다. 테스트 및 QA 관리자인 멜리사가 이 관계성에 대해 설명한다.

> 사람들은 거절하기를 두려워합니다. 그리고 거절하는 사람이 되고 싶지 않기 때문에, 거절하는 대신 추가적인 업무를 맡게 됩니다. 또한 많은 애플리케이션이 해외로 이전되고 있고 이로 인해 IT 부서가 큰 타격을 받고 있어 사람들이 우려하고 있습니다.

테스트 과정이 미국에서 해외로 이전되고 업무 규모가 축소되는 등 극적인 변화가 발생하면서, 멜리사는 이로 인한 업무 압박을 받고 장시간 근무를 하게 되었다. 그리고 이것이 "혈압으로 인한" 자신의 뇌졸중과 불가피한 퇴직에 영향을 미쳤다고 생각했다. 다른 인터뷰 응답자들도 글로벌 노동 전략, 불안감 증가, 스트레스와 건강에 대한 실질적인 영향 사이의 연관성을 반복해서 언급했다. 하지만 이들은 대안이 없다고 생각하며 이러한 요구를 참아내고 있었다. 마샤는 주당 50시간 이상 근무하는 50대의 백인 기혼 관리자로, 20년 넘게 회사에 근무하고 있다. 그녀는 회사가 글로벌 노동 전략으로 전환한 이후 스트레스가 증가했다고 말한다.

> 업무량은 늘어났고, 무엇보다도 무슨 일을 하든 내일 해고될 수 있다는 불안감이 가장 컸습니다. 모든 직원이 엄청난 압박감을 느꼈던 것 같아요.

마샤는 미국에서 근무하는 근로자에 대한 다음 정리 해고 기간에 거의 무작위로 '자신의 번호'가 '추첨'될 수도 있다는 사실을 알고 있다고 말한다. 마샤는 이런 상황이 자신과 팀에 미치는 영향을 잘 알고 있었다.

> 그리고 저는 개인적으로 엄청난 스트레스를 받았지만, 이는 피할 수 없는 일이라고 생각해요. 그 영향을 받지 않은 사람은 단 한 명도 없었다고 성경에 손을 얹고 맹세할 수 있습니다.

에단 역시 "사람들은, 솔직히 말하면, 겁을 먹고 있어요"라고 말하면서 "언젠가는 내가 다음 차례가 될지도 모른다"며 걱정하고 있다고 했다. 하지만 상당수의 인터뷰 응답자와 마찬가지로 에단 역시 경영진을 원망하지는 않았다. 대신 그는 비즈니스는 "시장 중심"으로 돌아간다고 생각하고 있어서, 시장은 아직 일자리를 유지하고 있는 사람들에 대해 이러한 비용 절감과 업무 속도 향상을 요구한다고 믿고 있다.29 에단은 프로젝트의 비현실적인 일정이 회사의 고위 경영진이 금융 시장(또는 월스트리트)에 하는 약속과 관련이 있다고 말했다. 그는 경영진이 월스트리트에

"우리의 수익이 바닥을 치고 나서 곧 증가할 것입니다"라고 말하고 있다고 했다. 틀린 말은 아니었다. 그리고 수익을 상승으로 전환시키기 위해서는 이 프로젝트들을 완수해야 했다. 에단은 경영진이 받는 스트레스에 대해 어느 정도 공감을 표하지만, 비현실적인 일정과 약속에 대해서도 비난하고 있었다.

고용 불안은 과중한 업무 요구와 지속적인 과부하 시스템에 복종하도록 동기가 되는 감정적 엔진인 듯했다. 글로벌 노동 프로세스와 관련된 불안감은 매우 분명한 반면, 일에 대한 열정(그리고 경력 사다리를 오르기 위해 자신의 헌신을 증명하려는 것과 관련된 열정)은 뒷전으로 밀려나고 있었다. 특히 IT 분야에서는 고도로 숙련된 지식 업무의 세계화와 통신 기술 및 자동화의 발전으로 인해, 근로자가 더 저렴한 노동력 또는 기계로 대체되는 현상이 나타나고 있었다. 다양한 분야의 전문가와 관리자를 포함한 점점 더 많은 지식 근로자가 향후 몇 년 동안 이러한 불안감을 느끼고, 자신의 일자리를 보장받는 대가로 업무 속도 향상과 업무량 증가를 수용해야 할 것으로 보였다.[30]

과부하가 회사에 가져온 결과

과부하가 걸려 지친 전문가와 관리자는 단순히 건강, 삶의 질, 그리고 개인 생활에 해를 끼칠 정도로 장시간 근무하는 것을 넘어 거의 미친 듯이 일한다. 하지만 이 시스템이 실제로 회사에 도움이 될까? 두 가지 대답이 가능할 것 같다. 먼저 이러한 업무 관행이 직원, 가족, 지역사회에 문제를 야기함에도 불구하고 회사는 이러한 고강도 노동을 밀어붙임으로써 이익을 극대화할 수 있다. 그러면 개인, 가족, 정부, 더 넓게는 대중이 장기적인 건강 문제에 대한 비용을 부담하게 된다. 또한 사회는 해당 근로자가 지역사회에 제공했을 수도 있는 기여를 놓치게 된다. 그럼에도 불구하고 TOMO와 같은 기업은 인건비를 엄격하게 관리하는 것을 금융 시장이 보상하기 때문에 직원을 최대한 압박함으로써 이익을 얻을 수도 있다.[31]

또는 현재 관행이 문제가 될 수 있지만 고강도 업무로 인한 직원의 과부하로 발생하는 비용을 회사가 인식하지 못하거나 무시할 수도 있다. 이 경우, 현재의 관리 관행이 장려하는 장시간 및 고강도 근무는 실제로 수익을 극대화하지 못할 가능성이 클 수 있다. 이는 경영진이 현재 활용하고 있는 노동 전략에서 발생하는 비용을 충분히 이해한다면, 경영진이 추구할 수 있는 실행 가능하고 실제로 더 현명할 수 있는 다른 노동 전략이 있음을 의미한다.

안타깝게도 이 두 가지 가능성을 단정적으로 평가하기는 어렵다. 기업들은 동일한 프로젝트를 업무 진행 속도가 매우 빠른 린 시스템lean system*하에서 수행할 때와 직원들에게 더 많은 인력과 더 관대한 고용 안정성을 제공하는 시스템 하에서 수행할 때, 어느 쪽에서 성과가 더 나은지 또는 더 나쁜지 테스트할 수 있는 실제적 환경을 가지고 있지 않다. 그리고 현재 전략에서 발생하는 비용이 비용을 절감했을 때 얻을 수 있는 명백한 이점을 상쇄시키는지 정확히 말할 수 없으며, 이는 기업 성과에 영향을 미치는 품질, 협업, 창의성, 혁신 등 장기적인 다른 요소들도 마찬가지로 측정하기가 쉽지 않기 때문이다.

하지만 현재 전략에는 분명 많은 비용이 발생하고 있으며, 우리는

---

* 린 시스템 또는 린 생산 관리 시스템(lean management system)은 조직 전체 차원에서 적은 자원을 투입하여 고품질의 제품을 생산하고자 하는 체계이며, 생산의 전 과정에서 발생 가능한 낭비와 지연 사항을 제거하여 효율성을 극대화하고자 하는 관리 방식이다.

이를 다양한 방식으로 확인할 수 있었다. 먼저 특정 시스템에 대한 깊은 지식을 갖추었지만 더 이상 이런 방식으로 일하지 않겠다고 결정한 유능하고 숙련된 직원을 잃을 때 발생하는 비용이 있다. TOMO에서 근무하는 전문가와 관리자를 대상으로 한 설문 조사에서 주관적인 업무 과부하(업무 시간이 충분하지 않다고 응답한 경우)를 느끼는 직원은 직무 만족도가 현저히 낮고, 번아웃을 보고할 위험이 크며, 이직을 심각하게 고려할 가능성이 높다는 사실을 확인했다.[32] 이러한 직원들의 이탈이 실제로 발생했을 때, 적어도 새로운 사람이 특정 프로그램이나 시스템에 대한 전문성을 개발할 때까지, 해당 프로젝트를 상당히 지연시킬 수 있으며 종종 프로젝트 생산물의 품질 저하로 이어질 수 있다. 이직은 퇴사자가 특정 고객, 공급업체, 시스템 또는 제품 라인에 대한 깊은 지식을 가지고 있는 다른 상황에서도 비슷한 영향을 미친다.

또한 제품의 품질이 저하되고, 관련된 다양한 혁신이 둔화되는 것과 같은 비용도 발생한다. IT 전문가와 관리자, 그리고 모든 분야의 직원들은 업무가 과중하고 여유가 없을 때, 까다로운 기술적 또는 비즈니스 문제에 대해 효율적이고 창의적이며 혁신적인 해결책을 내놓을 가능성이 낮았다. 직원들이 더 많은 일을 더 빠른 속도로, 더 적은 인원으로, 더 많은 일을 하려고 하기 때문에 품질은 떨어지게 된다. 예를 들어, 자정을 넘겨 퇴근하거나 다음 날 일찍 출근하는 등, 근무일 사이에 업무에서 벗어나는 시간이 적으면 예정된 업무와 회의를 잊어버리거나 업무에 집중하는 데 어려움을 겪을 가능성이 높다.[33] 장시간 근무와 과부하는 업무상 실수와 품질 저하로 이어져 이러한 전문가와 관리자를 괴롭힌다. 인터뷰 결과, 이들은 자신들이 내밀어야 하는 썩 좋지 못한 코드에 대해 기분 나빠하고, 업무 수행 절차

단계를 건너뛰거나 유지 보수가 미뤄져서 향후 발생할 수 있는 문제에 대해 두려워하고 있었다. 한 실험군의 표현을 빌리자면 이들은 "시달리고 있다"고 느끼고 있었으며, 이를 통해 TOMO의 전문가와 관리자들이 나쁘게 변화한 조직 문화에 대해 어떻게 느끼는지 알 수 있었다.

위에서 언급한 문제가 다른 문제와 서로 맞물려 확대되면 기업의 미래 성과가 저하될 수도 있다. 경영학자 하지르 라만다드Hazhir Rahmandad와 넬슨 리페닝은 IT 소프트웨어 개발 업무 프로세스를 연구했다. 우리의 사례와 그들의 사례 사이에 놀라운 유사점이 발견되었는데, 비현실적인 업무량과 빠른 업무 처리 속도에 직면했을 때, 이들이 연구한 고군분투하는 IT 그룹은 "업무 완료 루프"라고 부르는 것을 시작했다. 높은 스트레스에 직면한 직원들은 주의가 산만해지고 지름길을 택하게 되며, 지쳐서 결근하거나 그만둘 가능성이 높아졌다. 즉, 남은 팀원들은 어떻게든 모든 업무를 완수해야 한다는 더 큰 압박감에 시달리게 되고 "실수 더 많이 하기 루프"에 빠지기 쉬웠다. 이는 장기적인 문제를 야기한다. 라만다드와 리페닝이 연구한 소프트웨어 개발자들은 TOMO의 개발자들과 마찬가지로 코드의 버그를 수정하기 위해 프로젝트에 다시 투입되는 경우가 많았다. 따라서 과거 프로젝트에서 더 많은 실수를 저지른 팀은 마감 기한이 엄격하고 비현실적인 새 프로젝트와 기존의 문제를 필사적으로 해결하는 프로젝트에 직원들의 시간을 나눠서 투입하게 된다. 그러면 새 프로젝트는 극심한 압박과 편법을 동원하여 완료되면서, 이 같은 "파괴적인 버그 제거 활동"의 사이클이 계속된다.34

라만다드와 리페닝은 시스템 다이내믹스 방법*을 사용하여 이러한 망가진 시스템의 장기적인 영향을 모델링하고, 우리가 TOMO에서 정성적 인터뷰를 통해서도 파악한 상황을 정량적으로 요약했다. 이들은 직원과 팀이 미래에 회사에 도움이 될 투자를 할 가능성이 낮아져, 조직 내에서 우수한 업무를 수행할 수 있는 역량이 어떻게 약화되는지 지적했다. 압박이 심하고 특히 실직에 대한 실질적인 두려움이 있는 상황에서, 직원들은 새로운 회사 고유의 기술을 배우거나 미래의 과제를 창의적으로 해결하는 데 도움이 될 수 있는 동료나 고객과의 관계를 구축하는 데 시간과 에너지를 투자할 가능성이 적었다.35 우리는 조셉과 다른 사람들로부터 조직 문화에 영향을 미치고 팀 간의 창의적인 교류를 방해하는 제한된 참여와 협업에 대한 이야기를 들었다. 인터뷰 결과, 응답자들이 업무에 불만을 가지고 그들을 지치게 만드는 여러 가지 이유가 쌓여 있다는 것을 알 수 있었다. 예를 들어 메간은 자신의 직업이 "매우 실망스럽고 스트레스가 많다"고 말하며 이렇게 마무리했다.

> 출근할 때마다 매일 내가 여기서 도대체 무슨 일을 하고 있는지 궁금해집니다.

이러한 감정을 유발하는 업무 문화는 회사에 부정적인 결과를 초래할 가능성이 높다. 그러나 그로 인한 생산성과 품질 손실은 적어도 단기적으로는 경영진이 추적할 수 있는 방식으로 정량화하기 어렵다. 반면, 미국에 기반을 둔 직원을 감축함으로써 발생하는 비용 절감은 경영진이 정기적으로 추적하고 투자자가 모니터링 할 수 있다. 경영진의 일부가 현재의 관행이 제품의

---

* 시스템 다이내믹스 방법 (System Dynamics Method) 또는 시스템 다이내믹스 (System Dymanics)는 특정 변수가 시간의 흐름에 따라 어떠한 동태적인 변화를 겪는지에 주목하는 연구 방법이다.

품질과 혁신성을 떨어뜨린다고 의심할지언정, 사람들을 내보내고 남은 사람들에게 더 많은 일을 하라고 압박하는 것은 명백한 비용 절감 효과를 낼 수 있고, 이에 대해 반기를 들기는 쉽지 않다.

다른 좋은 직군과 과부하

과부하에 대한 느낌은 IT 분야를 넘어 다양한 직종과 산업에 걸쳐, 많은 "좋은" 직종에 종사하는 전문가와 관리자들 사이에서 분명하게 나타난다. 어떤 경우에는 위에서 우리가 살펴본 상황과 매우 유사했다. 최대한 효율화해야 한다는 압박에 직면한 경영진은 직원을 줄이면서도 여전히 업무가 완료되기를 바라며 비현실적인 타임라인, 비합리적인 업무량, 또는 상시 근무 가능성을 기대하고 있다. 인원 감축 후(또는 퇴직 또는 퇴사한 직원을 대체하지 않은 경우) 남은 직원은 더 적은 수의 동료와 함께 더 많은 일을 해야 한다. 이러한 직원들은 미국이나 해외에 있는 계약직 또는 기타 비정규직 근로자와 협력해야 하는데, 이들은 보안이 취약하고 급여가 낮으며 혜택이나 보호가 거의 없다.[36] 오늘날에는 해외 업무 위탁만이 일자리에 대한 유일한 위협이 아니며, 자동화와 AI '비서'가 결국 더 많은 직원을 몰아내거나 적어도 전문가와 관리자가 하는 일을 변화시킬 수 있다.

물론 제조업 근로자들은 세계화의 영향을 가장 먼저 받았다. 중국과 다른 지역에서 생산된 상품의 수입이 증가하는 동시에 미국 제조업 고용은 거의 5분의 1로 감소했다.[37] 그러나 이제 전문적이고 기술적인 서비스도 해외에서 일상적으로 수행되고 있다. 법조계는 증가하는 수요를 감당하기 어려워 미국에서 고임금, 높은 지위에 속한 일자리에 대한 리스크가 증가할 수 있음을 보여 주는 좋은 예다. 미국 법률 서비스 업계는 지난 10년 동안 점점 더 많은 일자리를 해외로 이전했다. 이는 부분적으로는 미국 전문가와 비교한 인도 전문가의 임금 비율이 IT 업계의 비율과 비슷해졌기 때문이다. 미국의 변호사들은 해고, 대기업 파산, 고용 감소 등으로 인한 직업 불안정성이 증가했으며, 일자리 감소는 법조계의 임금이 정체되는 현상을 설명하는 데 도움이 된다. 법률 업계의 업무 프로세스도 변화하고 있다. 이전에는 전문가가 몹시 자주적으로 지시하던 업무(회사 내 젊은 변호사 및 준전문가의 지원을 받아)가 이제는 보다 일상화된 업무로 나뉘어, 미국의 계약 변호사나 인도의 법률 서비스 회사에 맡기거나 심지어 자동화할 수 있게 되었다.[38]

의료 및 생명공학 산업에서는 해외 직원들이 "엑스레이 판독, 신약 개발을 위한 실험실 실험 수행, 엔지니어링 설계 개발, 회사 급여 관리, 특허 출원을 위한 문서 준비"와 같은 업무를 수행하고 있다.[39] 이는 이전에 미국 내 인사 전문가와 사무직 근로자의 영역이었던 일부 의료 전문 분야, 일부 과학 및 엔지니어링 업무, 전체 행정 업무가 이제 일상화되고 분할되어 해외에서 수행되기 쉽다는 것을 의미한다. 이런 일이 발생하면 미국에 남아 있는 근로자는 고숙련 업무를 수행하게 되므로 일부 단순 업무가 더 이상 자신의 책상에서 사라져도 상관은 없지만, 나머지 업무는 높은 불안감과 압박감 속에서 수행하게 된다. 오늘날 어떤 유형의 업무와 직업이 해외 업무 위탁에 취약한지에 대한 논쟁은 가까운 미래에 자동화될 수 있고 자동화될 업무 유형에 대한 유사한 성격의 논쟁에 의해 가려지고 있다. 그 원인이 해외 파견 근로자이든 자동화든, 이러한 위협에 전문가와 관리자가 반발할 수 있는 수단은 제한적이다. 실제로 이러한 전문가와 관리자들은 더 적은 인원으로 구성된 팀에서 더 많은 업무를 수행하거나 전 세계에서 24시간 연중무휴로 조정해야 하는 상황에 대해 불평하기보다는 변화를 수용하고 구조 조정 중인 회사에 자신의 가치를 적극적으로 증명하여 일자리를 조금이라도 더 오래 유지할 수 있도록 노력할 것으로 예상된다. TOMO 인터뷰와 오늘날의 고용 불안에 대한 다른 연구에서 대부분의 사람들은 이를 새로운 현실로 받아들이고 있다.40

불안감과 과부하 사이의 연관성이 명확하지 않은 산업과 회사도 있지만, 기술이 전문적인 업무 영역을 점점 더 강하고 빠르게 진행되도록 촉진하는 것으로 나타나고 있다. 예를 들어, 의료계에서는 의사의 번아웃이 이제 주요 관심사가 되고 있다. 일차 의료 기관의 의사와 요양원의 간호사는 다른 의료 종사자들과 마찬가지로 더 많은 환자와 전자 건강 기록으로 구현된 추가 문서에 대한 요구로 인해 부담을 느끼고 있다. 이러한 문서는 통합 기록의 혜택을 받는 환자에게도 유용하지만, 의료 시스템과 보험 회사는 이를 전문가가 양질의 치료를 제공하고 있는지 판단할 때 사용한다. 이러한 기술 발전은 전문가들이 새로운 시스템을 익히는 데 시간을 할애해야 하고, 이러한 작업이 환자와의 상호 작용에 방해가 된다고 보고하는 경우가 많기에 번거롭게 느껴질 수 있다. 또한 이러한 새로운 기술적 조건은 전문직 업무를 면밀하고 용이하게 검토하는 데 적용될 수 있다. 많은 의료 서비스 제공자는 면밀하게 모니터링되는 환자 수를 고려할 때, 특정 환자를 어떻게 치료할지 또는 환자를 얼마나 오래 만날 수 있을지에 대한 자율성이 떨어진다고 느끼게 된다. 인구 고령화와 의료 발전으로 인해 의료 수요가 증가하고 있기 때문에 실직에 대한 걱정은 없지만, 전문가들은 업무의 변화, 직업적 자율성의 붕괴, 정신적 체력적 소진이 높은 이직률로 이어질 가능성, 즉 많은 시간과 비용이 드는 교육을 받은 후 의료진이

 현장을 떠날 가능성에 대해 걱정하고 있다.[41]

비현실적인 일정과 업무량 또한 빠르게 성장하는 기업에서 두드러진다. 스타트업 창업자들은 회사 출범을 위해 직원들이 엄청난 양의 업무를 맡기를 바라고 있다. 이 경우 경영진은 투자자의 관심을 끌거나 첫 번째 주요 고객을 확보하기 위해 (TOMO에서 IT 부사장이 그랬던 것처럼) 과장 광고를 하는 경우가 많다. 그런 다음 비현실적인 기한을 맞추기 위해 어떻게든 더 빨리 일을 처리하기 위해 직원들을 강하게 밀어붙인다.[42] 특히 신생 벤처를 지원하는 자금이 신제품이나 기술 개발에 우선적으로 투입되어야 하는 경우, 경영진은 추가 직원 채용에 신중을 기할 수 있다. 또는 기존 경영진이 필요한 만큼 인력을 빠르게 영입하고 교육하지 못할 수도 있다. 창업팀은 기술 인재나 마케팅 전문가를 우선시하기 때문에 인사 관리자가 한 명뿐인 경우가 많다. 아직 해야 할 일이 많은 초기 직원들이 새로 채용된 인력을 교육하고 비공식적으로 관리하는 경우가 많다. 새로운 시장으로 진출하는 기존 기업에서도 비슷한 압박이 발생한다. 기업이 중국에 지사를 개설하거나 새로운 고객층을 확보하기 위해 새로운 제품 라인을 개발할 때, 경영진은 기존 직원들에게 더 많은 시간, 더 빠른 업무, 언제 어디서든 일할 수 있기를 요구하며, 경쟁사보다 먼저 시장에 진입하여 (기업 전문 용어를 사용한다면) '승리'해야 한다며 강한 업무 동기를 유발한다.

이러한 스타트업 또는 고성장 상황에서는 비즈니스의 성공을 위해 함께 일한다는 분위기가 조성되기 때문에, 고강도 업무가 신나게 느껴질 수 있다. 하지만 번아웃으로 인한 스트레스는 현실이며, 때로는 과도한 업무 시간과 기대치를 견디지 못해 핵심 인력을 잃는 경우도 발생한다. 하지만 여기에서도 핵심 목표를 달성하지 못하거나 대형 고객을 찾지 못하면 다음 단계의 자금 조달이 어려워지고 스타트업이 실패할 수 있다는 사실을 모두가 알고 있기에, 이러한 고강도 업무 수행을 받아들이게 된다.43

요즘처럼 실업률이 낮은 시기에도 전문가와 관리자를 포함한 많은 미국 근로자들은 극심한 불안감을 느끼고 있다. 특정 직업은 향후 몇 년 동안 지속될 것 같다고 해도, 좋은 급여, 좋은 복리후생, 안정성과 발전 가능성이 있는 좋은 일자리를 찾기가 더 어려워질 것이라는 인식이 팽배하다. 또한 급여와 복지 측면에서 좋은 일자리를 찾는 것은 더욱 비현실적으로 보이며, 합리적인 근무 시간, 현실적인 업무 속도, 기기를 끄고 업무에서 완전히 벗어날 수 있는 시간을 보낼 수 있는 좋은 일자리를 찾는 일은 더욱 어려워 보인다. 불평등이 심화되고 승자독식 사회가 되어 가고 있다는 인식이 팽배한 상황에서, 상대적으로 특권을 누리는 전문가와 관리자조차도 승자가 되기 위해, 자신이 가진 것을 지키기 위해, 시키는 일은 무엇이든 해야 한다는 압박감을 느끼고 있다.44

2

A Pot
Solu

ential
tíon

잠재적 해결책

4장

이중 의제 업무 재설계

Chapter 4

Dual-Agenda Work Redesign: Understanding STAR at TOMO

이 책은 단순히 업무 강도 증가와 그에 따른 과부하 문제만을 다루고 있는 것이 아니다. 이 책에서는 장시간 근무와 업무에 항상 연결되어 있다는 지속 불가능한 희생, 그리고 비현실적인 요구를 해결하기 위해 직장에서 무엇을 바꿀 수 있는지에 대해서도 이야기할 것이다. 앞의 장에서는 경영진의 결정이 새로운 기술과 결합하여 어떻게 업무 강도와 과부하를 초래하는지에 대해 섬뜩한 그림을 그렸다. 모든 종류의 직무 환경에서 이러한 일이 일어나고 있지만, 특히 TOMO의 IT 전문가와 관리자의 경험은 기술이 어떻게 해외 업무 위탁과 자동화를 촉진하는지, 그리고 반복되는 다운사이징의 생존자들은 일자리를 유지하기 위해 요구되는 모든 일을 해야 한다는 압박감을 어떻게 느끼는지 볼 수 있었다.

일자리의 질 저하와 이에 따른 고용 불안의 증가는, 마지막 장에서 논의하겠지만, 보다 정교한 공공 안전망의 확충이 필요한 국가적 과제라고 할 수 있다. 하지만 공공 정책의 변화 외에도 이 문제를 해결하는 데 도움이 될 수 있는 조직 차원의 변화는 무엇일까?

우리 연구팀에서는 업무 과부하가 기업 경영진, 고위 관리자, 심지어 실무 팀에서도 해결할 수 있는 문제라는 결론을 내렸다. 본 연구팀에서는 '일, 가족, 건강 네트워크'의 일환으로 잠재적인 해결책을 개발하고 엄격한 테스트를 수행했다. STAR라고 불리는 이 조직 변화 조치는 직원과 관리자가 보다 효과적이고 지속 가능하며 건전한 방식으로 일할 수 있는 방법을 고려하도록 유도한다.

STAR는 이중 의제 업무 재설계의 한 예시이다.[1] 이중 의제란 이러한 변화가 조직의 관심사(효과적인 업무)와 직원의 관심사(개인과 가족의 우선순위를 반영하고 건강을 지키는, 보다 지속 가능하고 건전한 방식으로 일하기)를 모두 해결한다는 사실을 의미한다. 업무 재설계는 제안된 변화가 단순히 직원 매뉴얼에 적힌 정책 변경이 아니며, 개별적인 편의를 제공하거나 개별 근로자에게 단순히 더 체계적으로 일하도록 권장하지 않는다는 점을 의미한다. 업무 재설계는 새로운 표준을 구축하고, 주어진 팀에서 기대되는 것과 수행되는 것을 재고하고 개선하기 위한 노력의 일환이다.

STAR는 게임의 기존 규칙에 도전하고 그것을 변화시키는 것을 목표로 한다. 좀 더 구체적으로 말하자면, STAR는 좋은 직원이란 표준적인 업무 공간 즉 사무실에서 표준 일정에 따라 오전 9시부터 오후 5시까지 근무하는 동시에, 항상 연락 가능하고 업무에 투입될 수 있어야 한다는 기존의 당연한 기대에 의문을 제기한다.

STAR는 미국 국립보건원, 질병통제센터, 여러 재단의 지원을 받아 5개 대학과 2개 비영리 연구 센터의 사회학자, 심리학자, 경제학자, 공중보건학자, 가족학자로 구성된 대규모 연구 팀인 '일, 가족, 건강 네트워크'이 개발하고 그 효과를 평가했다.[2] 이 '일, 가족, 건강 네트워크'의 목표는 공중보건 개선, 가족 및 아동 발달 지원, 그리고 이를 실행하는 기업이 잘 수행할 수 있는 직장 정책 및 관행의 변화를 식별하고 이들의 효과를 엄격하게 평가하는 것이다. 우리는 시범 적용의 유망한 결과와 조직 개발 전문가의 의견을 고려하여 STAR를 사용하기로 결정했다.

우리 '일, 가족, 건강 네트워크'는 TOMO라는 회사에서 무작위 현장 실험으로 STAR를 구현했다. 즉, 일부 업무 부서 또는 팀(실험군)은 STAR의 '조치' 또는 '개입'을 받은 반면, 다른 부서 또는 팀(대조군)은 그렇지 않았다. 이러한 연구 설계를 통해 조직 차원의 변화가 직원, 가족, 회사에 미치는 영향에 대한 강력한 결론을 내릴 수 있었다. 우리는 같은 조직에서 비슷한 업무를 하는 비슷한 직원을 비교하여, 조치 또는 통제 조건에 따라 직원들의 경험이 어떻게 변화하는지 또는 변화하지 않는지 살펴보았다.[3] 다음 장에서는 STAR의 효과에 대해 다루겠지만, 먼저 이 직장 내 개입이 무엇인지, 그리고 어떻게 수행되었는지 설명할 것이다.

우리는 STAR로 무엇을, 왜, 변화시키려 하는가?

우리 접근 방식의 기본 전제는 근로자가 아닌 직장을 변화시키려고 노력한다는 것이다. 이 원칙은 STAR와 그 이전의 시범 프로젝트를 계획, 실행, 평가할 때 '일, 가족, 건강 네트워크'의 모토가 되어 왔다. 산업 보건 분야에서는 이를 1차 예방 접근법primary prevention approach이라고 하는데, 이는 "건강에 영향을 미치기 전에 업무상 존재하는 위험을 제거하는 데 초점을 맞추기 때문"이다.[4]

이 전략은 현재 많은 고용주가 제공하는 인기 있는 웰니스Wellness 조치와는 상당히 다르다. 경제학자들은 "직장 내 웰니스 산업 규모가 3배 이상 성장하여 80억 달러에 달하며, 미국 근로자 5천만 명 이상이 고용주 기반 웰니스 조치의 혜택을 받고 있다"고 말한다.[5] 이러한 직장 내 웰니스 프로그램은 건강에 해로운 직원의 행동이 장기적으로 건강을 해치고, 고용주는 더 건강한 행동을 장려하고 종종 인센티브를 줄 수 있다는 전제에서 출발한다. 고용주는 직원들이 건강하게 생활하도록 장려함으로써 질병이나 만성 질환으로 인한 의료 비용과 결근이 줄기를 희망한다. 웰니스 프로그램은 개인의 행동 변화를 목표로 하며, 금연이나 운동량 증가를 위한 코칭과 책임감을 부여하거나 명상이나 요가와 같은 스트레스 해소 방법을 가르친다. 더 건강한 업무 환경을 조성하기 위한 기업 프로그램도 구내식당에서 건강한 음식을 제공하고 근무 중에 계단을 더 자주 이용하도록 하는 데 중점을 둔다.

이러한 행동 변화는 사람들이 스트레스를 더 잘 처리하고 건강한 행동을 장려하는 데 도움이 될 수 있지만,6 기업 웰니스 프로그램은 문제 있는 근무 환경은 당연한 것으로 간주한다. 우리가 제시하고자 하는 관점은 다르다. 우리는 과중한 업무에 시달리는 직원과 관리자에게 운동을 권하거나 스트레스 관리 기술을 가르치는 방식으로 스트레스가 많은 업무 환경에 대처하도록 돕고 싶지 않았다. 웰니스 조치는 일부 직원에게는 약간의 안도감을 줄 수 있지만, 과부하나 번아웃을 줄이거나 이직을 억제할 가능성은 거의 없는 임시방편에 불과하다고 생각한다. 우리는 스트레스를 유발하는 근무 환경 자체를 바꾸고자 노력했다.

STAR는 삶의 질을 개선하고 장기적으로 업무를 관리하기 쉽게 만든다는 광범위한 목표를 추구하기 위해 세 가지 구체적인 근무 조건을 목표로 내세우고 있다. STAR는 (1) 업무 시간과 장소에 대한 직원들의 통제력을 높이고, (2) 개인 및 가족 생활에 대한 사회적 지원을 장려하며(휴가 필요성 인식 포함), (3) 사무실이나 온라인에서 보내는 시간보다는 성과에 집중하고 가치가 낮은 업무는 가능한 한 줄임으로써 높은 업무 수요를 관리하기 위해 설계되었다. 조직이 구체적인 성과(결과)를 기준으로 직원을 평가하면 언제, 어디서, 어떻게 업무를 수행할지 지시하는 일은 덜 중요해진다. 그러면 직원은 업무에 대한 기여와 함께 업무 외 약속도 존중받고 가치를 인정받는다고 느낄 가능성이 높아질 수 있다.

'일, 가족, 건강 네트워크'는 사회과학 이론을 바탕으로 STAR를 설계하기 시작했다.[7] 우리는 일과 건강에 관한 연구를 개척한 조직학자 로버트 카라섹Robert Karasek이 개발한 직무 부담 모델에 영향을 받았다. 카라섹은 많은 업무 요구와 낮은 통제력, 즉 업무 수행 방법을 결정할 수 있는 권한이 제한되고 업무에서 자신의 기술을 활용할 수 있는 기회가 제한되면 스트레스가 촉진되고 건강에 해를 끼친다고 주장했다. 이후 카라섹과 테오렐Theorell은 이 모델을 사회적 지원으로 확장하여 관리자, 동료 또는 다른 사람들로부터 더 많은 지원을 받는 근로자는 많은 요구와 낮은 통제로 인한 부담을 더 효과적으로 처리할 수 있으므로, 건강에 부정적인 영향을 많이 받지 않을 수 있다고 제안했다.[8]

'일, 가족, 건강 네트워크' 팀은 직장에서의 요구, 통제, 지원이라는 잘 정립된 개념을 바탕으로 이러한 아이디어를 중요한 방식으로 확장하고 이러한 근무 조건을 실제로 바꾸기 위한 시범 연구를 수행했다. 우리는 일자리의 질과 업무가 건강과 삶의 질에 영향을 미치는 다양한 방식을 이해하기 위해서는, 직장 안의 삶과 직장 밖의 삶을 관리하는 데 중심이 되는 근무 조건을 고려해야 한다는 점을 알게 되었다.

일과 건강에 대한 고전적인 관점에서는 주어진 날에 무엇을 할지 결정하거나 프로젝트에 접근하는 방식에 대해 발언권을 갖는 등 업무 수행 방식에 대한 통제(카라섹과 테오렐의 모델에서는 업무 통제라고 부른다.)를 강조한다. 또한 언제 어디서 업무를 수행할지에 대한 작업자의 통제권도 고려한다.

일정schedule 통제라는 개념은 업무 통제를 대체하지 않으며, 업무 통제에 포함되지도 않는다.9 둘 다 중요하다는 말이다. 우리는 베스트바이Best Buy* 본사에서 실시한 시범 연구에서 업무 통제와 일정 통제 모두 직원의 삶의 질, 적절한 수면 및 운동과 같은 건강한 행동 추구, 그리고 업무를 대하는 태도에 영향을 미친다는 사실을 발견했다.10

레슬리 햄머Leslie Hammer와 엘런 언스트 코섹Ellen Ernst Kossek은 업무 통제라는 광범위한 개념에 일정 통제 요소를 추가하면서, 직장의 지원support에 대한 기존의 논의를 확장할 필요가 있음을 인식했다. 직업 건강 심리학자인 햄머와 조직 행동 학자인 코섹은 '일, 가족, 건강 네트워크'의 일원으로 함께 일하면서 직원의 업무 외적인 삶에 대한 관리자와 동료의 지원을 연구하고 실증적으로 측정했다. 직원의 업무 외적인 삶을 지원하는 관리자의 성향은 직원의 직무 만족도, 삶의 질, 몰입도, 그리고 헌신과 관련이 있었지만, 우리는 일반적으로 관리자가 직원의 업무 성과를 지원하는 방식에 초점을 맞추고, 관리자가 직원의 개인 또는 가족 생활을 지원하는 방식은 고려하지 않았다. 식료품점을 대상으로 한 시범 연구에서 코섹과 햄머는 관리자가 직원의 개인 또는 가족 생활에 대한 지지를 표현하는 구체적인 행동과 말, 즉 '가족을 지지하는 관리자의 행동'을 포착하기 위한 새로운 전략을 개발했다. 이들은 개인 또는 가족 생활에 대한 관리자의 지지가 직무 만족도, 이직 계획, 일과 삶의 갈등 수준에 분명한 영향을 준다는 사실을 발견했다. 또한 코섹과 햄머는 일선 관리자가 직원의 가족 및 개인 생활을 지원하도록 장려하기 위한 교육도 개발했다.11

'일, 가족, 건강 네트워크'에서 수행한 시범 연구는 초점을 근로

* 북미를 기반으로 하는 전자제품 판매점이다. 미국의 하이마트라고 할 수 있다.

시간에서 결과와 구체적인 성과로 전환할 때 발생하는 가치를 지적했다. '결과 지향'과 '결과 중심'이라는 용어는 칼리 레슬러Cali Ressler와 조디 톰슨Jody Thompson이 베스트바이 본사에서 개발한 결과 중심 업무 환경Results Only Workplace Environment: ROWE 조치에서 유래했다. 직원의 성과나 기여도를 긴 근무 시간, 특히 사무실에서의 대면 시간, 눈에 보이는 바쁨, 가족이나 개인 생활보다 일을 우선시하려는 의지로 측정할 수 있다는 가정을 젠더 학자들은 오랫동안 비판해 왔다. 이러한 '이상적인 노동자'에 대한 지표는 누가 업무를 잘 처리하는지 평가할 때 부적절한 척도다. 여성, 특히 아이가 있는 경우에는 이러한 이상적인 노동자에 대한 기대에 부응하기가 더 어렵기 때문에 장시간 근무, 대면 시간, 업무 가능 여부에 대한 관심은 성 불평등을 재생산하고 강화할 수 있다.[12] 레슬러와 톰슨은 업무 시간 지향에 대한 이러한 비판을 바탕으로 경영진에게 어필할 수 있는 대안으로 '결과 지향'이라는 이름을 붙였다. 베스트바이에서 실시한 자체 시범 연구에서는 근무 시간이나 눈에 보이는 바쁨으로 기여도를 평가하는 방식을 버리고, 모든 업무와 활동이 실제로 최종 목표 또는 주요 성과에 어떻게 기여하는지 질문했을 때, 직원들에게 어떤 이점이 있는지 보여 주었다.[13]

이러한 시범 연구들을 종합해 보면, 스케줄 관리 및 가족 생활에 대한 상사의 지원을 통해 직장을 변화시킬 수 있으며, 시간 중심이 아닌 결과 중심 문화를 조성할 수 있음을 확인할 수 있었다. 또한 이러한 변화는 직원의 건강과 삶의 질을 개선하고 직무 만족도를 높이고 이직률을 낮춤으로써 조직에 도움이 된다는 연구 결과도 있다. '일, 가족, 건강 네트워크'는 이러한 연구와 조직 개발 전문가인 칼리 레슬러와 조디 톰슨, 그리고 TOMO 직원 및 관리자로 구성된 소규모 자문 그룹의 귀중한 의견을 바탕으로

 다음의 세 가지 요소를 목표로 하여 STAR 조치를 설계했다.

1. STAR는 직원들이 언제, 어디서, 어떻게 업무를 수행할지에 대해 결정할 권한을 부여한다. 동시에 팀으로서 업무를 수행하기 위해 특정 역할을 맡은 직원에게 무엇이 적절한지 함께 상의한다. 어떤 프로젝트를 담당하고 어떤 지표를 달성해야 하는지에 대한 기본 업무 가이드라인은 여전히 경영진에 의해 결정되지만, 이 조치는 관리자에서 직원에게 일부 통제권 또는 재량권을 이전한다.

2. STAR는 직원이 업무 외적인 책임과 관심사를 가진 사람이라는 점을 인정한다. STAR는 직원과 관리자가 개인 및 가족 생활에 대한 바람과 목표에 대해 팀원들과 대화를 나누도록 장려하며, 업무 계획을 세울 때 단순히 고강도 업무의 한 켠에 직원의 삶을 끼워 맞추는 것이 아니라, 업무에 대한 계획을 세울 때 일과 가족 생활 사이의 우선순위를 염두에 두는 것이 정당하다고 간주한다.

3. STAR는 직원과 관리자가 특정 활동이 특정 결과를 달성하는 데 유용한지, 아니면 특별한 의제 없이 매주 월요일에 정기적으로 열리는 회의와 같이 단순히 습관적인지 생각해 보고, 가치가 낮은 업무를 줄이도록 권장한다. STAR는 비효율적이고 시간 소모적인 관행과 장시간 근무하고 항상 업무에 투입될 수 있는 직원이 최고라는 기대를 팀이 비판하고 거부할 수 있도록 업무 지침을 제공한다.

어떻게 기술을 사용해야 하는지 명시적으로 제안하기 위해 STAR를 설계한 것은 아니지만, 돌이켜 보면 이 또한 이 조치의 중요한 요소임을 알 수 있다. STAR를 위한 교육과 관련 대화는 직원과 관리자가 업무 생활의 중심이 되는 새로운 통신 기술을 사용할 때, 더 신중하고 사려 깊게 사용하도록 장려한다. 이전 장에서 살펴본 바와 같이, 기술과 기업의 노동 전략의 상호 연관된 변화로 인해, 전 세계에서 24시간 내내 업무를 조정해야 하는 미국 직원들의 필요가 점점 더 커지고 있다. IT 직군뿐만 아니라 다른 전문직과 관리직에 종사하는 많은 사람들도 이메일, 문자, 메신저, 가상 회의가 업무 시간 동안 자신들의 주의를 빼앗아 '진짜 업무'에서 멀어지게 만들기 때문에, 언제, 얼마나 일할지 통제할 수 없다고 느끼고 있다. 또한 업무에서 완전히 벗어난 시간, 즉 플러그를 뽑는 시간을 확보하는 것은 더 어려워지고 있다. 관리자, 직장 동료 또는 고객은 모두 새로운 통신 기술을 통해 전문가 또는 관리자에게 24시간 연락할 수 있다는 사실을 알고 있으며, 많은 사람들은 그들이 거의 하루 24시간 응답하기를 기대한다.

하지만 STAR 및 이와 유사한 업무 재설계 조치를 통해 전문가와 관리자는 이러한 통신 기술과 다른 방식으로 상호 작용할 수 있게 되었다. 즉각적이고 자동적으로 반응하는 대신, 직원과 팀은 각자의 목적과 목표에 맞게 기술을 어떻게 사용할지 더욱 신중하게 고려할 수 있다. 이중 의제 업무 재설계는 기술을 사용하는 업무 도구가 해당 업무 완수에 어떻게 작동하는지 또는 작동하지 않는지에 대한 성찰을 요구한다. 또한 직원들은 스마트폰, 이메일, 문자, 채팅에서 한 발짝 떨어져서 자신과 건강을 돌보는 일에 대해 생각해 볼 수 있다. 또한, 이러한 논의는 전문가와 관리자가 업무 중에도 보호받는 오프라인 시간을 확보하여 실제 업무에 집중하는 데 도움이 될 수 있다. 항상 연락 가능해야 한다는 압박을 거부하기는 어렵지만, 현재의 관행을 다음과 같은 관점에서 검토한다면, 기술을 회사와 근로자에게 유리하도록 길들일 수 있게 된다.[14]

이것이 STAR의 세 가지 목표인데, 이러한 변화를 어떻게 추구할까? STAR는 직원들로 구성된 팀이 실행하는 상향식 변화와 경영진의 지원 능력을 증진하는 체계적인 교육을 결합한다. 구체적으로 STAR에는 (1) 직원의 개인 및 가족 생활을 지지하는 동시에 직원의 업무 수행을 지원하는 전략을 위한 관리자 교육, 그리고 (2) 팀이 직원의 업무 시간에 대한 통제력을 높이고 저가치 업무를 줄이는 데 도움이 되는 새로운 업무 관행과 프로세스를 만드는 참여형 교육 세션이 포함된다.

TOMO에서 구현된 STAR는 관리자가 참석하는 8시간의 직원 참여형 세션과 관리자가 직접 진행하는 4시간의 추가 교육, 그리고 관리자가 직원과 어떻게 상호 작용하고 있는지 되돌아보고 추적하는 활동으로 구성된다. STAR 세션은 8주에서 12주에 걸쳐 진행되므로 관리자와 직원은 새로운 아이디어를 듣고 이를 분석하고 비공식적으로 토론하면서 팀 교육 사이에 새로운 행동을 시도해 볼 수 있는 시간을 갖게 된다.[15]

STAR 초기에는 관리자가 부하 직원의 가정과 개인 생활에 대해 더 많은 지지를 표현하고 업무와 경력 목표에 대한 격려와 자원을 제공하도록 권장한다. STAR의 이 부분은 관리자의 명시적인 지원을 늘리는 데 초점을 맞추고 있으며, 관리자는 종종 자신이 직원들을 지지한다고 느끼지만, 직원들은 그것을 전달받지 못할 수 있음을 인식하는 것에서 시작한다. 햄머와 코섹의 시범 연구를 기반으로, 우리는 관리자에게 일주일 동안 매일 두어 번씩 직원과 연락하여 지지를 표현하거나, 그날 이미 있었던 상호 작용을 추적하도록 상기시켜 주는 앱을 제공하였다. 이 아이디어는 관리자가 지원적 상호 작용을 중요한 목표로 여기도록 장려하고, 관리자가 보다 명시적으로 지지를 보이도록 하여 새로운 습관을 만들게 하기 위함이었다.

또한 직원과 관리자는 참여형 교육에 참석하여 근로자에 대한 조직의 기대, 일상적인 관행, 회사 정책에 대해 논의한 다음, 직원들이 언제, 어디서, 어떻게 일할지에 대해 더 많은 발언권을 갖고, 다른 사람의 개인적 의무를 지원함을 일관되게 표현하는 새로운 업무 방식을 찾는다. 세션들은 구조화되어 있지만 매우 상호 작용적이다. 첫 번째 세션은 STAR와 관련된 변화에 대한 최고 경영진의 지지를 알리기 위한 것으로, 해당 업무 부서의 부사장이 참석하거나 최소한 진행자가 STAR에 대한 경영진의 지지에 대해 언급하는 경우가 많다. 이후 세션에서는 각 업무별로 재택근무가 얼마나 가능한지, 회의나 통화를 많이 하지 않고도 팀이 효과적으로 소통하고 조율할 수 있는 방법 등에 대해 논의한다. 직원과 관리자는 기존 업무 패턴의 비효율성과 불만 사항에 대해 논의하고, 다른 방식으로 일하는 것이 생산성뿐만 아니라 개인 및 가족 생활에 어떤 도움이 될 수 있는지 상상해 보는 시간을 가진다.

STAR vs 협상을 통한 유연성

일반적인 유연 근무제에서도 근무 일정과 근무 장소 변경이 가능하지만, STAR와 같은 업무 재설계 조치는 일반적인 유연근무제 정책과 중요한 면에서 다르다. 회사 정책에 따라 플렉스 타임(비정기적 또는 정기적으로 근무 시간 변경), 재택근무(비정기적 또는 정기적으로 집에서 근무), 보통 풀타임으로 근무하는 직무를 파트타임으로 전환하는 것이 허용될 수는 있다. 직원이 50명 이상인 미국 고용주 1,000개 이상을 대상으로 한 연구에 따르면 81%는 적어도 일부 직원이 주기적으로 업무 시작 및 종료 시간을 변경할 수 있도록 허용하고, 67%는 비정기적 혹은 정기적 재택근무를 허용한다고 한다.[16]

하지만 디테일이 중요하다. 개인은 유연 근무제를 요청할 수 있지만 일반적으로 요청을 승인하거나 거부할 수 있는 포괄적인 권한은 관리자가 갖고 있다. 이는 공식적인 회사 정책이 있는 경우(관리자의 승인이 정책에 명시되어 있기 때문에)와 많은 소규모 직장에서와 같이 서면書面으로 명시된 정책이 없는 경우에 해당한다. 이러한 접근 방식을 '협상을 통해 제공되는 유연성'이라고 한다.[17] 개별 직원이 관리자와 협상하는 경우, "허락해 주시겠습니까?" 또는 "제가 이렇게 해도 될까요?"와 같은 역학 관계가 형성되는 경우가 많다. 요청된 업무 변경이 가능한지 여부에 따라 관리자의 결정이 이루어지고, 유연성을 폭넓게 지지하는 회사 문화가 직원의 결정을 뒷받침하는 것이 이상적이다. 그러나 이에 대한 전체 논의는 개별적이고 개인적인 요구로써 고용주가 업무 변경이 가능하다고 판단하고 이를 수용하거나 협상하는 경우에만 이루어진다. 결국 실제로는 전문가와 관리자를 포함한 많은 근로자가 유연 근무제에 제한적으로만 접근할 수 있다는 의미다.[18]

TOMO의 한 사례는 유연 근무제의 역학 관계를 잘 보여 준다. STAR가 도입되기 몇 년 전, 헤이워드라는 직원이 주당 2~4일 재택근무를 허가해 달라고 요청했다. 헤이워드가 하는 일의 90%는 자신이 개발하여 관리하고 있는 애플리케이션을 사용하여 고객 또는 다른 IT 팀과 통화, 메신저 채팅, 이메일을 주고받는 일이었기 때문에 재택근무가 가능해 보였다. 같은 건물에서 근무하는 사람들과의 상호 작용은 거의 없었다. 헤이워드의 매니저인 라클란은 이러한 조치를 승인했고, 인터뷰에서도 이를 긍정적으로 언급했다. 헤이워드는 "걱정할 필요도 없고 관리자의 번거로움도 없다"고 말했다. 헤이워드의 재택근무는 그와 다른 회사에서 IT 전문가로 일하는 아내와 어린 두 자녀를 포함한 그의 가족에게도 좋은 영향을 미쳤다. 헤이워드는 어떤 날에 밤늦게까지 일하더라도 다음 날 아침 일찍 출근하여 아이들을 학교에 데려다 줄 수 있었다.

> 아내에게 말했죠, 당신은 출근해. 아침은 내가 할 테니까. 오전 8시에 사무실에 출근할 필요가 없으니 그렇게 할 수 있었습니다.

하지만 이러한 방식은 IT 부서가 재편되면서 새로운 관리자에게 보고하도록 (결국 STAR 이전의 방식으로) 바뀌었다. 헤이워드는 새 관리자인 론다가 "그런 식으로 일하는 것을 좋아하지 않았다"고 말했다. "그래서 일주일에 5일은 사무실에 출근해야 했습니다." 헤이워드가 보기에 사무실에서 하는 일("전화 받고, 이메일과 메신저를 하는 일")은 집에서 하는 일과 똑같았다.

> 이제 출퇴근하는 데 두 시간이 걸립니다. 그리고 아이들을 (방과 후 프로그램에서) 데려오면서 "세상에, 애들이 여기서 10시간을 보냈네." 하고 깨닫죠. 그리고 집에 돌아와 저녁을 하고 있으면 오후 7시가 돼요. 뭔가 바뀌어야 해요. 이건 안 되겠어요.

론다는 헤이워드의 근무 패턴에 실질적인 문제가 없음에도 불구하고 재택근무에 동의하지 않았다. (우리는 그녀와도 인터뷰를 진행하였다.) 그녀는 주 5일을 사무실에서 근무해야 하는 실질적인 이유를 제시하지 못했지만, 이처럼 유연 근무제가 선택인 환경에서는 굳이 그럴 필요도 없었다. 재택근무와 같은 유연성은 관리자의 재량에 따라 승인하거나 거부할 수 있기 때문이다.

헤이워드의 사례에서 볼 수 있듯이, 우리는 유연 근무제 협상에 성공한 사람들이 유연 근무제를 소중히 여기고 높이 평가한다는 것을 알 수 있고, 유연 근무제 도입 여부에 대한 직원들의 통제권이 거의 없다는 사실도 알 수 있다.[19] 이러한 방식으로 유연 근무제가 제공될 경우, 형평성 문제도 심각하게 제기될 수 있다. 전문가나 관리자가 아닌 근로자는 장소가 고정된 직종에 종사하거나 시간제 서비스 직종(소매업, 식당, 숙박업 등)에 종사할 가능성이 높다. 특히 현재 기술을 고려할 때 더 유연하게 일할 수 있지만 그렇게 하지 못하는 행정 및 사무직 근로자들도 많다. 소득이 많거나, 교육 수준이 높거나, 다른 좋은 일자리를 찾을 수 있는 옵션이 더 많은 근로자는 이러한 방식으로 유연성을 협상할 때, 자신의 요구가 수용될 가능성이 더 높을 수 있다.[20]

유연 근무제나 재택근무 옵션과 같은 유연한 근무 방식을 사용하는 것은 유연성을 확보한 사람이라도 위험할 수 있다. 점점 더 많이 수행되는 이 분야의 연구 결과에 따르면 이러한 방식은 종종 "유연성 낙인"을 유발하는 것으로 나타났다. 이러한 옵션이 편의 제공으로 취급되고 표준에서 벗어난 것으로 간주되면, 직원들은 이러한 방식으로 근무하면 승진 기회나 임금 인상에서 멀어질 것이라고 생각한다. 스케줄을 변경하거나 재택근무가 허용된 직원은 업무에 덜 헌신하는 것으로 간주되어 승진에 적합하지 않다고 평가될 수 있다.[21]

유연 근무제라는 정책 사용과 관련된 직무적 위험은 아이러니하게도 성 불평등을 강화할 수 있다. 미국 기업들은 1980년대와 1990년대에 여성, 특히 백인 중산층 어머니들이 전문직과 관리직으로 이동하는 것에 대응하기 위해 부분적으로 유연성 정책을 채택했다. 여성은 가족 돌봄 부담이 더 크기 때문에 이러한 제도를 선택할 가능성이 더 높을 수 있다. 또한 어머니는 일보다 가족을 우선시하라는 문화적 압력이 있기 때문에 경력상의 불이익을 감수할 수 있었다. 남성은 공식적이고 낙인 찍힌 유연 근무제 정책을 사용하지 않고 비공식적인 방법으로 유연 근무와 재택근무의 길을 모색하여 은밀하게 업무 루틴을 변경할 수 있었다. 예를 들어, 경영 컨설턴트를 대상으로 한 에린 리드Erin Reid의 연구에 따르면 남성의 약 3분의 1(여성의 약 10%)이 이상적인 근로자에 '합격'한 것으로 나타났다. 이 컨설턴트들은 회사의 공식적인 유연 근무제 정책을 사용하지 않고 장시간 근무하는 동료들에 비해 근무 시간과 출장을 줄였다. 합격한 컨설턴트들의 성과 평가는 공식적인 유연 근무제를 통해 "일탈을 드러낸 컨설턴트들보다 훨씬 더 좋았다"고 한다. 리드의 해당 연구에서 여성은 공식적인 유연 근무 옵션을 찾거나, 소외감을 느끼거나, 유연 근무 옵션 사용으로 불이익을 받거나, 혹은 좌절감에 회사를 떠날 가능성이 높았다.[22]

유연 근무제는 고강도 업무, 과부하, 불안정성이라는 실제 문제로부터 시선을 분산시키고 문제 해결에 도움이 되지 않는 해결책을 제시한다는 점에서 또 다른 위험이 있다.[23] 우리는 20년 넘게 일과 가정의 문제를 연구해 왔으며, 대부분 기간 동안 기업의 워라밸 정책을 조사해 왔다. 하지만 최근 몇 년 동안 우리의 생각은 이전과는 달라졌다. 이제 사람들의 핵심 관심사는 일과 나머지 삶(또는 좁게는 일과 가족 돌봄)의 균형을 맞추는 방법이 아니라,

직장에서 요구되는 모든 일을 관리하는 방법이라는 사실을 알게 되었다. 근본적인 문제는 일과 가정을 어떻게 조화시키느냐가 아니라 업무 강도에 있다. 즉, 특정 근로자의 개인적인 필요에 대한 선택적 조치로 이해되는 유연 근무제는 우리를 잘못된 길로 이끌고 있다.

제도적 작업과 변화로서의 STAR

일반적인 유연 근무제와는 달리 STAR 및 관련 이중 의제 업무 재설계 조치는 더 확실한 목표, 더 넓은 범위, 다른 프로세스를 가지고 있다. 먼저 더 확실한 목표를 살펴보자. STAR는 업무 조직에서 게임의 규칙을 다시 쓰기 위해 새로운 표준을 만들려고 한다. 학자들은 특정 사회 환경에서 사람들의 행동을 안내하는 게임의 규칙을 가리킬 때 '제도制度: institution'라는 용어를 사용한다.[24] 직장(및 학교나 커뮤니티 그룹과 같은 기타 조직)에서는 규칙과 정책이 허용하는 것과 허용하지 않는 것을 명시하여 공식적으로 특정 행동을 유도한다. 그러나 사람들은 또한 사람들이 함께 일하는 방식에 깊이 내재되어, 다른 사람과 자신에 대한 평가, 보상 방식에 영향을 미치는 비공식 규범의 지침을 동시에 받는다.[25]

과부하와 관련하여 게임의 핵심 규칙은 업무가 언제, 어디서, 어떻게 수행되는지, 누가 그러한 결정을 통제할 수 있는지, 개인 및 가족 생활을 중심으로 업무 시간과 업무 관행을 구성하는 것이 정당한지 여부를 결정하는 것이다. 월요일부터 금요일까지 전일 근무(주말에 얼마나 많은 일을 했는지에 관계없이), 하루 중 특정 시간대에 대면 근무, 관리자의 문자에 즉시 응답, 심지어 달력에 표시된 공식 회의 시간 5분 후에 회의를 시작하는 것 등은 당연하게 받아들여지며, 누군가 이러한 기대에 따르지 않는 한 문제점를 인지하기 힘든 경우가 많다.

사람들이 새로운 게임의 규칙을 정하려고 할 때, 현재의 게임 규칙에 도전할 때, 그리고 그러한 게임 규칙을 확장, 시행 또는 회피하기 위해 노력할 때, 조직학자들은 이를 제도적 작업institutional work이라고 부른다.26 STAR는 직원과 관리자가 자신의 업무 방식을 비판적으로 살펴보도록 유도하여 개인, 팀 및 조직에서 발생하는 모든 문제를 지적함으로써 제도화된 게임 규칙 파괴를 목표로 하기 때문에, 제도적 작업의 사례라고 할 수 있다. 그런 다음 STAR는 직원과 관리자가 조직 목표를 달성하는 동시에 개인적으로도 도움이 될 수 있는 새로운 업무 방식을 찾도록 장려한다.

제도화된 게임의 규칙을 바꾸려면 다면적이고 다단계적인 접근이 필요하다. 다각적인 변화의 의미를 설명하기 위해 STAR의 중심이 되는 두 가지 구체적인 행동, 즉 재택근무와 근무 시간 변경을 생각해 보자. STAR를 통해 개인의 행동은 변화할 수 있고 실제로 변화하지만, 이러한 업무 재설계 접근 방식에는 단순히 재택근무를 시작하거나 개인 및 가족의 사정으로 일정을 변경하는 것 이상이 포함된다. STAR는 사람들이 자신의 역할(직원, 관리자, 헌신적인 가족 구성원)을 이해하는 방식과 일상적인 상호 작용 및 관행에서 허용되고 기대되는 바를 변화시키는 것을 목표로 한다. STAR에서는 재택근무를 하거나 스케줄을 변경하는 개인의 행동이 관리자가 때때로 허용하는 협상 또는 협의의 조치로 간주되지 않는다.

대신 STAR에서는 사람들이 다양한 스케줄로 근무하고 재택근무를 더 많이 할 수 있지만, 중요한 것은 누가 언제, 어디서, 어떻게 업무를 수행할지, 그리고 이러한 업무 관행이 다른 사람에게 어떤 신호를 보내는지에 대해 직원과 관리자가 서로 다른 가정을 가지고 있다는 점이다. 또한 이러한 새로운 이해와 결정 규칙에 따라 서로 다르게 상호 작용하게 되는데, 예를 들어 관리자는 더 이상 직원이 오후에 집에서 일해도 되는지 물어 오지 않을 것이고, 직원은 자신이 어디에서 일하고 있는지 아무에게도 말하지 않을 수 있다. 물론 STAR 또는 이와 유사한 업무 재설계 조치를 시행할지와 같은 주요 결정은 여전히 경영진이 내리며, 이러한 유형의 조치에는 경영진의 승인이 필요한 정책 변경이 수반될 수 있다. 그러나 STAR는 일선 직원과 관리자가 동시에 참여하여 함께 이야기하고 팀으로서 업무를 어떻게 수행할지 그리고 어떻게 서로 상호 작용 할지에 대해 고민하게 한다.[27] 즉, STAR는 최고 경영진이 승인한 후 부하 직원에게 배포하는 정책 변경 그 이상이라고 할 수 있다.

STAR 및 관련 업무 재설계 조치는 집합적인 과정collective process을 통해 구현되는 것이 중요하다. TOMO에서는 팀 전체가 STAR에 참여하지만, 다른 조직에서는 팀이나 부서 또는 회사 전체가 업무 재설계를 수행할 수도 있다. 팀 또는 작업 조직은 목표를 달성하는 가장 좋은 방법을 집단적으로 논의한다. 개별 구성원의 필요와 선호도에 대해 논의하며, 특정 개인의 업무 수행에 필요한 것뿐만 아니라 직원이나 관리자가 건강, 개인 생활 또는 가족 생활과 관련하여 원하는 것까지 모두 포함한다. 그리고 STAR를 위한 교육은 집합적 과정으로, 기존의 신념과 관행을 재해석하고 새로운 업무 방식을 정당화하는 제도적 작업의 핵심이다.

또한 집합적 경험을 통해 유연 근무제와 관련된 일반적인 문제, 즉 아이가 있는 여성, 다른 돌봄 책임이 있는 여성, 가족 시간에 유난히 헌신적인 남성 등 일부 하위 집단에게만 다른 방식으로 일하는 것이 필요하다는 가정을 피할 수 있다. STAR는 일부 사람들이 특별한 것(예: 재택근무 허용 또는 목요일 오후에만 현장 근무)을 요구하는 것이 아니라 모두가 현재의 관행과 개선 가능성에 대해 함께 성찰하는 과정이라고 할 수 있다.

이중 의제를 위한 사고 전환은 이러한 유형의 업무 재설계가 회사와 직원에게 가치 있는 변화를 모색함을 의미한다.[28] 다음 장에서 살펴보겠지만 STAR를 수행하는 직원들은 팀이 모든 사람이 원하는 시간과 장소에서 자유롭게 일할 수 있도록 지원하는 데 성공하면 자신에게 어떤 이득이 있는지 쉽게 알 수 있었다. 동시에 개인의 혜택은 회사가 얻을 수 있는 혜택과 균형을 이룰 수 있었다. 가족 친화적 조치는 종종 여성의 문제로 이해되기 때문에 이 점은 중요하다. 이중 의제를 가진 업무 재설계에서 '더 스마트하게 일하기'라는 목표를 설정하면 남성 또한 개인과 가족에 대한 책임감을 인정하지 않고도 쉽게 동참할 수 있다. STAR는 다른 (이전에는 의심스러웠던) 개인적 목표뿐만 아니라 직장의 효율성을 개선하기 때문에, STAR를 지지하는 것은 업무에 전념한다는 남성적 기대와 일치할 수 있었다.[29]

STAR는 무엇인가: 제도적 작업 묘사하기

STAR는 직원과 관리자가 함께 업무 수행 방식과 개인, 팀, 더 큰 조직이 더 효과적으로 기능하는 동시에 직원의 건강, 삶의 질, 개인적인 의무를 지원할 수 있는 방법에 대해 함께 생각해 볼 수 있는 특별한 기회를 제공한다. STAR의 두 가지 핵심 메시지는 직원들이 언제, 어디서, 어떻게 일할지는 자유롭게 선택할 수 있지만 여전히 업무를 완수하고 팀의 일원이 되어야 한다는 것, 그리고 업무 책임과 함께 가족과 개인 생활에 대해 논의하고 우선순위를 정하는 것이 지극히 옳다는 것이다. 하지만 이러한 메시지를 어떻게 전달해야 게임의 규칙이 실제로 바뀔 수 있을까?

이러한 변화를 위해서는 직원과 관리자가 일상적인 업무를 제쳐두고, 성찰하고 실험할 수 있는 공간이 필요하다. STAR 교육 세션은 시간적, 상징적으로 일상적인 업무 및 하루의 리듬과 분리되어 있다. 직원과 관리자는 이 시간을 위해 평소 업무를 제쳐두고 팀원들과 함께 일하는 방식에 대해 이야기하고, 회사는 이 시간을 제공함으로써 이러한 변화를 추구할 권한을 부여한다.[30] 이러한 종류의 변화에는 기존 게임의 규칙에 의문을 제기하고 새로운 규칙을 명확히 만드는 과정을 이끌고 설계할 가이드도 필요하다. TOMO에서는 이러한 변화를 조디 톰슨과 칼리 레슬러와 같은 전문 퍼실리테이터facilitator가 이끌었다.[31] 외부 퍼실리테이터든 내부 변화를 촉진하는 에이전트든 업무 재설계를 추진하는 사람들은 이 집합적 프로세스가 작동하도록 여러 전략을 능숙하게 사용해야 하며, 항상 분위기를 읽고, 혼돈을 일으킬 정도로 강하게 밀어붙이지 않고, 학습을 유도할 수 있도록 전달 방식을 조정해야 한다.[32]

어떻게 변화를 이끌어 낼까?: 변화에 대한 필요 또는 열망 만들기

퍼실리테이터는 현재의 업무 방식이 TOMO의 많은 사람들에게 잘 작동하지 않는다는 사실을 보여 줌으로써 참가자들이 STAR에 관심을 갖도록 동기를 부여한다. 퍼실리테이터는 먼저 사람들에게 그룹이나 팀에서 업무가 어떻게 이루어지고 있는지 묻는다. 그런 다음 "현재 상황을 고려할 때 기분이 어떠신가요?"라고 질문한다. 참가자들은 이 간단한 질문을 받은 후 화이트보드에 1~3개의 단어를 쓰도록 요구받는다(이때는 다른 사람의 의견을 듣지 않는다). 25개 이상의 팀으로 구성된 직원과 관리자가 참여한 10개의 교육 세션에서 "스트레스가 많다", "벅차다", "짜증난다", "지루하다", "가족에게 미안하다", "정신없이 바쁘다" 등 부정적인 느낌을 주는 답변이 주를 이루었다.[33] 당연히 이 감정들은 이전 장에서 공유한 이야기에서 제시된 통찰을 반영하고 있다. 예를 들어, 2장에서 장시간 야근과 저녁 회의에 대한 불만을 표현한 랜달은 "오늘 기분이 어떠세요?"라는 질문에 "두렵다"라고 응답한 반면, 그의 상사인 조나단은 화이트보드에 "씁쓸하다"라고 적었다.

일과 가정의 양립 문제나 부모 또는 간병인의 필요는 해결해야 할 주요 문제로 이해되지 않지만, STAR 교육에서 참가자들이 이를 공유할 때는 정당한 우려 사항으로 취급되었다. 모든 직원과 관리자가 조직의 문화에 대해 생각해 보도록 요구받았을 때, 부정적인 감정을 이야기하는 것은 아이가 있는 직원만이 아니었다. 대부분의 감정은 일과 나머지 삶이 어떻게 조화를 이루는지뿐만 아니라 직장에서 또는 일하는 동안의 경험과 깊은 관련이 있어 보였다. STAR는 모든 사람이 일하는 방식을 다루며 일상적인 업무 방식의 비효율성과 비일관성을 지적하고, 모든 성별과 생애 주기의 직원에게 도움이 될 뿐만 아니라 조직에도 도움이 되는 더 스마트한 관행이 있음을 제안하고자 했다.

STAR 교육 세션의 시작을 알리는 이 출발점에는 내부자들이 변화가 필요하다고 느낀다는 강력한 메시지가 담겨 있다. 개인은 자신이 스트레스, 불행, 좌절감을 느끼고 있으며, 가장 효율적이고 효과적이며 생산적이거나 지속 가능한 방식으로 일하고 있지 않다는 사실을 알고 있다. 그러나 이러한 세션에서 표출된 광범위한 좌절감은 현 상태가 조직 전체에게 적합하지 않음을 시사하고 있었다. 많은 동료와 심지어 관리자들까지 불만을 인정하는 것을 들으면 STAR에 대해 회의적인 사람들조차도 변화의 필요성에 대해 반박하기 어려워졌다.

— 탈제도화: 현재 관행과 가정에 대한 비판 제기하기

그런 다음 퍼실리테이터는 현재의 업무 방식에 대해 비판적으로 성찰할 기회를 마련한다. 조직학자들은 이를 탈제도화라고 부르며, 이전에는 당연한 것으로 받아들여져 눈에 띄지 않거나 당연한 것으로 여겨졌던 것에 도전하는 것을 말한다. 이것은 더 이상 정당하고 합리적이며 당연한 것으로 여겨지지 않는 오래된 관행과 신념을 불러내어 가시화한다.[34]

퍼실리테이터는 (1) 유연근무제 승인 방식, (2) 업무와 회의의 우선순위 지정 및 관리 방식, (3) 커뮤니케이션 규범의 작동 방식, (4) 보상 분배 방식과 관련하여 현재 관행에 대한 질문을 제기했다.[35] 퍼실리테이터는 비판적 성찰을 장려하고, 참가자들은 비판을 명확하게 표현했다. 일부 TOMO 내 전문가와 관리자는 이러한 비판에 동의하지 않았지만, 외부 퍼실리테이터보다 더 설득력 있는 동료의 의견을 주의 깊게 듣기도 했다. 이러한 대화는 조직 내 개인이 STAR를 통해 제공되는 변화에 대해 주인 의식을 갖도록 돕는다.[36]

STAR에서 제기된 중요한 비판 중 하나는 유연성이 직원들에게 일관성 없이, 예측할 수 없이 제공된다는 것이었다. STAR 이전에는 재택근무, 근무 시간을 변경, 혹은 더 중요한 마감일을 맞추기 위해 회의를 건너뛰고 싶어도 관리자의 허가를 받아야 하는 등 유연성을 협상으로서 운영했다. (헤이워드의 이야기를 떠올려 보자.) 일부 관리자는 이러한 요청을 일상적으로 승인했고, 가장 직원들을 지지하는 몇몇 관리자는 직원들에게 조용히 요청하라는 지시를 하긴 했지만, 필요한 것은 무엇이든 하라고 말했다. 그러나 어떤 관리자들은 이러한 유연 근무제를 승인하지 않거나(론다가 헤이워드에게 풀타임으로 사무실에 복귀할 것을 요구한 사례에서 볼 수 있듯이) 불만을 표출하여, 직원들은 성과 평가나 향후 회사 생활에서 이러한 조치에 대한 대가를 치를지도 모른다는 걱정을 하게 만들었다.

퍼실리테이터들은 관리자의 발언이나 의도와 관계없이 이러한 불균등한 경쟁 구도가 관리자의 신뢰 부족을 드러낸다고 말했다. 한 퍼실리테이터가 교육 세션에서 설명했듯이, 유연 근무제를 "하나씩 나눠서" 시행할 때 종종 "포용적인 환경이 아닌 적대감과 분노"가 발생한다고 했다. 한 퍼실리테이터는 TOMO의 포커스 그룹에서 "유연 근무제는 '아는 사람만 아는 프로그램'이라는 것을 배웠다"고 말했다. "관리자가 의지가 있다면 유연 근무제를 시행할 수 있어요. 하지만 의지가 약한 관리자가 있다면 많은 걸 할 수 없죠."[37] 회의실에 있던 최고 관리자 두 명은 이 말에 동의하며 고개를 끄덕였다. 이와 대조적으로 진행자는 STAR에서는 "때에 상관없이 필요한 일을 하기 위해 허가를 받을 필요는 없다."고 설명했다.

두 번째 비판은 가치가 낮은 업무가 너무 많으며, 특히 기술 전문가들은 실제 업무로 여기지 않는 회의에 너무 많은 시간을 낭비한다는 것이었다. 일부 업무를 따로 떼어 놓고 기술 업무에 더 많은 시간을 할애함으로써 업무 과부하를 부분적으로나마 해결할 수 있다는 제안이 있었다. STAR에 처음 참여한 그룹 중 한 그룹과의 교육 세션에서 수석 퍼실리테이터인 칼리 레슬러는 참가자들에게 회의가 얼마나 생산적이었는지 질문했다. (다시 말하지만, 이러한 유형의 질문과 크라우드 소싱은 내부자가 문제에 대한 새로운 진단을 받아들이도록 독려했다.) 한 직원은 자신이 참석하는 회의의 약 5%만이 생산적이라고 말했고, 같은 방에 있던 동료 대부분도 이에 동의했다. 다른 팀(다른 세션에서 같은 질문에 응답한 팀)은 가치 있는 회의의 비율이 더 높았지만, 모든 그룹이 일부 회의는 비생산적이고 불필요하다고 답했다. 예를 들어 한 직원은 동료와 관리자에게 다음과 같이 말했다.

> 상태 점검 회의를 하고 툴을 최신 상태로 유지하는 데 최소 한 시간에서 많게는 두세 시간을 쓰죠. 이런 상황이 돌고 돌아요.

퍼실리테이터는 특정 미팅을 포함하여 가치가 낮은 업무를 어떻게 다듬고 개선할지 직접적으로 지시하지 않지만, 팀원들이 함께 생각해 보도록 만들었다.

또한 퍼실리테이터는 전문가와 관리자에게 업무 관련 질문을 처리하기 위해 실제로 상시 대기해야 하는지 여부를 물었다. 여기서 그들은 유연성을 상시 근무 가능성(해당 언어를 사용하지 않고)으로 비판하였다. 퍼실리테이터들은 사람들이 다른 사람들이 메신저나 이메일에 즉시 답장을 보내거나 업무 관련 전화가 오면 언제든지 전화를 받을 것으로 기대하는 즉각적인 응답 문화를 발전되어 왔다는 점에 주목하였다. 참가자들은 빠른 응답이 실제로 필요한 경우와 습관적으로 또는 공식적, 비공식적 보상에 의해 강화되는 경우를 재고하도록 요구받았다. 퍼실리테이터인 칼리 레슬러는 한 교육 세션에서 다음과 같이 말했다.

> 긴급하다고 생각되는 일이 있고, 정말 실제로 긴급한 일이 있습니다. 어떤 일이 (진정으로) 긴급한지 판단해야 합니다.

3장에서 자신의 경험을 자세히 설명한 멜리사는 STAR 교육 세션에서 자신의 팀이 "소방 훈련"의 "불길을 부채질"했다고 인정한 후, "이것은 우리가 깨뜨려야 할 문화입니다."라고 말했다. 다른 직종과 회사의 직원들도 모든 일을 긴급한 일로 여기고, 즉각적인 대응을 기대하며, 거의 상시 근무 가능성을 요구하는 문화에 빠져 있었다. 경영 컨설턴트를 대상으로 한 연구에서 레슬리 퍼로Leslie Perlow는 "스마트폰과 함께 잠들기"로 이어지는 팀 내 "대응 사이클"을 설명하였다(그리고 나중에 우리가 논의할 이중 의제 업무 재설계에 대해 소개했다). 병원 수술실의 장시간 근무에 대한 케이트 켈로그Kate Kellogg의 연구는 레지던트의 근무 시간을 제한하는 규정에 대해 각 부서에서 어떻게 반응했는지를 살펴보았다. 저항이 강했던 병동에서는 레지던트가 바닥에 있거나 병원에서 잠을 자는 것이 환자를 효과적으로 치료하는 데 필수적이라고 가정했다. 하지만 다른 병동에서는 레지던트의 근무 시간을 줄이면서 정보를 효과적으로 공유하고 환자를 잘 돌볼 수 있는 새로운 도구와 루틴을 찾으려 했다. 기존 관행은 레지던트가 항상 상주하는 것에 기댔지만, 이것이 좋은 치료 제공이라는 목표를 달성하는 유일한 방법은 아니라는 것이다.38

STAR 팀 교육에 참여한 직원과 관리자들은 항상 대기하고 있으며 모든 문의와 업무를 긴급하게 처리하는 데 따르는 개인적 비용을 알고 있었다. 그럼에도 불구하고, 메신저나 이메일 등 온라인을 통해 연결되지 않아야 한다는 퍼실리테이터의 주장은 때때로 TOMO 전문가와 관리자에게 설득력이 떨어진다. 비즈니스 조직 내에서 IT 부서의 중요한 역할은 시스템을 연중무휴로 가동하는 것이다. 실제로 출시된 시스템과 애플리케이션의 문제에 대응하는 IT 전문가는 상대적으로 소수에 불과하지만, 많은 그룹과 많은 직무에서 IT 시스템을 지속적으로 감시하고 관리해야 할 필요를 당연하게 받아들이고 있다.[39] 아이러니하게도 실시간 시스템의 기술적 문제를 신속하게 해결해야 하는 생산 지원팀은 STAR에 잘 대비하고 있는 것처럼 보였다. 이 팀들은 이미 상시 대기의 부담을 분담하기 위해 고심하고 있었으며(전화기를 통해 교대로 '호출기 근무'를 하는 등), 업무에서 완전히 벗어나는 시간을 의도적으로 구성하는 것이 중요함을 인식하고 있었다. 이 팀들은 기술적인 긴급 상황에 대처하기 위한 지침을 수립하여 무엇이 정말 긴급한 상황이고 무엇이 아닌지 이미 논의해 놓고 있었다. STAR는 다른 그룹과 모든 직무 역할에 걸쳐 이러한 종류의 신중한 성찰과 팀원 간 조정을 장려하는 것을 목표로 한다.

업무 비판의 다음 단계는 조직에서 보상 시스템이 어떻게 작동하는지 묻는 것이다. 사람들은 장시간 근무, 빠른 응답, 상시 근무 가능 그리고 프로젝트에 대한 실제 기여에 대해 제대로 인정받고 보상을 받고 있는가? 퍼실리테이터들은 관리자와 직원들이 종종 사무실에서의 대면 시간이나 가시성(그리고 저녁, 야간, 주말에는 온라인에서의 빠른 응답)을 중시하고 있는 것 아니냐고 묻는다. 우리는 캐서린 말을 비롯해 여러 인터뷰에서, 사람들이 상사가 사무실에 있는 시간에 주의를 기울이고 상사가 퇴근할 때까지 자리를 지키려고 노력한다는 이야기를 들었다. 사람들이 얼마나 오래 일하고 있는지, 언제 출근하는지, 메신저를 사용할 수 있는지에 대한 언급을 '슬러지sludge'라고 부르는데, 이 용어는 결과 중심 업무 환경ROWE 조치에서 조디 톰슨과 칼리 레슬러가 개발한 것이다.40 퍼실리테이터들은 슬러지와 이러한 업급에 대한 자기 정당화 반응이 게임의 오래된 규칙을 강화시킨다고 지적하였다. 예를 들어, 한 사람이 오전 10시에 사무실에 들어왔는데 동료가 "이제 왔어요? 근무 시간을 제때 지켜야 하는 거 아닌가요."라고 말한다고 하자. 이 말 한마디는 그 직원이 전날 밤 일찍 또는 늦게까지 일하지 않았을 것이라는 가정, 업무는 사무실에서 이루어져야 인정받을 수 있다는 가정, 실제로 수행한 업무보다 일정 준수가 더 중요하다는 암묵적인 가정을 드러낸다.

퍼실리테이터는 근무 시간, 근무 위치, 상시 근무 가능 여부가 생산성이나 조직에 대한 헌신을 나타내는 정확한 지표가 아니므로, 관리자나 다른 사람들의 평가의 초점이 되어서는 안 된다고 주장한다. 이러한 비판은 직원들이 언제 일할지(팀 전체의 적절한 조율을 통해), 어디서 일할지(어떤 유형의 업무가 가장 대면하기 적절한지 고려하면서), 언제 일에서 벗어나 다른 부분에 집중할지 적절히 결정할 수 있다는 점을 참가자들이 받아들이는 데 도움을 준다.

하지만 근무 시간과 기존 규범 준수를 보상하지 않는다면, 무엇을 보상할 수 있을까? 직원의 목표를 명확히 하고 실제 결과를 평가하면, 관리자와 다른 직원들은 근무 시간, 사무실 대면 시간 또는 가시성 또는 상시 근무 여부에 따라 성과를 평가하려는 유혹을 피하는 데 도움이 된다. 하지만 STAR 세션에서 모호한 목표와 불분명한 우선순위에 대한 불만이 있었다. 예를 들어, 주드가 "명확한 과제가 필요하다"고 말하자 회의실에 있던 다른 TOMO 직원들은 그에게 관리자에게 가서 목표와 우선순위를 명확히 해 달라고 제안했다. 이는 STAR에 대한 논의가 일반적인 유연 근무제 도입을 넘어, 명확한 목표 설정, 성과 측정에 사용되는 지표에 대한 신중한 검토 등 현재의 업무 프로세스와 관리 관행에 대한 성찰을 장려하는 데까지 나아간다는 점을 잘 보여 준다.

— 새로운 업무 방식 제안하기: 새로운 노동 방식과 조직 그리고 관리자의 이해관계를 어떻게 일치시킬까?

기존의 관행과 기대치를 비판한 후에는 적절하고 가치 있는 새로운 업무 방식을 제안하고 실행해야 한다. 퍼실리테이터는 어떻게 직원과 관리자가 모두 TOMO의 좋은 구성원이 될 수 있는지, 그리고 STAR에 대해 그들이 어떻게 흥미를 가질 수 있는지를 보여 줘야 했다. 새로운 조치를 회사의 이익과 관리자가 중요하게 여기는 가치에 맞추기 위해 세 가지 요구가 제시된다.

첫째, 자율성을 강조하는 STAR가 특정 인력에게 적합하다고 주장하기 위해 전문성의 언어를 사용한다. 퍼실리테이터는 TOMO의 IT 개발자, 테스터, 분석가, 관리자를 포함한 전문가들이 다른 방식으로 일할 준비가 되어 있고 할 수 있다고 제안한다. 이러한 전문가들은 이미 기술적인 결정 측면에서, 그리고 업무 목표 달성을 위해 열심히 일한다고 조직 내에서 신뢰받고 있기 때문에, 자신의 업무 시간과 프로세스를 스스로 관리하도록 맡기는 것이 현명하고 합리적이라는 것이다.[41]

둘째, 퍼실리테이터는 STAR에서 제시하는 직원을 신뢰하고 지원하는 코치로서의 관리자 모형을 직원의 업무 일정, 근무 위치, 특정 회의 참석 여부 등을 면밀히 조사하는 이전 방식의 관리자 모형과 대조한다. 이러한 기존 방식은 (보통 진행자의 질문에 응답하는 다른 참가자에 의해) "마이크로 매니징" 또는 "자리 지키기"라는 비판을 받는다. 한 세션에서 진행자는 청년들이 대학에서 신뢰받았던 경험과 직장의 경험을 노골적으로 비교하며 관리자가 직원을 어린아이처럼 부적절하게 대하고 있다고 말한다. 그 퍼실리테이터는 대학생 "아이들"은 업무 수행을 위한 자원은 제공되지만 "엄마, 아빠"의 감시가 없는 상태에서 업무를 완수할 수 있다는 신뢰를 받는다고 말한다.

> 그런 다음 대학생들이 졸업해서 일하러 가면, 자리를 할당받아 거기에 있으라는 지시를 받아요. 월요일부터 금요일까지, 8시부터 5시까지 (사무실에) 있어야 한다고요. 그리고 특정 시간에 휴식하고 점심을 먹으라는 지시를 받죠. 자리에 앉아 있다고 해서 그 사람이 생산적인지 어떻게 알 수 있죠? 사람들은 단지 신뢰받기를 원해요.

많은 관리자가 STAR에서 제시하는 관리자 모형이 자신이 원하는 관리 방식과 일치한다는 점에서 이 분석을 좋아했다. 이들은, 교육에서 나온 문구를 빌려 말하자면, 스스로를 "직원이 아닌 업무를 관리하는 사람"으로 생각하기를 원했다. 여러 지역에서 근무하는 약 40명의 직원을 감독하는 관리자인 와이어트는 다음과 같이 말했다.

> 저는 직속 직원들을 전문가로 봅니다. 그들은

> 무엇을 해야 하는지에 대해 저보다 더 잘 알고 있어요. 결과물을 위해 그들은 새벽 3시에 일어나서 일합니다. 그들은 오전 8시에 출근할 필요가 없어요. 그들은 자신의 일에 대해 아주 잘 알고 있죠.

와이어트는 직원들이 장시간 또는 특이한 시간대에 일하더라도 필요한 일을 할 것이라고 가정하기 때문에 업무 일정을 지시할 필요가 없다고 생각한다. 그는 '전문가'라는 용어를 사용하면서 동시에 직원들에게 지식과 헌신이 있다는 이유로, 엄격한 스케줄을 두지 않는다.

퍼실리테이터는 통제권과 의사 결정권의 전환을 (해당 언어를 사용하지 않고) 계획했다. 칼리 레슬러는 이러한 업무 재설계가 조직의 '의사 결정과 자율성'의 패턴을 어떻게 '뒤집는지'에 대해 설명했다.

> 모든 조직에는 계층 구조가 있습니다. 최상위에 있는 사람이 있고 모든 사람에게 역할이 있죠. 그러나 STAR에서는 계층 구조가 수직적이지 않고 수평적입니다. 직위(직책)는 여전히 동일하지만 의사 결정과 자율성은 모두 평등하게 부여됩니다. 즉, 직원들은 더 이상 언제 어디서 일해야 하는지 묻지 않죠.

관리자들은 퍼실리에이터의 이 말을 들으면서 동의하는 어조로 다음과 같이 말했다.

> 우리가 옆으로 물러나고, (그들에게) 권한을

부여하는 것 같네요.

우리는 STAR가 TOMO에서 호평을 받은 이유는 TOMO 직원들이 전문가로서의 기존 정체성을 활용하여 새로운 업무 방식과 새로운 관리 방식을 정당화할 수 있었기 때문이라고 주장한다. 이러한 중간 관리자 중 상당수는 스스로를 IT 관리자라고 생각한다. 이는 자신을 기술 전문가로 생각하지만 이제는 관리자의 역할도 맡고 있다는 의미이다. IT 관리자는 종종 자신의 업무가 팀의 업무를 지원하고 기술 전문가가 최선을 다해 일할 수 있도록 "장애물과 장벽을 제거"하는 것이라고 말한다. 퍼실리테이터가는 관리자가 더 이상 "감시자"가 아니라 직원들과 친밀감을 느끼고 진심으로 존경받는 "코치"가 될 수 있다고 말한다.42

이러한 전문성과의 연관성은 일선 직원이 전문가가 아니며 업무 수행 방식에 대한 운영 자율성이 처음부터 제한되어 있는 조직에서는 유사한 조치를 구현하기가 더 어려울 수 있음을 의미한다. 또한 STAR와 같은 업무 재설계 조치를 실행하는 것은 '숙련도가 낮다'고 여겨지거나 '직업 윤리가 나쁜' 사람들이 많다고 간주되는 저임금 직군에서는 더 어려울 수 있다. 그리고 그러한 환경에서는 일선 관리자의 저항도 더 클 것으로 예상할 수 있다. 이는 향후 연구와 조직 변화 조치에서 탐구해야 할 중요한 가설이 될 수 있다. '일, 가족, 건강 네트워크'는 요양원에서 맞춤형 버전의 STAR를 구현하는 병행 연구를 수행하였다. 연구 결과는 복잡하지만 어느 정도는 긍정적이었다.43 예를 들어, 요양원의 관리자는 간호조무사가 제안한 변화를 받아들이는 것을 아주 조심스러워했는데 이는 요양원의 관리자가 간호조무사의 전문성, 직업 윤리 또는 직업 정신을 의심했기 때문이다.44

TOMO와 IT 전문가들 사이에서도 관리자들은 더 많은 자유가 주어졌을 때 '나태해질' 가능성이 있는 신뢰성이 낮은 직원에 대한 의심을 제기했다. 이러한 우려에 대해 퍼실리테이터는 "그들이 지금 일하고 있는지 어떻게 알 수 있습니까?"와 같은 질문을 던졌다. 일선 관리자는 직원들이 사무실에서 무엇을 하고 있는지 세심하게 관찰할 수 없기 때문에(관리자들 자신도 바쁘고 팀 규모가 크고 여러 지역에 직원이 있는 경우가 많기 때문에), 사무실에 있는 시간으로 직원을 판단하는 것은 현명하지 않다는 사실은 분명했다. 관리자들은 STAR 교육이 끝난 후에도 인터뷰와 서로의 대화에서 이 질문을 반복하며 이 점을 깊이 고민하는 것 같았다.

퍼실리테이터들은 또한 STAR가 실제로 더 나은 관리 방식일 수 있다고 말했다. 다시 말해 그들은 관리자가 STAR를 통해 이제 누가 업무를 잘 수행하고 있는지에 더 쉽게 집중할 수 있고, 기대에 미치지 못하는 직원에 대한 회사의 성과 관리 프로세스를 따라갈 수 있다고 말했다. 관리자들에게 STAR를 소개하는 세션에서, 3장에서 소개한 존경받는 소프트웨어 개발 관리자인 타나이는 자원하여 긍정적인 경험을 공유했다.

> 우리 팀은 STAR를 적용하고 있습니다. 사람들은 큰 차이가 있다고 말해요. 3월에 큰 마감이 있었는데 STAR가 없었다면 아마 불가능했을 거예요.

그러자 같은 방에 있던 동료 관리자인 쿤와르는 타나이에게 일부 직원의 '남용' 가능성에 대해 질문하며 다음과 같이 지적했다.

> 이건 분명 흥미로운 기회지만, 관리자에게는 쉽지 않은 일입니다, 쉽게 악용될 수 있어요.

타나이는 관리자는 이미 누가 STAR를 악용하려 할지 이미 알고 있다고 대답했다. 그는 STAR를 통해 관리자가 기대하는 구체적인 업무 결과에 대해 보다 능동적으로 코칭할 수 있다고 말했다. 그리고 다음과 같이 주장했다.

> STAR를 사용하면 관리자가 더 명확해질 수 있어요. 이런 말을 하는 저를 과거의 제가 보면 웃을 것 같습니다.

이 마지막 발언을 통해 타나이는 자신도 이전에는 이런 걱정을 했지만 지금은 STAR를 지지한다고 팀들을 안심시켰다.

셋째, 퍼실리테이터들은 최근 몇 년 동안 기술이 변화함에 따라 업무 관행이 크게 바뀌었지만, 제도화된 게임의 규칙(회사 정책과 문화로 표현된)은 그렇지 않다고 지적했다. 퍼실리테이터들은 기술 및 관련 변화로 인해 많은 직원들이 "항상 업무에 연결되어 있으면서도 동시에 삶을 영위하는 방법을 찾으려고 노력하기 때문에" 스트레스를 받고 있다고 주장했다. 퍼실리테이터들은 상시 접속이라는 표현을 사용하지는 않았지만, 직원들이 업무와 끊임없이 연결되는 생활에 지쳐 있다고 지적했다.

퍼실리테이터는 몇 장의 사진을 보여줬다. 넓은 개방형 공간에 타이피스트들이 있고 감독자들이 돌아다니는 사진이었다. 그리고 그곳에 사무실 책상이 추가되고, 그 다음은 타자기가 노트북으로 바뀐 사진이었다. 이는 "1950년대와 21세기의 충돌"로 묘사되며, 집이나 다른 장소의 소파에서 효율적이고 행복하게 일하는 사람들의 사진과 대조를 이루었다. 요점은 이 지식 업무 조직에는 출퇴근 시간을 단축하고, 근무 시간 동안 가족(또는 친구, 이웃,

반려동물)과 더 많은 시간을 보내거나, 어떤 이유로든 사무실 밖에서 일할 수 있게 해 주는 기술 도구는 이미 마련되어 있다는 점이다. 그러나 새로운 업무 방식(원격 근무, 가변 근무 일정, 통제권 및 의사 결정권의 전환 등)이 의심스럽거나 비정상적인 것이 아니라 합법적이고 논리적인 것으로 인식되도록, 사회적 의미를 바꾸기 위해서는 업무 재설계 개입이 필요하다.

이러한 기술들은 그 자체로 조직 문화를 파괴하거나 변화시키지 않으며, 오히려 업무 과부하와 과중한 업무에 기여하고 있다. 직원과 일선 관리자가 이러한 기술을 자신에게 적합한 방식으로 사용할 수 있도록 길들이려면, 더 많은 요구와 부담이 아니라 무언가를 바꾸려는 의도적인 노력이 필요하다.

— 어떻게 초기 저항을 무마시킬까?: 우려를 들어주면서 실험 참여 독려하기

STAR 조치는 참여형 조치이기에 내부자는 조직의 문제 진단에 참여해야 하고 변화를 만드는 데도 흥미를 가져야 한다. 하지만 열정이 부족한 내부자도 항상 존재한다. STAR에서 퍼실리테이터는 STAR에 회의적인 직원과 관리자의 우려에 귀를 기울이는 동시에 사람들이 실험을 시작하도록 독려했다(실험군과 대조군이 있는 연구 설계의 의미가 아니라 무언가를 시도해 본다는 의미에서). 초기 변화가 성공적으로 이루어지고 사람들이 새로운 방식으로 일하는 것을 맛보면서, STAR에 대한 헌신이 점점 더 커질 것으로 기대했다. 나머지 회의론자들은 동료들의 긍정적인 경험을 통해 확신을 가질 수 있으며, 필요한 경우 STAR를 지원하는 HR 관리자나 또는 다른 동료의 코칭을 받을 수도 있다. 다시 말하면 조직의 변화를 촉진하기 위해 퍼실리테이터는 방어적인 태도를 해소하고, 교육 세션과 세션 밖에서 새로운 상호 작용과 행동을 연습할 기회를 제공하며, 불안을 자연스러운 것으로 받아들이고, 조직 내부에서 STAR를 지지하는 사람들과 교류할 수 있도록 기회를 제공한다.

기존 업무 방식에 대한 비판은 특히 오래된 기대와 관행을 강요해 온 관리자에게는 쉽게 개인적인 비판으로 느껴질 수 있다. 퍼실리테이터는 이러한 관리자의 방어적인 태도를 최소화하기 위해 노력하며, 특정 관리자의 고의적인 결정을 지적하기보다는 1950년대의 오래된 게임 규칙을 제시하며, 회사가 단순히 시대에 뒤처져 있다고 말한다. 특히 특정 결정에 대해 비난을 받았던 매니저가 공개적으로 변화를 지지하는 사람으로 전환한 논쟁은 시사하는 바가 컸다. STAR가 도입되기 약 2년 전, 유명한 부사장이었던 마릴린은 자기 밑에서 일하는 수백 명의 직원들에게 주 5일 출근을 요구하기로 결정했다. 이 결정은 직원들과 일선 관리자들의 비판을 불러일으켰고, 회사의 직원 설문 조사에서 그녀의 부서가 낮은 점수를 받자, 경영진과 인사 담당자가 그 원인을 토론의 주제로 삼았다. 첫 번째 STAR 교육 세션 중 하나에서 마릴린은 자신의 이전 결정이 잘못됨을 인정하고, 부하 직원들에게 STAR를 지지한다고 설득하려 했다. 그녀는 자신의 이전 결정이 "큰 파장을 일으켰다"고 언급한 다음, 이제는 STAR에 전적으로 동의하며 그것이 흥미로운 변화라고 생각한다고 말했다. 퍼실리테이터는 STAR에 대한 그녀의 지지 표명을 환영하며, 바뀐 그녀가 이러한 조직 변화를 개방적으로 받아들인 것을 의심하지 않았다. (마릴린이 참석하지 않는 세션에서 퍼실리테이터는 STAR에 대해 그녀가 실제 지지하는지에 대해 질문을 받았고, 직원들은 '경영진', 특히 그중 마릴린이 정말로 동참하고 있는지

 관리자에게 직접 묻기를 반복했다.)45

몰개인화는 누군가가 새로운 비평에 의문을 제기할 때도 발생했다. 예를 들어, 누군가가 자신의 팀이나 관리자는 이미 직원의 생활을 지원하고 있으며, 유연하고 결과에 집중하기 때문에 STAR가 필요하지 않다고 말하는 경우가 있었다. 이런 경우 퍼실리테이터는 "TOMO의 포커스 그룹" 또는 "TOMO의 다른 팀과의 경험"을 통해 변화가 실제로 필요함을 알 수 있다고 말했다. 그리고 퍼실리테이터는 한 발 물러서서 이것이 미국 기업 전반의 문제라고 말할 수도 있다. 퍼실리테이터는 "우리는 이미 이렇게 하고 있다"는 그들의 주장을, (연구자로서) 관리자가 이전에 허용한 제한된 유연성과 STAR 사이에 차이가 있음을 알고 있음에도, 직접적으로 논박하지는 않았다. 대신 이 점을 강조하지 않고, 현재 문화에서 이러한 개인들의 긍정적인 경험이 다른 사람들에게 모범이 될 수 있다고 제안했다.

또한 STAR 세션에서 참가자들은 역할극과 퀴즈를 통해 새로운 상호 작용 방식을 연습할 수 있다. 예를 들어, '슬러지' 역할극에서는 직원들이 어디에 있었는지에 대한 질문에 정중하고 웃는 얼굴로 "필요한 게 있으세요?"라고 말하도록 유도한다, 왜 "늦게" 출근하는지, 또는 다음에 언제 사무실에 올지 묻는 질문에 대해 "필요한 게 있으세요?"라고 대답하도록 했다. 또한 퍼실리테이터는 "필요한 게 있으세요?"라는 문구가 직장에서 이루어지는 대화의 초점이 직원의 근무가 언제, 어디서 이루어지고 있는지에 있기보다는, 해당 직원의 업무 과제나 목표, 그리고 대화에 참여한 사람들이 어떻게 효과적으로 협력할 수 있는지로 전환하는 데 도움이 된다고 설명했다. 특히 이전에 근무 시간과 근무 장소에 대한 엄격한 규범이 있던 팀이라면,

이러한 대화가 팀원들에게 잘못되거나 낯설게 느껴지거나 심지어 불복종하는 것처럼 느껴질 수 있으므로, 기존 문화를 파괴하는 새로운 상호 작용이 유용하다고 말한다.[46]

이후 STAR 세션에서 퍼실리테이터는 임시로 모인 두 개의 팀이 "사무실에 출근하지 않을 때는 사람들에게 어떻게 알려야 하는가?"와 같은 질문에 답하는 퀴즈 게임을 준비했다. STAR의 '정답'은 외부에서 일할 때 사람들에게 알릴 필요가 없다는 것이었다. 동료들은 이미 여러분에게 연락하는 방법을 알고 있어야 하며(IT 시스템 중단과 같은 실제 긴급 상황으로 인해 여러분이 필요할 가능성이 있는 경우 다양한 방법을 통해), 팀원들은 특정 유형의 문제에 대해 얼마나 신속하게 대응해야 하는지 논의했어야 한다. 퍼실리테이터는 참가자들이 답변에 대해 토론하는 동안, 그들이 STAR의 주요 아이디어를 수용했는지 쉽게 확인할 수 있었다. 또한, '올바른' 답변을 한 사람은 다른 사람이 퍼실리테이터뿐만 아니라 새로운 업무 방식을 옹호하는 동료들의 의견을 들을 수 있도록 자신의 생각을 말할 기회를 부여받았다. 우리는 간혹 참여자들이 예전 방식으로 돌아가서 일관성 없는 대답을 하는 모습을 보고 동료들과 장난스럽게 웃는 모습을 목격하기도 했다. 슬쩍 훑어보기만 해도 이 교육 세션은 참여도가 높았다. 참가자들은 팀이 새로운 업무 방식을 구현하고자 할 때 허용되는 것과 허용되지 않는 것을 명확하게 알고자 하였다.

또한 퍼실리테이터는 초기 실험을 장려하면서 직원과 관리자의 불안감을 자연스럽고 예상되는 것이라고 말하면서 반대를 최소화하였다. 관리자가 부하 직원 없이 혼자서 이야기했던 첫 번째 세션에서는 불안감이 느껴지는 경우가 많았다.[47] 그리고 고위 임원을 세션에 초대하여 STAR에 대한 지지를 표명하도록 요청했다. 간혹 고위 임원이 자신의 불안감을 표현하면 역효과가 나기도 했지만, 지지하는 임원은 관리자가 걱정함에도 불구하고 앞으로 나아갈 수 있도록 격려했다. 예를 들어, 부사장인 제이슨은 관리자들에게 새로운 시도가 어색하고 불편할 수 있지만 그럼에도 불구하고 밀고 나가라고 했다.

> 저는 곧 이곳을 떠나야 하지만 팀원들에게 (사람들을 향해 돌아서며) 지금 여러분이 생각하는 것보다 더 많은 변화가 있을 거라고 말하고 싶습니다. 여러분은 다른 수준의 편안함을 느낄 것입니다. 저는 이것이 받아들일 만한 가치가 있는 변화라고 믿습니다. 여러분은 개방적이어야 합니다.

제이슨은 공개적으로 변화를 지지하고 상사로서 자신의 권한을 사용하여 해당 프로세스를 적극적으로 추진하는 등 제도 기획자institutional entrepreneur*로서 행동했으며, 그의 지원은 부하 직원들에게 아주 중요한 역할을 했다. 조직의 다른 변화와 마찬가지로 중간 관리자의 불안감은 변화를 지연시킬 수 있지만, 최고 경영진의 지원과 직원들의 상향식 열정으로 이에 대응할 수 있었다.

STAR에 대한 교육에는 초기 실험이 내포되어 있었다. 각 사람은 다음 주에 시도할 구체적인 행동 두 가지를 선택하도록 요청받았다. 이러한 행동에는 평일 오후 3시 이전에 장보기, 의도한 결과가 명확하지 않은 회의에 의문 제기하기(회의에서 자신의 의견이 필요한 이유를 명확히 하거나 회의를 거절하겠다는

* 사업장 내의 제도적 변화를 이끌어 내고 변화를 촉진하는 역할을 하는 임원을 지칭하는 단어로 entrepreneur를 사용하고 있다. 따라서 사업가보다는 기획자라고 옮겼다.

생각으로), 팀 내에서 STAR를 홍보하겠다는 약속과 같은 개인의 변화가 포함되었다. 퍼실리테이터는 팀이 실험을 통해 배운 것을 토론하도록 장려하며 팀 회의에서 예를 들어, "내가 무엇을 시도했는가? 기분이 어떠했는가? 나에게 어떤 효과가 있었는가? 다른 사람들에게는 어떤 효과가 있었는가? 어떻게 하면 더 잘할 수 있을까?"와 같은 질문을 제기하도록 했다. 여기 퍼실리테이터들은 사람들이 큰 변화에 익숙하지 않더라도 작은 실험을 시도하도록 유도하여 조직 변화를 이끌어 내는 전략을 활용하고자 했다. 그들은 동료들의 '작은 승리'를 활용하여, 의도한 더 큰 변화를 창출하고자 했다.[48]

이 시점에서 퍼실리테이터는 직원과 관리자를 TOMO에서, 더 넓게는 기업 세계에서 이러한 변화를 주도하는 "개척자"라고 묘사했다. 그러자 한 직원이 "개척자들은 대부분 죽었다"고 말했고 회의장에 있던 많은 사람들이 웃음을 터뜨렸다. 이처럼 때로 사람들은 이 변화에 대해 안심하지 못했다. 하지만 이 사례는 예상대로 나타난 불안이 앞으로 나아가는 데는 장애물이 되지 않는 또 다른 예가 될 수 있다.

마지막으로, 사업장 내부 STAR 옹호자들에게 의지하는 것은 STAR에 대한 초기 저항을 무마하는 데 도움이 된다. 물론, 고위 관리자 및 경영진이 부하 직원에게 STAR에 대한 지지를 표명하는 것도 좋지만, 공식적인 명령 체계 밖의 의견을 듣는 것 역시 중요하다. 앞서 언급한 인터뷰에서 STAR의 "남용" 위험에 대해 논의한 타나이 이사는 다른 부서의 관리자들에게 해당 조치에 대해 이야기하기 위해 자원했다. 그는 자신을 퍼실리테이터가 "다른 행성"에서 온 게 틀림없다고 생각했던 회의론자라고 소개했다.

> 처음에는 (STAR가) 적합한 방식이 아니라고 단호한 태도를 취했어요. 저는 회의적이었고 어떤 점에서는 여전히 그래요. 하지만 팀의 변화는 눈에 안 보일 수 없을 정도로 극적이었습니다.

타나이의 열정적이고 확신적인 태도는 궁금한 점이나 우려 사항이 있는 사람들도 STAR에 대한 기대감을 가질 수 있도록 안심시켜 주었다. 내부자의 지원은 설득력 있는 수사학적 도구가 되었다. 내부자의 증언은 회사 외부에서 개발된 모델이 실제로 여기에서 작동할 수 있는지 의문을 품는 사람들을 포함해 가장 회의적인 사람들이 STAR의 아이디어와 실천을 기꺼이 시도해 보도록 설득하는 훌륭한 도구가 된다.[49]

STAR는 어떤 것일까?: 나타난 우려 사항들

STAR에 대한 초기 반응은 대체로 긍정적이었다. 조심스럽거나 회의적인 반응은 조금 있었지만, 노골적인 저항은 거의 없었다. 하지만 전문가와 관리자들은 세션, 팀 대화, 인터뷰를 통해 STAR에 대해 질문하고 우려 사항을 공유했다.

— 이러한 변화를 추진하는 게 정말로 현명한가?

IT 전문가와 일선 관리자들은 STAR를 수용하고 교육에서 제안한 변화를 실행하는 것이 자신의 커리어에 있어 현명한지에 대해 우려를 제기했다. 특히 참가자들은 STAR에 대한 최고 경영진의 지지에 대해 질문하며, 이에 대해 회의적인 반응을 보이기도 하였다. 이러한 질문은 때때로 이러한 변화를 시도할 때 회사 계층 구조상 윗사람들이 자신의 성과를 어떻게 평가할지에 대한 우려를 나타내기도 하였다. 예를 들어, 여러 차례의 교육 세션을 거치고 STAR를 사용할 수 있는 공식 허가를 받은 한 팀에서는 여러 사람이 경영진의 지원에 대해 언급했다.

> 여자 1: STAR의 개념은 조직 상층부를 아주 긴장하게 만들고 있어요.
> 여자 2: 바로 우리가 상층부를 긴장시키고 있네요….
> 남자 1(발언을 이어서): 중간 관리자들로부터 그렇게 들었습니다….
> 여자 3: (조직 상층부에 대한) 두려움이 있어요…. 사람들은 많은 두려움을 안고 살아가지만 (어쨌든 STAR에) 참여하고 있습니다.

STAR에 대한 고위 임원의 지원에 대한 논의는 일선 관리자가 동료들과 함께한(부하 직원이나 상사가 참석하지 않은) 두 번째 관리자 전용 교육 세션에서 가장 명확하고 길게 이루어졌다.[50] 이미 소개한 조나단, 멜리사, 타나이 매니저는 이러한 비공개 포럼에 함께 모였을 때 상급 경영진의 지원에 대해 반복적으로 질문을 던졌다. 멜리사는 STAR 참여가 "편안하고 익숙한 방식에서 벗어나" 새로운 시도를 하게 되는 것이라고 묘사했다. 그런데 그녀는 STAR가 고위 임원들을 당황스럽게 만들고 있다고 말했다. 왜냐하면 고위 임원들은 기존의 규칙을 따르고 있지만, 이제는 긴 근무 시간, 눈에 보이는 바쁨, 즉각적인 대응은 "아무 의미가 없다"(또는 보상을 받지 못할 것이다)는 말을 듣고 있다고 말했다. 멜리사는 퍼실리테이터에게 상급 경영진이 STAR를 지지하는지 직접 물었다. 조나단은 두 명의 특정 임원이 지지한다는 것을 "믿을 수 없다"고 말하지만, 그중 한 임원은 관리자 교육에 포함된 동영상에서 지지를 표명했고 다른 한 임원은 초기 STAR 교육에 참석하여 지지를 표명했음을 떠올렸다. 멜리사는 여전히 납득하지 못하고, 5분 동안 세 번이나 최고 경영진의 지지 여부에 대해 반복해서 물었다. 타나이(나중에 다른 관리자 세션을 방문하여 그들을 안심시키는 STAR 옹호자가 되었다)가 퍼실리테이터에게 직접 말했다.

> 당신은 바보가 아니죠. 우리가 (고위 임원진이 STAR를 지지함을) 믿지 않는다는 사실을 충분히 알 수 있을 겁니다.

그들은 여러 관리자를 관리하는 이사인 바네사가 아직 STAR에 적응하지 못한 것에 대해 계속 논의했다. 그녀는 왜 특정 회의에 불참했는지, 특정 시간에 어디에 있었는지 계속해서 물어보고 있었다. 하지만 이러한 중간 관리자들은 STAR가 팀과 자신에게 잠재적인 이점이 있다는 사실을 알기 때문에 이러한 불안과 우려를 극복하고자 했다. 특히 조나단은 동료들에게 STAR를 실행하는 데 있어 '용기'를 발휘해달라고 요청하고, 세션에 참여한 일선 관리자들은 변화를 추진하는 데 있어 서로를 지원하는 것에 동의했다.

— 이 변화들이 우리의 문제를 해결해 줄 수 있는가?

또한 참가자들은 STAR가 제안한 변화가 실제로 IT 전문가와 관리자에게 도움이 되는지 묻기도 했다. 이러한 질문은 크게 두 가지 형태로 요약될 수 있었다. 먼저, 이러한 새로운 업무 방식이

IT 업무의 현실, 특히 여러 차례의 다운사이징과 해외 업무 위탁을 반복하고 린 생산 방식으로 운영되는 현재의 상황을 고려할 때 정말로 실현 가능한지 묻는 것이다. 다시 말해, 직원들이 언제, 어디서, 어떻게 업무를 수행하는지에 대해 더 많은 통제권을 갖고, 개인 및 가족 생활을 인정받고 지원받는다고 느끼고, 가치가 낮은 업무에 대한 책임을 일부 줄이는 것이 과중한 업무 요구 사항과 비현실적인 업무 일정으로부터 오는 부담을 상쇄시키기에 충분한가? TOMO 직원에게 요청되는 엄청난 업무량이나 해외 근무자와 조정하여 더 많은 일을 하는 인력 배치 전략에 직접적으로 저항하지 않는다면, 과연 STAR는 직원들에게 안도감을 가져다줄 수 있을까? 이것은 중요한 질문이며 우리가 자체적으로 수행한 분석의 핵심 사항이었다. 직원과 일선 관리자의 관점에서 볼 때 이 문제를 해결하기 위해서는 더 숙련된 직원을 고용하거나 프로젝트 수를 줄이는 것이 필요했다. 퍼실리테이터들은 이것이 최고 경영진에게는 논의의 대상이 아니라는 점을 잘 알고 있었다. 하지만 때때로 참가자들은 이 가능성을 계속 언급하며, STAR가 린 방식으로 운영되는 인력 운영 문제를 직접적으로 해결하지 않는다면 진정으로 도움이 될 수 있는지 질문했다.51

두 번째는, 현재 상황을 고려할 때 결과에 초점을 맞추면 IT 전문가와 관리자가 더 오래 일하고 더 많은 부담을 느끼지 않을까 하는 질문이었다. 이것은 좀 더 개인에 초점을 맞춘 우려였다. 다시 말해 노력이나 생산성의 지표로서 근무 시간을 덜 중요하게 여기게 되면, 경영진이 설정한 비현실적인 목표 설정으로 인해 사람들이 더 많은 일을 하게 될 것이라는 염려였다. 소프트웨어 개발자인 이완이 STAR 교육 세션에서 설명했듯이, 회사가 더 이상 근무 시간에 관심을 기울이지 않는다면, 자신이 한 주 동안 충분히 일해서 쉬어도 되는지 누가 어떻게 알 수 있을까 하는 질문이었다. 그는

"모든 목표를 기한 내에는 달성할 수 없는 상황에 계속 처해 있다면" 중요한 작업을 계속 미루고 있으면서 50시간을 다른 업무에 써 버릴 수도 있다고 예를 들어 설명했다. 그리고 그는 STAR가 시작되고 나면 일하는 양을 줄이는 것이 정당하다고 생각하는 사람이 정말로 있을까도 궁금해했다. IT 전문가들이 STAR 하에서 정해진(그러나 비현실적인) 시간 내에 최종 결과물을 얻지 못하고, 열심히 일해도 인정받지 못할 것이라 생각하면, 더 오래 일해야 한다는 압박감을 느낄 수 있다. 이 역시 우리의 주된 우려 중 하나였는데, STAR와 같은 조치가 의도치 않게 장시간 집중적으로 일해야 한다는 추가적인 압박을 줄 수 있다는 점이다. 이 문제가 어떻게 해결되었는지는 다음 장에서 살펴볼 것이다.

— 이 변화는 지속할 수 있을까?

STAR의 지속 가능성에 대한 질문은 특히 중요했는데, STAR를 실시하는 동안 합병이 발표되었기 때문이다. 이는 연구팀과 TOMO 내부 사람들 모두에게 아주 놀라운 사건이었다. 데이터 수집이 한창이고 퍼실리테이터가 STAR 교육 세션을 진행하고 있을 때, ZZT라는 회사가 TOMO를 인수한다는 발표가 났다. 발표 이후 실직에 대한 우려가 급증했다. 합병 발표 후 설문 조사에 참여한 응답자의 45%는 향후 12개월 내에 직장을 잃거나 해고될 가능성이 "상당히 높다" 또는 "매우 높다"고 답한 반면, 합병 발표 직전 설문 조사에 참여한 응답자의 경우는 25%에 불과했다.[52] 그러나 이 기간 동안 실시한 현장 조사 및 인터뷰를 통해 많은 TOMO 전문가와 관리자들이 관망하는 태도를 취하고 있다는 사실을 알게 되었다. 많은 사람들이 이전에 합병을 경험한 적이 있었으며, 합병이 최종적으로 완료되고, 통합된 IT 부서의 조직 개편이 완료되고, 두 회사의 정책이 통합되기까지 최소 2년이 걸린다는 사실을 알고 있었다.

STAR 교육 세션에서 TOMO 전문가와 관리자들은 두 가지 관련 질문을 제기했다. 합병 후에도 STAR가 지속될 수 있을까? 그리고 이 조치는 인수 기업의 문화에 어떻게 부합할 수 있을까? 합병 후에도 STAR가 지속될 수 있을지에 대한 논의와 관련하여 인사 관리자들은 교육 세션 참가자들을 안심시키기 위해 노력했다. 현장 노트에 따르면 참가자들은 토론하는 동안 "눈을 크게 뜨고" 아주 주의 깊게 집중했다. 곧 ZZT 문화가 업무 시간과 장소에 대해 매우 보수적이고 엄격하다는 소문이 퍼졌다. 예를 들어, 법적 합병이 마무리되고 IT 조직을 개편하는 과정에서 관리자가 다음과 같이 말했다.

> 반대편에서 함께 일하고 있는 사람들(즉, 합병을 준비하면서 그의 그룹이 조율하고 있는 ZZT 직원들)은 가장 엄격한 문화에 속해 있습니다. 그리고 그들은 월요일부터 금요일까지 매일 8시부터 5시까지 사무실에 있어야 합니다.

7장에서는 이러한 걱정과 STAR에 대한 최종 결정에 대해 자세히 설명하겠지만, 실직에 대한 일반적인 불안감, 합병으로 인한 리더십 전환의 문제, ZZT의 조직 문화가 너무 보수적이어서 STAR를 받아들이기 힘들다는 견해는 합병 발표 직후 STAR 교육 세션에서 모두 분명하게 드러났다.

STAR에 참여한 연구진은 이중 의제 접근 방식을 통해 유연성과 가족 사이의 긴밀한 연관성을 피할 수 있다고 주장해 왔다. 주로 여성의 관심사로 여겨지는 가족에 대한 돌봄 책임을 직접 다루는 대신, STAR는 새로운 업무 방식이 거의 모든 사람에게 합리적이고 매력적인 해결책을 제시할 수 있다고 주장한다. 그렇다면 남성과 여성이 STAR에 다르게 반응하는지 질문할 수 있다. IT 부서의 여성과 남성은 동일한 비율로 STAR를 지지하거나 회의적인 것 같았다. 변화 조치에 대한 반응에서 성별 차이는 거의 없었으며, 교육 세션 자체에 대한 노골적인 저항도 거의 없었다.

STAR 교육에 참여하는 퍼실리테이터, 연구팀, 그리고 TOMO 직원들이 STAR에 대한 회의론자를 파악한 결과, 성별에 상관없이 남녀 모두 어느 정도는 STAR에 대해 회의적이었다. 그리고 남성 관리자들이 STAR에 갖는 개방성에 대한 의문만큼이나, 여성 관리자들이 STAR를 지지하는지에 대해서도 의문이 제기되었다.

그러나 우리 연구팀이 베스트바이 본사에서 실시한 ROWE에 대한 자체 시범 연구에서는 다른 점을 발견했다. 해당 환경의 업무 재설계 조치에 대한 반응에서 성별에 따라 현저한 차이가 있었던 것이다. 두 조치 모두 메시지는 성 중립적이었고, 일부 퍼실리테이터는 같은 사람들이었으며, STAR 교육의 일부는 ROWE 교육에서 가져온 것이었다. 베스트바이에서는 자녀가 있고 가족 및 가사에 대한 책임이 많을 것으로 예상되는 30~40대 여성들이 ROWE 교육 세션에 특히 열성적으로 참여했다. 베스트바이의 남성과 젊은 여성은 모두 이 조치에 대해 좀 더 신중한 태도를 보였고, 일부 고위 남성 관리자는 ROWE에

대해 (제한적이긴 했지만) 노골적인 저항을 표명하기도 했다.[53]

베스트바이와 TOMO에서 도입한 유사한 업무 재설계 조치에 대해, 베스트바이의 직원들에게서만 성별 차이가 더 두드러진 데에는 두 가지 이유가 있다. 먼저 첫째, TOMO에서 업무 재설계 조치에 참여한 직원은 평균적으로 베스트바이의 ROWE에 참여한 직원보다 나이가 더 많았다. TOMO 직원 중에는 인생에서 가장 과중한 업무에 시달리는 중년층, 즉 육아, 노인 돌봄 또는 두 가지 모두에 관여하고 있는 사람이 많았다. 또한 이러한 중년 근로자 중 상당수는 자신의 신체적 한계를 잘 파악하고 있다. 항상 일해야 한다는 기대감 등 기존의 업무 방식이 전반적으로 문제를 야기하고 있었으며, TOMO에 참여한 많은 남성은 자신의 피로와 건강 문제, 자녀와 배우자의 직장 생활에 대해 불만을 토로하고 있었다. 둘째, IT 전문가와 관리자는 IT 전문가라는 공통된 정체성이 중심이 되는 상당히 평평한 조직에 속해 있다. 다시 말해 직급과 직책뿐만 아니라 기술적 능력에 따라 지위가 결정되는 구조에 있는 것이다. 그리고 이 계층 구조에서는 승진할 수 있는 자리가 많지 않았다. 이와는 대조적으로, 베스트바이 본사의 인력은 상대적으로 젊은 남성과 여성이 많았으며, 이들은 관리직으로 승진하기를 희망한다고 예상할 수 있다. 즉, 업무 재설계 조치를 수용하는 것은 이 젊은 직원들에게 더 위험해 보였을 수 있다. 다른 연구를 통해 업무 재설계 조치(그리고 유연성 증대나 과부하 조절을 위한 다른 전략)가 운영되고 받아들여지는 방식이 조직 구성원의 인구통계학적 특성과, 자신을 증명하고 출세할 수 있는 방식을 의미하는 조직 내 경력 개발 구조에 따라 달라질 수 있음을 알 수 있다.

게임의 규칙을 바꾸는 것은 흥미롭지만 어렵기도 하다. 그것은 현상 유지에 만족하는 소수의 사람들과 변화 가능성을 기대하지만 어떻게 전개될지 걱정하는 사람들에게 불안감을 불러일으킬 수 있다. STAR 교육을 제공하는 퍼실리테이터는 기존 업무 방식에 대한 비판을 개인에게서 분리함으로써 그러한 불안을 다루었는데, 그 불안이 충분히 합리적이라고 보고 실험을 장려했다. 이를 위해 새로운 상호 작용 방식을 시도하고 기꺼이 앞으로 나아가는 다른 사람들을 볼 수 있는 역할극과 게임을 통해 사람들을 이끌었다. 또한 TOMO 내부에서 유명하고 존경받는 STAR 지지자들이 나서게 했다. 이러한 전략은 고용 안정과 경력 개발 측면에서 새로운 업무 방식을 수용하는 것이 안전한지, 이러한 변화가 과부하 상태인 전문가와 관리자에게 도움이 될지에 대한 우려를 해소하는 데 효과적인 것 같았다. 하지만 우리는 직원들이 예상치 못한 합병으로 갖게 된 우려를 효과적으로 관리하기는 어려웠다. TOMO의 최고 경영진이나 중간 관리자는 물론이고 STAR 퍼실리테이터나 우리 연구원들조차도 앞으로 어떤 일이 일어날지 알지 못했다.

이러한 모호함에도 불구하고 STAR는 성공적이었다. 미래에 대한 불확실성으로 인해 약간의 변화가 있었지만, STAR를 통한 이중 업무 재설계는 직원, 가족, 회사에 분명한 이점을 가져다주었다. 어떤 효과가 있었을까? 그리고 그 이유는 무엇일까? STAR의 성공 스토리는 다음 장에서 이어진다.

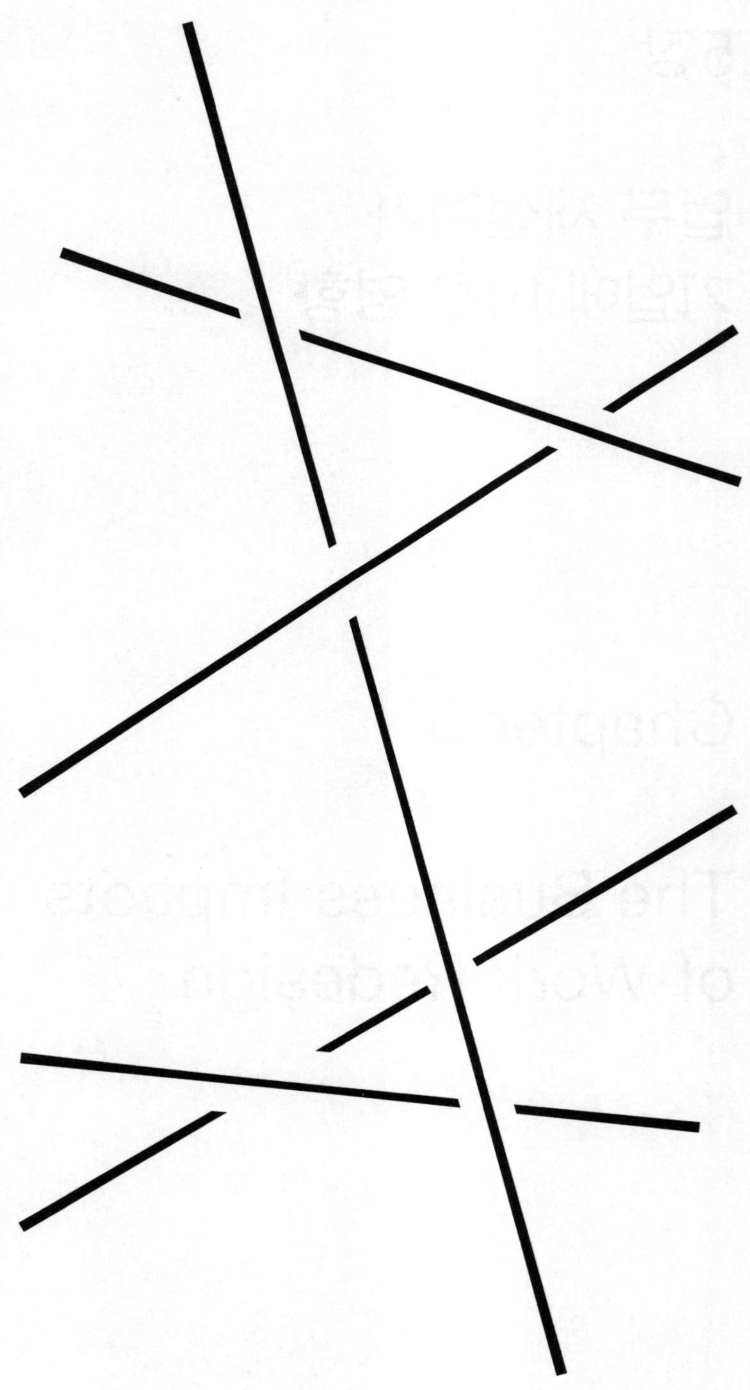

이중 의제 업무 재설계

5장

업무 재설계가 기업에 미친 영향

Chapter 5

The Business Impacts of Work Redesign

책의 서두에서 만났던 재능 있고 존경받는 IT 전문가 셔윈을 떠올려 보자. 그는 똑똑한 사람들과 함께 TOMO의 기술적 과제를 해결하는 일을 좋아했지만, 50대에 심장마비를 겪으면서 직장 생활에 변화가 필요함을 알게 되었다.

그의 건강에 위기가 닥친 직후에 STAR가 들어왔고, 셔윈은 이를 통해 자신의 건강은 물론 업무 효율을 높이는 근무 패턴을 만들어 가고 있다. 셔윈은 주당 60시간, 때로는 70시간씩 일하던 것과는 달리 STAR를 활용하면서 근무 시간이 훨씬 줄어들게 되었다. 근무 시간을 줄임으로써, "실제로 더 집중할 수 있게 되었다." 마감일 때문에 여전히 스트레스를 받는 셔윈은 몇 주에 한 번씩은 더 오랫동안 근무를 하기도 한다. 하지만 "STAR 프로그램을 통해 이를 더 잘 통제할 수 있게 되었습니다. 저는 여전히 바쁘긴 해요. 계속 바쁘죠. 하지만 뭔가 압도당한다고 느끼지는 않아요. 그게 큰 힘이죠."라고 그는 말한다.

셔윈은 이제 밤에는 대부분 적당한 시간에 잠자리에 들고 있다. 그는 "더 이상 잠을 빼앗기지 않겠다"고 다짐하며 아침 일찍 일어나 운동용 자전거를 타고, 그리고 거의 매일 아침 독서("업무와 관련 없는 개인 독서")를 한다. 그는 1년 넘게 하루에 30분 이상 운동한다는 목표를 달성할 수 있었다.

십대인 딸들의 여름 캠프가 늦은 오후에 끝나는 여름철에도 죄책감 없이 재택근무를 할 수 있어 셔윈은 만족스럽지만, 그에게 STAR는 재택근무를 하기 위한 것은 아니었다. 셔윈은 STAR가 자신의 의견이 꼭 필요하지 않은 "상태 확인 전화"를 줄이는 등, 더 효율적으로 일하는 데 도움이 된다고 강조한다. 그는 "쓸모없다고 생각하는" 회의에 더 이상 참석하지 않기 때문에 효율성과 집중력이 향상되었다고 설명한다. 이제 STAR의 업무 방식은 당연한 것처럼 보인다. 셔윈은 다음을 강조했다.

> 이제는 상식처럼 보이네요. 하지만 수년 동안 우리 주변에는 너무 많은 불필요한 관행과 "이렇게 해야만 한다"는 강요가 있어 왔어요. 그런 관행 없이도 더 효율적으로 일할 수 있는데도, 많은 시간을 낭비해 왔죠.

셔윈은 STAR를 통해 헌신적인 일꾼과 좋은 직원의 의미에 대한 생각이 바뀌었다고 말한다. STAR를 통해 그는 일정 시간 동안 사무실에 있어야 한다는 가정과 장시간 근무가 곧 헌신을 의미한다는 가정을 다시 생각하게 되었다. 이어서 그는 예전에 가졌던 인식에 대해 반성했다.

> 밤늦게까지 온라인에 접속하는 사람들, 그 사람들은 더 열심히 일하는 것이 틀림없고, 그들이 더 나은 직원임이 분명하다고 생각했어요. 하지만 아니었죠. 반드시 그런 건 아니죠. 그렇지 않나요? 그러니 장시간 근무하지 않아도 업무의 결과가 스스로를 대변할 수 있습니다. 여기서 우리는 실제 수행한 업무의 결과로 평가받고 있으며, 주어진 과업을 어떻게 완료하는지는 정말 여러분에게 달려 있습니다.

그의 팀은 새로운 근무 패턴에 대해 미리 논의했기 때문에 의사소통에 문제가 없었다. 셔윈은 “동료 직원들과 연락하는 데 아무런 문제가 없”고, “그들도 저에게 연락하는 데 아무런 문제가 없다”고 말한다. “8시에서 5시 사이에 출근하지 않으면 일을 하지 않는 것이 틀림없다”고 다른 사람들이 가정할 때 생겼던 재택근무의 “죄책감”만이 달라졌다.

이러한 변화는 이전에 과부하가 걸렸던 직원들에게 분명 안도감을 가져다주었다.

> STAR를 시작한 1년 전과 비교했을 때 스트레스가 100% 줄었어요. 일을 완수할 수 있고, 인생에서 중요한 일이 생기면 바로 처리할 수 있고, 아이나 엄마에게 긴급한 일이 생기면 바로 대처할 수 있으니까요. 일에서 벗어날 수 있다는 건 정말 값진 일인 것 같습니다. 아직도 (STAR가 실시되기 전과 같은) 그런 환경에서 일하는 다른 회사 사람들이 안타깝게 느껴지네요.

광범위한 질문들에 답하기

셔윈에게 STAR는 “상식적”이고 “값을 매길 수 없는” 성공이다. 하지만 STAR와 같이 업무 효율성과 개인 생활을 모두 고려하는 업무 재설계 조치가 업무 과부하에 걸린 전문가와 관리자에게 도움이 될까? 그리고 실제로 효과가 있다면 누구에게 이득일까? 직원에게만 좋을까, 아니면 직원과 회사 모두에게 좋을까? 우리는 이중 의제 업무 재설계 혁신이 이러한 새로운 업무 방식을 수용하는 조직과, 과중한 업무에 시달리는 직원 모두에게 이점을

 가져다준다는 사실을 TOMO의 STAR 사례를 통해 보여 주고자 한다.

TOMO는 직원들이 소진되고 지쳐서 하루속히 회사를 떠나려고 한다는 우려 때문에 우리 연구팀을 회사에 초청했다. IT 경영진과 HR 전문가 모두 반복되는 다운사이징, 그리고 해외 파트너와 조율 업무로 인한 업무 과부하를 인식하고 있었다. 통신 기술은 이러한 관리 관행을 뒷받침하고 상시 가동可動, 상시 근무 문화를 유지하는 데 도움을 주었다. 그들은 STAR가 번아웃을 줄이고 직무 만족도를 높이며 소중한 직원이 이직하지 않도록 돕기를 바랐다.

천 명 이상의 참가자를 대상으로 한 현장 실험에 따르면 STAR는 회사의 고위 경영진이 중요하게 여기는 모든 측정 항목에서 모두 성공적이었다. 이를 어떻게 알 수 있을까? 직장 정책 또는 기타 조직 관리 혁신에 대한 연구는 일반적으로 다양한 조직에 속한 근로자를 비교하고 특정 인사 정책(예: 원격 근무 정책의 유무) 또는 근무 조건(예: 더 지원적이거나 창의적인 관리자 하에 있는 경우) 하에서 업무를 수행한 직원이 다른 직원과 비슷하거나 다른지를 살펴본다. 하지만 운 좋게 업무 조건이 더 관대한 회사에 취직하고 더 지원적인 관리자를 둔 직원은 여러 가지 면에서 운이 좋거나 영리하거나 전략적일 수도 있다. 그들의 경험을 좌우하는 것은 정책이나 근무 조건일까, 아니면 측정할 수 없는 다른 요인일까? 사회 과학자들은 가능한 한 다양한 영향을 조정하기 위해 복잡한 통계 모델을 사용하지만, 이러한 연구 설계가 타당한지에 대해서는 여전히 의문 부호가 따르고 있으며, 이러한 연구 설계 내에서 실시된 분석의 결과는 조직 간 또는 직원의 경험을 상호 비교하는 것을 상당히 복잡하게 만든다. 노동 및 사업장 정책에 관한 대부분의 연구는 이러한 불완전한 연구 설계를 사용하고 있다.

반면, 일, 가족 및 건강 연구는 (앞서 설명한 통계 모델을 사용하여) 여러 조직을 비교하는 것이 아니라, 사람들의 업무 환경 변화와 그 결과를 연구하는 엄격한 현장 실험으로 설계되었다. 실험을 통해 특정 조직의 정책이나 혁신(정책적 개입)이 특정 결과에 긍정적인 영향을 미치는지, 부정적인 영향을 미치는지, 아니면 중립적인 영향(영향이 없음*)을 영향을 미치는지에 상당한 확신을 가지고 판단할 수 있다. 우리의 집단 무작위 현장 실험group-randomized field experiment에서는 TOMO의 IT 부서 내 56개 업무 팀 또는 부서를 대상으로 각 집단이 STAR 업무 재설계(정책적 개입을 받은 집단)를 도입할 것인지, 아니면 계속 회사의 기존 정책을 따를지(기존 관행을 따르는 대조군으로 설정)로 나누기 위해 동전을 던졌다.** 우리는 사과와 사과를 비교하기 위해*** STAR를 거친 TOMO의 직원과 그렇지 않은 직원을 비교하려 하였다. STAR에 참여한 실험군과 대조군의 직원 수가 거의 같고, 직원들이 STAR에 배정될지 여부를 선택하지 않기 때문에 자기 선택self-selection****이 없으며, 두 집단의 회사 및 산업 환경이 동일하다. 연구진들은 시간이 지남에 따라 두 집단이

* 영향이 없음(null effect)은 특정 정책이 영향이 없다기보다는 해당 정책의 영향에 대한 평가를 해당 연구 자료로는 담보할 수 없어서 판단을 유보한다는 뜻으로 해석하는 게 타당하다.

** 동전을 던지는 것은 앞면 뒷면이 나올 확률이 각각 1/2에 수렴하기에 정책적 개입과 불개입 집단으로 나누는데 효율적인 도구가 된다.

*** 서로 같은 종류를 비교해야 함을 의미한다. 즉 어떤 특정한 요인 외에 영향을 미칠 수 있는 다른 요인은 통제된다는 뜻이다.

**** 자기선택 편의(self-selection bias)는 사람들이 자기에게 편한 것을 선택하여 벌어지는 차이를 의미한다. 본 실험 설계는 직무 재설계라는 정책의 효과를 검증하기 위한 것이므로, 직원들이 자기가 원한 것을 선택함으로써 나타나는 개인 간 차이를 통제할 필요가 있다. 따라서 직원들이 직무 재설계를 실시하는 실험군에 속할지 말지 결정하지 못하게 함으로써, 개인 간 차이를 줄일 수 있다.

변화하거나 또는 변화하지 않는지를 면밀하게 살펴보았다. 이러한 실험 설계에서 참가자들은 기본적인 조건에서 매우 유사하기 때문에 나중에 나타나는 두 집단 간의 차이는 실제로 업무 재설계 도입의 효과라고 확신할 수 있다.[1]

또한, 지난 장의 초점이었던 업무 재설계 도입이 어떻게 전달되고 수용되는지, 어떤 변화가 일어나고 있는지 현장에서 직접 보고 듣는 것은 매우 중요하다. 심층 인터뷰와 관찰을 통해 실험에서 확인된 긍정적 또는 부정적 효과의 메커니즘을 밝혀낼 수 있었다. 즉, 현장 실험 데이터는 STAR의 효과 유무를 알려 주고, 인터뷰와 민속지학적ethnographic* 데이터는 이 업무 재설계 혁신이 어떠한 이점을 가져오는지 명확하게 알려주었다.

연구진은 두 가지 유형의 데이터를 모두 사용하여 고위 경영진이 우려했던 비즈니스 성과에 대한 STAR의 효과를 검토하였다. 업무 재설계가 직원들의 번아웃을 줄이고, 직무 만족도를 높이며, 자발적 이직을 제한할 수 있었을까? 더 깊이 들어가서, 우리는 실제로 현장에서 어떤 변화가 있었는지 살펴볼 수 있다. 팀과 개인은 STAR를 어떻게 구현했는가? 회사에 가시적인 생산성 또는 성과에 대한 이점이 있었을까? 비슷한 이익을 원하는 다른 조직들은 TOMO의 사례에서 무엇을 배울 수 있을까?

번아웃, 과부하, 그리고 직무 만족도의 변화

우리는 STAR가 실시된 후 진행된 인터뷰에서 STAR를 실시하고

* 민속지학적 연구는 이론에 기반한 자료 분석이 아닌, 현상이 일어나는 현장에 들어가 생활하고 경험하면서 겪는 경험을 바탕으로 가설을 설정하는 연구 방식이다.

있는 팀들에게서 업무는 여전히 많고 다소 불안정하지만, 이전보다는 덜 힘들고 더 행복해졌다는 이야기를 반복해서 들었다. 따라서 IT 전문가와 관리자들은 여전히 마감일을 맞추기 위해 열심히 일하고, 전 세계의 동료 및 계약 업체와 협력하며, 여전히 미래에 대한 불확실성을 느끼지만, 다양한 어려움에 직면하면서도 더 잘 해내고 있었다.

번아웃은 업무로 인해 지쳐 있다는 느낌을 의미한다. 번아웃은 종종 참여도와 노력의 감소로 이어지기 때문에 회사 입장에서 문제가 될 수 있다. 양적(설문 조사) 및 질적(인터뷰) 데이터 모두 STAR로 인한 업무 재설계의 결과로 번아웃이 감소했음을 보여 주었다. 50대 독신 여성 관리자 우르술라와의 인터뷰를 통해 그 사실을 확인할 수 있었다.

> 제 에너지 레벨은 매우 높아요. 하루 일정을 그렇게 짤 수 있었기 때문에 회의와 질문에 압도당하지 않을 수 있었죠. STAR 덕분에 더욱 유연하게 업무를 수행할 수 있게 되었습니다.

이것은 놀라운 반응이었다. 인수 회사인 ZZT의 직원과 해외 위탁 업체 직원들이 TOMO 팀에 합류하면서 우르술라의 업무량은 최근 들어 오히려 증가했다. 또한 STAR 교육을 직접 받지 않은 새로운 상사가 들어왔음에도 불구하고, 우르술라는 여전히 "업무에 대한 전반적인 시각이 크게 개선되었다"고 말했다.

> 스트레스를 받지도 않고, 지나치게 불안해하지도 않습니다. 저는 항상 고속 모드였어요. 그리고 지금은 "아, 이걸 해야 해, 그리고 로그인을 해야 해.

> 출근해야 하고, 회의가 있고, 그다음에는 시내로 달려야 하고…. 그러고 나선 으아아!" 이젠 더 이상 그렇게 느끼지 않아요. 정상 모드로 일하고 있습니다. 진심으로요. 그 불안이 정말 사라졌어요.

직원과 관리자들은 STAR를 사랑한다는 말을 반복해서 들려주었다. 이 책의 앞부분에 등장한 과부하에 시달리던 관리자 중 한 명인 조나단은 다음과 같이 말했다.

> 제가 업무 성과 평가표를 작성할 때 "STAR에 대해 어떻게 생각하세요?"라는 질문을 받곤 합니다. 그리고 제가 내놓는 피드백은 '좋아요'였어요. 저는 STAR를 사랑합니다. 회사에서 업무 마감 시점을 정하지 않고, 제가 해야 한다고 느낄 때 일을 끝낼 수 있도록 저를 신뢰한다는 점이 마음에 듭니다.

조나단의 직원들 역시 매우 긍정적인 반응이었다. STAR에 참여하기 전에는 회사에 '소유된' 느낌을 받았다고 말하고, 저녁 회의에 끌려다니는 것이 불만이었다는 랜달은 다음과 같이 말했다.

> STAR는 우리에게 큰 도움이 되었어요. 이미 제 삶의 많은 부분을 되찾았기 때문에, 토요일에 전화해서 제 토요일 4시간을 빨아먹고 싶다고 해도… 전 그렇게 씁쓸하지는 않을 것 같아요. 이미 너무 많은 시간을 되찾았으니까, 상대적으로 그렇게 나쁘지 않을 것 같다는 말이죠.

또한 랜달은 STAR를 사용하지 않는 팀과 교류할 때 자신과 팀이 더 이상 지치지 않는다는 사실을 깨달았다고 이야기했다. 랜달의 팀은 그 팀에게 일반적으로 그들의 업무 영역에 속하는 서비스에 대한 견적을 요청했었다.

> 그들은 정말 불같이 화를 냈어요. 화 내고, 긴장하고, 방어적이었고, 정말 끔찍한 회의였습니다.

회의가 끝난 후, 랜달의 팀은 이에 대해 이야기를 나누다가 그 팀이 자신들이 1년 전에 그랬던 것과 마찬가지로 과부하 상태임을 깨달았다. 랜달의 팀은 그때 (미팅을 했던 그 팀처럼) 요청을 거절한 일을 떠올렸다.

> 잠도 못 자는데, 이제 와서 이런 부탁을 하세요?

랜달은 더 이상 그런 태도는 거의 볼 수 없다고 말한다.

> 극단적인 상황을 보기 전까지 사람들은 깨닫지 못합니다. 자신들이 조금 더 행복해졌다는 사실을요.

현장 실험의 설문 조사 결과에서도 번아웃과 직무 만족도에 대한 STAR의 이점을 확인할 수 있었다. STAR에 참여한 팀과 대조군에 속한 팀들이 기준 시점에는 서로 매우 유사하였으며, 개별 직원이나 관리자가 STAR 참여 여부를 선택할 수 없다는 점을 기억할 필요가 있다. 하지만 1년 후 설문 조사 결과를 살펴보면 STAR에 속한 직원들이 대조군에 속한 직원들보다 번아웃 수준이 훨씬 낮고, 직무 만족도는 높았다. STAR에 속한 직원과 일선 관리자들은 여전히 열심히 일하고 업무가 많지만, 업무로 인해 '감정적으로 고갈'되거나 '일과가 끝나면 지친다'고 느끼거나 '번아웃되었다'고 대답하는 빈도가 줄어든 것으로 나타났다.[2] 번아웃이 줄어든다는 것은 직원과 관리자가 많은 것을 포기하지 않고도 일을 잘 해내면서 회사에 계속 기여할 수 있음을 의미한다. 직무 만족도도 크게 증가하였는데, 특히 감독받지 않는 직원의 만족도가 크게 향상되었다.[3] 해야 하는 업무는 동일하지만, STAR를 도입한 이후에는 업무에 대한 피로도가 줄어들고 일이 더욱 매력적이라고 느꼈기 때문에 이러한 변화는 매우 흥미롭다고 할 수 있다.

깔끔한 실험 설계에서 예상치 못한 한 가지 복잡한 문제는 기업 합병이 동시에 발표되고 진행되었다는 점이었다. 합병이 발표되기 전 STAR로 배정받은 직원들 사이에서 직무 만족도와 번아웃의 변화가 훨씬 더 크고 명확하게 나타났다. 우리는 인터뷰와 관찰을 통해, 합병이 발표된 후 STAR 프로세스를 시작한 직원과 관리자들도 변화에 대해 만족하고 흥분하고 있다는 사실을 알게 되었다. 또한 설문 조사 데이터에 따르면 합병 발표 후 STAR로 전환한 직원들은 이 조치가 허용하는 범위 내에서 재택근무 일정과 업무 패턴을 변경한 것으로 나타났다. 하지만 합병 발표 후 STAR로 이전한 팀은 또한 이러한 변화가 지속되지 않을 수 있다는 점을 전달받았다.[4] 업무 방식은 바뀌었지만 새로운 업무 방식에 자신감을 갖고 빠져들지는 못했다는 것이다. 이 때문에 STAR가 업무 만족도 및 번아웃과 관련해 가져다주는 혜택은 나중에 STAR 프로세스 내로 편입된 직원들의 경우 더 약하다고 예측할 수 있다.

STAR와 같은 업무 재설계 프로세스를 도입한 팀의 직원들은 대조군에 속한 팀의 직원들보다 이 회사에서 계속 근무하겠다는 의지가 더 높았다. 반복적으로 설문 조사를 실시한 결과, STAR에 속하지 않은 직원은 합병이 진행됨에 따라 이직에 대한 관심이 증가한 반면, STAR에 속한 직원은 이직 의향이 증가하지 않은 것으로 나타났다. 인사 기록을 통해 STAR를 실시하고 있는 팀 속한 직원은 그렇지 않은 팀의 직원에 비해 자발적으로 회사를 떠날 가능성이 현저히 낮다는 사실을 발견했다. 이후 3년 동안 STAR에 속한 팀의 직원의 자발적 퇴사 비율은 40% 더 낮았다.[5]

> 더 행복해졌어요.(웃음) 시간이 훨씬 더 많아졌어요. 아침 6시에 출근하려고 새벽 5시에 일어나지 않아도 되니까요. 교통 체증을 피하기 위해서 특정 시간까지 일을 끝내야 한다는 스트레스를 지금은 느끼지 않습니다. 일자리를 찾으러 회사 밖을 바라보지 않아도 되니, 스트레스가 많이 완화되었죠.

헤이즐은 새로운 일정, 재택근무 능력 향상, 스트레스 감소, 그리고 (인터뷰 후반부에 언급했듯이) 개와 산책하고 더 규칙적으로 운동할 수 있게 된 점 등 여러 가지가 STAR의 이점으로 작용한다고 생각했다. 15명의 직원과 추가로 계약 근로자도 두고 있는 소프트웨어 개발 그룹의 관리자인 맥킨지는 재택근무를 통해 다양한 작업을 마무리할 수 있어 생산성이 높아지고, 사무실에서는 직원들과의 상호 작용이 많아졌다고 말했다. 이는 그녀와 팀 모두에게 잘 맞았다.

> 제가 필요하다고 생각한 방식으로 STAR를 하지 않았다면 비참해졌을 거예요. 새 직장을 구해야 했을 테니까요.

맥킨지는 자신의 관리 능력이 좋아졌으며, 부하 직원들이 "내 팀에 있는 것이 좋아서" 계속 함께 근무하기를 원하며, 직원들의 만족도가 높아지면 회사에도 이익이 된다고 생각했다.

IT 프로젝트 관리자로 구성된 팀의 매니저인 아이작은 STAR가 직원들이 회사를 떠나지 않도록 묶어 주는 핵심 도구이며, 합병 이후에는 특히 더욱 그러하다고 생각한다.

> 제 팀원 10명 중 9명이 이 회사에서 계속 일하고 있는 유일한 이유는 바로 STAR입니다. 우리는 항상 이에 대해 이야기하고 있어요. STAR는 지금 직원들을 이 직장에 머무르게 하는 엄청난 도구입니다. 그런데 저는 경영진이 그러한 효용을 잘 느끼지 못한다고 봐요.

이어서 아이작은 합병이 진행되면서 자신과 부하 직원들이 느끼는 실망감을 설명하고, 일자리를 유지할 수 있을지, 누구와 함께 일하게 될지, 보상, 특히 보너스가 어떻게 달라질지에 대한 우려를 언급했다. 아이작 자신도 조직이 개편되면서 더 이상 보너스를 받을 수 없는 관리직으로 배치되었다. 그럼에도 불구하고 그에게는 근무 시간과 장소에 대한 통제가 매우 중요했다.

> 내 일자리를 뺏어 간 (ZZT의) 사람이 내 보너스를 받겠죠. 저는 그게 마음에 들지않지만, 나는 여기에

앉아 있을 수 있어요. 여기서 재택근무를 할 수 있고, 제게 맞는 방식으로 하루를 보낼 수 있죠. 아이들을 학교에 데리러 갈 수 있고, 제가 언제 돌아오냐고 물어보는 사람도 없죠.

STAR가 폐지되면 합병한 회사의 정책과 복리후생에 대한 불만이 커질 것이라고 우려하는 사람들도 있었다. 두 자녀를 둔 백인 기혼 관리자인 마샤는 직원들이 보너스, 휴가 정책 등이 바뀌어 화가 나 있다고 말했다.

그건 정말 끔찍한 일이지만, 사람들이 가장 걱정하는 건 이거예요. "STAR를 잃게 되는 건 아닐까? STAR를 잃을 순 없어. STAR를 잃으면 회사를 떠나야 해." 그게 마지막 지푸라기입니다. 내 휴가는 가져가되, STAR는 가져가지 마세요. 이건 정말로 중요하단 말이에요!

STAR는 특히 숙련된 직원을 유지하는 데 도움이 되는 것처럼 보인다. 약 300명의 베이비붐 세대가 포함된 TOMO 설문 조사 데이터를 통해, 50~64세의 전문가와 관리자가 이중 의제 업무 재설계를 경험한 경우 은퇴 계획을 다르게 설계하는지 여부를 조사할 수 있었다. STAR를 실시하는 팀으로 이동한 베이비붐 세대는 대조군의 베이비붐 세대에 비해 회사에 더 오래 머무를 계획이었다.[6] STAR를 실시하고 있는 팀에 속한 사람들이 65세 이후까지 회사에서 계속 일할 가능성이 매우 높다고 답한 비율이 대조군보다 18% 더 높았다. 노년기에 시간제 컨설팅이나 사회 공헌을 위한 일을 하겠다는 계획은 두 그룹 간에 차이가 없었지만, STAR는 이러한 고령 직원들이 현재 직책에 더 머무르고 싶게 만들고 있었다. 여러 베이비붐 세대 직원들을 관리하는 50대의 관리자인 하이디는 다음과 같이 이야기했다.

> 직원들의 연령대가 높아서 직원 유지에 어려움을 겪고 있는데, STAR는 이에 도움이 된다고 생각합니다. 특히 합병 이후에는요. 퇴사하는 직원들도 있거든요. STAR가 아니었다면 나이나 그들 개인의 사정 때문에 아마 떠났을 거예요.

하이디는 직원들이 병원에 쉽게 갈 수 있다는 점을 높이 평가하며 "빡빡한 근무 일정"은 질병이 있는 직원들에게는 매력적이지 않다고 말했다. 그녀는 다음과 같이 결론을 내렸다.

> 그들은 업무에 대해 많은 지식을 가지고 있고, 회사는 그들이 떠나기를 원하지 않아요. 서로 윈윈할 수 있는 상황이라고 생각해요.

근본적으로 무엇이 변하는가?

그렇다면 업무 패턴, 상호 작용, 팀 및 회사 내 사회생활에 어떤 변화가 있어야 번아웃, 직무 만족도, 이직률이 개선될 수 있을까? 우리의 업무 재설계 접근 방식은 언제, 어디서, 어떻게 업무를 수행하고 누가 그러한 결정을 내리는지에 관해 게임의 규칙을 바꾸는 것을 목표로 하기 때문에 설계 자체가 복잡하다. 우리가 연구한 IT 전문가들은 더 자신에게 맞고 유연한 스케줄을 채택하며 재택근무를 훨씬 더 많이 하지만, 이게 전부는 아니다.

이중 의제 업무 재설계에 대한 이러한 다각적인 이해는, 인터뷰 초반에 만난 관리자인 조나단에게 팀의 성과와 그것의 변화 여부에 대해 대략적인 질문을 했을 때 드러났다.[7] 조나단은 먼저 직원들의 사기에 STAR가 효과가 있으며, 이는 스트레스 감소와 관련이 있다고 말했다. 그런 다음 그는 STAR는 유연한 근무 시간이나 원격 근무 그 이상이라고 힘주어 말했다.

> 단순히 재택근무만 하는 게 아닙니다. 불필요한 회의를 없애는 일에 대한 거부감을 없애고, 직원들에게 더 많은 권한을 부여하려는 것입니다. "이게 지금 내가 하고 있는 일이고, 내가 과연 가치를 생산하고 있는가?" 하는 관점에서 좀 더 비판적인 시각으로 바라보게 만드는 겁니다. 우리는 현재의 상황을 바꾸려고 노력하고 있습니다.

— 업무 시간과 장소 변경하기

STAR는 업무 시간과 장소를 변경하는 것 이상을 포함하지만, 조나단이 설명한 것처럼 업무 시간과 장소의 변화는 업무 재설계 조치의 중요한 부분이라고 할 수 있다. 새로운 기술의 역할은 TOMO에서 특히 분명하게 드러나는데, 그 이유는 여러 시간대와 국가에 걸쳐 직원과 관리자는 기술 작업 및 문서 업무를 수행하는, 전 세계적 노동 사슬의 일부이기 때문이다. 하지만 STAR 이전에는 직원들이 선택한 업무 방식을 지원하고 촉진하기 위해 기술이 일관되게 사용되지는 않았다. 대신 직원과 관리자는 항상 시스템에 접속해 있고, 항상 업무 수행이 가능하며, 더구나 전통적인 근무 시간 동안에는 사무실에서도 일해야 한다는 기대가 있었다. STAR로 인해 직원과 관리자는 근무 시간과 장소를 스스로 결정할 수 있게 되었다. 50대의 프로젝트 매니저인 홀든은 자신이 STAR를 아주 좋아하며 "25년이나 늦었다"고 웃으며 말했다. 그는 STAR가 다방면에서 유용하지만 특히 재택근무를 높이 평가하였다.

> 긴 출퇴근 시간이 없어지니 업무에 대한 스트레스가 덜하더군요. 그리고 정기적으로 검진하러 병원에 다니는데 혈압이 내려갔더라고요.

품질 보증 및 테스트 팀을 관리하는 남아시아 여성인 쿤와르(이전 장에서 업무 스트레스로 인해 가족에게 화를 냈다고 밝힌 바 있었다)는 STAR 덕분에 출퇴근에 시간을 쓰지 않게 된 점을 높이 평가했다. 그녀는 출퇴근 시간이 하루를 뒤처진 기분으로 시작하게 만드는 중요한 요인이라고 말했다.

> 9시 15분, 9시 30분에 출근하면 이미 거의 두 시간이나 뒤처져 있는 셈인데, 특히 2시간 앞서 출근하는 동료와 고객과 비교하면 더욱 그렇죠. 정신없이 따라잡기 위해 노력하긴 하는데, 그러다 보면 어느새 아이를 데리러 다시 차를 몰고 돌아가야 하더라고요. 그때는 스트레스를 많이 받죠. 계속 따라잡기 바쁘다고 느낀다면 양질의 일을 할 시간은 부족하죠.

많은 사람들이 재택근무를 하며 집중력이 향상되고 업무를 더 빨리 처리할 수 있었다고 말했다. 예를 들어 토리(많은 해외 직원을 감독하는 개발 관리자)는 업무 루틴을 변경하는 것이

"처음에는 이상하게 느껴졌다"고 말했다. 하지만 지금 그녀는 그만한 가치가 있다고 생각한다.

> 사무실이 아닌 집에서 일할 때는 방해 요소가 적기 때문에 훨씬 더 많은 일을 해내는 것 같습니다. 일단 전화가 안 오잖아요.

토리는 직원들이 쉽게 연락할 수 있도록 채팅 애플리케이션IM을 켜 두지만, 그녀는 재택근무가 사무실에서 동료들과 사소한 주제로 길고 지루하게 이야기하는 것보다 방해가 덜 된다고 생각한다.

> 집에 있으면 대화할 사람도 없고 많은 일을 해낼 수 있어요. 그래서 개인적으로 재택근무를 하는 게 생산성이 더 높은 것 같습니다.

재택근무와 원격 근무는 STAR를 도입하기 전에도 TOMO에서 흔한 일이었지만, 업무 재설계 조치에 참여한 직원들은 그러지 않은 동료들에 비해 원격 근무를 크게 늘렸다. 조치 이전의 설문 조사에서는 거의 모든 직원이 재택근무를 하고 있었으며, 직원들은 평균적으로 주당 총 근무시간의 약 23%를 원격으로 근무했다. STAR가 출범한 후, STAR 직원과 관리자들은 평균적으로 주당 근무 시간의 41%를 집에서 근무하기 시작했으며, 약 1년 후(4차 설문 조사 시점)에는 원격 근무 시간이 51%로 계속해서 증가했다.[8] 분명하게도, 이러한 IT 전문가와 관리자들은 재택근무를 더 많이 하는 것에 더 큰 관심을 보였다. 그러나 그렇게 변화시키기 위해서는 업무 유연성이 협상과 조정을 통해 얻어지는 것이라고 틀 짓기보다는, 그것이 합리적이고 현명한 조직 전략이라고 받아들이게 하는 업무 재설계 조치가 필요했다.[9] 중요한 점은 이러한 변화가 집에 자녀가 없는 직원들에게도 분명하게 나타났다는 사실이다. STAR에서 재택근무는 일상적인 옵션이 되었지만, 누구에게나 강요되는 것은 아니다.[10]

다른 연구에서도 업무 재설계 접근 방식이 직원과 관리자에게 원격 근무가 합법적이고 적절하다는 확신을 심어 주어, 다른 유연성 정책에서 볼 수 있는 것보다 더 폭넓은 수용을 유도한다는 사실이 입증되었다. 네덜란드의 한 대형 금융회사에서 '새로운 업무 방식'이라는 준실험적quasi-experimental 연구가 진행 중이었는데, 이 연구는 TOMO에 STAR를 시행한 것과 같은 시기에 진행되었다. 이 근무 환경 변화는 개별적인 유연성 업무 형태가 협상이 아닌 집단적인 변화라는 점, 새로운 업무 방식에 대해 논의하는 워크숍이 포함되었다는 점, 그리고 '시간과 장소에 구애받지 않는 근무'를 장려하는 데 중점을 두었다는 점에서 유사하였다. 그리고 근무 시간이나 근무 장소가 아닌, 수행한 업무에 중점을 두었다.[11] 이 조치가 시작된 지 약 10개월 후, 새로운 근무 방식에 참여한 네덜란드 직원들은 자신의 업무 시간 중 35%를 재택근무 형태로 하고 있는 데에 반해, 기존 대조군에 속한 직원들은 자신들의 업무 시간 중 18%만을 재택근무 형태로 사용하고 있었다.[12]

물론 일부 직원과 관리자는 거의 매일 사무실에서 일하기로 결정했는데, 이는 STAR 및 이와 유사한 업무 재설계 조치에서도 완벽하게 허용된다. 현재 근무 시간의 약 90%를 집에서 근무하는 IT 분석가인 제이든(파트너가 있고 자녀는 없다)은 다음과 같이 설명한다.

> 제 동료들 중 사무실에 오는 사람은 자신이 원해서 오는 사람뿐인 것 같습니다. 심지어 매일 사무실에 출근하는 개발자 동료도 있습니다. 그는 동료 친구들과 점심 먹으러 나가는 걸 좋아해요. 그리고 그는 가정과 직장을 분리하고 싶어 하죠. 그에게 퇴근은 매우 중요한 일인 것 같아 보였어요.

여기서 제이든은 학자들이 업무 및 비업무 공간과 활동의 분할(이것의 반대는 통합)에 대한 선호라고 부르는 것을 언급했다. 그 맥락에서 그가 언급한 동료는 명확한 분할주의자인 반면, 제이든은 홈 오피스를 좋아하고 낮에 집안일을 하거나 근처에서 자신의 형을 만나 간단하게 밥을 먹는 것을 좋아하는 하드코어 통합주의자라고 할 수 있다.[13] 그는 계속해서 말했다.

> 그게 전부입니다. STAR의 최대 장점은 바로 선택권과 유연성입니다.

많은 인터뷰 응답자들은 원격 근무와 유연한 일정 덕분에, 자녀를 학교에 데려다주거나, (아침 일찍 업무 시스템에 로그인하여 업무를 수행한 후) 오후에 집안일을 하거나 잔디를 깎거나 노부모님 댁에 들르거나 휴식을 취하고, 사랑하는 사람과 함께 의사 진료를 보러 가거나 저녁 식사 직전에 자녀나 손자의 활동을 지켜보는 등, 개인의 일정에 자신의 업무를 원활하게 맞출 수 있었다고 설명했다. 물론 업무는 여전히 수행해야 했지만, 많은 직원과 일선 관리자들은 누구에게도 허락을 구하거나 계획을 보고하지 않고도 저녁 늦게 업무에 복귀하거나 일부 업무를 주말로 옮길 수 있다는 점을 높이 평가했다.

어떤 직원들은 STAR를 사용하여 회사 업무와 개인 업무를 넘나들지 않고 업무 재설계를 통해 경계를 설정함으로써 업무를 더 잘 통제하고 개인 시간이 보호되도록 했다. 인터뷰에 응한 직원 중에는 소수에 불과했지만 저녁에는 이메일이나 채팅을 확인하지 않겠다는 의사를 분명히 밝힌 직원도 있었다. 이들은 시스템 중단과 같은 실제 긴급 상황이 발생했을 때만 연락을 받고, 그렇지 않은 경우에는 연락에 즉시 대응하지 않을 것임을 팀원들에게 상기시키기도 하였다. STAR는 사람들이 선호하는 연락 방식에 대해 팀이 토론하도록 유도하고 일반적인 문제에 대한 예상 응답 시간을 명확히 했다. 이를 통해 항상 업무에 투입될 준비가 되어 있어야 하며 질문에는 빠르게 응답해야 보상받을 수 있다는 불안감을 해소했다.

전문가와 관리자가 거의 항상 사무실에서 일하기로 선택한 경우에도, 많은 사람들이 STAR를 유용하게 사용했다. 예를 들어, 60대 초반의 기혼 소프트웨어 개발 엔지니어인 엘리스는 근무 시간만 바꾸고 업무 공간은 바꾸지 않는 방법을 선택했다.

> 사무실에서 일하는 걸 선호하는 이유는 제가 더 많은 일을 할 수 있는 것 같아서예요. 여기 집이나 스타벅스, 그 어느 곳보다요. 하지만 저는 유연성을 좋아해요. 늦게 출근하거나, 일찍 출근하거나, 토요일에 출근하거나. 내가 뭘 해야 하는지 알기 때문에, 원하는 대로 일할 수 있죠.

엘리스는 화요일부터 토요일까지 다른 나라의 계약 업체와 긴밀하게 협력하며 업무를 수행한다. 그녀는 해외 업체와 일하기 위해 때때로 일정을 변경하여 토요일에 그들과 함께 일하고 월요일을 쉬거나, 토요일에 일이 없으면 다른 업무를 처리하는 데 시간을 쓰기도 한다.

일부 팀이나 개별 직원의 경우, 스케줄을 자유롭게 변경할 수 있기 때문에 정규 근무를 하지 않고도 (인도에 있는) 해외 직원과 광범위한 업무 조율을 수행할 수 있었다. 조셉은 자신의 프로젝트 관리 팀이 작년부터 해외 팀과 긴밀하게 협력하기 시작했다고 설명했다. 근무 시간이 대부분 야간으로 바뀌었고, 직원들은 미국 낮 시간에는 사무실에서 일하고 밤에는 해외 팀과 함께 일하는 대신, 낮에 휴식을 취할 수 있게 되었다. 조셉은 직원들이 야근이 많은 글로벌 업무 조정 역할을 맡았기 때문에, STAR가 없었더라도 스케줄을 변경했어야 한다고 생각했다. 하지만 그는 다음과 같은 사실을 깨달았다.

> STAR는 우리에게 큰 도움이 되었어요. 누구에게나 그걸 던져 놓고 "이것이 바로 STAR입니다."라고 말할 수 있었기 때문이 아니죠. 그 대신 왜 이런 식으로 해야 하는지, 왜 이런 식으로 해야 프로젝트를 불안하게 만들지 않으면서도 업무를 잘 수행할 수 있는지에 대해 설명할 수 있었어요. 즉, 우리에게 주어진 일을 해내기 위해 필요한 도구를 STAR가 찾아 줬어요.

설문 조사 결과 직원과 관리자의 스케줄 또한 변화가 있었다. 우리는 사람들에게 정규 주간 근무, 정규 저녁 근무, 정규 야간 근무인지, 그게 아니라 가변 근무 또는 순환 근무인지, 평소 근무 일정을 물었다. STAR를 도입한 결과, 가변 근무 또는 순환 근무라고 응답한 비율이 22%에서 거의 40%로 급증했다(기준 시점 6개월 후). 그 후 35%로 감소한 후 다음 해에는 30%가 가변 근무를 일반적인 스케줄로 보고했다. 시간이 지남에 따라 나타난 이러한 감소는 직원과 관리자가 자신에게 적합한 새로운 스케줄에 적응했거나, 합병이 진행되면서 일부 직원이 새로운 관리자나 동료의 기대에 부응하기 위해 정규 주간 스케줄로 돌아갔다는 사실을 반영하는 것일 수도 있다.[14] 그러나 인터뷰를 통해 STAR의 많은 직원이 업무 재설계 조치가 시작된 후 몇 년 동안, 개인적인 이유와 특정 회의 또는 업무 마감일에 맞춰 계속해서 스케줄을 변경하고 유연하게 조정했다는 충분한 증거를 찾을 수 있었다.

— 변화하는 역할과 결정권

근무 일정을 짜는 것과 근무 장소를 선택하는 것과 같은 행동 변화를 넘어서는 더 근본적인 변화 또한 있다. STAR를 통해 직원들은 언제, 어디서, 어떻게 일할지를 업무 결과물을 필요로 하는 사람들과 대화하고 협의하여 결정할 수 있으며, 이러한 결정을 스스로 내리는 과정 속에서 회사 및 경영진의 지원을 더 많이 받는다는 사실을 이해하게 되었다. 한 직원의 의견에서 알 수 있듯이 이러한 이점은 서로 얽혀 있다.

> 그냥 행복해요. 유연성도 마음에 들지만 관리자들의 지원 방식도 마음에 듭니다. 관리자들은 저희를 존중해 주고 의심하지 않고 원하는 일을 하게 해 줍니다.

설문 조사에서 업무 수행 시간과 장소에 대한 통제권에 대해 질문했을 때, STAR 업무 재설계를 한 사람들은 업무 시작 및 종료 시간, 낮 시간 중 휴식 시간 설정, 재택근무에 대한 선택권이 훨씬 더 커졌다고 답했다. STAR를 실시하고 있는 실험군 집단과 대조군 간의 이러한 차이는 즉시 분명하게 드러났으며 네 차례의 후속 설문 조사를 통해 그 차이는 계속해서 나타났다.[15]

업무 재설계 접근 방식에는 일상적인 업무 관행에 대한 결정 권한의 전환도 포함되었다. 관리자가 재택근무나 근무 시간 변경을 승인할 것이라고 가정하는 대신(또는 승인을 보류하는 대신), STAR에 속한 직원들은 이러한 결정을 스스로 내릴 수 있다. STAR 이전에도 재택근무를 많이 했던 직원들에게조차 이는 중요한 변화였다. 정기적으로 재택근무를 하기로 관리자와 합의했지만 다른 관리자 밑에서 일하기 시작하면서 그 합의가 깨진 개발자이자 아이의 아버지인 헤이워드의 이야기를 떠올려 보자. 관리자의 판단대로 유연 근무제를 승인하거나 거부할 수 있는 협의 또는 조정으로서의 유연성과는 다른 STAR를 헤이워드는 다음과 같이 설명한다.

> 특히 "뭐 하고 있어, 뭐 하고 있어, 뭐 하고 있어?"라며 직원들을 감시하는 데 익숙한 중간 관리자들에게는 큰 변화라고 할 수 있죠.

헤이워드는 STAR 교육에서 직원들이 "필요한 게 있으세요?"라고 질문함으로써 현재 근무 위치나 근무 시간에 대한 질문의 방향을 전환하도록 제안한 점을 언급했다. 헤이워드는 이러한 변화에서 오는 통제권의 이동(관리자에서 직원으로)을 잘 인식하고 있었다. 교육 직후 인터뷰에서 그는 자신이 특정 장소에서 작업을 수행해야 하는 생산 라인('위젯 제작')에서 일하지 않는다고 지적했다. 따라서 매니저에게 필요한 것이 무엇인지 물어보면 대화는 그가 어디에서 일하기로 선택했는지가 아니라 업무 프로세스나 제품에 다시 집중하게 되었다.

> 그렇게 말할 수 있는 힘은 아주 강력하죠. 그걸 사람들이 깨닫고 있는지 모르겠습니다.

언제, 어디서, 어떻게 업무를 수행할지에 대해 직원들이 더 많은 발언권을 갖게 되면, 이러한 자신들의 결정에 대해 동료나 관리자와 덜 공유할 것이다. 결정은 직원의 몫이고, 맡은 업무는 완수되어야 하며, 업무 수행에 대한 팀 전체의 조율은 필요하지만, 근무 시간을 달리하거나 재택근무를 하는 구체적인 이유에 대해서는 논의할 필요가 없다.[16] STAR 교육에서 직원들은 업무 관행의 이면에 있는 이유를 설명하지 말 것을 권장받았는데, 이는 사람들이 언제 어디서 일하는지 모니터링하는 '슬러지'를 강화하거나 '정당화'할 수 있기 때문이다.[17] 랜달은 교육 세션의 역할극(사람들이 서로 다른 방식으로 대응하는 연습을 하는 것)이 "어리석다"다고 느꼈지만, 교육 후 사람들이 새로운 규범을 실천하도록 하는 데는 중요했다고 말한다. 랜달은 자신이 교류하는 사람들 중 STAR를 따르지 않는 사람은 거의 없으며, 이제 자신이 어디에 있는지, 언제 일하는지에 대한 그들의 설명이 불합리해 보인다고 말한다. 면접관과 함께 웃으며 랜달은 말했다.

> 치과 예약이라도 있으면 전화통을 붙잡고 30명 앞에서 5분 동안 설명하죠. "글쎄요, 정말 안 돼요. 어쩌고저쩌고" 하는 식이죠. 그만 좀 해 줄래? 그렇잖아요? 이제 이런 일은 끝났죠.

관리자가 직원의 업무 패턴에 대한 통제권을 포기하는 이러한 변화에 저항할 수 있다고 생각할 수 있지만, 실제로 그렇지는 않았다. 오히려 많은 관리자가 이러한 통제권 전환이 현명하다고 생각했다.[18] 조셉은 비즈니스 고객과 코드를 작성하는 개발팀 사이를 연결하는 프로젝트 관리자와 분석 전문가들을 감독하고 있다. 그는 자신이 "STAR 포스터 아이"라고 부르는 한 직원에 대해 이야기했다. 둘이 대화를 나누던 중, 그 직원은 지난주에 뉴멕시코에서 근무했다고 했다. 그는 뉴멕시코에서 일를 봐야 했던 아내와 함께 갔는데, 낮에는 업무를 보고 그 외에는 아내와 여행을 즐길 수 있었다고 했다. 조셉은 기뻐하며 말했다.

> 저는 전혀 몰랐습니다. 회사도 전혀 몰랐습니다. 개발팀도 몰랐고 프로그램 관리자들도 전혀 몰랐죠.

조셉은 이것이 해당 직원이 조정하는 일을 하는 경우에도 이러한 변화가 어떻게 작동할 수 있는지를 보여 주는 완벽한 예라고 생각했다.[19]

> 모든 것이 차질 없이 진행되었습니다. 이건 우리 업계에서 STAR가 얼마나 잘 작동하는지 보여 주는 좋은 예라고 생각합니다.

관리자인 쿤와르는 재택근무가 더 좋다고 말했다. 그는 이러한 변화로 인해 관리자로서 "가벼워졌다"고 말했다. 이전에는 직원들에게 "필요에 따라(설명이 필요했음)" 가끔씩 재택근무를 허용했지만, 이제 그녀의 팀은 스스로 재택근무를 할지 말지를 결정한다. 그녀는 자신이 모두를 "더 신뢰하게 되었다"고 느꼈다. 또한 그녀는 더 많은 사전 통지를 통해 회의를 계획하게 되었다. 오후 2시 30분에 미팅하자고 2시에 전화하는 게 모든 사람에게

 적합하지 않을 수 있음을 인식하게 되었기 때문이다.

> 우리는 더 유연해지는 법을 배웠습니다. 하지만 무엇보다도 가벼워지는 법을 배웠습니다.

원격 근무에 대해 훨씬 느슨한 태도를 보였던 관리자들도 새로운 규범을 제시하는 STAR를 높이 평가하고 있다. 케니는 STAR가 모든 관리자가 직원 개개인의 삶, 필요, 선호도를 더 잘 인식할 수 있도록 "패러다임"을 만들어 준다고 말했다.

설문 조사는 레슬리 햄머와 엘런 코섹이 개발한 척도를 사용하여 개인 및 가족 생활에 대한 관리자의 지원에 대한 직원들의 인식을 측정했다. 첫 번째 후속 설문 조사에서 관리자의 지원에 대한 직원들의 평가가 동료들과 비교했을 때 상당한 차이를 보였다. 특히 아이가 있는 남성 직원의 경우, STAR를 실시하고 있는 팀의 관리자가 자신의 삶에 대해 더 많은 지원을 해 준다고 느끼고 있으며, 처음에는 상사가 덜 지원적이라고 평가했던 직원들도 STAR가 실시된 후 자신을 지원한다고 응답한 비율이 큰 폭으로 상승한 것으로 나타났다.20

— 회의 방식 및 협업 관행 바꾸기

이러한 업무 재설계 접근 방식은 또한 직원들이 프로젝트 팀으로서 조율하는 방법과 그 조율 작업에 맞는 회의 방식을 포함하여 업무 수행 방식을 더 잘 통제할 수 있도록 장려하는 것을 포함한다. 랜달은 자신의 팀원들이 정기 회의에 의문을 제기해 왔다고 말했다.

STAR가 시작된 이후 사람들은 "이 반복적인 회의를 통해 무언가 얻는 것이 있나요?", "이걸 계속해야 할까요? 그냥 없애면 안 될까요?"라고 질문하곤 했다. 그리고 STAR가 시작된 이후 이런 회의들은 없어졌다.

그는 반복적인 회의를 계속하는 일을 재검토함으로써 주별, 프로젝트 단계별로 다르긴 하지만 때로는 주당 최대 20시간까지 생산적인 시간을 되찾게 되었다.

반복적인 회의의 효용에 대해 의문을 가진다고 해서 반드시 회의에 불참하거나 프로젝트 조율에 기여하지 않는다는 의미는 아니다. 이제 일부 직원은 회의에 참여할지 여부를 결정하기 전에 안건을 요청하거나 자신이 중요하게 생각하는 구체적인 사안에 대해 물어본다. 어떤 직원들은 미리 정보를 제공하고 미팅을 거절하지만 질문이 있을 경우 메신저로 연락하겠다고 약속하기도 한다. 이전에는 전화 회의에서 멀티태스킹을 하는 것이 관행이었기 때문에 사람들은 겉으로는 회의에 참석했지만 프로젝트에 온전히 집중하지 않는 경우가 많았다. STAR는 직원과 관리자가 기존 관행이 제대로 작동하지 않는다는 사실을 인식하도록 유도하고 회의와 관련하여 이러한 새로운 관행을 도입할 가능성을 열어 주었다.

이를 위해서는 회의를 통한 조율을 대체할 수 있는 새로운 커뮤니케이션 관행을 개발해야 할 필요가 있다. 프로젝트 관리자 및 분석 전문가 그룹 내에서 여러 프로세스를 변경시킨 관리자 조셉은 자신의 팀원 25명이 통화 중이지만 그 대부분이 딱 5분 동안의 이야기에만 관심이 있다는 사실을 깨닫고, 반복되는 회의를 중단했다고 말했다. 대신 STAR는 상태 업데이트를 위한 새로운 ‘대시 보드’를 만들고 기존의 보고 템플릿을 검토하여 더 쉽고 효과적으로 만들도록 영감을 주었으며, 조셉은 이를 통해 “불필요한 잡음을 없앨 수 있었다”고 설명했다. 다시 말하면, 기술을 통해 이러한 새로운 조정 관행을 촉발할 수 있지만 직원과 관리자가 기술을 목적에 맞게 사용할 수 있는 방법을 알아내기 위해서는 업무 재설계 경험이 필요했다. 조셉은 STAR가 “우리 모두에게 회의를 바라볼 수 있는 기회를 제공”하고 회의가 언제 열리고 누가 회의에 참석해야 하는지에 대해 더 신중하게 생각할 수 있게 해 준 점을 높이 평가했다.

이러한 업무 관행의 변화는 회의의 가치 혹은 회의에서 자신의 역할이 불분명하더라도 요청를 받으면 수락하고 회의에 참석해야 한다는 이전 규범이 가진 힘을 드러내 보이게 한다. 카티아는 자신의 오래된 습관을 바꾸는 데 진전이 있었다고 말했다.

> 저는 어떤 미팅을 수락할지 말지 결정하는 데에 있어 조금 더 대담해지긴 했어요. 그래도 저는 좀 올드한 편이라. 초청을 받으면 꼭 참석하려고 해요.
>
> 하지만 그렇게 하면 시간 낭비라고 생각하죠. 그래서 저는 제 시간, 제 일, 다른 사람들을 어떻게 도울 수 있을지 생각하기 시작했어요. 그리고 회사가 저를 많이 지원해 주는 것 같아요.

카티아는 불필요한 회의에 대한 비판을 수용하여 회의의 약 75%를 “건너뛰거나” 시간을 대폭 줄일 수 있다고 생각하지만, 이러한 사고방식의 전환은 그녀에게 용기를 요구하는 어려운 일이라고 느꼈다.

STAR 업무 재설계를 경험한 직원과 관리자가 새로운 접근 방식에 반발하는 경우도 있었다. 약 20명의 개발자와 외주 계약 업체로 구성된 팀을 감독하는 50대의 백인 관리자인 케니는 회의에 관한 협상을 진행하기 위해 디렉터인 조니에게 도움을 요청했다고 말했다. 그와 그의 팀은 반복되는 회의에 참석하지 않는 것에 대한 불쾌하고 적대적인 이메일을 받았는데, 이메일을 보낸 사람은 STAR를 거치지 않은 사람이었다. 회의 주최자는 "이 회의에 참석하지 않을 변명의 여지가 없다"고 말했지만, 케니는 조니를 찾아가 자신이 왜 이 회의에 참석해야 하는지 잘 모르겠는데 왜 팀원 15명이 참석하라는 지시를 받았는지 물었다. (케니의 말에 따르면) 조니는 회의를 소집한 동료에게 "어떻게 이런 회의에 수반되는 비용이 정당화될 수 있죠?"라고 물었다. 그녀의 문제 제기와 함께 회의에 대한 새로운 기대치가 제시되었다. 문제를 발견한 당사자 또는 확인된 문제에 대한 초기 작업을 수행한 당사자가 몇 주 내에 이 회의에 참석해야 한다는 것이었다. 이 팀의 경우, 테스터 두 명과 개발자 두 명이 매주 회의에 참석하고 나머지는 참석할 필요가 없게 되었다.

이것이 바로 우리가 어떻게 더 나아지고 더 똑똑해져야 하는지를 보여 주는 예라고 할 수 있다. 그리고 STAR는 이러한 방법에 대해 더 생각하고 개선할 수 있도록 만들었다.

— 상시 근무 가능성과 가정된 위급 상황 변화시키기

생산성 전문가들은 채팅이나 이메일을 통한 급한 문의에 휘말리거나 요청되는 모든 회의에 참석하고 수화기를 들고 있는 대신, 집중력 있는 고품질 작업을 수행할 수 있도록 업무 시간을 보호할 것을 권장하고 있다.[21] CEO나 종신 교수와 같은 일부 사람들은 기획이나 집필이 우선순위라고 선언하고 다른 요청을 거절함으로써 그것에 집중할 수 있다. 하지만 전문직과 관리직에 종사하는 많은 사람들에게는 상사, 고객, 심지어 동료가 보낸 이메일, 문자, 채팅 메시지, 전화에 응답하지 않거나 느리게 하는 것이 금기시되고 있다. 어린이 교실 자원봉사처럼 개인적인 약속을 지키기 위해 자리를 비우거나 혹은 규칙적인 운동과 같은 건강상의 약속을 우선순위에 두는 것은 더더욱 용납할 수 없는 것으로 간주된다. 그러나 이러한 이중 의제 업무 재설계를 통해 항상 시스템에 접속해 있으며 언제나 업무를 볼 수 있어야 한다는 기대에 도전할 수 있었다. 직원과 관리자는 집중 업무 시간이나 개인 시간 등 일정 시간을 지킬 수 있으며 이를 권장한다.

팀마다 언제 어디서 업무를 수행할 것인지 그리고 어떤 방식으로 업무를 수행할 것인지에 관해 업무 재설계 조치를 사용하는 방식에는 차이가 있을 수 있다. STAR를 가장 완벽하게 구현하려면 팀원 각자가 효과적으로 일할 수 있는 방법과 서로 다른 방식으로 일하더라도 팀이 원활하게 조율하는 방법에 대해 적극적으로 대화하는 것이 중요하다. 일부 팀에서는 회의 외에도 회의를 자주 방해하는 채팅 시스템을 어떻게 사용할지에 대해 논의하였다. 어떤 사람들은 근무일 중 일정 시간 동안만이라도 사내 채팅 애플리케이션(IM 또는 오늘날 많은 회사의 경우 Slack)에서 벗어나기를 바랐다. 이들은 몇 시간이라도 방해받지 않고 일하고 싶어 한다. 이러한 변화는 동료가 오프라인 상태일 때 팀원들이 서로 연락할 정확한 방법을 논의할 때(긴급한 문제가 있을 때) 순조롭게 진행되는 것 같다. 사람들은 종종 서로에게 질문이 있고 즉각적인 답변을 원하며 때로는 그런 답변이 필요하다고 느끼기도 한다. 물론 긴급한 상황은 상상일 뿐 실제가 아닐 때도 있다. 팀 일정에서 반복되는 회의를 줄인 개발 관리자인 조셉은 "사람들이 항상 메신저를 사용하는 것은 아님을 이해하면서 생각이 바뀌었다"고 말한다. 그는 이제 정보가 정말로 즉시 필요한지 스스로에게 묻는다고 한다. 조셉은 부사장 메할에게 질문을 받았는데 그 질문에 답할 수 있는 프로젝트 관리자가 지금 온라인 상태가 아닐 때를 예로 들어 설명하였다. 조셉은 예전에는 메할에게 즉시 응답하지 않으면 긴장했었다고 말했다. 하지만 이제는 상사에게 물어볼 수 있음을 안다.

> "메할, 지금 당장 알아야 할까요, 아니면 내일로 미뤄도 될까요?" 그런 식으로 생각하기 시작하고 적절하게 미루는 방법을 배우기 시작하면(적절하게 미루는 방법을 배워야 하므로) 상대방도 이해하기 시작해요.

STAR와 유사한 업무 재설계 접근 방식을 사용하는 관리자의 핵심 역할은 즉각적이지 않은 응답에 익숙해지도록 모범을 보이는 것이다. 이러한 관리자는 임원이나 다른 관리자가 직원이 즉시 응답하지 않은 이유를 묻는 경우 당황하지 않아야 한다. 대신 관리자는 직접 나서서 질문을 해결하거나 상대방이 곧 응답할 것이라고 안심시켜야 한다. 이상적으로는 관리자가 상대방을 재교육하는데, 조셉은 즉각적인 응답과 지속적인 근무 가능성에 대한 기대치를 재설정하기 위해 이를 밀어붙인다고 말했다.

IM, Slack 또는 기타 통신 기술을 끄는 것은 오래전부터 사용되어 온 업무 재설계 및 팀 조치의 하이테크 버전이다. 하버드 경영대 교수인 레슬리 퍼로는 1990년대 소프트웨어 개발자를 연구한 결과, 개발자들이 과중한 업무에 시달리며 빡빡한 일과에 지쳐 불만을 품고 있다는 사실을 발견했다. 그녀의 지도를 받은 한 팀은 정규 근무 시간 중 2시간 또는 3시간 동안 회의가 없는 '도서관 시간'을 도입했다. 이를 통해 기술 전문가들은 일을 밤으로 미루지 않고 낮 시간에 코드 작성과 같은 실제 업무를 할 수 있었다.[22] 다른 회사에서도 '수요일은 회의 없는 날' 또는 이와 유사한 관행을 실험한 바 있었다. 이러한 조치들과 마찬가지로 STAR는 직원과 관리자가 흩어지고 중단된 업무 관행이 업무의 질은 물론 장시간 근무를 감내하는 가족과 친구들에게 어떤 문제를 일으키고 있는지 성찰하도록 유도했다. 하지만 퍼로가 소프트웨어 개발자를 연구한 이후 달라진 점은 새로운 통신 기술과 글로벌 업무 프로세스이다. 같은 사무실에 있는 사람들뿐만 아니라 전 세계 곳곳에서 시시때때로 업무에 지장을 주는 연락이 오고 있었다. STAR와 같은 업무 재설계 접근 방식은 직원과 관리자가 이러한 방해 요소에 대처하는 방법에 대해 고민하게 하고, 기술에 의해 통제되는 것이 아니라 기술을 통제할 수 있는 방법에 대해 더 신중하게 생각하도록 장려한다. 그 결과 업무에 집중하거나 개인 및 가족 생활에 전념할 시간을 확보할 수 있다는 이점이 있다. 반대로 단순한 재택근무 정책은 사무실 밖에서 일할 수는 있지만 오프라인 상태에서 더 스마트하게 일하는 데는 도움이 되지 않을 수 있다. 현재의 관행과 문화에 의문을 제기하지 않는 재택근무 정책은 오히려 기술에 얽매이게 하고 언제 어디서나 일해야 한다는 압박감을 줄 수 있다.[23]

채팅과 메신저가 보편적으로 사용되지 않거나 직원들이 여러 장소에서 근무하는 경우에는 조정 루틴을 더욱 명확하고 신중하게 만들 필요가 있다. 이러한 새로운 루틴은 팀과 개인이 맡은 기능에 따라 다르다. 토리의 개발팀은 업무상 또는 개인적인 이유로 집중할 시간이 필요한 경우에는 메신저 프로그램에 '빨간색' 또는

'부재중' 표시를 띄우고 아예 열지 않도록 하여, 응답하고 싶은 유혹을 없애자는 데 동의했다. 또한 상대방이 메신저를 사용하지 않는 동안 긴급한 질문이 있을 경우 서로 연락하는 프로토콜에 대해서도 합의했다. 토리는 이런 상황에서 집에 있는 직원에게 전화를 건 적이 있는데, 그 이유는 그가 메신저를 사용하지 않을 때 가장 선호하는 연락 방법을 집 전화로 등록해 두었기 때문이었다. 약 30명의 부하 직원과 함께 유지보수 및 제작 지원을 담당하는 펠리샤는 메신저 대신 이메일을 더 많이 사용하게 되었다고 설명했다. 그녀는 직원들에게 요청할 때 타임라인에 대해 더 명확하게 설명하고, 서두를 필요가 없다고 미리 사람들에게 알려 주고자 했다.

> 그리고 소방 훈련과 같은 긴박감, 그런 느낌도 줄어들었습니다. 그리고 이게 사람들의 스트레스를 줄이는 데 도움이 되었다고 생각해요. 항상 모든 일이 긴박하지 않기 때문입니다.

실험과 대화, 그리고 일선 관리자들의 지원을 통해 새로운 규범과 관행이 자리를 잡아 가고 있었다.

TOMO의 일부 팀에서는 메신저 사용 중단에 대한 합의가 이루어지지 않았고, 새로운 팀 규범을 개발하기 위한 명시적인 노력 없이 개인이 관행을 변경할 때 때때로 좌절감을 느끼기도 했다. 시스템 엔지니어이자 40대의 기혼 백인 여성인 브리짓은 메신저가 너무 산만하고 짜증나서 대부분 메신저를 꺼 버린다고 말했다.

> 어떤 사람들은 "이제 메신저에서 당신을 볼 수

> 없네요. 일하고 있나요?" 하고 묻고, 또 다른 사람들은 하루 종일 제게서 작업물을 받기 때문에 제가 더 여유가 있어 보인다고 말합니다.

브리짓은 오프라인 상태일 때 집중력이 높아져서 더 나은 성과를 낸다고 생각한다, 그리고 메신저 대화에 계속 끼어들었다가 빠져나가는 대신 이메일을 통해 좀 더 신중하게 응답하려 한다. 브리짓은 다른 사람들의 초기에 가졌던 불만이 해결되었다고 믿는다.

> 하지만 우리는 모든 걸 해결했습니다. 제가 이메일에 답장을 하고, 언제든 제게 연락할 수 있기 때문에 다들 괜찮아합니다. 그래서 제가 메신저를 사용하지 않아도 괜찮다는 사실을 알게 되었죠.

하지만 팀 전체가 함께 시간을 내어 규범을 재설정하고 새로운 업무 관행과 패턴이 모두에게 어떻게 작용하고 있는지 다시 한번 확인하는 것은 현명한 일이다. 실험과 지속적인 집단적 성찰은 STAR에서 의도한 중요한 단계이기 때문이다.24

— 참여, 협력, 그리고 성찰에서의 변화

일부 인터뷰에서는 STAR가 촉발한 변화로 인해 업무에 대한 몰입도가 높아지고, 업무 프로세스와 그것의 개선 가능성에 대해 더 신중하게 고민하게 되며, 협업이 개선되고 달라졌다는 이야기를 들을 수 있었다. 전반적으로 많이 들은 것은 아니지만 이런 이야기들은 흥미로웠으며, '조직 시민의식 행동Organizational

Citizenship Behavior*'에 대한 설문 조사 문항으로 측정한 조직 업무에 협력 및 참여 정도를 분석한 결과 STAR에 참여한 직원과 대조군 직원 사이에 유의미한 차이가 나타나지는 않았다. 이러한 결과는 업무 재설계가 완전하고 신중하게 실행될 때 업무 재설계의 가능성을 반영하는 것으로 보인다.

여러 개발자와 엔지니어의 업무를 조율하는 팀 리더인 소프트웨어 엔지니어 척은 '작업 항아리job jar'라는 것을 제안했다. 누군가는 해야 하지만 팀원 각자의 전문 분야와 명확히 연결되지 않는 중소규모의 작업을 이 항아리에 넣는다. 그리고 팀원 중 약간의 여유가 있는 사람이 작업 항아리의 일을 신청하여 해당 작업을 수행한다(남은 작업은 결국 누군가에게 할당된다). 이를 통해 팀워크가 향상되었고, 과중한 업무에 시달리던 직원은 작업 항아리에 작업을 넣을 수 있어 팀원으로부터 지원받는다는 느낌을 받았으며, 교차 교육cross-training**도 장려될 수 있었다.

다른 팀의 소프트웨어 개발자인 페기는 자신이 항상 마감일을 준수해 왔지만, 이제는 도와줄 업무가 있는지 동료에게 먼저 물어볼 수 있게 되었다고 말한다. 그녀는 STAR에 참여하기 전에는 자신은 자기 일을 하고 동료는 동료의 일을 한다고 느꼈다. 하지만 지금은 다른 사람을 도울 수 있는 시간이 더 많아졌고, 그 점이 그렇게 싫지는 않다고 말했다. 그녀는 전반적으로 기분이 좋아졌고, 특히 동료와의 상호 작용에 대해 더 나은 느낌을 받고 있다고 했다.25

* 의무적이지도 않고 보상도 없으나, 자신이 속한 조직의 발전을 위해 구성원들이 자발적으로 수행하는 부차적인 행동을 의미한다.

** 교차 교육이란 직원이 자신에게 할당된 일만 수행하는 것이 아니라, 다양한 업무를 수행할 수 있도록 돕는 훈련을 의미한다.

팀워크 향상 외에도 STAR를 통해 다른 업무 프로세스도 달라질 수 있었다. STAR를 사용하면서 에너지가 증가하고 불안감이 줄어들며 "매우 행복한 기분"을 느낀다고 설명한 매니저 우르술라는 자신이 관리자로서 "더 혁신적"이 되었다는 생각이 들었다고 한다. 그녀는 이제 저녁에 "체크아웃" 시간을 정해 그날 있었던 모든 일에 대해 일기를 쓰고 있다. 그녀는 전체 팀과 모든 프로젝트에서 무슨 일이 일어나고 있는지 고려하고, 일기를 쓰면서 팀원들이 어떻게 다르게 일할 수 있을지에 대한 아이디어를 얻으려 하고 있다. 이렇게 빠르게 돌아가는 린 생산 환경에서 관리자가 팀의 성과와 가능한 프로세스 변경 사항을 반영하기 위해 집중적으로 시간을 할애하는 것은 드문 일이지만 STAR를 통해 그녀는 우선순위를 정할 수 있었다고 말한다.

또한 관리자들은 STAR가 부하 직원들과 소통하고 업무를 지시하는 방식에 영향을 미쳤다고 보고하기도 했는데, 이는 STAR에 참여하는 관리자들이 직원들에게 스스로 더 성찰하고 혁신하도록 요구하도록 자극하기 때문이다. 50대의 개발 관리자인 엘리야는 이제 "시간, 마감일, 결과물"과 관련하여 더 많은 결정을 직원들에게 맡긴다고 말한다. 직원들이 작업 시간과 장소를 결정할 수 있도록 허용한 결과, 엘리야는 작업 방식에 관한 문제를 해결하기 위해 즉시 일에 착수하려는 자신의 성향에 대해서도 반성하게 되었다고 하였다.

> 그래서 관리자로서 제가 발견한 것은, 그게 동료들에게 책임을 넘기는 데에 도움이 된다는 사실입니다. 그리고 어떤 개인을 위해 문제를 해결하고 최선의 방법을 찾는 대신, 이제는 "시간을 좀 갖고 해결해 보는 건 어때요? 힘들면 다시

찾아오세요."라고 말하는 편입니다.

우르술라는 직원들이 함께 일하는 방식을 바꾼 덕분에 팀의 성과가 향상되었다고 생각한다. 그녀는 이렇게 말했다.

> 그들의 의사소통 능력, 그리고 저의 의사소통 능력이 엄청나게 향상되었죠…. 팀원들이 어떤 문제나 우려에 대해 공유하고자 할 때, 전보다 더 집중하여 회사에 가치를 가져다주는지 여부를 볼 수 있게 되었죠.

우르술라는 상사가 팀원들에게 한 애플리케이션에 관한 문제가 사용자의 행동에서 비롯된 것인지 아닌지 조사해 달라고 요청했던 일을 들려주었다. 팀의 일원인 프랭크는 이 애플리케이션에서 발견한 몇 가지 문제를 요약한 후, 명시된 질문을 넘어 "이 애플리케이션이 회사에 아무런 가치를 제공하지 못하고 있다"는 결론을 내리게 되었다. 우르술라는 프랭크가 이렇게 신중하게 분석한 것에 대해 매우 만족스러웠다. 그리고 그녀는 프랭크가 아기를 재우고 새벽 2시에 일어나 요약 노트를 작성했다고 이야기했다. 그녀는 이 이야기가 STAR가 직원들에게 업무 일정과 역할에 대한 폭넓은 시각을 갖게 하는 '역량 강화'를 보여 준다고 생각했다.

> STAR 프로그램은 직원들이 상자 밖을 생각해 볼 수 있도록 해 주고, 합리적이면서도 어떤 측면에서든지 유연해지도록 만들고 있어요.

인터뷰 결과 개인과 팀의 성과에 긍정적인 변화가 있었고 인터뷰와 설문 조사 모두 번아웃, 과부하, 직무 만족도 및 이직률과 관련하여 회사에 이점이 있음을 입증했지만, 이러한 업무 재설계 접근 방식이 생산성에 영향을 미쳤는지는 또 다른 질문이다. 지식 관련 업무에서 생산성 측정은 매우 어렵기로 악명이 높기 때문에 이것은 대답하기 어려운 질문이지만, 우리는 여러 가지 방법으로 이를 검증하려고 노력했다.

— 시간

STAR 업무 재설계를 통해 근무 시간이 증가하거나 감소하거나 아니면 안정적으로 유지되었을 수 있다. 이러한 모든 변화가 그럴듯하다. 회사에서는 급여를 주는 직원들로부터 더 많은 노동 시간을 확보하고 싶었을 수도 있다(추가 근무 시간이 생산적이고 번아웃이나 이직을 유발하지 않는다고 가정할 때). 연구팀 입장에서는 근무 시간이 늘어날 수 있다는 점이 우려되었다. 우리 '일, 가족, 건강 네트워크' 연구팀은 더 많은 시간을 일하게 하여 가족을 위한 시간, 자신을 돌볼 시간, 업무 스트레스와 긴장에서 회복할 시간이 줄어드는 장시간 근무를 의도치 않게 장려하고 싶지 않았다. 그리고 기존 연구에 따르면 다양한 스케줄, 특히 재택근무는 근무 시간을 늘릴 수 있는 실질적인 위험이 있다.[26]

언제 어디서나 일할 수 있는 권한은 언제 어디서나 일해야 한다는 압박감으로 바뀔 수 있다. 사회학자 제니퍼 글래스와 메리 누난은 미국 전역을 대표하는 설문 조사 자료를 분석한 결과, "재택근무는 대부분 근무 시간을 연장하고 이전에는 가정과 가족의 시간 시간이었던 시간대를 잠식한다"며 "재택근무가 가능해지면 고용주가 저녁과 주말에 업무 가능 시간에 대한 기대치를 높이고 근무일과 근무 주 수를 늘릴 수 있기 때문"이라고 주장한다.[27] 실제로 연구를 시작할 당시 TOMO의 많은 IT 전문가와 관리자들은 상시 근무 가능성과 같은 유연성을 표준으로 삼고 있었다. STAR를 설계할 때, 근무 시간이 늘어 업무 강도가 더 높아지지 않기를 바랐다. 이 업무 재설계 조치는 이전 장에서 설명한 것처럼 장시간 근무, 상시 근무 가능, 즉각적인 응답이 반드시 좋은 성과를 가져온다는 가정에 대한 비판이라는 점에서 주목할 만한 특징이 있다. 우리는 두 가지 의제로 구성된 업무 재설계 접근 방식의 이러한 요소들이 근무 시간 증가라는 위험에 대응할 수 있기를 바랐지만, 근무 시간 증가가 실제 위험이라는 사실 또한 알고 있었다.

하지만 현장 실험 결과, 이 조치가 근무 시간에 미치는 영향은 없는 것으로 나타났다. STAR는 평균적으로 업무 시간을 늘리거나 줄이지 않았다. STAR로 전환한 IT 전문가 및 관리자와 대조군 간 근무 시간에는 큰 차이가 없었다.[28] STAR 조치에 무작위로 배정된 아이가 있는 직원은 주당 평균 40시간 이상 근무했지만, 주당 근무 시간이 오히려 약 1시간 정도 감소한 것으로 나타났다.[29]

정성적 자료로서 인터뷰는 STAR의 효과가 나타나지 않은 다양한 상황에 대한 풍부한 정보를 제공한다. 최고 60~70시간에 달하던 근무 시간이 줄어든 셔윈과 회의가 줄어 시간을 되찾은 랜달의 사례에서 볼 수 있듯이, 일부 IT 전문가와 관리자는 근무 시간이 줄었다고 보고했다. 또한 많은 직원이 재택근무를 시작하면서 출퇴근 시간을 크게 단축하여 매일 또는 매주 여유 시간을 확보할 수 있었다. 일부 직원은 출퇴근 시간 단축으로 절약한 시간 중 일부를 업무에 쓰기 때문에 회사에서 더 많은 것을 할 수 있다고 생각했다. 따라서 총 근무 시간을 줄인 사람과 근무 시간이 조금 늘어난 사람이 자료에 섞여 있게 되었다. 하지만 근무 시간이 크게 줄지 않더라도 직원과 관리자는 일관되게 업무가 더 관리하기 쉬워졌다고 말하고 있다.

기혼 백인 여성(자녀 없음)으로 소프트웨어 엔지니어이자 팀 리더인 30대의 아바는 업무 시간이 조금 늘어났을지 몰라도 STAR를 통해 얻은 변화가 얼마나 감사한 일인지 이야기하였다. 그녀는 주중에 빨리 일을 마치고 나가 일찍 장을 볼 수 있는 선택지, 집의 "아름다운 데크"에서 점심을 먹을 수 있는 자유, 출근할 때 옷을 입고 시내로 나가지 않아 절약되는 시간, 더 많은 운동을 할 수 있는 용이성(의사의 제안에 따라 체중 감량으로 이어짐), 매일 사무실에 있지 않아 "정치적 게임"을 피할 수 있는 점 등을 예로 들며 STAR를 통해 달라진 점을 설명했다. 그녀는 STAR가 "스트레스 해소에 큰 도움이 된다"고 말했다. 아바는 집에서 더 오래 일할 수도 있다고 생각하지만, 이렇게 말했다.

> 하지만 저는 사무실보다 집에 있을 때가 더 행복합니다. 저는 제 개인 사무실이 있어요. 그곳에서 더 행복하죠. 더 편안한 의자에 앉아서 더 오랜 시간 일해도 상관없어요. 저는 슬리퍼를 신고 있고 개들이 곁에 앉아 있죠. 일하면서 한쪽 귀를 쓰다듬을 수 있어요. 아주 편안해지죠.

아바는 이어서 업무의 광범위한 변화와 많은 직업과 조직에서 분명하게 드러나는 업무와 업무 외 시간의 구별이 어려워지는 것에 대해 양가적 감정을 가지고 되돌아본다고 했다. 그녀는 오늘날 업무가 "더 유동적"이며 업무와 비업무를 구별하는 경계나 규칙이 줄어들고 있다는 사실을 알고 있다. 사실, 그녀는 현재 기업이 전파하고 있는 메시지가 직원들이 언제나 일할 수 있어야 한다는 것이라고 생각한다. 아바는 STAR가 이러한 기대에 대해 가치 있는 균형을 잡아 준다고 생각한다.

> 문제는 기업들이 우리가 24시간 연중무휴로, 때로는 더 긴 시간 근무하기를 기대한다는 것입니다. STAR를 시행하면 균형을 조금은 되찾을 수 있습니다.

그녀는 근무 시간이 예전처럼 한정되어 있다면 그래도 STAR가 필요할지 궁금해했다.

> 여전히 8시부터 5시까지 근무하고 5시에 퇴근한다면? (잠시 멈춤) 집으로 일을 가지고 갈 필요도 없고, 호출기를 사용할 필요도 없고, 휴대전화를 들고 다닐 필요도 없겠죠? 그럼 아무 문제가 없겠죠…. 하지만 그렇게 하도록 요구하려면 직원들에게 어느 정도 유연성을 돌려주어야 해요.

— 생산성과 성과 측정

근무 시간이 늘어났을 수도, 줄어들었을 수도, 그대로였을 수도 있는 것처럼 STAR는 TOMO 직원과 팀의 생산성을 높였을 수도,

낮췄을 수도, 생산성에 아무런 영향을 미치지 않았을 수도 있다. TOMO의 IT 경영진과 협력하여 회사가 비즈니스를 수행하는 과정에서 수집한 몇 가지 생산성 및 성과 지표를 확인할 수 있었다. 회사와 '일, 가족 및 건강' 연구팀은 STAR가 생산성과 성과에 긍정적인 또는 부정적인 영향을 미치는지 공정하게 평가하기 위해 열심히 노력했다.30 살펴본 결과, 회사 지표는 시간이 지남에 따라 극적인 개선이나 감소를 보이지는 않았고, 조건에 따른 뚜렷한 차이도 발견되지 않았다는 것만 말할 수 있었다. STAR는 회사 데이터로 측정한 생산성이나 성과에 도움이 되지도, 해가 되지도 않았다는 것이다. (앞에서 살펴본 것과 다음 장에서 살펴볼) 다른 측정 항목에서 확인된 이익을 고려할 때, 생산성이나 성과에 부정적인 영향을 미치지 않았다는 이 결과는 좋은 소식으로 받아들일 수 있다.

회사 자체에서 수집한 데이터로 수행한 분석을 보완하기 위해 우리 설문 조사에서 결근율, 출석률, 생산성을 계산하는 일련의 질문도 추가했다. 이러한 자체 보고 성과 측정self-reported performance measures은 사람들이 스스로 평균 이상이라고 생각하는 경향이 있기 때문에 분명한 한계가 있다. 하지만 이와 같은 주제에 대한 자체 보고 성과 측정은 가장 좋은 척도가 될 수 있다. 18개월의 추적 관찰 기간 동안 생산성 측정에서 STAR 그룹과 대조군 간에 유의미한 차이는 발견되지 않았다. 유일하게 유의미한 차이는 직원들이 예상 근무 시간이라고 응답한 시간으로, STAR에 속한 직원의 경우 주당 근무 시간이 약 1시간 감소했다. 그런데 실제 근무 시간은 크게 감소하지 않았다는 것에 주목해 보자(평소 근무 시간 또는 지난 7일 동안 근무한 시간으로 보고했을 때).31

인터뷰에서 일부 관리자는 특정 직원의 성과가 향상되었다고 보고했으며, 몇몇 관리자는 팀의 업무 처리 속도에서 구체적인 개선이 있었다고 밝혔다. 그러나 이러한 변화를 문서화하는 것이 어렵기 때문에 생산성에 미치는 영향이 전혀 없었다는 의견도 많은 인터뷰에서 보고되었다. 생산 지원 관리자인 펠리샤는 다음과 같이 말했다.

> 생산성을 정량화할 수 있나요? 현재로서는 불가능합니다. 특히 저희 공간에서는 (그렇게 하기가) 어렵다고 생각합니다.

하지만 펠리샤는 가치 있는 변화를 목격했다.

> 전반적으로 커뮤니케이션이 활발해지고 사기가 높아졌습니다. 사람들은 자신이 하고 싶을 때 하고 싶은 일을 할 수 있는 유연성을 가지게 되었기 때문에, 이전보다 더 책임감을 가지고 업무에 임하고 있다고 생각합니다. 그래서 저는 이것이 훌륭한 프로그램이라고 생각하며, 계속 진행했으면 합니다.

다른 연구에서도 업무 공간에 대한 유연성이 생산성과 성과에 미치는 영향을 확실하게 판단하기 어렵다는 사실을 발견했다. 이는 부분적으로는 유연성의 유형이 다양하고 이러한 변화에 대한 접근 방식이 달라 연구 간 비교가 어렵기 때문이다.32 4장에서 살펴본 '조정으로서의 유연성'에 대한 논의에서 설명했듯이, 제한적이고 개별적으로 협의된 유연 근무제는 직원이나 기업에게 STAR와 같은 광범위하고 실질적인 변화만큼의 이점을 제공하지 못할 수 있다. 직원들이 관리자의 허락을 받아 근무 시간을 약간만 조정하거나 매주 하루나 이틀 정도 재택근무를 할 수 있도록 허가받았지만, 이러한 근무 패턴을 회사가 실제로 허용하는지 그리고 지원하는지에 대해 직원들이 우려를 안고 있는 경우, 회사들은 이러한 정책을 시행함으로써 실제로는 아무런 혜택을 보지 못했다고 해도 놀랄 일이 아니다. 다시 말해 "제가 정말로 해도 돼요?"라는 식의 조치는 직원들의 만족도와 몰입도, 헌신도를 높일 수 있는 더 큰 통제감과 더 큰 지원으로 이어지지 않을 수 있다는 것이다.

그러나 엄격한 설계를 바탕으로 한 최근의 두 연구에 따르면 직원들이 업무 수행 시간과 장소를 실질적으로 통제할 수 있는 조치의 긍정적인 효과가 발견되었다. 스탠퍼드 대학의 경제학자 니콜라스 블룸과 그의 동료들은 실제 현장 실험을 실시했는데, 중국의 한 콜센터에서 이것에 관심 있는 직원들 중 절반을 무작위로 배정하여 재택근무를 하도록 했다.[33] 재택근무를 한 직원은 결근 횟수가 적고 휴식 시간이 짧았으며 조용한 환경에서 더 많은 통화를 처리할 수 있었기 때문에 성과가 더 우수했었다. 또한 재택근무 직원은 업무 만족도가 훨씬 높고 이직률이 낮다고 보고했다. 나중에 회사가 모든 직원에게 재택근무라는 옵션을 개방하고 콜센터 직원 모두가 근무 장소를 선택할 수 있도록 허용하자 성과 향상 효과는 더욱 커졌다(13%에서 22%로 향상). 재택근무 중이던 일부 직원은 사무실에 있는 것이 더 낫다는 것을 깨닫고 업무에 복귀했고, 다른 직원들은 집으로 향했다(사람들이 근무 장소를 그때그때 다르게 선택했을 수도 있다). 이러한 결과는 업무 재설계 접근 방식에서와 같이 직원들이 스스로 이러한 결정을 내릴 수 있도록 하는 것이 회사에 가장 큰 이점을 가져다줌을 보여 준다. 더 많은 연구가 필요하지만, 업무 성과를 더 쉽게 측정하고 추적할 수 있는 환경에서 이러한 문서화된 성과를 확인하는 일은 흥미롭다.

또 다른 연구에서는 독일 사업장에 대한 종단 패널 자료를 활용하여 '신뢰 기반 근무 시간'으로의 전환이 혁신과 관련하여 기업의 성과에 구체적으로 어떤 영향을 미치는지 살펴보았다. 이러한 형태의 유연성은 또한 직원들에게 상당한 통제권을 부여하는 일이다. 팀이 이중 의제 업무 재설계 접근법의 핵심인 대화와 성찰을 할 것이라는 기대는 없지만 말이다. 올리비에 고다트Olivier Godart와 동료들은 신뢰 기반 근무 시간을 채택한 사업장과 유사한 기업(매칭 전략 사용)을 비교한 결과, 광범위한 유연성 전략을 채택한 사업장은 이러한 변화 직후 몇 년 동안 제품과 관련하여 혁신할 가능성이 12~15%, 업무 프로세스와 관련하여 혁신할 가능성이 6~7% 더 높다는 사실을 발견했다. 연구진은 더욱 제한된 유형의 근무 유연성을 통제한 경우에도 이러한 이점을 발견했으며, "혁신은 단순히 근무 시간 유연성을 허용하는 것보다는 근무 시간에 대한 직원의 통제 및 자기 관리 정도에 의해 주도되는 것으로 보인다"고 결론지었다.34

다시 우리 연구로 돌아와서, 우리는 이러한 변화로 인한 회사의 이점과 비용을 비교하기 위해 TOMO에서 STAR 조치로 인한 투자 수익률도 계산했다. 경제학자 캐롤리나 바르보사Carolina Barbosa와 '일, 가족 및 건강' 연구팀은 이 근무 재설계 조치를 회사에 도입하는 데 드는 모든 비용을 '마이크로 비용'으로 계산했다. 여기에는 회사를 위해 조치를 맞춤화하고 교육 자료를 준비하고 교육을 제공하는 데 들어간 컨설턴트의 업무에 대한 직원 시간 및 계약 비용, 교육 세션에 참여하는 직원들의 시간과 관련된 임금, 심지어 교육에 사용된 회사 회의실 비용까지 모두 합산되었다. 그런 다음 결근율 감소, 출석률 감소(근무일 성과 저하를 의미), 의료 비용 감소, 이직률 감소 등 잠재적인 이점을 조사했다. 처음 세 가지 혜택에 대한 증거는 제한적이지만, 앞서 언급했듯이 이직률에 미치는 영향은 분명했다. 또한 이직은 신규 직원을 채용하는 데 필요한 시간과 해당 직원이 업무를 배우는 동안의 생산성 저하로 인해 해당 직원의 총 연간 보수의 1.5배로 추정되는 실질적인 비용을 기업에 발생시킨다. 계산한 결과 예상 투자 수익률은 1.68로, "STAR에 1달러를 지출할 때마다 평균적으로 조직 비용이 1.68달러씩 감소했다"는 의미로 해석할 수 있다.[35]

우리는 지금까지 무엇을 배웠는가? 이러한 조직의 변화는 실현 가능할 뿐만 아니라 과중한 업무에 시달리는 직원과 관리자에게는 물론, 회사에도 이점을 가져다준다는 것이 최고의 증거를 바탕으로 입증되었다는 사실이다. STAR를 통해 회사에서는 직원의 직무 만족도가 높아지고, 번아웃이 감소하며(이는 더 지속적인 몰입을 의미함), 다른 직장을 찾는 직원과 퇴사를 선택하는 직원이 줄어드는 것을 경험했다. 이중 의제 업무 재설계는 업무 수행 시간의 유연성 향상, 정기적인 재택근무의 수용도 증가, 이러한 결정에 대한 직원 통제력 향상, 많은 팀에서 회의 횟수 감소 등 더욱 신중한 조정 관행과, 모든 일이 긴급한지, 항상 인터넷에서 대기 상태로 있어야 하며, 갑자기 업무에 투입되는 것이 실제로 생산적이거나 현명한지 등의 의문과 관련하여 일련의 변화를 촉진한다. 셔윈의 설명처럼 이러한 변화는 여러 이유로 상식이 되었으며 일상생활에도 안도감과 평온함을 가져다주었다.

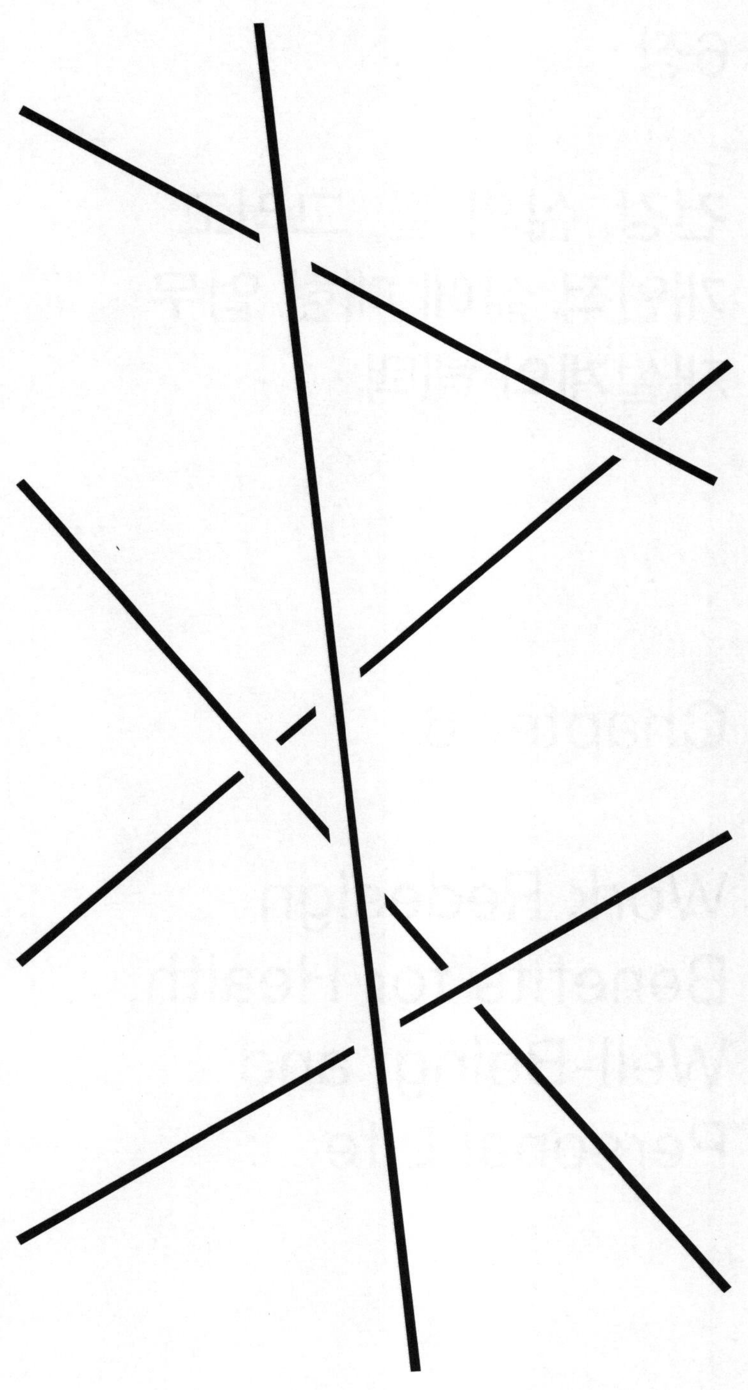

업무 재설계가 기업에 미친 영향

6장

건강, 삶의 질, 그리고 개인적 삶에 대한 업무 재설계의 혜택

Chapter 6

Work Redesign Benefits for Health, Well-Being, and Personal Life

우리는 업무 재설계 혁신이 번아웃, 과부하, 직무 만족도, 이직률 등의 측면에서 이점을 가져다준다는 사실을 확인할 수 있었다. 하지만 우리 연구팀은 '일, 가족, 건강 네트워크'라고 불리는 만큼, 업무 재설계가 건강과 삶의 질, 가족 또는 개인 생활에 영향을 미치는지에 대한 질문에도 관심을 가지고 있다. 신체적, 정신적 건강 증진은 그 자체로 개인, 가족, 사회에 모두 중요하다고 할 수 있다. 건강 증진은 또한 결근이나 업무에 대한 노력 감소와 같이 직원들의 생산성 손실을 줄이고, 동시에 의료 비용을 최소화하는 데 관심이 있는 기업에게도 중요하다.[1]

'일, 가족, 건강 네트워크'는 STAR를 설계할 때 일과 건강에 대한 가장 강력한 증거를 바탕으로 구축되었다. 우리는 업무에 대한 통제감과 직장의 지원은 업무 스트레스와 높은 요구 사항을 관리하는 데 중요한 자원임을 알고 있었다. 1970년대부터 사회 역학자, 사회학자, 조직 학자들은 업무에 대한 통제력이 낮은 근로자가 심장병(부분적으로는 고혈압, 콜레스테롤, 흡연으로 설명됨) 위험이 높고 사망률이 높으며 정신 건강도 나빠진다는 사실을 발견했다. 업무가 어떻게 전개되는지 통제하지 못하면 스트레스를 받아 생리적 부담을 주는 각성 상태가 높아지고 무력감이 생겨 업무에 대한 동기 부여가 약화된다는 것이 기본적인 생각이다.[2] 업무 통제에 대한 풍부한 연구를 기반으로 확장한 업무 재설계 조치에서 우리는 직원과 관리자에게 일정, 근무 장소, 업무 완료 및 조정을 위한 일상적인 프로세스에 대해 더 큰 발언권을 부여함으로써 직원과 관리자의 업무 통제감을 높이려고 시도했다.

두 번째 중요한 요소는 사회적 지원이다. 소속감과 존중받는다는 느낌은 건강에 매우 중요하며, 특히 직원이 자신의 관리자로부터 받는 지원은 매우 중요하다.[3] 업무 재설계 조치는 직원의 개인 및 가족 생활에 대한 지원을 장려하며, 특히 업무 외적인 삶에 대한 관리자의 지원을 목표로 한다. STAR는 지난 장에서 설명한 것처럼 직원의 업무 통제감과 관리자로부터 지원받고 있다는 느낌을 높여 주기에, 우리는 STAR가 직원들의 건강, 삶의 질, 가족 및 개인 생활과 관련하여 직원들에게 혜택을 가져다줄 것이라는 이론을 세웠다.

하지만 STAR와 같은 업무 재설계가 성공할 수 있을지에 대해서는 항상 의문 부호가 따라다니고 있다. 60개가 넘는 연구를 검토한 결과, 우리는 근무 시간과 장소에 대한 직원의 통제권이 일과 삶의 균형 감각과 업무에 대한 긍정적인 태도를 일관되게 예측하는 것으로 나타났다. 하지만 검토 당시에 업무 재설계 조치가 건강과 복지에 미치는 영향에 대해서는 "일관된 증거가 없다"는 결론을 내렸다.[4] 그러나 다행히도 우리가 수행한 이번 업무 재설계 조치에 대한 엄격한 평가는 다양한 직종 및 산업에 대한 다른 연구와 함께 직장에서의 변화가 근로자의 삶과 건강을 개선하는 데 성공할 수 있다는 중요한 증거를 제공하고 있다.[5]

주관적 삶의 질과 정신 건강

우리는 인터뷰를 통해 STAR가 정신 건강 또는 주관적인 삶의 질에 중요한 이점을 가져다주고 있음을 알 수 있었다. 번아웃, 직무 만족도 등에 대해 우리가 들었던 이야기에는 스트레스 감소에 대해 반복적으로 언급되어 있으며, STAR가 자신과 다른 사람들의 스트레스를 "100% 감소시켰다"는 셔윈의 주장도 같은 맥락으로 간주할 수 있었다. 직원과 관리자가 주관적인 삶의 질에 관한 이점에 대해 일상적이고 반복적으로 이야기하는 한편, 우리는 또한 설문 조사를 통해 STAR가 인지된 스트레스와 심리적 고통을 감소시켰는지 여부를 검토했다. 우리는 스트레스를 "극복할 수 없을 정도로 어려움이 쌓여 있다"는 느낌과 "일이 내 뜻대로 되지 않는다"는 느낌에 대한 설문 조사 문항으로 평가했다. 심리적 고통의 척도는 절망감, 무가치감, 초조함, 안절부절못함 등의 느낌을 포착하는데, 이러한 증상은 반드시 우울증이나 불안으로 임상 진단을 받을 만큼 심각하지는 않으나 여전히 삶의 문제가 되는 경우라고 할 수 있다.[6]

우리는 STAR가 스트레스와 심리적 고통을 현저히 감소시킨다는 사실을 발견했다. 하지만 이는 곧 있을 TOMO와 ZZT의 합병 발표 이전에 STAR에 참여한 직원과 관리자에게만 해당되는 이야기였다.[7] 조직의 리더가 이러한 변화를 지지하고 이 조치가 새로운 표준이 될 가능성이 높다고 믿고 STAR에 참여한 직원은 스트레스와 심리적 고통이 줄어든 반면, 합병 가능성이 알려진 맥락에서 업무 재설계 조치를 접한 직원과 관리자들은 나중에 업무 통제력 향상, 재택근무 확대 등 다른 이점을 얻었음에도 불구하고 스트레스와 심리적 고통에 큰 변화를 보이지 않았다. 번아웃과 직무 만족도 효과를 설명할 때 언급했듯이, 직원과 관리자들은 이러한 변화가 합병 후에도 지속될 것인지에 대해 의문을 품기 시작했다. 놀랍지 않게도 다른 연구에서도 합병, 인수 또는 급격한 다운사이징과 같은 주요 조직 변화는 STAR와 같은 긍정적인 조직 변화의 이점을 상쇄한다는 사실을 보여 주었다.[8]

두 번째 미묘한 지점은 스트레스와 심리적 고통에 대한 STAR의 혜택이 남성보다 여성에게 더 명확하다는 것이다. 12개월 동안 추적 조사한 결과, STAR에 무작위로 배정된 여성은 대조군에 무작위로 배정된 여성보다 스트레스와 심리적 고통 수준이 현저히 낮았다. 그리고 가장 큰 감소를 보인 것은 아이가 있는 여성이 아니라 집에 자녀가 없는 여성(나이가 많고 독신일 가능성이 높으며 성인 간병 책임이 있는 경향이 있음)이었다. 설문 조사에 따르면 STAR에 참여한 남성은 스트레스와 심리적 고통에 있어 대조군과 큰 차이가 없는 것으로 나타났다. 또한, 남성은 기준 시점에 여성보다 스트레스와 심리적 고통이 적다고 보고했으며, 다른 많은 연구에서도 남성의 스트레스는 여성보다 낮았다. 이것은 STAR와 같은 업무 재설계 조치가 정신 건강에 미치는 효과가 직원과 관리자가 높은 수준의 스트레스나 심리적 고통에 있었을 때 가장 분명하게 드러날 수 있다는 점을 함의한다.9 흥미로운 점은 STAR가 직무 만족도를 높이고, 소진, 이직 의향, 실제 퇴사를 줄인다는 점에서는 남성과 여성이 비슷하다는 사실이다.

이러한 업무 재설계를 통해 직원과 관리자는 언제, 어디서, 어떻게 일할지 더 개괄적으로 선택할 수 있고, 업무 완수에 다소 불필요하다고 생각되는 업무(예: 일부 회의 등)를 줄이는 등 가치가 낮은 업무를 줄일 수 있어 스트레스가 감소했다. STAR를 통해 동료들과 더 많이 협력할 수 있게 되었다고 말한 소프트웨어 개발자인 페기 역시 덜 산만해진 느낌에 대해 이야기했다. 그녀는 스트레스가 줄어든 덕분에 직장에서 마주하는 어려움에 다른 방식으로 대응할 수 있게 되었다고 했다.

> 예전보다 더 잘 대처할 수 있게 되었어요. 전에는 거의 자책만 했는데 지금은 제 자신이 꽤 좋아졌고 자책하는 횟수도 줄었어요.(웃음) STAR 프로그램이 생겨서 정말 감사하게 생각합니다.

또한 인터뷰 결과 스트레스, 번아웃 및 기타 삶의 질 지표가 개선된 중요한 요인 중 하나는 사람들이 더 이상 개인 생활, 가족과의 약속, 건강이라는 우선순위에 따라 근무 시간을 조정하는 데 죄책감을 느끼지 않게 되었다는 사실이다. 젊은 두 자녀를 둔 아버지이자 남아시아 출신 소프트웨어 개발자인 할라는 딸을 정기적으로 학교에 데려다줄 수 있게 된 것만으로도 "정말 좋은 일"이라고 말했다. 그는 이어서 다음과 같이 말했다.

> 어깨에 있던 죄책감 덩어리가 떨어져 나갔습니다. 지금은 죄책감이 들지 않으니까요.

할라는 여전히 강도 높은 업무에 시달리고 있지만, 업무 외적인 삶에 맞춰 근무 시간을 재조정하는 것은 이제 자신과 상사, 동료들에게 당연한 일이 되었다. 남아시아 출신의 관리자이자 아이가 있는 여성인 쿤와르는 장시간 근무와 그로 인해 가정에 대한 관심이 분산된다고 이야기한 바 있다. 이제 그녀는 개인적인 일을 우선시할 때 더 나은 기분을 느낀다고 한다.

> 주말 근무, 야근은 여전히 계속되고 있습니다. 하지만 이제는 엄마와 두 시간 정도 점심을 먹으면 기분이 좋아집니다. 서두르지 않아도 되니까요.

쿤와르는 또한 직원들이 재택근무를 할 때, 물론 이전에도 자신은 그들을 지원하려고 노력했었지만, 죄책감을 덜 느끼게 되었다. 그녀의 직원들은 STAR가 죄책감을 일으키는 요소를 제거했다고 입을 모았다. 직원들은 재택근무를 두세 번 하는 것에 대해 더 이상 죄책감을 느끼지 않으며, 이는 그녀도 마찬가지였다.

또한 우리는 STAR가 직원의 생리적 기능을 유익한 방식으로 변화시킨다는 사실도 발견했다. 펜실베이니아 주립대학교Penn State University의 데이비드 알메이다 교수와 '일, 가족, 건강 네트워크'에 소속된 다른 동료들은 아이가 있는 100명의 TOMO 직원으로부터 매일 코티솔의 변동에 대한 정보를 제공하는 데이터를 수집했다.[10] 그들은 이 직원들로부터 조사 기준일과 그 1년 후, 각각 4일 연속으로 타액 샘플을 반복적으로 채취하여 매일의 코티솔 패턴을 평가할 수 있었다. 코티솔은 일반적으로 기상 시 급격히 상승했다가 하루 종일 감소하는 패턴을 따르는 호르몬이다. 이러한 코티솔 패턴은 신체의 에너지 동원 능력을 나타내므로 패턴이 둔화되거나 평탄하지 않으면 피로 또는 탈진이 일어날 수 있다. 업무일이 아닌 날 STAR에 참여한 직원들은 코티솔 각성 패턴이 크게 증가했으며, 이는 주말에 STAR에 참여한 직원들의 회복력이 더 좋다는 것을 의미한다. 업무 스트레스와 코티솔 패턴에 대한 이전 연구에서는 서로 다른 직장과 직무에 종사하는 직원들을 비교했지만, 이번 연구에서는 업무 조직의 변화가 개인의 코티솔 패턴에 어떤 영향을 미치는지 살펴볼 수 있었다. 이러한 결과는 STAR와 같은 업무 재설계 조치가 직원들의 신체적 스트레스에 영향을 미친다는, 즉 이러한 업무의 변화가 실제로 피부에 와닿고 있다는 최초의 증거라고 할 수 있다.

자신을 잘 돌보기

이러한 스트레스와 죄책감의 경감이 장기적으로 사람들이 자신을 돌보고 신체 건강을 관리하는 방식에도 영향을 미칠 것인가? 수면, 운동, 건강한 식습관은 장기적인 신체 건강을 증진할 뿐만 아니라 정신 건강에도 도움이 된다는 사실은 누구나 알고 있다. 이중 의제 업무 재설계는 직원들에게 더 건강한 선택을 할 수 있는 기회를 제공하지만, 반드시 그렇게 되도록 보장하지는 않는다.

'일, 가족, 건강 네트워크' 팀의 주요 수면 학자이자 펜실베이니아 주립대 교수인 오르페우 벅스턴Orfeu Buxton은 특정 근무 조건과 STAR에 참여한 것이 IT 전문가의 수면에 어떤 영향을 미치는지 조사하는 데 앞장섰다. 우리는 객관적으로 측정된 값을 사용했으며, 핏빗Fitbit*처럼 작동하지만 매우 상세한 수면 데이터를 제공하는 액티그래피 시계와 수면 후의 느낌 및 숙면 정도에 대한 설문 조사를 통해 직원들의 수면을 측정했다. STAR를 도입하기 전에는 직원들이 일과 개인 생활 사이에서 끌려다니는 느낌이 휴식, 수면의 질, 수면 시간에 영향을 미쳤다. 또한 어느 날의 어려움이 수면에 영향을 미치고, 수면 부족이 다음 날의 어려움에 영향을 미치는 상호 관계도 있었다. 직원이 업무가 다른 삶에 방해가 된다고 보고하거나 운동과 같은 자기 관리나 가족과의 관계를 위한 시간이 충분하지 않다고 느끼는 날에는 잠드는 데 시간이 더 오래 걸린다고 보고할 가능성이 높았다. 반대로 평소보다 수면 시간이 짧거나 수면의 질이 좋지 않은 밤을 보낸 날에는 일과 가정의 양립에 어려움을 겪거나 특히 시간에 쫓긴다고 느낄 가능성이 더 높았다.[11]

현장 실험을 통해 업무 재설계와 관련된 변화가 수면에 영향을 미치는지 살펴본 결과, STAR에 참여한 직원들이 대조군의 동료들에 비해 수면 시간이 더 많이 늘어난 것으로 나타났다. (이 차이는 통계적으로 유의미하여, 차이는 작지만 우연에 의한 것이 아님을 의미한다. 추적 데이터에 따라 STAR에 참여한 직원들은

* 핏빗은 미국에서 대중적인 웨어러블 기기 상표를 지칭한다.

하루 평균 약 8분에서 13분 정도 추가 수면을 취하고 있었다.) 또한 STAR에 참여한 직원들은 대조군에 속한 동료들보다 기상 후 개운함을 느낄 가능성이 훨씬 더 높았다.[12] 또한 수면의 변화는 18개월의 추적 관찰 기간 동안 꾸준히 유지되었으므로 수면의 질에 대한 STAR의 이점은 시간이 지나도 사라지지 않았음을 알 수 있었다.

만성 수면 부족은 비만, 당뇨병, 고혈압, 심혈관 질환, 조기 사망률 등 중요한 건강 위험과 관련이 있으므로 수면을 개선하는 일은 중요하다. 건강한 수면은 여러 가지 방법으로 측정할 수 있다. 수면 지속 시간 외에도 수면 중 호흡이 멈추기를 반복하는 흔한 수면 장애 중 하나인 수면 무호흡증은 건강하지 못한 수면을 나타내는 중요한 지표라고 할 수 있다. 벅스턴과 동료들은 TOMO 데이터와 장기 요양원 직원의 데이터를 병행해서 사용하여 수면 무호흡증 증상이 심한 근로자가 심장 대사 위험 점수가 더 높다는 것을 발견했다. 즉, 10년 동안 심장마비와 같은 심혈관 질환의 위험을 예측하는 일련의 바이오마커biomarker에서 더 높은 점수를 받은 것이다. TOMO 직원 중 수면 무호흡증이 심하며 수면 시간이 짧은 직원은 심장 대사 위험이 훨씬 더 높았다.[13] STAR는 직원 대부분의 수면 시간을 획기적으로 늘리지는 못하지만 수면 시간과 질을 지속적으로 개선하고 있었다. STAR 훈련이 직접적으로 건강한 수면을 촉진하지는 않더라도 이러한 효과는 계속 발견되고 있다.

또한 인터뷰에서 수면에 대해 직접적으로 묻지는 않았지만, 직원과 관리자는 5건 중 1건 정도에서 수면에 대한 이야기를 꺼냈다. 이러한 사례들은 STAR가 어떻게 더 많은 수면을 장려하는지 보여 주고, 이러한 변화에 대한 직원과 관리자의 인식을 잘 드러낸다. 예를 들어, 실비아는 소프트웨어 개발자 팀을 관리하는 60대 백인 여성으로 TOMO 사무실에서 1시간 정도 떨어진 곳에 살고 있었다. 그녀는 출퇴근길 교통 체증 때문에 예전에는 새벽 4시 30분에 알람을 맞춰 놓고 일찍 집을 나서야만 했는데, STAR를 사용하면서 일주일에 2~3일은 재택근무를 하여 5시간 정도만 자는 대신 최소 8시간 이상 수면을 취할 수 있게 되었다.

> 예전만큼 피곤하지 않아요. 지난 몇 년 동안보다 더 많은 수면을 취하고 있다는 점에서 매우 유익합니다.

재택근무를 통해 가벼운 질병을 쉽게 관리하고 회복에 필요한 수면을 취할 수 있었다고 말하는 직원들도 있었다. 60대 백인 기혼 여성인 엘리스는 최근 몸이 아팠다고 말했다.

> 그날 아침 늦잠을 잤기 때문에 점심을 먹고 나서야 들어왔어요. 그냥 잠을 자야 할 것 같았어요. 그렇게 해도 괜찮아요. 그냥 저 혼자서 그렇게 했어요. 다른 누구에게도 피해를 주지 않았습니다.

예전 같았으면 어떻게 대처했겠느냐는 질문에 엘리스는 이렇게 대답했다.

> 아침 일찍 버스를 타고 시내로 갔을 거예요. 당연히 그랬겠죠. 하지만 (유연한 근무 방식) 덕분에 몇 가지 선택지가 생긴 것 같아요.

또한 우리는 심야에 일어나는 업무 관련 통화 때문에 잃어버린 수면 시간을 STAR로 근무 시간을 변경할 수 있었기에 되찾았다는 이야기도 들을 수 있었다. 두 자녀를 둔 백인 여성인 카라는 연중무휴 24시간 대기하는 생산 지원팀을 관리하고 있다. 애플리케이션에 장애가 발생하거나 문제가 생기면 그녀와 직원들은 수시로, 때로는 몇 시간 동안 긴급 전화 회의에 참여하게 된다.

> 인도, 워싱턴, 콜로라도, 네브래스카, 버지니아, 플로리다에 걸친 모든 전문가들이 모여 문제를 해결하려고 노력합니다. 매우 긴 밤이 될 수 있죠. 그러니 STAR의 유연성 덕분에 잠시 잠을 자고 휴식을 취한 다음, 필요할 때 다시 접속할 수 있는 건 좋은 일이죠.

심야 회의를 반영하여 업무 일정을 조정하는 것은 지극히 합리적인 일이지만, STAR 이전에는 그것이 그렇게 적절하다고 여겨지거나 허용되지 않았다.

일부 직원은 수면 외에도 운동량을 늘리거나 체중 감량에 더 성공했다고 말했다. 건강과 관련한 행동의 변화는 어떤 사람에게는 미묘하게, 어떤 사람에게는 극적으로 나타나기도 했다. 아이가 있는 기혼 백인 남성이자 IT 시스템 엔지니어인 던컨은 체중을 40파운드(약 18kg) 이상 줄였고, 만성 질환(크론병)을 훨씬 더 잘 관리하고 있으며, 집에서 일하니 스트레스를 덜 받고 더 행복해졌다고 말했다. 던컨은 이제 이른 아침 회의 대신 운동을 정기적으로 일정에 추가하고 있으며, 출퇴근 시간이 줄어든 덕분에 헬스장과 집에서 새로운 습관을 유지할 수 있게 되었다.

> 그래서 기분이 100% 더 좋아졌습니다. 이제는 심장마비나 크론병으로 쓰러질까 봐 걱정하지 않죠. 저는 훨씬 더 행복하고 더 나은 사람이 되었고 이 상태가 계속 유지되기를 바랍니다.(웃음)

중년의 백인 남성인 덴젤은 심장 건강이 극적으로 개선되었다고 언급했다. 그는 이러한 변화의 원인을 약물, 운동, 식단에서 찾지만, 그는 또한 근무 시간이 더 유연해지고 스트레스가 줄어든 덕분에 건강한 습관을 유지하기가 더 쉬워졌다고 이야기했다. 그는 집에서 일하는 날에도 정기적으로 시간을 내어 자전거를 탔다고 했다. 반대로 사무실에서 하루 종일 일하고 집에 돌아오면, 그냥 앉아 있고 싶다는 생각이 들 때가 많다고 말했다.

이미 운동과 건강한 식습관을 실천하고 있던 직원과 관리자들도 STAR가 건강 목표를 달성하는 데 도움을 준다는 점을 높이 평가하였다. 주 방위군에 복무 중인 한 남성은 운동을 더 쉽게 할 수 있어 군軍에서 실시하는 정기적인 체력 및 지구력 테스트를 준비하기가 더 쉬워졌다고 하였다. 아이가 있는 40대 여성 IT 전문가 팻시는 전화 인터뷰가 끝날 무렵, 대화 내내 리컴번트 자전거*를 타고 있었다고 말했다. 그녀는 항상 규칙적으로 운동하려고 노력했지만 집에서 일하는 시간이 많아지면서 노트북 선반을 설치하여 새로운 "페달링 데스크**"를 만들었다고 하였다. 그녀는 컨퍼런스 콜 중에도 자전거를 탈 수 있어 체력이 향상되고 활력이 넘치게 되었다고 말했다.

스트레스와 건강에 관련한 행동의 변화는 시간이 지남에 따라

---

* 일반 자전거와 달리 운전자가 누워서 탈 수 있는 자전거를 뜻한다.

** 노트북용 책상 아래 자전거 페달을 설치하여 운동하면서 노트북을 활용하여 일을 할 수 있는 특수한 책상을 의미한다.

신체에 영향을 미칠 수 있다. 하버드대학교의 리사 버크만Lisa Berkman 교수는 '일, 가족, 건강 네트워크' 팀을 이끌고 TOMO 직원들로부터 수집한 생체 지표 데이터(혈압, 체질량 지수, 혈액에서 발견되는 당뇨병 전단계 지표 등)를 결합하여 심장 대사 위험 점수를 만들었다. 이 위험 점수는 향후 10년 내에 심장마비나 뇌졸중과 같은 심혈관 질환이 발생할 가능성을 예측하며, 수년에 걸쳐 사람들을 추적 관찰한 연구에서 그 유효성이 입증되었다. 기준 시점에 위험 점수가 높았던 직원은 대조군의 고위험군 직원의 변화와 비교했을 때 STAR에서 훨씬 더 큰 개선(위험 점수 감소)을 보인 것으로 나타났다. 수십 년 동안 TOMO 직원을 추적한 것은 아니지만, 업무 재설계 혁신이 심각한 건강 문제의 잠재적 위험을 줄일 수 있다는 흥미로운 증거라고 할 수 있다.[14]

개인 시간 그리고 일과 삶의 충돌

직원들이 업무와 개인 생활 모두에 주의를 기울이도록 장려하는 이중 의제는 우리가 연구하는 업무 재설계 접근법의 필수적인 부분이라고 할 수 있다. STAR는 업무가 업무 외적인 삶에 미치는 영향에 대해 생각해 보고, 업무적으로나 개인적으로 동료를 지원할 수 있는 방법도 고려하도록 유도한다. 즉, STAR는 개인 또는 가족이 우선적으로 해결해야 할 것과 이를 위해 업무를 재배치하는 것은 허용될 수 있다는 메시지를 분명하게 전달하고 있다. 그리고 이러한 새로운 업무 관행을 통해 우리가 바라는 것은 사람들이 개인 및 가족 활동에 더 많은 시간을 할애하고, 일과 나머지 삶 사이에서 갈등하거나 어딘가로 끌려가는 느낌을 덜 받게 하는 것이다. 이러한 접근 방식은 집에 자녀가 있는 사람, 어른을 돌봐야 할 책임이 있는 사람, 가족 관계가 적은 사람

모두에게 폭넓은 혜택을 가져다준다.

설문 조사에서는 업무가 개인 또는 가족 생활에 얼마나 자주 방해가 되는지, 업무에 소요되는 시간으로 인해 개인 및 가족에 대한 책임을 다하기 어려운지(학자들은 이를 '업무에 의한 비업무 갈등'이라고 부른다)에 대해 질문했다. 또한 개인 및 가정 생활이 업무에 방해가 되는지('비업무에 의한 업무 갈등' 측정)에 대해서도 질문했다.[15] STAR에 속한 직원들은 대조군에 속한 직원들보다 갈등이 훨씬 더 크게 감소한 것으로 나타났다. 전체 직원을 대상으로 한 분석에서 '업무에 의한 비업무 갈등'은 약간 감소했지만 크게 유의미하지 않았던 반면, '비업무에 의한 업무 갈등'이 크게 감소했다.[16]

또한 가족과 함께 보낼 시간이 충분한지 물은 설문 조사에서, STAR에 속한 직원들의 시간 적절성time adequacy이 대조군에 비해 개선된 것으로 나타났다. 시간에 대한 압박을 덜 받는다는 느낌, 즉 시간 적절성은 다른 결과에도 영향을 미친다. 다른 사무직 직원을 대상으로 한 이전 연구에서도 시간 적절성이 높은 직원은 더 많은 에너지, 더 큰 숙달감(또는 직면한 문제를 해결할 수 있다는 느낌), 전반적인 건강, 삶의 만족도가 높을 뿐만 아니라 번아웃이 적고 신체적 통증이 적다는 것이 입증되었다. 또한 6개월 동안 직원을 추적 관찰한 결과, 시간 적절성이 높아질수록 건강과 삶의 질에 대한 이러한 여러 지표가 개선되는 것으로 나타났다.[17]

STAR는 이 제도가 도입되기 전에도 직원에게 업무 관련 유연성을 부여했던 상사와 일할 수 있었던, 다시 말해 '상사 로또'에 당첨된 직원들과 그렇지 않은 직원들 사이에 경쟁이 공평할 수 있도록 돕는 역할을 할 수 있다.[18] '일, 가족, 건강 네트워크' 협력자인 레슬리 햄머와 엘런 코섹은 직원의 업무 외 삶에 대한 상사의 정서적, 실질적인 지원을 측정하는 새로운 방법을 개발했다. 처음에 상사가 덜 지원적이라고 보고한 직원(STAR가 시작되기 전 기준)은 더 지원적인 상사를 둔 직원보다 STAR를 통해 업무와 업무 외적인 갈등이 훨씬 더 크게 변화하는 것을 확인했다. TOMO의 데이터를 사용한 또 다른 분석에서도 업무와 업무 외적인 갈등과 상사의 지원이 서로 연결되어 있음을 확인할 수 있다. (개인 삶을) 지지해 주는 상사가 있는 직원의 코티솔 패턴과 부정적인 기분에 대한 보고에서 알 수 있듯이 업무와 업무 외적인 갈등의 영향을 덜 받았다. 따라서 직원의 개인 및 가정 생활에 대한 상사의 지원을 강화하는 업무 재설계 조치는 직원들이 업무와 업무 외의 일로 인해 발생하는 갈등을 더 수월하게 견딜 수 있도록 만든다.[19]

인터뷰에서는 자신이 더 중요하게 여기는 일에 집중하기 위해 업무를 재배치한 직원들의 다양한 이야기를 들을 수 있었다. 30대의 독신으로 이전 장에서 빡빡한 일정과 업무 과부하에 대한 불만을 토로했던 랜달은 이제 삶의 다른 활동에 더 많은 시간을 할애할 수 있게 되었다. STAR를 시작한 이후로 그는 취미로 하는 하키 경기를 놓치는 횟수가 줄어들었고, 이로 인해 사회생활이 더 좋아졌다고 말했다. 또한 사무실에 가는 날이 적어 긴 통근 시간이 줄어드니 피로가 덜해져 집 리모델링 작업에도 진전을 이룰 수 있게 되었다.

> 이제는 가서 옷을 갈아입고 망치나 붓, 아니면 다른 걸 집어들어 볼까? 하는 에너지가 생긴 거죠.

엘리스는 때때로 은퇴한 친구들과 만나 점심을 먹기도 하고, 낮에도 병원에 가서 면회할 수 있다는 사실에 감사하고 있다.

그녀는 다음과 같이 자신의 상황을 요약했다.

> 일 외에 다른 것을 하는 내 시간에 대한 통제권이 조금 더 생긴 게 좋은 것 같습니다. 일하고 집에 가는 것 외에 다른 일을 할 수 있는 시간이 좀 더 많아진 것 같아요. 아무도 질문을 하지 않아서 정말 좋아요. 직원들의 시간을 존중해 주니까요.

그리고 아이작은 STAR를 통해 지역 사회에서 더 많은 자원봉사를 할 수 있음을 알게 되었다. 그는 현재 어린이를 위한 비영리 운동 단체의 이사로 활동 중이며, 유소년 축구팀의 보조 코치로도 활동하고 있다.

> 다시 말하지만, STAR가 제공하는 유연성 덕분에 스케줄을 자유롭게 설정할 수 있게 되어 커뮤니티에 돌아올 수 있게 되었습니다.

그는 STAR에 합류하기 전에는 오후 5시에 사무실을 떠나 6시까지 "18명의 아이들이 기다리고 있을" 연습장에 도착하려고 했지만, 교통 체증으로 인해 스트레스를 받았다는 사실을 회상했다. 이제 그는 저녁 연습이 있는 날에는 집에서 일할 가능성이 더 높아졌다고 말한다.

> 돌아와도 하루가 끝나지는 않습니다. 아직 처리해야 할 일이 있다면 여전히 하고 있죠. 하지만 저는 제 커뮤니티에 참여할 수 있습니다. 저는 무언가를 하고 있죠.

이러한 혜택은 아이가 있는 사람들에게 국한된 것은 아니지만, STAR는 엄마와 아빠 모두에게 중요한 가족 시간의 변화를 촉진한다. 생산 지원 엔지니어인 척은 재택근무가 늘어나면서 자녀와 더 많은 시간을 보낼 수 있게 되었다고 말한다. 그는 이제 큰 아이를 일주일에 한 번 승마 강습에 데려간다. 척의 말에 따르면 강습 일정은 다음과 간다.

> 1시부터 4시까지, 그러니까 한낮이죠. 그러고 나서 그날 저녁에 필요하면 조금만 일하거나 금요일에 따라잡아야 할 일이 있으면 (더) 했습니다.

척은 갓난 딸과 함께 시간을 보내고 아내가 출산 휴가*로 집에 머무는 동안 아내를 지원하기 위해 업무를 조정하고 있다. 척은 출산 직후 3주간의 휴가를 받은 후 거의 전적으로 집에서 일하기 시작했다.20 그는 종종 아내가 집안일을 하거나 휴식을 취하는 동안 아기를 돌보기 위해 업무에서 한 시간 정도 벗어난다. 척은 집에서 아기와 아내를 돌보는 데 집중하기 위해 약간의 실험이 필요했지만 효과적인 루틴을 갖게 되었다고 말한다. 이렇게 통제력과 지원이 강화된 덕분에 직원들은 가족의 필요에 따라 업무 루틴을 쉽게 바꿀 수 있게 되었다. 척는 다음 인터뷰에서 아내는 직장에 복귀하고 아기는 어린이집에 있으며, 자신은 매주 이틀씩 여름 캠프에 참가하는 큰 딸을 일찍 데리러 가기 위해 오전 6시에 규칙적으로 출근한다고 했다. 척과 딸은 모두 오후 시간을 함께 즐기고 있으며, 척은 업무도 잘 해낼 수 있었다.

---

* 원문은 family leave이다. 문맥상 신생아를 돌보기 위한 휴가를 사용한 것이므로 출산 휴가로 옮겼다.

인터뷰 도중 재택근무를 하고 있던 개발자 팻시는 남편과 두 자녀와 함께 사무실에서 거의 한 시간 떨어진 곳에 살고 있다. 재택근무는 그녀가 가족과 보내는 아침 시간과 아이들과의 시간에 더 많은 영향을 미치고 있다.

> 전에는 전혀 없던 아침 루틴에 확실히 더 몰입하게 되었어요. 실제로 아이들이 침대에서 일어나는 모습을 보고 (밖으로 나갈 때) 작별 인사를 할 수 있으니 정말 엄청난 일이죠.

이전에는 팻시의 남편이 아침 식사, 간식 및 점심 도시락 포장, 아이들이 숙제, 과외 활동 허가서**, 재킷을 챙겨서 외출하는지 확인하는 일을 도맡아 했다. STAR가 시작된 이후로는 일주일을 나누어 각자가 아침을 담당하고 있다. 팻시는 아침 시간이 소중하다고 말하는데, 이는 아이들이 항상 일찍 잠자리에 들었기 때문이라고 설명했다.

> 저녁을 먹은 후 숙제를 하고 목욕을 한 다음 아이들이 무언가를 보고 싶다고 하죠. 목요일에는 게임을 하는 시간이 있어서 간단한 게임을 한 판 하고 잠자리에 들기도 합니다. 지금은 아침에 아이들을 볼 수 있어서 좋아요.

새로운 업무 방식(직원의 통제력 강화와 동료 및 관리자의 지원)을 통해 부모는 학교 밖에서도 자녀의 삶과 연결될 수 있는 방법을 모색할 수 있다. 팻시와의 다음 인터뷰에서 그녀가 딸의 교실에서

** 원문은 permission slip이다. 미국 학교에서 학생들이 과외 활동을 위해 부모에게 허가를 받을 때 사용하는 일련의 양식들을 말한다.

정기적으로 자원봉사를 시작했다는 소식을 들을 수 있었다. 그녀는 이제 매주 금요일 아침마다 학교에서 학생들이 집으로 가져갈 폴더를 채우기 위해 일하고 있다.

> 전에는 일회성으로만 자원봉사를 했지, 이렇게 많이 해 본 적이 없어요. 그리고 제 딸이 이제 초등학교 4학년이 되었기 때문에 좋은 것 같아요. 저는 들어가서 폴더 작업을 하고 있지만 선생님이 아이들과 어떻게 일하는지, 제 딸은 어떻게 지내는지 들을 수 있으니까요.(웃음) 벽에 붙은 파리처럼 말이죠.

인터뷰 후반부에 팻시는 이전에는 정기적으로 자원봉사를 할 수 없다고 느껴서 "힘들었"지만, 이제는 좋아졌다고 말했다.

> 전보다 더 많이 아이 교육에 참여할 수 있을 것 같아요. 기분이 좋아요. 그리고 제 딸도 기분이 좋아졌다는 걸 알아요. 딸아이가 쉬는 시간에 저를 보고 좋아하거든요.

팻시는 풀타임으로 일하고 있으며(자녀가 태어난 이후에도 계속 일하고 있다), 인상적인 기술력을 갖추고 있고, 자신의 일과 팀에 대한 진정한 헌신을 느끼고 있다. STAR를 통해 그녀는 계속해서 업무를 잘 수행하면서 자녀 및 자녀의 학교와 다른 방식으로 소통할 수 있었다.

자녀가 부모와 함께 보내는 시간은 건강한 발달에 매우 중요하므로 우리는 STAR가 이를 장려하는지 알아보고 싶었다.

현재 오리건 주립대학교의 가족학자인 켈리 챈들러는 '일, 가족 및 건강 네트워크' 팀을 이끌고 청소년의 부모인 TOMO 직원 약 100명의 데이터를 분석했다.[21] 이들은 8일 연속으로 '일일daily 일기' 형식의 인터뷰를 통해 지난 하루 동안 자녀와 얼마나 많은 시간을 보냈는지를 보고했다. 이 인터뷰는 부모가 STAR에 참여하기 전인 기준 시점과 1년 후 다시 한 번 실시되었다.

전체 표본의 근무 시간은 변하지 않았고 자녀가 있는 직원의 근무 시간은 주당 평균 1시간만 감소했지만(근무 시간에 대한 논의에서 보고한 바와 같이), STAR는 이들이 9세에서 17세 사이의 자녀와 함께 시간을 보낼 수 있도록 도와주는 것으로 나타났다. 대조군에 속한 TOMO의 자녀가 있는 직원의 경우, 자녀와 함께 보내는 시간이 1년에 걸쳐 감소했으며, 하루 평균 24분 감소했다. 이러한 유형의 시간 감소는 실제로 십 대들 사이에서 예상되는 현상이긴 하다. 대부분의 15세 청소년은 어렸을 때보다 부모와 함께 보내는 시간이 줄어들고 있으며, 청소년은 친구와의 시간뿐만 아니라 직업, 스포츠, 학교 동아리 등 독립적인 활동을 더 많이 하는 경우가 많다. (우리 중 한 명은 요즘 자녀를 거의 볼 수 없는 현실에 적응하고 있다!). 하지만 STAR에 참여한 직원들 사이에서는 부모와 자녀가 함께 보내는 시간이 감소하지 않았다. 오히려 함께 보내는 시간이 크게 증가한 것으로 나타났다. 기준 시점 1년 후 후속 설문 조사에서 STAR에 참여한 직원은 자녀와 함께 보내는 시간이 평균 약 3시간인 반면, 대조군 부모는 하루 2시간 미만에 불과했다. 데이터를 더 자세히 살펴보면 STAR의 효과는 여성에게 더 뚜렷하게 나타났으며, 남성의 경우 자녀와 보내는 시간은 STAR에 참여한 그룹과 대조군 모두에서 안정적으로 나타났다. 또한 STAR와 대조군 가족을 비교했을 때 가장 큰 차이를 보인 것은 아들에 비해 딸과 함께 보내는 시간인 것으로 나타났다.

어머니와 딸 사이에서 나타나는 더 강력한 효과는 어머니와 아들보다 어머니와 딸이 청소년기에 더 친밀하고 더 많은 시간을 함께 보낸다는 경향을 밝혀낸 다른 연구 결과와 일치한다.[22] 또한 위에서 언급한 아침에 자녀와 더 많은 시간을 보낸다는 팻시의 이야기는 이 정량적 분석에서 볼 수 있는 패턴과 상당히 일치하는 것을 알 수 있다.

설문 조사 결과에 따르면 아버지가 자녀와 보내는 시간보다 어머니가 자녀와 함께 보내는 시간이 더 극적인 효과를 보이지만, 몇몇 남성들은 STAR를 사용하여 자녀 및 가족과 더 많은 시간을 보내고 있는 것을 알 수 있었다. 할라, 아이작, 척 외에도 헤이워드는 자신의 가족생활이 "훨씬 더 행복해졌다"고 말했다. 아들은 방과 후 대부분 집에 돌아와 헤이워드의 책상 바로 옆에 있는 책상에서 숙제를 하거나 골목에서 놀 수 있었다. 동네에 아이들이 많기 때문에 헤이워드의 아들은 친구들과 밖에서 보내는 시간을 즐기고 헤이워드는 필요에 따라 아들을 돌볼 수 있었다. 어떤 날은 오후 4시쯤 아이를 데리고 와서 저녁 식사를 시작하고, 필요한 경우 식사 후에 간단한 일을 마무리할 수 있었다. 헤이워드의 아내는 풀타임으로 일하고 있었다(그녀는 IT 전문가이며 TOMO에서 일하지는 않는다). 나중에 인터뷰를 통해 우리는 두 아이가 같은 학교에 다니고 있으며 헤이워드의 아내가 아침 등하교를 담당하고 있다는 사실을 알게 되었다. 덕분에 헤이워드는 오전 7시부터 오후 3시까지 거의 집에서 일한 후 이른 저녁 식사를 준비하기 위해 아이들을 데리러 갈 수 있었다. STAR에 참여하기 전에는 TOMO 스케줄에 대한 불만을 토로하고 아이들이 학교나 방과 후 프로그램 때문에 집을 비우는 시간이 길어지는 것에 대해 걱정했던 헤이워드에게 저녁 시간은 매우 중요한 시간이 되었다.

쿤와르는 초기 인터뷰에서 업무 스트레스 때문에 때때로 딸에게 소리를 지르며 폭발하는 모습을 묘사하며 울기도 했지만, STAR가 시작된 후 딸의 일주일이 다르게 전개되고 쿤와르의 기분도 한결 편안해졌다고 말했다. 쿤와르와 남편(둘 다 STAR 그룹에 속한 TOMO에서 근무)이 모두 재택근무를 하기 때문에 중학생인 딸은 이제 방과 후 집에 돌아온다. 쿤와르는 건강한 간식, 숙제할 시간, 저녁 놀이 시간이 늘어났기 때문에 "삶의 질과 건강"에 긍정적인 변화가 생겼다고 말한다. 또한 쿤와르는 날씨가 좋지 않을 때 집에 머물거나 학교가 쉬는 날에 딸을 데리고 병원에 갈 수 있는 자유를 느낀다고 한다. 그리고 일찍 일을 시작하면 일찍 일을 끝내고 요리나 다른 집안일을 할 수 있기 때문에 평상시에 스트레스를 덜 받는다고 말했다.

> 그래야 저녁에 스트레스를 받지 않고, 딸에게 소리를 지르지 않습니다.

쿤와르의 가족은 부모가 일과 가정생활을 서로 다르게 병행할 때 자녀의 행복에 직간접적인 영향을 미칠 수 있음을 보여 준다. 직접적인 효과는 부모와 자녀가 집에 있는 시간이 늘어난 데서 비롯되며, 간접적인 효과는 스트레스를 덜 받고 소리를 지르거나 짜증을 최소화하는 데서 비롯된다.[23]

위에서 언급한 인용들은 STAR에 참여한 직원들의 업무 방식 변화가 관리자의 건강, 삶의 질 또는 가족생활에 긍정적인 변화를 가져오는 긍정적인 파급 효과를 보였다는 것을 나타내고 있다. 여기서 중요한 것은 업무와 업무 외 영역에 걸친 개인 내within-person 연결 고리다. 예를 들어, 쿤와르의 업무 스트레스가 감소하면 가정에서의 기분도 개선된다. 그러나 우리는 또한

TOMO 직원들에게 일어나는 변화가 다른 사람들, 특히 가족 구성원들에게도 변화를 가져오는지 여부와 같은 교차 효과crossover에 대해서도 조사했다. 그리고 계속해서, 쿤와르의 직장 상황 변화가 딸의 기분이나 다른 행복 척도에 영향을 미친다는 증거가 있는지도 살펴볼 것이다.[24]

'일, 가족, 건강 네트워크'의 발달 심리학자인 케이티 로슨Katie Lawson은 일일 일기 연구에 참여한 약 100명의 청소년 데이터를 사용하여 이러한 교차 질문을 고려한 분석을 이끌었다.[25] 청소년의 삶의 질은 긍정적인 기분, 부정적인 기분, 일상적인 도전에 대한 청소년의 반응(또는 학술 용어를 사용하여 '일상적 스트레스 요인'에 대한 '정서적 반응성')으로 나타난다.[26] 우리는 다음과 같은 질문을 제시했다. 부모의 직장 상황이 어린이와 청소년의 행복감이나 슬픔에 영향을 미치는가? 부모의 직장 상황이 친구나 가족과의 다툼이나 학교 문제와 같은 일상적인 어려움에 직면했을 때 어린이와 청소년이 얼마나 잘 대처하는지에 영향을 미치는가? 기준 시점에 8일 연속으로 청소년을 인터뷰하고 1년 후에 다시 인터뷰하기 때문에 청소년이 이러한 상황에 직면한 날과 그렇지 않은 날을 비교하고, STAR에 참여한 그룹과 대조 그룹의 1년 동안의 변화를 보다 광범위하게 비교할 수 있었다.

다른 발달 관련 연구에 따르면, 나이가 들수록 어린이와 청소년이 긍정적인 기분을 덜 느끼고 부정적인 기분을 더 많이 느끼는 것이 일반적인 경향이다. 따라서 대조군에서는 이러한 정서적 건강의 감소를 예상할 수 있었다. 그러나 STAR에 참여한 부모가 있는 청소년의 경우, 기준 시점 이후 1년이 지났을 때 긍정적인 감정의 빈도가 크게 증가하고 부정적인 기분은 안정적으로 유지되었다. 예를 들어, 대조군에 속한 부모를 둔 자녀가 부모와의 불화와 같은 일상적인 스트레스 요인을 겪은 날에는 1년 전 같은 유형의 문제에 대한 반응과 비교했을 때 긍정적인 기분에 더 큰 타격을 받고 부정적인 기분이 더 크게 증가하는 것을 볼 수 있었다. 하지만 STAR에 참여한 부모가 있는 경우, 1년 동안 긍정적 또는 부정적 반응에 변화가 없었다.

또한 우리는 부모가 STAR에 참여하는 것이 자녀의 건강한 행동, 특히 수면 패턴에 어떤 영향을 미치는지도 살펴보았다. 이전 연구에서도 청소년기에 건강한 수면이 악화된다는 사실이 밝혀진 바 있다. 펜실베이니아 주립대학교의 수잔 맥헤일Susan McHale 교수와 '일, 가족, 건강' 연구진은 부모가 STAR에 참여하는 것이 청소년의 수면에 영향을 미치는지 조사했다.27 연구에 참여한 청소년의 수면 시간은 1년간 안정적으로 유지되었으며, STAR에 참여한 그룹과 대조군의 부모 간에는 차이가 없었다. 그러나 대조군에 부모가 있는 청소년은 규칙적인 수면 패턴이 현저히 적고(즉, 수면 시간의 밤낮 변화가 심함), 수면의 질이 더 나쁘다고 보고했으며, 후속 조사에서 기준 시점에서보다 잠드는 데 더 오래 걸렸다. 하지만 부모가 STAR에 참여한 청소년의 경우 수면과 관련된 건강 지표가 크게 저하되지 않았다.

청소년기에 접어들면서 청소년은 부정적인 감정을 더 많이 느끼고 긍정적인 감정은 더 적게 느끼며, 일상적인 어려움에 감정적으로 더 민감하게 반응하고 수면의 질이 더 나빠지는 경향이 있다. 그러나 우리는 STAR와 같은 업무 재설계 조치가 어린이와 청소년의 일반적인 삶의 질과 수면의 질 저하로부터 그들을 보호하는 완충 역할을 할 수 있다는 사실을 알 수 있었다. 부모의 업무 경험과 자녀의 삶이 교차하는 이러한 유형을 완전히 이해하기 위해서는 더 많은 연구가 필요하다.28 그러나 우리는

TOMO의 STAR에 참여한 많은 부모들이 자녀와 더 많은 시간을 보내기 위해 업무를 재조정하고, 집에서 더 많이 일하고 일정을 쉽게 바꿀 수 있기 때문에, 자녀가 활동으로 바쁘거나 집에 없더라도 자녀에게 더 많은 시간을 제공할 수 있다는 사실을 알 수 있었다. 어린이와 청소년은 부모에게 더 쉽게 의지할 수 있다는 사실을 알고 스트레스를 덜 받을 수 있다. 또한 부모가 스트레스와 긴장을 덜 느끼면 가족 구성원과의 상호 작용이 더 편안하고 긍정적으로 변할 수 있다. 이는 모두 부모가 직장에서 겪는 경험의 변화가 자녀의 건강과 삶의 질에 어떤 영향을 미치는지 이해하기 위한 그럴듯한 경로이며, 우리가 수행한 인터뷰를 통해 발견할 수 있는 것들이다.

가족 구성원들을 위한 시간

재설계된 근무 패턴과 스트레스 감소의 혜택을 받는 가족 구성원은 어린이와 청소년뿐만이 아니다. 우리는 STAR가 건강 문제가 있는 배우자, 부모, 기타 성인 가족 및 친구를 지원하는 데 도움이 되었다는 이야기를 직원들에게 꾸준히 들을 수 있었다. 품질 보증 관리자인 조지아는 직원 중 세 명이 아내가 처음 임신한 남성이라고 말했다. 이 남성들은 모두 산전 진찰에 시간을 내어 참석하고 있으며, 조지아는 이들이 업무를 수행하면서 "가족에게 조금 더 집중하고 있다"는 것을 알고 있었다. 조지아는 이러한 직원들을 진심으로 축하하며 이들 가족의 변화를 지지했다. STAR를 도입하기 전에는 조지아의 지지를 받았을지 모르지만, 직원들(이 사례의 새 아빠들)은 이러한 가족과의 약속을 공개적으로 우선시하는 데 불편함을 느꼈을 것이다. 예를 들어, 경영 컨설턴트를 대상으로 한 에린 리드의 연구에 따르면 전문직 및 관리직 남성은 때때로 가족과 개인적인 책임을 지지만 동료와 상사에게 이를 숨기고 항상 업무에 투입될 수 있다는 회사의 기대에 부응하는 이상적인 근로자로 조용히 '살아가는' 것으로 나타났다.29

이전에는 가족과의 약속을 공개적으로 공유하는 것이 현명하지 않다고 생각했던 남성들도 STAR를 통해 개인적인 이유로 업무를 조정하는 일이 합법적이고 적절함을 알게 되었다. STAR가 시작된 후 개인 및 가정 생활에 대한 관리자의 지원에 관해 아이가 있는 남성의 평가가 아이가 있는 여성의 평가보다 더 많이 증가했다.30 이는 남성의 가정 및 개인 생활도 인정해야 함을 인식하는 관리자가 늘어남에 따른 변화를 반영하는 것으로 보인다. 또한 조지아처럼 일부 관리자는 항상 제공하고자 했던 지원에 대해 보다 명확하게 표현하기도 했다. 물론 여성도 혜택을 받는다. 쌍둥이를 임신한 IT 분석가인 아바는 매주 여러 차례 병원 진료를 받아야 하고 낮에는 휴식을 취해야 할 때도 있다. 그녀는 STAR가 없었다면 이 직장은 물론이고 어떤 일도 계속할 수 없었을 것이라고 생각하고 있다. 아바는 STAR를 통해 아기가 태어난 후에도 TOMO에서 계속 일하고 있으며, 보모를 고용하거나 동네에서 보육 서비스를 이용하면서 대부분 집에서 업무를 수행하고 있다.

또한 STAR에서 직원과 관리자는 그들이 사랑하는 사람이 건강 문제에 직면했을 때 도울 수 있다. 50대 후반의 품질 보증 테스터인 프레드릭은 STAR에 참여하기 전에는 아내의 암 치료를 위해 휴가를 모두 사용했었다. STAR가 시작된 이후 그는 연말에 휴가를 충분히 쓸 수 있을지 걱정하지 않고, 아내의 후속 진료 예약을 받으러 가고 있다. 그는 그렇게 하는 것이 너무 편안하며,

또한 아내의 치료에 동참할 수 있다는 사실에 감사하다고 말했다. 프레드릭은 예약 전날에 늦게까지 일하며 밀린 일을 소화하고 있다고 말했다.

> 실제 근무 시간 중에 휴가를 내면 반드시 그 시간을 보충합니다. 저는 제 자신과 상사, 프로젝트와 회사에 대한 책임이 있습니다. 하지만 동시에 저는 집에서 더 많은 책임을 져야 합니다.

프레드릭은 여전히 일과 가정 모두에서 해야 할 일이 많지만 "훨씬 더 여유로운 분위기"를 높이 평가하고 있다.

카티아의 사례는 연로하신 부모님의 삶에 매일 관여하는 것과 미국이 주도하는 프로젝트를 해외 근로자와 연결하는 기술 업무로 인해 일부 근로자가 직면하는 장시간 근무에 대해 흥미로운 예시를 제공한다. STAR가 자신의 업무에 어떤 변화를 가져왔는지에 대한 질문에 카티아는 자신의 하루 일과를 소개해 주겠다고 했다.

> 저는 여러 팀과 함께 일하기 때문에 해외 팀과 여러 차례 회의를 진행합니다. 그래서 매일 아침 5시 30분경에 회의가 시작됩니다. 아침에 일어나서 회의를 하고 함께 일하는 사람들로부터 오늘 할 일을 받습니다.

> 그러면 사무실에 가야 할지 걱정할 필요가 없죠. 사무실에 가야 한다면 스스로 갑니다. 그렇지 않다면 아무도 저에게 사무실에 가야 한다고 말할

수 없어요. 그래서 몇 시간 동안 집안일을 할 수 있죠. 연로하신 부모님과 함께 살고 있으니까요. 부모님을 돌봐야 하거든요.

낮에 쉬어도 괜찮아요. 늦게까지 일해야 한다면 (그럴 것입니다). 저녁 10시, 10시 30분쯤에 또 다른 회의가 있어요.(웃음)

카티아의 하루는 상당히 빡빡한 편이지만(STAR를 참여하기 전에도 그랬지만), 이제는 특정 시간에 사무실로 달려가거나 오전 9시부터 오후 3시까지 계속 온라인에 접속하는 것에 대해 덜 걱정한다. 그녀는 급한 일이 있을 때마다 가족과 가정에 대한 책임을 다할 시간을 가지지만, 동료들이 여전히 자신이 일할 수 있음을 알고 있다는 사실에 안심하고 있다. 그녀는 컴퓨터 앞에 앉아 있지는 않지만, 모두가 자신이 필요하면 전화할 것임을 알고 있다.

사무실 밖에서 근무할 수 있는 유연성은 가족의 위기를 겪고 있는 직원과 관리자에게도 도움이 된다. 예를 들어 기드온은 시스템 엔지니어이자 이혼한 50대 남성이다. 그는 최근 아버지의 건강이 나빠지면서 두어 달 동안 TOMO 사무실과 다른 도시에 있는 아버지의 집에서 업무를 수행했다. 아버지가 돌아가셨을 때 기드온은 직장을 완전히 쉬었지만, 아버지를 간병하고 아버지의 유산을 관리하면서 원격으로 일할 수 있다는 사실에 감사하고 있었다. 이 이야기는 STAR가 기드온의 업무 성과에 긍정적인 영향을 미쳤는지, 부정적인 영향을 미쳤는지, 아니면 전혀 영향을 미치지 않았는지에 대한 인터뷰 질문에 대한 답변으로 처음 나왔다. 그는 아버지의 병과 죽음, 그리고 아버지의 유산을 처리하면서 업무에 어려움을 겪을 수도 있었다고 말했다. 하지만 기드온은 그러지 않았다.

> 큰 문제가 없었죠. 이건 아마도 STAR 덕분일 겁니다.

부모님이나 형제자매가 수술에서 회복 중이거나 다른 이유로 도움이 필요해 그들의 집에서 원격으로 근무한 경험담을 공유한 사람들도 있었다. 예를 들어, 한 여성은 시아버지가 돌아가신 후 2주간 시어머니의 집에서 지냈다. 그녀는 그곳에 홈 오피스를 설치했고, 모든 게 매우 순조롭게 진행되었다고 느꼈다. 이러한 결정은 STAR에서는 지극히 합리적인 것처럼 보이지만 이전에는 반드시 허용되지는 않았다. 게다가 직원들은 개인 및 가족과의 약속을 직장에서 공유하는 것이 위험해 보였기 때문에, 이전에는 원격 근무의 가능성을 탐색조차 하지 않았을 수도 있었다.

업무 재설계는 다양하고 광범위한 이점을 제공한다. STAR는 업무 측면에서도 직원과 조직에 도움이 된다. 직원들은 업무에 대한 피로감을 덜 느끼고, 자신의 업무를 더 긍정적으로 바라보며, 회사에 계속 근무할 가능성이 높아진다. 일선 관리자들은 큰 우려 사항이 없거나 자신이 감독하는 직원들의 협업 및 주인 의식이 향상되었다고 보고하였다. 근무 시간은 전반적으로 비슷하게 유지되지만, 직원과 관리자는 더 스마트하게 일하고 중요하지 않은 업무(출퇴근 포함)를 줄일 수 있는 방법을 찾는다. STAR는 직원과 직원의 가족에게도 도움이 되었다. 부모는 자녀와 함께 보내는 시간이 조금 더 많아졌으며, 표본에 포함된 어린이와 청소년은 대조군에 비해 STAR에 부모가 참여하고 있을 때, 기분과 수면 측면에서 더 나은 결과를 보였다. 또한 개인 생활, 건강, 커뮤니티 관계에 대한 혜택은 자녀나 다른 가족 구성원을 돌보는 책임이 있는 사람들뿐만 아니라 그 이상으로 확장된다는 사실을 알 수 있었다. 다시 말해 이는 모두에게 유리하게 보이는 사례라고 할 수 있다.

하지만 그 이면에는 어려움 역시 도사리고 있다. 합병 발표 후 STAR에 참여하는 직원과 관리자들은 자신감이 떨어지고 자신들의 삶의 질에 작은 변화를 느끼고 있다. 합병이 완료되고 새로운 회사가 하나의 조직으로 운영되기 시작하면서 STAR가 지속될 수 있을지에 대한 의문도 제기되었다. 더 많이 운동하고, 아침에 아이들과 더 많은 시간을 보내고, 새로운 자원봉사에 참여하게 된 개발자인 펫시는 이런 식으로 말했다.

> 저는 지금 우리가 분에 넘치는 혜택을 받고 있는 것 아닌가 하는 기분이 들어요. 그리고 이 모든 게 사라질까 봐 걱정되기에, 있는 동안은 잘 사용할 생각입니다.

펫시는 합병이 완료된 후 자신이 해고될 가능성이 적다고 밝혔다. 하지만 일자리를 유지하더라도 STAR는 사라질 수도 있다.

> 저는 STAR 프로그램이 새 회사에서도 지속될지 모르겠어요. 그냥 모르겠어요.

앞날 내다보기

7장

2보 전진, 1보 후퇴

Chapter 7

Two Steps Forward, One Step Back

적어도 현실 세계의 진공 상태에서는 아무 일도 일어나지 않는다. 우리는 이중 의제 업무 재설계인 STAR의 효과를 확인하기 위한 실험으로 신중하게 연구를 설계했지만, 이는 실험실이 아닌 현장에서 진행된 실험이었다. 이 IT 전문가와 관리자들은 STAR와 회사에서 벌어지고 있는 예상치 못한, 그리고 매우 중대한 변화에 동시에 대응해야 했다. 앞서 설명했듯이, TOMO는 연구 진행 중에 ZZT라는 다른 기술 회사와 합병하게 되었다. 경영진은 이 합병을 동등한 합병이라고 선언했지만, 인수 회사는 ZZT였고 통합된 회사의 최고 경영진에는 TOMO 출신보다 ZZT 출신 임원이 더 많이 포함되었다.

이러한 소유권과 리더의 변화는 STAR 조치를 위험에 빠뜨렸다. 합병이 완료된 후 첫 3년 동안 IT 부서의 경영진은 앞으로 어떻게 될지 설명하지 않고 STAR에서 손을 뗐고, '수정된 STAR' 및 'STAR 2.0'으로 불리는 새로운 정책을 고려했다가, 각 부사장이 근무 일정과 근무 위치에 대한 기대치를 스스로 설정하는 전통적인 관리 정책으로 되돌아갔다. 우리의 연구가 공식적으로 종료된 후, 결국 회사는 전체 IT 부서가 근무 일정과 장소에 관해 상당히 제한적인 ZZT 정책, 즉 '현장 근무working at work'를 따를 것이라고 발표했다. 유연하고 지원적이며 자기 주도적인 근무 패턴을 지지하는 공식 정책의 측면에서 볼 때, 우리가 연구한 IT 전문가와 관리자들은 이제 다시 출발선으로 되돌아왔다. 하지만 STAR를 통해 발전한 기대와 관점은 지속되고 있었다.

합병된 회사의 경영진은 이 조치에 참여했던 사람들이 그것이 성공적이라고 생각했음에도 불구하고 STAR를 종료했다. STAR에 참여했던 IT 전문가와 관리자를 대상으로 설문 조사를 실시한 결과, 직원의 95%와 관리자의 82%가 개인적으로 STAR가

"매우 성공적" 또는 "어느 정도 성공적"이었다고 답했다.[1] 이것은 STAR가 공식적으로 종료된 지 거의 1년이 지난 후, 회사의 향후 행보가 불투명했던 시기에 실시한 설문 조사에서 나온 결과였다. 직원과 중간 관리자들은 STAR를 종료하기로 한 회사의 결정이 조직 내 다른 곳에서 해당 조치를 운영하는 과정에서 실제 문제가 발생했기 때문이라고 생각했을 수 있다. 즉, 자신과 팀에게는 매우 효과적이라고 생각했음에도 불구하고, 경영진이 STAR로부터 발생하는 문제점에 대응하고 있다고 생각했을 수 있다. 그럼에도, 직원의 86%와 관리자의 72%는 STAR가 조직 전체에 있어 매우 성공적이거나 어느 정도 성공적이었다고 생각했다. 따라서 STAR는 종료된 후에도 내부자들에 의해 성공적인 것으로 간주되었다고 할 수 있다.

일부 임원들 사이에서도 STAR에 대한 지지가 분명했다. 한 TOMO 부사장[2]은 STAR를 직원과 관리자의 "사기, 행복, 일과 삶의 균형"에 실질적인 혜택을 가져다주는 "좋은 개념"이라고 묘사했다. 이 임원에 따르면 직원들은 STAR를 통해 "관리자가 나를 감시하지 않는다"는 신뢰감과 감사함을 느꼈다고 했다. 이 부사장은 STAR에 대한 우려 사항을 설명하라는 요청을 받았을 때에도 이렇게 말했다.

> 생산성 측면에서도 STAR는 단점이 없는 것으로 나타났습니다…. 어떤 우려도 떠오르지 않았습니다.

또 다른 부사장은 몇 가지 우려를 표했지만(우리는 이를 나중에 자세히 살펴볼 것이다) 결론은 다음과 같았다.

> 제가 보기에 STAR는 프로그램으로서 효과가

있었습니다.

그렇다면 왜 이들은 STAR를 중단하게 되었을까? 그리고 STAR의 폐지는 업무 방식 재설계의 가능성과 실현 가능성에 대해 무엇을 시사할까? 합병, 인수 또는 대대적인 구조 조정과 같은 조직 변화는 새로운 리더십을 탄생시킨다. 새로운 리더는 이전 경험, 현재 회사에 필요한 것이 무엇인지에 대한 해석, 자신의 업적을 남기고자 하는 열망에 따라 회사 정책과 관리 관행에 변화를 주곤 한다. 이러한 결정은 회사 내 직급과 직책에 따라 이해가 되지 않는 경우가 많지만, 직원과 중간 관리자는 너무 큰 소리로 또는 너무 오래 불만을 제기하는 것은 위험하다고 생각할 수 있다.

합병, 그리고 STAR의 공식적 종료

STAR는 TOMO와 ZZT의 합병으로 인해 희생양이 되었다. STAR 교육 중에 직원들은 합병이 STAR의 종말을 의미하는 것이 아니냐는 우려를 표명했고, 이후에도 팀원들은 이에 대해 논의했다. 직원과 관리자들은 합병으로 인해 STAR가 위협받을 수 있음을 일찍부터 명확히 인식했고, 그 예상은 적중했다. 직원과 관리자들은 TOMO와 ZZT의 인사 정책 및 관리 관행 통합 방법을 결정하는 경영진이 다른 우려에 의해 흔들릴 수 있다는 점을 인식했다. 프로젝트 관리자와 애널리스트를 주로 감독하는 일선 관리자인 조셉은 합병된 회사에서도 STAR가 계속 유지되기를 바랐다. 하지만 그는 이렇게 말했다.

> 우리는 결정권이 없어요. 저와 여러분은 누가 그런 결정을 내릴지에 대해 아무런 영향력을 행사할 수

> 없어요. 우리가 영향력을 행사하면 좋겠지만….

그는 STAR의 미래를 실제로 누가 결정할지 아무도 모름을 암시하며 자리를 떠났다. 결과적으로 두 회사의 경영진은 공식적으로 STAR를 종료하는 데 서명했지만, 그 당시에는 인수 회사의 경영진이 결정권을 쥐고 있는 것처럼 보였다. 합병 직후 STAR의 지속 가능성에 대한 질문에 수석 프로젝트 매니저인 홀든은 STAR가 성공적으로 운영되어 왔으며 STAR를 종료하는 것은 "한 걸음 후퇴하는 것"이라고 말했다. 하지만 그는 ZZT가 "이런 일을 하고 있지 않다"며 경영진의 결정이 "작은 정치적 게임"이 될 수 있다고 지적했다. 그래서 홀든은 합병 후에도 STAR가 살아남을 것이라고 낙관하지 않았다. 그리고 아래처럼 말했다.

> 지속되는 동안 즐기고 있을 뿐입니다. 그렇게 생각하면 됩니다.

또한 일부 경영진은 합병을 STAR 폐지의 주요 원인으로 지목하기도 했다. STAR에 단점이 없다고 언급했던 한 부사장은 합병된 회사가 하나의 회사로 운영되자 "이 회사의 문화는 그 개념을 받아들일 준비가 되어 있지 않다"고 결론을 내렸다. 이 임원에 따르면 현실은 "ZZT는 다른 위치에 있고 다른 패러다임을 가지고 있다"는 것이었다.

> 그들의 우려는 바로 이거예요. 그들은 모든 사람이 사무실에 있고, 질문을 하기 위해 복도를 뛰어다니고, 복도에 있는 사람들과 대화하는 데 익숙합니다. 서로 이야기하고, 카페테리아에서

서로를 만나고, 복도를 걸어가면서 질문을 던지는 것이 바로 회사 문화여야 한다고 생각하죠.

경영진이 TOMO를 통해 팀에 얻을 수 있는 이점을 확인했음에도 불구하고 "ZZT의 운영 방식에 크게 어긋나는" 것을 옹호하기는 어려움이 분명했다. 실제로 이 부사장과 STAR에 대해 상당히 열성적인 것으로 알려진 다른 임원들은 조용히 STAR를 폐지한다는 결정에 따랐고 결국에는 상당히 보수적인 정책을 다시 주장하는 데 동의했다.[3]

STAR를 폐지한다는 결정과 결과적으로 유연하지 못한 전통적인 업무 패턴을 밀어붙인 것은 서로 다른 두 가지 조직 문화를 반영하는 것으로 해석할 수 있다. TOMO는 유연하고 개방적이었으며, 관리자들은 일상적인 의사 결정에 대한 통제권을 자신이 감독하는 IT 전문가에게 일부 넘길 준비가 되어 있었다. 반면 ZZT는 긴밀한 기업 문화를 강조했으며, 관리자는 근무 장소와 일정과 관련하여 부하 직원에게 지시해야 한다고 생각했다. 이 두 가지 철학이 합쳐지면서 당연히 다른 회사를 인수한 회사가 자신들의 조직 문화를 장려하게 되었다.

하지만 이 두 가지 문화는 최근 몇 년간 두 조직이 추구해 온 서로 다른 인력 배치 전략을 반영한다는 점도 주목할 만하다. TOMO는 IT 프로젝트 팀이 미국과 다른 여러 지역에서 근무하고 있었기 때문에, TOMO 경영진은 이미 업무가 수행되는 장소와 시간에 대한 걱정을 줄여야 하는 상황이었다. STAR는 전 세계로 인력이 분산된 새로운 현실 속에서, 보다 효과적으로 일할 수 있는 새로운 희망적 정책으로 간주되었다. 반면, ZZT는 해외 인력 배치에 대한 경험이 매우 제한적이었기 때문에 같은 장소에서 함께 일하고 복도와 카페테리아에서 자주 대화를 나누는 것을 우선시했다. TOMO의 직원과 관리자들은 ZZT의 문화가 글로벌 조직과 지리적으로 분산된 팀의 현실과 잘 맞지 않음을 알았지만, ZZT의 관리자와 경영진이 이를 충분히 인식했는지는 확실하지 않다. 회사의 이사인 스튜어트는 다음과 같이 설명했다.

> 이들에게는 얼굴을 마주하는 시간이 매우 중요합니다. 카페테리아에 가서 문제에 대해 이야기하는 것은 그들에게 매우 중요한 일입니다. 그런데 TOMO 직원들은 멀리 떨어진 인도 사람들을 상대하는 데 익숙합니다. 우리는 원격으로 업무를 처리하는 방법을 알아냈습니다. 직원 회의에는 서너 개 도시에서 전화하는 사람들이 있습니다.

일부 기존 TOMO 직원과 관리자들은 ZZT가 기술적으로나 관리 관행 측면에서 TOMO보다 "후진적"이거나 덜 정교하다고 설명했다. 앞서 인용한 개발 매니저 조나단은 ZZT가 부활절 직전 기독교 명절인 성聖금요일에 휴무한다는 점에 주목했다. 조나단은 이러한 관행이 ZZT의 '소도시 문화small-town culture*'와 일치하지만, 다양성을 추구하는 글로벌 기업에서는 이례적이라고 생각했다. 그는 ZZT의 관리자와 임원들을 다음과 같이 묘사했다.

> 그들의 관리 스타일은 조금 다릅니다. 그들은 책상에 누가 있는지, 누가 없는지 돌아다니면서 확인하고, 자리에 없는 사람에게 질문을 던지는

---

* TOMO는 해외 인력들을 활용하게 되면서 글로벌 기업의 문화적 특징을 띠고 있는데 반해, ZZT는 미국의 고유한 문화만을 가지고 있는 국내 기업의 문화적 특징을 가지고 있다는 의미이다.

방식으로 사람들을 관리하려고 합니다.

조나단은 이 시점에서 그에게는 미국 내 4개 시간대에 부하 직원이 있고 인도에도 함께 일하는 사람들이 있다는 사실을 우리에게 상기시켜 주었다.

조나단에게 ZZT의 관리 방식은 더 이상 합리적이지 않았고, STAR에 대한 그의 접근 방식은 그들에게 낯설었을 것이다. 이러한 상이한 가정은 서로에게 좌절감을 불러일으켰을 수 있다. 조나단은 ZZT 동료들이 "중부 표준시 정오에 회의 일정을 잡으면 화를 낸다"고 말했다. 왜냐하면 그 시간이 ZZT 본사의 점심시간이기 때문이다. 하지만 조나단의 팀은 미국의 다양한 시간대에서 근무하는 직원들의 점심시간을 피하기 위해 오전 10시부터 오후 2시까지는 회의를 피해야 했다. 조나단 그리고 다른 팀원들은 ZZT 관리자와 경영진의 가정을 다음과 같이 제시했다.

> 그들은 자신들만의 작은 세계에서 생각합니다. 우리만큼 크고 다각화된 회사에 대해 생각하지 않습니다. 그들은 그런 것에 익숙하지 않아요.

직원, 중간 관리자, 그리고 많은 TOMO 부사장의 관점에서 잘 운영되고 있는 것 같은데 왜 회사는 STAR를 종료하기로 결정했는가? 하는 큰 수수께끼를 풀기 위해, TOMO 전문가와 관리자들은 ZZT의 소도시 문화와 "구식 리더십" 스타일을 지적했다. IT 분석가인 헤이즐은 합병 직후 인터뷰에서 ZZT가 "90년대에 갇혀 있는 것 같다"며 STAR가 살아남을 것이라고 생각하지 않았다고 (웃으며) 말했다. 그래서 그녀는 ZZT 경영진이 "우리는 더 이상 이것(STAR)을 하지 않을 것입니다. 딩! 사라질 겁니다."라고 말할 것이라 예상했다. STAR의 팬이었던 존경받는 IT 아키텍트 페이튼은 STAR의 종말을 이렇게 설명했다.

> 우리는 이제 ZZT의 일부가 되었고 ZZT는 (도시명 삭제)에 본사를 두고 있다는 가정하에 말이죠. 그리고 그들은 동부 해안의 진보적이고 감상적인, 노동자들이 권위를 내세우는 것에 동의하지 않습니다. 그게 제 인상이었어요. 그리고 방금 전까지는 제가 이렇게 대놓고 말한 적은 없었습니다.

페이튼은 "그들은 이유를 말하지 않았고, STAR가 끝났다"고 말했다.

> 그러니 우리 모두 스스로 결론을 내려야 하죠.

다른 사람들은 또한 ZZT 경영진이 경영 관행을 바꿀 필요성을 느끼지 못했다고 지적했다. 그들은 기존의 현상 유지가 편안하다고 생각했고, 특히 STAR의 초기 옹호자 중 몇 명이 회사를 떠난 후에는, STAR를 적어도 공식적으로 끝낼 수 있는 힘을 가질 수 있게 되었다.

STAR 종료에 대한 대안적 설명과 정당화

새로 합병한 회사의 경영진은 일반 직원들에게 STAR의 폐지에 대해 설명하지 않았다. 새로운 경영진이 STAR가 종료된 이유를 말하지 않았다는 페이튼의 발언을 떠올려 보자. STAR 체계 내에서 근무하던 직원이 합병된 IT 인력의 절반도 되지 않았기에 설명이 부족했던 것은 당연한 일이었다. 대조군에 속한 직원들과 기존 ZZT의 IT 전문가와 관리자가 STAR를 직접 경험한 사람보다 더 많았다. 또한 STAR는 항상 시범 운영이라는 틀에 갇혀 있었다.[4] 시범 운영은 종료 시점이 정해져 있는 경우가 많으며, 그것을 일반적인 운영 절차로 전환하지 않기로 결정하면 기존 정책을 변경하는 것만큼 큰 관심을 끌지 못할 수 있다.

그럼에도 불구하고 이 조치에 참여한 매니저와 관리자 중에는 STAR를 지지하고 심지어 옹호하는 사람들이 많았고, 동료들이 STAR를 통해 성공하는 것을 지켜본 사람들도 있었다. 따라서 경영진이 직원들에게 직접 설명하지는 않더라도, 중간 관리자들에게는 어느 정도 설명을 제공해야 했다(STAR를 전체 조직에 구현함으로써 자신의 팀을 STAR로 끌어들이기를 희망하거나 기대하는 사람들도 있었다). 우리는 STAR의 종료에 대한 세 가지 설명, 즉 그럴듯하지만 실제로는 TOMO에서 듣지 못했던 한 가지 설명과 경영진이 적극적으로 제공한 두 가지 설명을 검토했다.

조직 변화가 실패하는 이유에 대한 연구 문헌과 대중적인 토론에서, 우리는 중간 관리자가 변화를 지연시키거나 기존 방식을 최선의 방법이라고 홍보함으로써 변화에 저항한다는 이야기를 종종 들어왔다. 특히 STAR의 경우 업무 재설계로 인해 관리자가 직원들에게 일부 통제권을 포기해야 했기 때문에 이러한 현상이 예상되었을 수 있다.[5] 하지만 회사 내부에서 수년간 보고 들은 바에 따르면, 중간 관리자들은 이전 정책으로의 복귀에 대해 적극적으로 저항하거나 로비하지 않았다. 사실, STAR 종료 결정에 대한 중간 관리자의 우려를 뿌리 뽑기 위한 노력의 일환으로, IT 부서의 최고 경영진은 인사부에 관리자들을 대상으로 자체 설문 조사를 실시할 것을 요청했다. 우리는 설문 조사와 인터뷰를 통해 관리자들이 (STAR를) 지지한다는 증거를 보고했다. 하지만 경영진은 인사부 직원이 모든 관리자를 대상으로 다시 한번 설문 조사를 실시하기를 원했다. 연구팀이 없는 상황에서 관리자들이 고위 경영진에게 다른 할 말이 있을 경우를 위해서였다. 그 설문 조사 결과도 매우 긍정적이었다(상사가 직접 요청했기 때문에 모든 관리자가 응답했다). 따라서 경영진은 중간 관리자들이 STAR가 효과가 없다는 사실을 발견했다고 주장할 수 없었다. 물론 STAR에 참여했지만 열의가 덜한 관리자가 몇 명 있었지만, 그들도 구체적인 문제점은 거의 말하지 못했다.

그럼에도 불구하고 경영진이 계속해서 문제를 언급했기 때문에 우리는 성실하게 다시 조사를 수행했다. 한 대화에서 에린*은 두 명의 HR 전문가에게 경영진이 파악한 문제에 대해 좀 더 구체적으로 물어보았다. 우리가 계획 중인 새로운 설문 조사가 올바른 주제를 포착하여 경영진의 우려를 충분히 살펴볼 수 있는지 확인하고 싶었기 때문이다.6 HR 전문가들은 좋은 질문이라며 함께 앉아 있던 경력 관리자인 펠리시아에게 근본적인 문제가 무엇이라고 생각하는지 물었다. 펠리시아는 그들을 향해 "문제 없습니다."라고 단호하게 말했다. 우리는 직원과 일선 관리자로부터 현장에서 들은 이야기와 STAR의 미래를 결정하는 경영진과 HR 전문가들이 논의한 내용 사이에 불일치가 있음을 계속해서 확인했다. 이 대화가 인상적이었던 이유는 테이블에 참석한 모든 사람이 일선 관리자의 의견과 경영진의 우려 사이의 간극을 명확하게 볼 수 있었기 때문이다.

그렇다면 경영진은 STAR를 종료하기 위해 어떤 설명이나 근거를

* 본 책의 저자인 에린 켈리를 말한다.

제시했을까? 경영진의 설명은 주로 STAR하에서 소수의 개인이 불합리하게 변경한 것으로 알려진 '남용'에 대한 일화와 새로운 업무 방식으로 인해 협업이 어려워질 것이라는 우려를 중심으로 이루어졌다.

— 남용에 대한 일화

대화에 참여한 그 누구도 실제로 이러한 '남용'을 목격하거나 무슨 일이 일어났는지 자세히 알지 못했음에도 불구하고 STAR의 종료 이유에 대한 토론에서 몇 가지 상투적인 이야기가 반복해서 나왔다. ZZT의 경영진은 이러한 이야기를 STAR가 어리석거나 심지어 말도 안 되는 경영 방식이었다는 명백한 증거로 취급하였다. 몇몇 TOMO 부사장들도 남용에 대한 이러한 이야기에 흔들리는 듯 보였고, STAR를 개선하거나 폐지해야 한다는 증거로 해석했다.7

STAR의 종말에 대한 공개 토론에서 경영진이 언급했던 한 남용 사례는 자녀를 홈스쿨링 하기 시작하며 사무실 출근을 거부한 것으로 추정되는 한 직원에 관한 것이었다. 실제 상황은 그 일화가 암시하는 것보다 훨씬 더 미묘했다. 큰딸의 부분적 양육권을 가진 편부 페이튼은 딸이 집에 있을 때 집에서 일하는 것을 우선시했고, 이러한 일상은 1년 이상 잘 유지되었다. 페이튼은 주당 45시간 이상 근무하며 영재성이 뛰어난 딸이 커리큘럼을 스스로 학습하기 때문에 감독이 거의 필요하지 않다고 보고했다. 게다가 페이튼은 새로운 관리자가 사무실로 출근하라고 했을 때 그 요청에 응하였다. 그가 속한 그룹이 미국 4개 주와 인도에 흩어져 있었지만, 그는 인근 사무실로 출근하기 시작했다. 답답한 마음에 페이튼은 사무실에 있는 것이 협업에 영향을 미치지 않는다고 말했다. 그는 관리자가 자신을 부른 진짜 이유는 부하 직원들의 책상을 지나가면서 그들이 일하는 모습을 보고 싶은 욕구 때문이라고 생각했다.

그러나 홈스쿨링 학생이 STAR 남용의 증거로 언급되었을 때 이러한 세부 사항은 공유되지 않았다(많은 사람들은 이 일화나 조치 종료를 정당화하는 데 사용된 일화에 누가 관여했는지조차 알지 못했다). 일과 가족에 대한 페이튼의 결정과 세부 사항과는 상관없이, 이 고립되고 특이한 일화는 STAR의 광범위한 문제를 보여 주는 증거가 아니었다. 상황을 잘 아는 한 동료는 홈스쿨링 이야기가 합병 후 STAR를 끝내기 위한 거짓 이야기라고 생각했다.

> 진짜 이유는 경영진이 좋아하지 않았기 때문이라고 생각합니다. 경영진이 직원들을 세심하게 감시할 수 없으니까요. 그래서 일종의 신뢰 문제인 것 같아요. 경영진이 "내가 통제할 수 없어서 싫다"고 말했는지는 잘 모르겠지만, 솔직히 말해 결국은 그런 문제라고 생각합니다.

또 다른 끔찍한 일화는 고위 임원의 사례인데, 직원들과 특별 회의를 열었는데 예상보다 적은 인원이 회의실에 참석했다는 것이다. 짜증과 모욕감을 느낀 임원, 그리고 임원이 과민하게 반응했다고 생각한 직원 및 일선 관리자의 관점에서 이 이야기의 서로 다른 두 버전을 들을 수 있었다. 한 TOMO 부사장은 STAR에 대한 지지가 최저점을 찍었던 순간은 (일반적으로 자신의 직급에 있는 임원과 토론할 기회가 없는) 소규모 IT 전문가 그룹과 회의를 준비했는데 일부가 집에서 일하고 싶다며 컨퍼런스 콜

번호를 물어봤을 때였다고 말했다. 그는 화가 났다.

> 일 년 중 단 하루, 제가 그들에게 참석하기를 요청하는 날입니다. 믿을 수 없었어요. 윗사람과의 관계를 포기한다고요? 그걸 원하지 않는다고요? 제발요, 여러분!

이 임원의 짜증은 분명했고, 그의 동료들도 그가 이러한 상황을 개인적인 모욕으로 받아들이는 것을 보았다. 조나단은 다른 부사장이 작은 타운홀 미팅(즉, 대규모 직원 그룹과의 회의)을 위해 평소에는 근무하지 않는 사무실을 방문했던 이야기를 들려주었다. 회의실은 꽉 차 있지 않았다. 이는 STAR가 공식적으로 종료된 후였고, 부사장은 모든 관리자에게 소속 부서의 모든 직원이 일주일에 최소 3일은 사무실에 출근해야 한다는 점을 거듭 강조했다. 또한 부사장은 조나단과 다른 관리자들에게 회의 당일 각 직원이 어디에 있었는지 서면으로 설명해 달라고 요구했다. 결근한 5명의 직원은 정전 작업(회의보다 우선시되는 작업), 휴가 또는 병가 중이었다. 이러한 직원들의 결석에 대해 정당한 사유를 제시할 수는 있었지만, 조나단은 모든 직원이 직접 참석할 것이라는 기대는 불합리하다고 생각했다. 다른 도시에 있는 직원들은 회의에 참석하기 위해 비행기를 타지 않았고, 이는 많은 사람들이 이미 웹 컨퍼런스를 통해 참여하고 있다는 것을 의미했다. 조나단의 말처럼, 직접 만나서 공유한 정보는 웹 컨퍼런스를 통해 보여 준 슬라이드의 내용과 크게 다르지 않았다. 하지만 그는 이렇게 말했다.

> 모두가 자신이 어디에 있는지, 왜 그곳에 없었는지, 설명해야 했습니다. 정말 기괴한 일이었죠.

STAR에서는 직원과 일선 관리자가 과중한 업무량을 관리하는 방법과 회의의 우선순위를 스스로 결정한다. 업무에 직접적으로 기여하지 않는 회의를 건너뛰는 것은 출퇴근 시간을 건너뛰고 화상으로 회의에 참석하는 것과 마찬가지로 허용되는 사안이었다. 이 경우에서도, 고위 임원과의 특별한 미팅을 건너뛰는 일은 현명하지 않음을 잘 알고 있다. 조직의 다른 부서에서 근무하는 수석 소프트웨어 엔지니어인 펫시는 이러한 이야기를 듣고 직원들이 경영진을 직접 만나러 가는 일을 우선순위에 두지 않는 것은 "철없는" 행동이며 잘못이라고 주장했다. 하지만 팻시의 관점은 달랐다.

> 특정 직원과 관리자가 논의해야 하는 일 같네요. 그렇다고 STAR에 참여한 모든 직원에게 해당되는 건 아닌 것 같습니다.[8]

즉, 이러한 문제들은 STAR의 맥락 안에서 해결될 수 있다고 팻시와 다른 사람들은 주장했다. 관리자는 특정 회의가 대면으로 수행될 수 있도록 독려하거나 부사장이 주최하는 타운홀 미팅의 가치를 설명할 수 있었다. 조나단은 (사후에) 직원들에게 경영진이 주최하는 회의에 참석하지 않는 것은 "무례한 행동으로 해석될 수 있다"고 설명했다. 즉, 그는 경영진의 감정적인 반응은 인정하지만, 직원들의 참석을 정당화하라는 요청은 여전히 "이상하다"고 생각한 것이다.

STAR의 종료를 발표하는 확대 경영진 회의에서, 한 부사장이 회의를 소집했는데 참석률이 저조했다는 이야기가 공개적으로 예전의 사업장 규범을 재확인하는 데 사용되었다. 통합된 경영진 사이에서 영향력이 컸던 기존 ZZT 부사장 중 한 명이 회의 불참에 대한 이야기를 직접 언급했다. 그녀는 믿을 수 없다는 어조로 단호하게 말했다.

> 상사가 회의에 참석하는데 오늘은 재택근무일이기 때문에 참석할 수 없다고 말하는 건 허용되지 않습니다. 그렇게 하는 건 옳지 않습니다.

이러한 남용 사례를 통해 세 가지 중요한 점을 알 수 있다. 첫째, 극단적인 사례는 거의 없었지만 반복적으로 언급되어 실제 문제로 인식되었다는 점이다.[9] 직원과 관리자에게 직접 목격한 '남용'에 대해 질문했을 때, 그들이 겪은 구체적인 문제는 거의 없었지만 상당수가 이 몇 가지 일화를 언급했다. 둘째, 직원들과 많은 일선 관리자들은 STAR를 "우리가 여기서 일하는 방식"으로 받아들이게 되었다는 점이다. 즉, 언제, 어디서, 어떻게 업무를 수행하는지에 대한 통제권 또는 결정권이 관리자에서 직원으로 이동함을 받아들였다는 것이다. 조나단의 답변에서 알 수 있듯이, 관리자가 직원의 근태를 추적하라는 요청은 이제 이상하게 여겨질 정도였다 (물론 관리자는 직원의 주요 목표에 대한 진행 상황을 모니터링하고 평가해야 하지만). 조나단이 언급한 타운홀 미팅은 STAR가 공식적으로 종료된 이후에 열리게 되었지만, STAR가 제시했던 원칙을 관리자와 직원 모두가 여전히 따르고 있었다는 점을 상기해 보면 이해할 수 있다. 셋째, 이러한 구체적인 일화가 문제 삼은 상황은 STAR의 맥락 내에서 해결될 수 있었다. STAR가 제시하는 업무에 대한 기본 가정은 업무가 항상 원격으로 이루어져야 한다거나 업무 조정 및 협업에 미치는 영향과 관계없이 직원들이 원하는 대로 할 수 있다는 것이 아니었다. 대신 STAR를 완전히 구현하는 팀에서는 관리자가 팀의 일원으로 참여하여 효과적으로 함께 일할 수 있는 방법을 정기적으로 논의한다. 특정 회의를 직접 진행하기로 결정하는 것은 완벽하게 허용되지만, 이러한 결정은 업무의 필요에 따라 이루어져야지 경영진의 선호에 따라 결정되어서는 안 된다는 것이다. STAR의 남용 사례에서 포착된 상황은 STAR를 충분히 이해한 동료 관리자, STAR를 지지하는 임원, 그리고 인사 전문가의 코칭이 있었다면 다르게 대처할 수 있을 만한 것이었다.[10]

이러한 사례에 비추어 볼 때, TOMO의 한 부사장은 처음에는 이 조치를 유지하되 관리자 교육을 한 차례 더 추가해야 한다고 주장했다. 이 부사장에 따르면, 발생한 문제는 STAR에 치명적인 결함이 있는 것이 아니라 일부 일선 관리자의 미숙함에서 비롯된 것이었다. 그래서 그는 '수정된 STAR'를 해결책으로 제시하면서 관리자에게 더 명확한 기대치(예: 경영진이 참석하는 회의에 직접 참석 또는 특정한 사안에 대한 회의에 직접 참여)를 명시하고 업무 결과를 더 체계적으로 평가하는 방법에 대한 더 많은 지침을 제공하자고 제안했다. 그는 직원의 자율성이 확대된 상황에서 관리자가 팀의 업무 흐름을 보다 자신 있게 지시하고 성과를 평가할 수 있도록 교육이 필요하다고 주장했다. 경영진 내에서 STAR의 마지막 옹호자였던 이 부사장은 STAR로 인해 게임의 규칙이 바뀌었지만 일선 관리자들이 새로운 게임에 적합한 기술을 갖추고 있는지 궁금했다. 또한 그는 이 교육을 통해 이미 STAR 교육에서 경험한 것과 유사한 팀 토론이 다시 한번 이루어지기를 바랐으며, 효과적인 협업과 직원들의 개인 생활 지원이라는 두 가지 목표에 대해 논의하기를 원했다.[11]

그 대신, 이러한 이야기는 ZZT 경영진과 ZZT의 강력한 리더들에게 적극적으로 동조하는 사람들이 이미 내린 결정에 대한 변명거리로 사용되었다. 최종 결정은 글로벌 기업의 운영 방식과 현실에 맞지 않더라도 ZZT의 문화와 선호에 부합하는 상당히 제한적인 정책으로 되돌아가는 것이었다.

— 협업에 대한 불안

또한 일부 경영진으로부터 STAR가 협업과 업무의 질에 부정적인 영향을 미친다는 상당히 세밀한 우려를 들었다(이러한 우려를 일선 관리자에게서는 듣지 못했지만). 합병 직후 STAR에 대한 최종 결정이 내려지기 전, 인터뷰와 대화에서 STAR를 "효과가 있었다"고 설명했던 영향력 있는 그 부사장은 STAR의 도입과 실행에 따른 예상치 못한 결과에 대해서도 설명했다. 그는 STAR가 긴밀하게 연결된 그룹들이 함께 일하는 것을 방해한다고 우려했다. 그는 이렇게 주장했다.

> 칸막이가 있더라도 같은 공간에 함께 앉아서 자유롭게 아이디어를 교환하는 것이 효과적이었습니다. 이제는 정말 "필요하면"입니다. 누군가와 접촉하지 않으면 아무 일도 일어나지 않습니다. 가만히 앉아 있음으로써 일어나는 상호 작용은 없습니다. 그건 프로젝트와 관련된 것일 수도 있고, "이걸 배웠어요" 또는 "이걸 읽고 있어요"일 수도 있겠죠.

이 부사장은 업무 수행에 대해 구체적으로 지적할 수 있는 불만은 없었지만, 직원들이 서로 연결되어 있다고 느끼는지에 대해 우려하고 있었다.

그들은 업무에서 자신의 역할을 하고 있지만,
그들은 역할의 일부가 아닌 것 같습니다.

또한 그는 제한된 상호 작용으로 인해 직원들이 직접 대면하여 더 긴밀하게 협력할 때만큼 창의력이 발휘되지 않아 업무 결과물의 품질에 영향을 미칠 것을 우려했다. 인터뷰 당시 그 부사장과 앞서 언급한 임원은 모두 팀이 직접 대면할 때 더 효과적이라고 생각하는 몇 가지 활동을 파악하고 우선순위를 정하는 'STAR의 다음 버전'를 옹호하고 있었다. 이러한 관행은 원래 설계된 STAR와 완전히 일치할 것이며, 우리는 이러한 움직임이 STAR라는 조치를 구현하는 강력한 동인이라 보았다. 그러나 나중에 이 TOMO 부사장은 기존 ZZT 경영진과 함께 훨씬 더 제한적인 규칙을 설정했다. STAR가 공식적으로 종료된 직후, 그는 관리자들에게 직원들이 일주일에 5일 사무실에 출근하게 하라고 지시하였다.

이는 협업과 업무의 질에 대한 정당한 우려이며, 업무 수행 시간과 장소에 대한 근로자의 통제력 강화와 동료 및 관리자와의 손쉬운 교류를 통해 발생하는 가치 사이의 절충점에 대해서는 더 많은 연구가 진행되어야 할 것이다. 직원 주도의 유연성과 효과적인 협업 관행 간의 절충점은 직무, 산업, 인력에 따라 다를 것으로 예상할 수 있다. 따라서 우리는 협업을 강조한 부사장이 여러 환경에서 신중하게 평가해야 할 중요한 질문을 제기했다고 생각한다.

그러나 우리가 조사한 IT 전문가와 관리자의 경우, STAR가 협업 문제를 야기하거나 업무 수행의 질을 해쳤다는 증거를 찾지는 못했다. 경영진이 언급한 우려 사항과 STAR로 인해 발생할 수 있는 의도하지 않은 결과를 조사하기 위해 우리는 마지막 설문 조사를 실시했다. 하지만 STAR에 참여한 적이 있는 직원과 관리자는 대조군 팀의 직원과 관리자보다 "질문이나 문제가 있을 때 팀 내 다른 사람에게 쉽게 연락할 수 있다", "질문이 있을 때 관리자에게 쉽게 연락할 수 있다", "다른 사람을 기다리면 업무 처리 속도가 느려진다", "우리 팀은 개방적이고 정직한 의사소통을 한다"와 같은 진술에 동의할 가능성이 덜하지 않다는 사실을 발견했다. 마지막 설문 조사와 이전 장의 사례 및 인용문에서는 STAR가 팀 협업과 성과 향상을 촉진한다는 힌트를 얻을 수 있었다. STAR에 참여한 팀의 직원들은 팀원들이 문제와 이슈를 자유롭게 제기할 수 있다는 데 동의하는 비율이 훨씬 더 높았다(매우 동의 23%, 대조군은 12%). 또한 STAR를 수행하는 그룹에 속한 직원은 "우리 팀은 높은 품질의 업무를 생산한다"는 말에 동의하거나 매우 동의하는 비율이 훨씬 더 높았다.[12]

그렇다면 협업에 대한 우려는 어디에서 비롯되었을까? TOMO 부사장은 이러한 고민을 하며 스타트업 기술 회사를 운영하는 친구들과 STAR에 대해 이야기를 나눴었다. 그 친구들은 '재밍 세션Jamming Session'(특히 소프트웨어의 목표와 설계를 논의하는 프로젝트 초기 단계)은 직접 만나서 진행해야 한다고 주장했고, 이 임원은 젊은 시절에 했던 이러한 상호 작용을 좋게 회상했다. 하지만 TOMO는 STAR가 출시되기 몇 년 전부터 이미 긴밀한 관계 속에서 움직이는 팀들을 같은 장소에 '병치'하지 않고, 각자 유연하게 협업하게 한 대기업이었다. 따라서 페이튼의 새 매니저가 그랬던 것처럼 관리자가 모든 직원을 사무실에 상시 근무하도록 요구하더라도, 전국과 전 세계에 흩어져 있는 팀은 대면 협업의 잠재적 이점을 충분히 누릴 수 없다.

게다가 회사는 이미 업무량을 늘리고 기술 문제를 미리 정의된 세그먼트와 작은 작업으로 나누어, 전문성 개발을 위한 시간이 거의 없었고 새로운 솔루션을 찾기 위한 창의적 사고의 가능성도 거의 없었다. 부사장은 "우리는 도시락을 먹으며 즉흥적으로 토론하고 업무에 대해 이야기하곤 했다"며 동료들이 "서로 만나지 않고 점심도 함께 먹지 않아 팀워크가 약화되고 있다"고 걱정했다. 하지만 인터뷰 응답자들은 수년 동안 전문성 개발을 위한 시간을 갖지 못했다고 말했다. 실제로 많은 사람들이 점심시간을 포기하고 대신 각자의 책상에서 점심 식사를 하며 일하고 있었다. (또한 일부 STAR 팀은 같은 도시에서 근무하는 직원들을 위해 일부러 단체 점심 일정을 잡기도 하고, 사회적 관계와 팀워크를 키우기 위해 개인적인 이야기를 나눌 시간을 정기적으로 잡아 시행하기도 했다.) 그 부사장은 STAR와 이로 인해 촉진된 원격 근무가 문제라고 생각했지만, 업무 속도 향상은 STAR가 도입되기 훨씬 이전부터 발생했으며 이는 대조군에서도 분명하게 나타났다.

마지막으로, 해당 경영진의 환상은 많은 IT 전문가와 관리자가 높이 평가하는 소프트웨어 개발 프로세스를 반영하는 것이지만, 이러한 프로세스는 STAR를 실시하기 이전 약 10년 동안 TOMO에 존재하지 않았다. 그는 개발자들이 둘러앉아 함께 프로그램 코딩을 하거나 까다로운 문제에 대해 나란히 협력하고, 화이트보드 앞에 서서 소프트웨어 섹션의 구조에 대해 전략을 세우고, 넓은 공간에서 여러 사람들이 서로서로 배울 수 있도록 함께 모이는 것을 꿈꿨다. 이러한 관행은 모두 특정 소프트웨어 개발 프로세스*('익스트림 프로그래밍' 또는 '익스트림 애자일'이라고 함)와 일치하지만, 회사는 의도적으로 작업을 분할하고 대면 협업보다 문서화를 강조하는 폭포수 같은 선형적인 업무 프로세스를 선택했다. 실제로 연구 당시 이 회사는 이러한 프로세스를 적극적으로 준수하도록 하고 있었다. 인터뷰에 응한 IT 전문가와 관리자 중 일부는 사무실에서 더 많이 일하게 되더라도 다른 프로세스를 선호했다. 그들은 '화이트보드에 대한 향수'를 인정하고 그리워했지만, 회사가 다른 방향으로 나아가고 있음도 인정했다. 요약하면, 수년 전에 TOMO가 채택한 인력 배치 전략과 소프트웨어 개발 프로세스가 지금 그 부사장이 STAR가 유발한다고 비난하는 문제를 실제로 촉발한 것이었다.[13]

경영진은 STAR의 종료를 설명하기 위해 지푸라기라도 잡는 심정으로 애쓰는 것 같았다. STAR에 만족해하는 많은 직원과 관리자에게 할 말이 필요했기 때문이다. ZZT 경영진의 분명한 선호와 합병 회사 내에서의 막강한 권한과 영향력을 고려할 때, 놀라운 것은 STAR가 종료되었다는 사실보다는 합병이 공식적으로 완료되고 고위 경영진이 다른 합의에 서명하지 않는 한 매일 주요 시간대에 사무실에서 근무해야 한다는 기존 ZZT 정책이 구속력이 있다고 공식 선언하기까지 거의 3년이 걸렸다는 점이었다.

그 사이 IT 전문가와 관리자에게는 오랜 기간 모호한 시기가 있었다. 먼저 최고 경영진은 STAR가 종료되고 다른 프로그램이 도입될 것이라고 발표했다. 그런 다음 새로운 관리자 교육이 시행되었는데, 일부에서는 이를 '수정된 STAR'라고 불렀다. 하지만 이 교육은 규모가 크지 않았고 주목도가 상당히 낮았다. 이 기간 동안 경영진을 구성하는 인원들이 가진 권한과 영향력에도 변화가 있었다. 합병 후 IT 부서는 (반복적으로) 재편되었고, STAR를

---

* '고객이 원하는 양질의 소프트웨어를 빠른 시간 안에 전달하는' 소프트웨어 개발 방법이다. 수시로 발생하는 고객의 요구 사항에 대처하고, 고객이 원하는 소프트웨어를 고객이 원하는 시간에 인도하기 위해 고객과 팀원 간의 대화를 강조한다.

지지했던 사람들 중 상당수가 회사를 떠났다. 빨리 떠나지 않은 사람들도 ZZT의 문화와 정책이 승리할 것임을 알았다. 임원들은 개인적으로 ZZT 팀원들과 친하지 않은 사람들은 잘하지 못할 것이라는 "신호가 분명했다"고 말했다. TOMO의 일부 고위 임원들은 STAR를 적극적으로 옹호할지 말지에 대한 결정이 "모두 정치적이었다"고 말했다.[14]

모호함을 이용하기, 가능한 한 오랫동안

STAR가 공식적으로 종료되고 규제적인 ZZT 정책으로 전환되기까지 경영진의 지침은 매우 다양했으며, 현장에서 일어나는 상황은 훨씬 더 다채로웠다. 일부 부사장은 STAR가 공식 종료되었다는 발표 이후 직원들이 일주일에 3일은 사무실에 출근해야 한다고 공언하였다. 또 다른 부사장은 관리자의 승인을 받은 제한적인 예외를 제외하고 주 5일 사무실에 출근해야 한다고 발표했다. 그리고 일부 경영진은 일선 관리자가 자신의 팀에 적합한 제도를 결정해야 한다고 말하기도 했다. 모든 경우에서 관리자의 통제권이 재확인되었다. 하지만 기존의 게임 규칙이 자동적으로 받아들여지는 것은 아니었고, 많은 중간 관리자와 직원들은 STAR의 아이디어와 관행을 최대한 보존하기 위해 노력했다.

많은 중간 관리자들은 명확히 문서화된 정책이 없다는 점을 STAR의 공식적인 종료 이후에도 STAR 관행을 계속 유지할 수 있는 명분으로 해석하기도 하였다. 예를 들어, STAR가 종료되었다는 공식 발표가 있은 지 약 1년이 지난 후, 최종 ZZT 정책이 발표되기 직전이 되어서야 조나단은 한 인터뷰에서 경영진이 "STAR는 죽었다, STAR는 죽었다, STAR 죽었다."라고 말했다고 했다.

조나단의 부사장은 관리자에게 직원들이 일주일에 3일 이상 사무실에서 근무하도록 하라고 지시했다. 하지만 최고 경영진이 아직 새로운 인사 정책을 공식적으로 발표하지 않았기 때문에("무소식이 희소식이다") 그와 그의 동료 관리자들은 조용히 지내며 STAR에서 했던 것과 동일한 관행을 허용하고 있었다.

> 우리 모두 그룹의 관리자로서 이 문제를 거론하지 않기로 결정했습니다. 직원 회의에서 이 문제는 대화의 주제조차 되지 않습니다. 직원들에게 "5일 중 3일은 사무실에 있어야 한다"고 말하지도 않았습니다. 실제로 인사팀에서 서면으로 작성된 무언가를 보면 조치를 취하겠지만요.

셀리아는 "무슨 일이 있어도 사무실에 5일 출근해야 한다"고 말하는 부사장 밑에서 일선 개발 관리자로 일하고 있었다. 하지만 그녀는 부사장의 말을 무시했다.

> 현재로서는 공표된 정책이 없습니다. 그래서 경영진에서 서면으로 무언가를 발표할 때까지 아직은 저희 마음대로 하고 있다는 뜻입니다.(웃음)

셀리아는 (합병 전에는 TOMO의 일원이 아니었던) 상사도 직원들에게 사무실에 출근할 것을 분명히 요청했지만, 일부 직원은 거의 전적으로 재택근무를 하는 등 팀이 원하는 대로 일할 수 있도록 허용하기로 결정했다. 결국 셀리아는 주로 집에서 일하던 직원들에게 사무실에 더 자주 출근해야 한다고 말했다. 하지만 STAR가 진행되던 시기에 그녀는 계약직 직원들에게 책상들을 주었기 때문에, 직원들에게 매일 출근하라고 강요하지 않았고, 책상을 배정받은 직원들의 경우도 실제로 사무실에서 일하고 있는지 정기적으로 확인하지도 않았다. 실제로 셀리아의 부하 직원 중 한 명은 자신이 집에서 일하기를 선호한다는 사실을 셀리아가 알기 때문에 "우리 팀은 화장실 옆 구석에서 일하고 싶지 않다"며 책상 배정을 그녀가 거절했을 거라고 추측했다. 그는 그녀가 자신을 위해 규칙을 어기는 것을 고맙게 생각했지만, 그녀가 곤경에 처하는 것도 원하지 않았다.

이러한 일선 관리자들은 보다 제한적인 규정으로부터 팀을 보호하려고 노력했고, 많은 사람들이 이 모호한 기간 동안 새로운 관행을 유지하는 데 성공했다. 재택근무와 유연한 근무 일정은 여전히 시행되고 있었지만, 결정권은 공식적으로 관리자, 특히 임원에게로 다시 넘어갔다. STAR하에서는 근무 장소에 대해 직원이 결정하는 것이 당연했고, 관리자는 부하 직원이 근무하는 장소나 시간보다는 업무 결과물에 집중해야 했다. 많은 관리자들은 직원들이 언제, 어디서, 어떻게 일할지 결정하는 것이 정당하다는 논리를 받아들였다. 한스의 말처럼, STAR 교육 이후 관리자의 지침은 STAR 교육에 대한 반향이었다. "여러분은 업무를 완수하세요. 업무를 완수하기만 하면 방법이 무엇이든 장소가 어디든 상관없습니다." STAR가 공식적으로 종료된 지 거의 1년이 지난 후 실시한 직원 대상 설문 조사에 따르면, 무작위로 STAR에 참여한 직원들은 대조군에 비해 여전히 재택근무 비율이 훨씬 높았으며, STAR 종료 이후 직원들은 평균적으로 업무 시간의 거의 절반을 집이나 외부에서 근무하는 것으로 나타났다.[15]

일부 일선 관리자들은 기존의 게임 규칙이 더 이상 정당한 것으로 보이지 않는다고 말했다. 더 제한적인 ZZT 정책이 공식적으로 서면으로 발표되자 이를 준수해야 한다는 압박감이 커졌다. 그러나 직원과 관리자가 이러한 규칙을 따를 것이라는 기대는 여전히 많은 사람들에게 좌절감과 당혹감을 안겨주었다. 조직 사회학자 팀 할렛Tim Hallett이 지적했듯이, 비공식적으로 무시되던 정책이 적극적으로 시행될 때(정책과 관행의 '재결합') 혼란이 발생할 가능성이 높다.[16] STAR를 적극 지지하던 관리자인 펠리시아는 최근 인터뷰에서 부사장이 "STAR는 더 이상 존재하지 않는다"며 "과거는 과거일 뿐"이라고 말했다고 했다. STAR가 시작된 이래(몇 년 전 이 시점까지만 해도) 이 제작 지원팀은 당직 업무와 나머지 업무의 균형을 원하는 대로 조절해 왔다.

> 그들은 자신의 일정을 관리합니다. 대부분 일주일에 2~3일 정도 사무실에 출근합니다. 상황에 따라 다르죠. 하지만 스스로 일정을 관리합니다.

생산 지원 직원은 일상적으로 야간이나 주말에 근무해야 하지만, 펠리시아의 직원들은 종종 낮에 휴가를 내서 부족한 시간을 보충했다. 하지만 ZZT 정책이 최종 발표된 후 펠리시아는 이사인 킨제이로부터 주 5일, 9시부터 오후 5시까지 사무실에 출근하지 않는 모든 직원에 대해서 대체 근무 승인 요청을 그녀가 부사장에게 공식적으로 해야 한다는 말을 들었다. 펠리시아는 자신에게 보고하는 거의 모든 사람이 포함되는 요청을 하면서, 그들에게 새벽 4시에 통화하고 정규 근무 시간 동안 사무실에 있으라고 요구할 수는 없다고 설명했다. 그녀는 웃으며 다음과 같이 말했다.

> 우리의 근무 시간을 9시에서 5시로 정하고, 모든 일을 9시에서 5시 사이에 할 수 있게 만든다면, 완전히 다른 이야기겠죠.

STAR 이전에 생산 지원 직원은 다양한 스케줄을 소화하며 거의 24시간 내내 대기해야 했지만, 이렇게 일을 수행하는 동시에 일주일에 5일은 사무실에 있어야 한다고 경영진이 기대하는 것은 이제 펠리시아에게 우스운 일이 되고 말았다.

마지막 인터뷰 당시 펠리시아는 이 요청에 대한 부사장의 대답을 기다리고 있었다. 최근 부사장이 사무실에 들렀는데 일부 직원이 사무실에 없음을 발견했다는 이야기를 들어 걱정이 되긴 했다. 그는 킨제이에게 그 직원들이 이사보다 몇 단계 아래(즉, 직속 상관이 아님)에 있음에도 불구하고 어디 있는지 물었다. 펠리시아의 말에 따르면 부사장은 이렇게 말했다.

> 조직에 속한 모든 사람이 사무실에 있을 때와 없을 때를 알아야 합니다. 그리고 이를 관리해야 합니다.

관리자는 팀의 성과와 결과물에 대해 책임을 져야 한다고 주장한 킨제이와 펠리시아에게 이는 말도 안 되는 일이었다.

> 일하는 시간이나 일하는 장소는 중요하지 않아야 합니다. 일이 제대로 되지 않는다면 저에게 오세요. 관리자로서 제가 책임지겠습니다.

STAR를 통해 익힌 새로운 형태의 업무 방식에 대한 펠리시아의 감각은 여전했지만, 이제 ZZT 규정이 시행되고 있었기 때문에 그녀는 팀원들이 다르게 일할 수 있도록 공식적으로 허가받기를 바랐다. 이 시점에 합병된 회사에서 일어난 변화는 이뿐만이 아니었다. 성과 평가 방식이 바뀌고 보너스 제도가 변경되었으며 프로젝트 관리 인력이 감축되어 일선 관리자의 업무가 이전보다 훨씬 더 과중해졌다. 곧 더 많은 관리자가 ZZT 본사가 있는 도시로 이사를 가거나 일자리를 잃을 것이라는 소문도 돌았다. 펠리시아는 이 모든 일에 대한 불만을 자세히 설명한 후, 직원들에게 평일 정규 근무 시간에도 사무실에 출근하면서 문제가 발생할 때마다 24시간 내내 대기해야 한다고 말해야 할지도 모른다는 생각으로 돌아왔다.

> 그리고 저는 킨제이에게 그렇게 하지 않겠다고 말했습니다. 이걸 불복종으로 보고 저를 해고하고 싶으면 그렇게 하라죠.

큰 그림: 왜 새로운 조치는 유지되기 어려울까?

업무 재설계(그리고 다른 혁신도 마찬가지)는 조직 내외부에서 일어나는 다른 변화에 직면했을 때 지속하기 어려운 것처럼 보인다. STAR의 종말은 TOMO와 ZZT의 합병으로 인한 광범위한 조직 변화와, 인수 회사로서 ZZT가 모든 결정을 내릴 것이라는 가정에 의한 것이었다. 다른 기업들도 최근 몇 년 동안 유연성 조치에서 손을 떼고 있다. 이러한 혁신적인 정책과 관행도 조직 내외부의 광범위한 변화로 인해 사라졌을까?

이 질문을 검토하기 위해 2013년부터 2017년까지 미국 대기업 7곳에서 유연 근무제 도입을 철회한 결정에 관한 대중 및 비즈니스 언론 기사를 살펴보았다.[17] 먼저 2013년 초에 야후의 CEO인 마리사 마이어Marissa Meyer가 회사에서 재택근무라는 선택지를 없애기로 한 결정에 관한 여러 기사부터 살펴보았다. 유연 근무제 정책에서 물러나기로 한 야후의 결정은 TOMO에서 인터뷰한 직원과 관리자들에게 큰 충격을 주었다. 예를 들어, 한스는 STAR를 폐지해야 하는 근거를 듣지 못했다고 설명했다. 대신 그가 들은 건 다음과 같았다.

> STAR는 잘 작동하고 있고, STAR는 성공하고 있다. 우리는 더 이상 그걸 하지 않을 것이다.

한스(및 다른 사람들)는 다른 산업 부문과 다른 회사들의 결정에 영향을 받는 것은 이상하다고 생각했지만, TOMO의 결정이 다른 기업들의 유연성 조치 취소 결정에 영향을 받았을 것이라고 추측했다.

> 기본적으로 "우리에게는 효과가 없다"고 대담하게 지적한 야후의 몰리라는 이름에 몇 명의 임원이 올라탄 것 뿐입니다.

우리는 휴렛팩커드(HP), 뱅크 오브 아메리카, 베스트바이, 하니웰, 애트나, IBM의 결정에서 공통점을 발견할 수 있었다. 사라진 정책 중 일부는 유연 근무제로 분류할 수 있는 상당히 표준적인 재택근무제였다. 어떤 기업들은 팀 회의를 통해 업무 수행 및 조정 방식을 고려하는 이중 의제 업무 재설계 접근 방식을 채택하고, 업무 수행 시간, 장소, 방식에 대한 직원 통제권을 강화하는 방향으로 전환했다. 실제로 우리는 베스트바이 조치(STAR의 전신인 ROWE)를 연구한 결과 직원과 회사에 많은 긍정적인 효과를 발견했다.[18] 베스트바이 연구 당시 의사결정을 내리는 임원들은 이러한 결과에 매우 만족했고 ROWE를 자랑스러워했다. 하지만 새로운 CEO가 회사에 합류한 후 ROWE는 곧 종료되었다.*

이러한 모든 정책 폐지는 기술 또는 소규모 기술 기업이 기존 비즈니스 전략을 '파괴'(기업 용어를 사용)함으로써 발생하는 중대한 조직 변화 또는 중대한 비즈니스 과제에 직면한 기업에서 발생해 왔다. 예를 들어, 베스트바이와 뱅크 오브 아메리카의 경우 이커머스와 전자 뱅킹으로 인해 고객이 직접 매장이나 은행에 와서 해당 기업의 제품과 서비스를 구매할 가능성이 줄어들게 되었다. 사람들은 온라인에서 가장 저렴하거나 가장 쉬운 선택지를 쉽게 검색할 수 있게 되었다. 이러한 상황의 공통적인 배경은 새로운 기술과 점점 더 치열해지는 경쟁 환경이지만, 대부분의 경우에는 조직의 최상위에 새로운 리더가 들어섰다는 사실도 주목할 필요가 있다. 이러한 리더의 변화는 대대적인 조직 개편이나 합병에 따른 경우가 많다.

이러한 결정에 관여한 임원들은 공통적으로 유연한 근무 방식이 협업을 감소시켜 혁신을 어렵게 만든다는 비판을 제기하였다. 지금과 같은 어려운 비즈니스 상황에서는 모든 인력이 필요하며, 이는 사무실에서 일하는 것을 의미한다는 주장이다. 이러한 주장을 하는 사람들은 더 많은 대면 상호 작용이 더 많은 혁신을 촉진하고 현재의 비즈니스 위기를 극복할 수 있을 것이라는 희망을 가지고 있다. 예를 들어, 베스트바이와 휴렛 패커드의 프로그램 종료 발표에서 "모든 사람이 함께"라는 문구가

* 이 책의 저자들은 미국 중부 미네소타 지역을 기반으로 성장한 베스트바이(Best Buy)라는 회사를 대상으로 ROWE 실험을 실시하였다. 실험에 대한 자세한 설명은 Moen, Kelly, & Hill (2011)을 참조하라.

사용되었다. 그리고 IBM의 새로운 최고 마케팅 책임자인 미셸 팔루소는 다음과 같은 내용을 발표했다.

> 이제 우리 팀원들이 서로 어깨를 맞대고 힘을 합쳐야 할 때입니다. 제가 아는 성공 비결은 단 하나뿐입니다. 특히 지금처럼 마이크로소프트 및 서부 연안 기업들과 치열한 경쟁을 벌이고 있을 때는 더욱 그렇습니다.
>
> 좋은 기술을 가진 훌륭한 인재를 데려오고, 올바른 도구를 제공하고, 미션을 부여하고, 결과를 분석할 수 있도록 하고, 창의적인 영감을 주는 곳에 배치하고, 자유를 주는 것입니다. 이것이 제가 항상 믿고 의지해 온 비결입니다.

팔루소에 따르면 대면 협업은 강력하고 어쩌면 마법과도 같다. 그는 계속해서 말했다.

> 팀원들이 서로 어깨를 나란히 하고 있을 때 더 강력하고, 더 영향력 있고, 더 창의적이며, 더 재미있게 일할 수 있다는 것은 분명합니다. 사람들을 하나로 모으는 것은 그 자체로 X요인*이 됩니다.

"협업이 새로운 블루오션"이라고 말한 ZZT 부사장은 TOMO의 결정이 발표되었을 때도 이러한 메시지를 제시했다. 하지만 앞서 살펴본 바와 같이 TOMO의 IT 전문가와 일선 관리자는 서로 같은

---

* 설명하기 힘들지만 그 자체로 중요한 요인을 의미한다.

공간에서 일하는 것이 아니라 전 세계로 흩어져 있었다. 다른 많은 대기업도 마찬가지다.

이러한 공식적 해명에 언급되지 않은 것은 경영진이 새로운 업무 방식에서 물러나는 동시에 직원 규모를 축소하고 해고하고 있다는 것이다. 야후의 첫 발표 이후 이루어진 6건의 결정 모두 유연 근무제 정책이 철회된 시점과 비슷한 시기에 상당한 수의 직원을 해고했다. 확실하지는 않지만, 해고를 계획하는 사람들은 유연 근무제 폐지가 인기가 없을 것임을 알고 있다는 그럴듯한 시나리오를 암시한다. 인기 있는 조치를 종료시키는 일은 해고되는 사람의 수를 줄일 수 있다. 일부 직원이 새로운 유연성 정책에 불만을 품고 '자발적으로' 퇴사하게 된다면 말이다. (해고를 통해 인력 감축을 하게 되면 관련 인원에 대한 퇴직금과 악의적인 언론 보도가 동반된다). 내부자들은 지난 15년 동안 광범위한 재택근무와 원격 근무를 허용했던 IBM의 사례에서 이러한 논리를 엿볼 수 있었다. 많은 직원이 대규모 IBM 사무실에서 멀리 떨어져 살거나 근무 도중 이사를 했음에도 불구하고 IBM에 입사했다. 모든 마케팅 직원을 몇 개의 사무실에 배치하기로 한 IBM의 결정 이후, 직원들은 30일 동안 해당 사무실 중 한 곳으로 옮길지 아니면 회사를 떠날지 결정해야 했다. 익명을 요구한 한 직원은 기자와의 인터뷰에서 IBM의 이러한 결정을 '규모 축소 노력'이라고 설명했다. 한 직원은 사무실로 이동시키는 일을 "학살"이라고 표현했다.[19]

STAR와 같은 업무 재설계 조치를 넘어 다양한 유형의 경영 혁신은 조직에 중대한 변화와 새로운 리더가 있을 때 취약하고 사라지기 쉽다는 점은 분명하다. 기업이 새로운 정책이나 조치를 중단하면 혁신이 실패했다고 생각하기 쉽다. 하지만 반드시 그런 것은 아닐 수 있다. STAR는 비록 지속되지는 않았지만 (관리자와 직원의 관점에서 볼 때) 직원, 가족, 회사에 이익이 되고 이직률에 미치는 영향을 포함하여 효과가 있었음을 우리는 알고 있다. 다른 연구에서도 성공이 입증된 관행과 정책이 반드시 지속되는 것은 아니라는 사실이 밝혀졌다. 경제학자 니콜라스 블룸과 그의 동료들은 최근 다양한 경영 혁신을 도입한 인도의 제조 공장에서 이러한 관행이 지속되는지 여부를 평가했다. (연구팀이 연구한 혁신은 생산 라인의 품질 모니터링, 장비 청소 및 유지 보수에 더 많은 시간을 할애하는 등의 제조 프로세스와 작업 재설계 유형과 무관한 기타 관행에 관한 것이었다.) 연구팀은 무작위 현장 실험을 통해 이러한 새로운 관리 관행이 생산성과 성과를 향상시킴을 결정적으로 입증했다. 하지만 약 9년 후 연구팀이 다시 돌아왔을 때는 이러한 관행의 절반 정도가 사라진 상태였다. 게다가 공장의 최고 관리자가 바뀌거나, 회사의 고위 경영진이 더 바쁘거나, 해당 업계에서 해당 관행이 덜 일반화되었을 때 관행이 폐기될 가능성이 더 높았다.[20] STAR는 새로운 리더십, 산만해진 고위 경영진(회사 통합이라는 막중한 업무에 집중하는 동시에 변화하는 경영진에서 자신의 영역을 지키는 데도 신경을 씀), 업계에서 보기 드문 이중 의제 업무 재설계라는 세 가지 위협에 모두 직면해 있었다.

하지만 STAR와 같은 새로운 업무 및 관리 방식도 오래 지속될 수 있다. 이 접근 방식은 기존의 업무 방식에 대한 집단적 비판을 유도하고 게임의 규칙을 의도적으로 바꾸기 때문에, STAR의 공식적인 종료가 STAR에 적용되는 사고방식의 종말을 의미하지는 않는다. 즉, 합리적이라고 여겨지는 것, 그리고 함께 일하는 관리자와 직원에게 기대되는 것에는 지속적인 변화가 있을 것이다. 일선 직원과 관리자는 모두가 펠리시아처럼 불복종으로 해고될 준비가 되어 있는 것은 아니기 때문에 강요를 받으면 따를 수도 있지만, 복원된 규칙을 비합리적인 것으로 여기고 이러한 결정에 개인적으로 의문을 제기하기도 한다. 새로운 방식으로 일했던 직원과 관리자들은 다시 그렇게 할 수 있는 다른 기회를 찾을 가능성이 높다. 그리고 그들은 새롭고 더 나은 업무 방식을 추구할 준비가 된 젊은 직원들을 포함한 다른 직원들과 합류하게 될 것이다.

8장

정상적이고 지속 가능한 일자리 만들기

Chapter 8

Creating Sane and Sustainable Jobs

좋은 일자리조차 점점 더 격렬해지고 불안정해지고 있으며, 기술과 글로벌 시장의 급격한 변화로 인해 앞으로도 이러한 현상은 계속될 것으로 보인다. TOMO의 IT 전문가와 관리자를 대상으로 한 연구에서는 업무 과부하가 직원의 건강과 복지에 해를 끼칠 뿐만 아니라 가족생활에도 영향을 미치는 것으로 나타났다. 또한 과부하는 번아웃, 이직, 작업 품질과 창의성, 그리고 협업 저하를 통해 조직의 성과에도 해를 끼친다.

과부하는 기업이 점점 더 적은 수의 직원에게 점점 더 많은 일을 요구하기 때문에 발생한다. 직원들이 회사의 목표나 업무에 대한 헌신에 대해 광범위한 문화적 이상ideals을 내면화했기 때문에, 기꺼이 자신을 열심히 밀어붙이는 경우가 많다는 사실을 여러 연구가 보여 준다. 우리가 연구한 전문가와 관리자들은 직업적 정체성이 강하고, 자신의 업무에 자부심을 느끼고 싶어 한다. 하지만 근무 시간을 줄이거나, 업무 시간을 한정하거나, '일이 너무 많다'고 말하면, 일자리가 더 큰 위험에 처할 수 있다는 현실 인식으로 인해 업무 과부하와 이와 관련된 고강도 업무 관행이 지속되고 있다.

과부하, 장시간 근무, 끊임없는 상시 업무 수행은 성 불평등에도 영향을 미친다. IT 전문가 및 관리자 표본에서는 업무 강도나 새로운 업무 방식이 주는 혜택에 있어 성별 차이가 거의 없었다. 그러나 이 회사에서 일하는 여성과 우리가 연구한 IT 직종에 종사하는 여성은 전통적으로 남성이 지배적인 분야에서 장시간 근무를 견뎌 낸 일부 그룹이다. 업무 과부하를 해소하고 유연성을 새로운 표준으로 만드는 것이 성별에 어떤 영향을 미치는지 더욱 분명히 살펴보기 위해서는 한 걸음 물러서서 인력을 더 폭넓게 고려해야 한다. 여성은 과거에도 그랬고 앞으로도 비교적 많은 가족 돌봄을 담당할 것으로 예상된다. 우리 문화에서 중산층의 어머니는 자녀에게 모든 시간, 에너지, 집중력을 쏟아야 할 뿐만 아니라 부모, 시댁 등 도움이 필요한 성인 친척을 부양해야 할 책임이 있다.

따라서 직장에서 융통성 없고 강도 높은 요구를 받고, 가족 영역에서도 높은 기대치를 받는 일부 어머니들은 결국 직장에서 업무 범위를 축소하거나 한동안 일을 그만두게 된다(특히 배우자가 중상류층 이상의 소득을 올리는 경우). 이러한 결정은 여성의 수입과 향후 직업 전망에 영향을 미치며, 전체적으로 볼 때 임금과 승진에서 성 불평등을 강화하는 결과를 낳을 수 있다. 전문직과 관리직의 업무 강도가 조금 더 낮아지고 유연성이 높아진다면, 더 많은 여성이 해당 분야와 회사에서 경험을 쌓고 더 많은 여성이 승진할 기회를 가질 수 있을 것이다. 또한 이러한 변화는 많은 남성들이 원하는 대로 가족 돌봄 의무에 참여할 수 있게 만들고, 풀타임 유급 근로자로서 받는 문화적 기대에 부응할 수 있게 해 줄 것이다.[1]

만약 아이나 아픈 친척을 돌보는 사람들이 과부하를 유발하는 고강도 업무 패턴에서 벗어날 수 있다면 분명 도움이 된다. 하지만 이것은 훨씬 더 광범위한 문제와 연결되어 있다. 우리는 독신자, 기혼자, 미혼자, 자녀가 없는 사람, 고령자 등 다양한 직원들이 자신에게 부여된 업무를 훌륭하게 수행하고자 하면서, 자신을 더 잘 돌보고 싶어 하며, 동시에 성인 하키 리그, 자원봉사, 새로운 교육 기회, 친구 및 가족과 보내는 시간 등 개인적인 우선순위도 추구하고 싶다는 이야기를 여러 차례 들었다. 업무가 이런 일들을 모두 몰아냈다. 이 직원들은 업무에 집중하기 위해 이미 가족, 커뮤니티, 개인적인 목표에서 물러나 타협했음에도 불구하고, 직장에서 요구하고 기대하는 모든 일을 하기에는 시간이 부족하다는, 과부하를 여전히 느꼈다. 이러한 전문가와 관리자들은, TOMO나 이전 직장에서 경험한 구조 조정, 해외 업무 위탁, 프로세스 자동화를 고려할 때, 근무 시간을 줄이거나 업무 요청을 거절하는 것이 위험하다고 느낄 수 있다. 젊은 근로자에 대해서는 구체적으로 논의하지 않았지만, 밀레니얼 세대 근로자에 대한 다른 분석들에 따르면 이들은 더 열심히 일하고 더 오래 일함으로써 경제적 안정을 찾기 위해 미친 듯이 노력하며, 이것이 젊은 나이에 번아웃을 일으킨다.[2] 이와 같은 상황은 성별, 연령, 생애 주기, 직업을 막론하고 다양한 근로자들이 "뭔가 바뀌어야 한다"고 말하는 헤이워드의 말에 동의하게 만든다.

하지만 모든 변화가 도움이 되는 것은 아니다. 우리는 일반적인 근무 유연성 방식을 포함하여 대중적으로 장려되는 일부 변화에는 실제적인 단점이 있다고 주장해 왔다. 유연한 근무 패턴을 편의 제공으로 이해하고 개별적으로 협상하는 경우, 다른 시간에 일하거나, 재택근무를 선택하거나, 근무 시간을 단축하는 사람들은 조직 내에 암묵적으로 존재하는 이상적인 근로자에 위배하는 행동을 하게 된다. 이러한 조건에서 유연성을 추구할 경우, 그들은 자신의 경력에 미칠 수 있는 불이익과 낙인에 대해 당연히 걱정할 수 있다.

또한 모든 직원에게 재택근무를 허용하는 것과 같은 반쪽짜리 조치는 오히려 업무 과부하를 악화시키고 업무 강도를 더욱 높이는 결과를 초래할 위험도 있다. 그리고 직원이 언제나 근무할 수 있기를 기대하는 고용주 주도의 유연성은 직원에게 부담일 수 있다. 이 경우, 기존의 조직 문화와 보상 체계가 동시에 문제시되지 않는다면 언제 어디서나 일할 수 있는 자유가 오히려 더 큰 부담으로 작용할 수 있다.[3] 우리가 연구한 STAR 조치와 같은 이중 의제 업무 재설계 접근 방식을 사용하면, 게임의 규칙이 바뀐다. 즉 낙인 없이 다양한 업무 방식이 새로운 표준이 되고 기본적인 것으로 받아들여질 수 있다. 그리고 직원들의 개인 시간과 건강 관리는 실제 업무 성과 및 생산성과 함께, 조직 차원에서 명시적으로 지원하는 목표가 된다.

우리는 이러한 업무 재설계 접근법이 기업에 도움이 될 수 있음을 입증했다. TOMO에서 STAR를 활용한 사례는 이를 결정적으로 보여 주며, 다양한 상황과 인력을 대상으로 한 다른 연구에서도 이러한 아이디어를 뒷받침하는 결과를 확인할 수 있었다. TOMO는 번아웃, 이직률, 그리고 전 세계에 걸친 업무 조정으로 인한 부담이라는 세 가지 주요 문제를 해결하고자 했다. STAR를 활용한 현장 실험과 관련 인터뷰는 번아웃이 감소하고 직무 만족도가 높아졌으며 직원과 관리자가 퇴사를 선택할 확률이 감소했음을 보여 준다.

우리는 또한 STAR에 의해 촉발된 혁신은 직원들의 건강과 복지, 가족과 개인 생활에 긍정적인 영향을 미친다는 다른 측면의 긍정적인 효과를 발견했다. IT 전문가와 관리자들은 스트레스와 심리적 고통에 대한 중요한 변화 외에도 운동을 할 수 있게 되었고, 식습관이 개선되었으며, 업무 시간을 더 잘 통제할 수 있게 되었고, 수면의 질과 양이 개선되었다고 이야기했다.[4] 직장의 이러한 변화는 직원의 자녀에게도 영향을 미치고 있음을 알 수 있었다. TOMO 직원과 청소년 자녀를 대상으로 한 데이터는 가족이 함께 보내는 시간, 청소년의 수면, 청소년의 일상 스트레스 처리 능력과 관련하여 STAR의 이점을 보여 주었다. STAR에 참여한 직원들은 일과 나머지 삶의 조화에 있어 더 나은 느낌을 받았다고 보고하며, 우리는 직원들이 단순히 부모와 보호자의 역할 수행을 넘어 돌봄에 적극적으로 참여함으로써 죄책감을 줄일 수 있었다는 이야기를 들을 수 있었다. 즉 우리는 사람들은 자신에게 더 잘 맞는 방식으로 삶의 조각들을 조합할 수 있다는 사실을 알게 되었다.

그럼에도 우리는 변화가 어렵다는 것을 직접 경험했다. STAR는 회사와 직원들에게 도움이 되는 방향으로 진행되었지만, 회사가 다른 조직과 합병한 후 경영진이 바뀐 뒤에는 지속되지 못했다. 새로운 경영진은 이제 인수한 회사가 결정권을 행사할 것이라는 기본 가정하에 회사 정책을 검토하게 되었다. 인수하는 회사의 임원들은 언제, 어디서, 어떻게 업무를 수행해야 하는지, 누가 그러한 결정에 대한 통제권을 가져야 하는지에 대한 기존의 가정에 완전히 익숙해져 있었다. 즉 모두 관리자가 결정해야 한다는 것이다. 실망스럽지만 어쩌면 당연한 결과일 수도 있다.

그렇다면 앞으로 나아갈 길은 무엇인가? 더 많은 사람들이 온당하고 지속 가능하게 일할 수 있도록 하기 위해서는 결론적으로 민간 부문의 조치와 공공 정책의 변화가 모두 필요하다.

고용주가 만들 수 있는 변화

기업과 비영리단체, 정부 기관과 같은 기업 외의 조직 모두 현재 운영 방식에 따른 비용을 인식해야 한다. 경영진, 관리자, 직원이 장시간 근무와 상시 업무 가능성 유지에 따른 의도하지 않은, 혹은 일반적으로 인식하지 못하는 비용을 고려할 때 업무 재설계를 위한 새로운 조치는 더욱 매력적으로 다가올 수 있다. 이러한 비용에는 장기적인 피로와 좌절감으로 인한 몰입도 저하, 번아웃, 이직, 업무에서 실제로 벗어날 수 없는 시간 등이 포함된다. 또한 업무 과부하로 인해 최첨단 업무를 수행하거나 회사에 실질적인 가치를 창출하는 혁신을 개발하기가 훨씬 더 어려워지기도 한다. 기업은 이러한 스트레스 관련 질환으로 인해 발생하는 의료 비용도 고려해야 한다. 우리가 인터뷰한 전문가와 관리자들 중 전문의가 진단하기 어려운 원인 모를 두드러기를 앓고 있거나, 수면 장애가 심해 혼잣말을 하거나, 카이로프랙틱 의사로부터 IT 직종에서 발생하는 전형적인 증상이라면서 목과 허리에 문제가 있다고 진단받은 경우, 그리고 중년에 심장마비와 뇌졸중을 겪은 사람들을 떠올려 보자. 현재의 업무 방식이 극적으로 또는 일상적으로 근로자의 건강을 해칠 때, 고용주는 생산성 저하, 결근, 의료 비용 증가로 인해 손해를 보게 된다.[5]

기업 등 조직의 의사결정권자가 변화의 잠재적 가치를 인식한다고 가정할 때, 실제로 어떤 변화를 만들 수 있을까? 본 연구는 STAR 프로그램을 강력하게 권장하고 있기에, TOMO에 사용된 모든 자료는 '일, 가족 및 건강 네트워크' 웹사이트에서 무료로 제공되며 관심 있는 관리자와 직원은 각자의 직장에서 검토하고 실행할 수 있다.[6] 다양한 직장에서 이러한 입증된 도구를 테스트해 보는 것은 매우 가치 있는 일이며, 우리 역시 그러한 결과를 살펴보기를 원한다.

물론 이 외에도 유망하다고 판단되는 다른 조치도 있다. STAR와 마찬가지로, 이러한 조치는 직원과 관리자가 현 상황을 비판적으로 바라본 후 업무 수행과 상호 작용 방식를 크게 변화시키는 새로운 표준을 만들기 위한 집단적 프로세스를 포함한다. 직원과 관리자는 모두가 참여할 수 있는 논의 과정을 통해 문제를 개인적인 문제나 번거로움이 아닌 조직의 문제로 진단한다.

사실 이중 의제 업무 재설계는 새로운 것이 아니다. 우리는 롯데 베일린Lotte Bailyn, 조이스 플레처Joyce Fletcher, 데보라 콜브Deborah Kolb, 로나 라포포트Rhona Rapoport, 데브라 마이어슨Debra Meyerson, 로빈 엘리Robin Ely 등 보스턴에 있는 일군의 페미니스트 조직학자들과의 공동 연구를 통해, 업무 프로세스를 재구상하기 위한 팀 차원의 노력이 흥미롭다는 사실을 처음 알게 되었다. 이 '행동 연구자'들은 1990년대부터 기업 및 비영리 단체와 협력하여 이중 의제 변화 조치를 수행했다. 이들은 성평등과 업무 효율성이라는 두 가지 목표에 명시적으로 초점을 맞추고자 하였으며, 일과 가정 또는 더 광범위한 일과 삶의 문제가 여기에 있어 중요하다고 인식하고 있었다. 이들의 접근 방식은 STAR와 어떤 면에서는 유사하지만, 그들은 보다 개방적이고 유연한 프로세스를 통해 다양한 변화를 시도하고자 했다. STAR와 마찬가지로 이러한 변화는 직원과 관리자가 "기준을 설정"하거나 일상적인 업무 관행의 이면에 있는 기본 가정을 파악하고난 후, 현재의 업무 방식과 평가 방식이 개인과 조직의 성과에 어떤 의도치 않은 영향을 미치는지 고민하도록 도왔다.7 이 학자들은 우리와 마찬가지로 변화의 핵심은 특정 행동이 아니라 이러한 제도적 작업을 수행하는 과정이라고 주장한다.

업무 재설계 조치의 최근 사례로는 하버드 경영대 교수 레슬리 퍼로가 컨설팅 회사인 BCG에서 시작하여 다른 회사에서도 시행한 '예측 가능성, 팀워크, 개방형 커뮤니케이션Predictability, Teaming, and Open Communication: PTO' 프로젝트와 칼리 레슬러와 조디 톰슨이 개발한 결과 중심의 업무 환경ROWE이 있다.[8] PTO는 컨설턴트 팀이 함께 업무를 계획하고 점검할 수 있는 공간과 프로세스를 제공한다. 그리고 직원과 관리자는 대화를 통해 새로운 이상적인 팀 규범, 공유 및 개별 우선순위에 대해 공개적으로 논의하고 "휴식time-off 목표"도 설정하였다. 예를 들어, 컨설턴트 팀은 일주일 중 하루는 모든 직원이 오후 6시까지 사무실에서 퇴근하는 것을 목표로 할 수 있다. 어떤 사람은 배우자와 저녁 식사를 할 수도 있고, 어떤 사람은 사교 약속을 잡을 수도 있지만, 모두가 남은 저녁 시간에 오프라인 상태를 유지해야 하는 것이다. 그런 다음 팀은 상호 의존성이 높은 업무, 일상적인 야근, 즉각적인 대응이 요구되는 업계 차원의 규범을 고려하여 휴식을 취할 수 있도록 노력했다. 또한 우리는 STAR에 직접적으로 영향을 준 시범 연구 중 하나로 베스트바이에서 먼저 시행한 ROWE를 연구했다. STAR의 많은 부분을 여기에서 직접 차용하였으므로 여기서는 따로 요약하지 않았다.

이 두 가지 조치인 PTO와 ROWE는 조직과 특정 팀의 특정 업무 관행의 비효율성과 무익함을 파악하여 변화에 대한 동기를 부여한다. 두 조치 모두 팀 기반 접근 방식을 추구하여 개인에게 할당된 업무가 어떻게 작동하는지 논의하고 일상적인 관행에 변화를 구현하고자 했다. 직원들은 이러한 접근 방식이 개인적으로 어떤 이점이 있는지 빠르게 확인할 수 있지만, 두 접근 방식 모두 개인에게 유연성을 제공하는 것 이상의 의미를 지닌다. 그리고 두 전략에는 몇 가지 흥미로운 차이점이 있다. PTO는 공통의 초점에서 시작하면 팀이 다양한 변화를 추구할 수 있다는 생각으로, 팀이 구현할 한 가지 변화를 확인하도록 유도한다. 반면 ROWE(및 STAR)는 처음부터 새로운 업무 관행에 더 많은 맞춤화와 다양성을 부여하여 더 광범위한 변화를 추구한다.

유럽, 특히 네덜란드에서는 새로운 업무 방식에 대한 열기가 뜨겁다. 지식 경제에서는 근로자가 "보다 효율적이고 효과적으로 일할 수 있는 권한을 부여받을 수 있고 부여받아야 한다"는 주장이 제기되고 있다.[9] 새로운 업무 방식이라는 용어는 개인 사무실이나 업무용 책상에서 공유형 및 개방형 업무 공간으로 이동하는 물리적 공간의 변화, 그리고 재택이나 기타 원격 근무를 용이하게 하는 기술의 변화를 의미한다. 새로운 업무 방식에 대한 일부 설명에서는 관리 스타일과 조직 문화도 변화해야 한다는 인식이 있다. 예를 들어, 일부 조치에서는 관리자가 이제 직원들이 사무실 밖에서도 업무를 수행할 수 있도록 신뢰해야 한다고 지적하거나, 직원이 스스로 업무 수행에 있어 최고의 방법을 결정하는 것이 이상적이라고 제안한다(우리 용어로 통제권 이동). 반면에 이러한 새로운 업무 방식의 사회적 측면은 거의 주목받지 못하는 것처럼 보이며, 사무실 공간을 바꾸고 기술을 추가하는 것만으로도 업무를 혁신할 수 있을 것이라는 가정만 있는 것 같다.

미국의 컨설팅 그룹은 유연 근무제와 더욱 참여적인 이중 의제 업무 재설계 사이의 중간 지점에 있는 팀 기반 유연성 접근법에 대한 지침도 제공한다. 예를 들어, 컨설팅 그룹 WFD는 유연성과 효과적인 팀 프로세스를 장려하는 팀 기반 조치를 개발했다. WFD 컨설턴트 또는 사내 퍼실리테이터는 직원과 관리자를 대상으로 현재 업무 관행, 업무에 대한 기대치, 회사 및 팀 문화 인식에 대해 인터뷰하여, 기존 유연 근무제 정책 사용을 방해했을 수 있는 무언의 가정, 기대 또는 낙인을 파악하고자 했다. 그런 다음 조직 내 변화를 촉발하는 에이전트는 고위 경영진이 고려해야 할 지침 원칙을 개발한다. 예를 들어, 다음과 같은 주제에 대한 지침이 필요할 수 있다. 특정 날짜에 재택근무를 계획하는 경우, 이를 어떻게 전달할 것인가? 대면 회의가 더 효과적이라고 판단되는 회의 유형은 무엇이며, 원격 참가자와는 어떤 유형의 회의 또는 상호 작용을 할 수 있는가? 고위 관리자가 원칙에 서명하면 전체 직원이 이를 검토하고 관련 회사 정책을 다시 한번 숙지한다. 이는 자신이 근무 일정이나 장소를 변경하기를 기대하지 못하더라도, 모두가 새로운 기대치와 규범에 적응할 수 있음을 의미한다. 직원과 관리자는 몇 달 동안 새로운 원칙을 시험해 본 후 다시 모여 조정하거나 유연한 근무 방식을 지원하는 교육(예: 웹 기반 회의 플랫폼을 더 효과적으로 사용하는 방법)을 받게 된다.10

최근의 다른 혁신으로는 행동 과학 연구에 기반한 '시스템 변화' 접근 방식이 있다. '아이디어42'라는 연구 그룹은 '뉴 아메리카'의 '더 나은 삶 연구소Better Life Lab' 및 '로버트 우드 존슨 재단'과 협력하여 일과 삶의 균형, 건강 및 업무 효율성을 개선할 수 있는 조치들을 개발하고 테스트해 왔다. 이들은 개별 직원과 관리자가 '더 나은 선택'을 하도록 장려하고 이것이 누적되어 문화를 변화시키는 것을 목표로 한다.11 예를 들어, 이들은 협업 관행에 대해 재고하고(회의 설정 방식에 신중을 기하고 집중적인 업무에 시간을 할애하는 등), 대면 시간과 장시간 근무에 대한 이전의 기대나 규범을 인식하고(휴가나 일상적인 휴식 시간을 장려), 업무가 지연될 수 있는 현실을 고려해 여유 시간을 더 확보할 것을 제안한다. 이러한 변화 중 상당수는 STAR와 유사한데, 이는 우리의 연구 및 관련 연구가 더 나은 업무 환경을 만들어 낼 수 있는 도구로써 인용되었기 때문에 놀랍지는 않다.

여기서 새로운 점은 인지적 지름길과 편견들이 어떻게 개인이 생각하기에 합리적이고 효율적인 방식으로 일하기 더 어렵게 만드는지에 대해 명시적으로 논의한 것이다. 작은 넛지*는 행동을 변화시키는 데 유용할 수 있다. 예를 들어, 열심히 일하는 문화가 있는 회사에서는 직원들이 시스템에서 로그아웃하고 이메일, 문자, 메신저를 확인하지 않거나 응답하지 않는 휴가 일수만큼 보너스를 지급할 수 있다. 보너스는 추가적인 휴게 시간, 소액의 현금 보너스 또는 직원이 관심 있는 자선 단체에 대한 기부일 수 있다. 휴가 중이지만 이메일에 로그인하는 직원에게는 정말 온라인에 접속하여 보너스를 잃고 싶은지 묻는 메시지가 표시될 수 있다. 다른 제안으로는 정규 업무 시간 외에 전송된 이메일에 대해 휴식과 재충전의 필요성을 말하고 즉각적인 회신을 기대할 수 없음을 설명하는 자동 답장이 있다. 이러한 전략을 통해 팀원들이 최선을 다해 일하면서도 다른 약속에 쓸 시간을 가지려면 어떤 관행을 추구하고 싶은지 논의하도록 유도하여 STAR 근무 재설계에서와 유사한 논의를 이끌어 낼 수 있다.

혁신적인 기업 중 일부는 이중 의제 업무 재설계라는 명칭을 붙이지 않더라도 자체적으로 관련 변경 사항을 적용하고 있다. 소프트웨어 개발 및 디자인 회사인 '멘로 이노베이션Menlo Innovations'은 혁신적인 업무 문화로 잘 알려져 있다. 공동 창립자이자 CEO인 리치 셰리던Rich Sheridan은 장시간 근무가 당연시되고 업무 요구로 인해 '비합리적이고 불합리한' 가족 희생을 강요하는 "죽음의 행진 같은 미국 기업의 삶"을 경험한 후 다른 기업 문화를 만들기로 결심했다.[12] 멘로 이노베이션의 접근 방식은 아이가 있는 직원을 특별히 돕는 것이 아닌 모두를 위한 문화를 조성하고, 공식적인 정책을 변경하는 것 외에 비공식적인 기대가 무엇인지 질문하고, 이러한 업무 방식이 회사와 개인

* 넛지(nudge)는 '팔꿈치로 쿡쿡 찌르다'라는 뜻으로 일종의 간섭을 의미한다. 이는 사람들을 의도한 대로 유도하되, 선택의 자유는 여전히 개인에게 열려 있는 상태를 의미한다.

모두에게 좋은 것이 되도록 구성하는 등 업무 재설계의 핵심 요소를 활용한다. 그러나 멘로 이노베이션이 따르는 구체적인 전략은 TOMO에서 시행하는 STAR의 전략과는 상당히 다른데, 예를 들어 멘로 이노베이션의 경영진은 두 명으로 팀을 구성한다. 이들은 일주일 동안 주어진 과제에 대해 같은 테이블에서 직접 대면하며 긴밀하게 협업한다. 이 전략은 회의의 필요성을 최소화하고 멀티태스킹을 방지하여 집중적으로 작업하고 프로젝트 일정을 더욱 현실적으로 예측할 수 있기 때문에 사용된다. 적당한 시간 동안 더 스마트하게 일하기 위한 의도적인 노력이라고 할 수 있다. 8시간 근무가 끝나면 하루 일과가 끝나는 것으로 간주하고, 저녁이나 아침, 주말에는 이메일이나 업무 통화를 하지 않는 것이 모든 사람의 기대이다. 또한 원하면 영유아를 사무실에 데려올 수 있도록 하고, 고학년 자녀를 위한 멘로 여름 캠프를 개최함으로써 가정 생활과 돌봄이라는 현실을 인정하고 있다. 이러한 변화는 직원들이 매일 일과 개인 생활을 어떻게 조화시킬지에 대해 선택의 여지가 거의 없다는 점(그리고 통제는 STAR의 복리후생에서 중요한 부분이다)에서 매우 흥미롭지만, 집중력을 높이고 업무 외적인 삶을 명시적으로 지원하며 업무 과부하를 해소하기 위해 이 회사는 의도적으로 업무를 재구성하고 이례적으로 명확한 경계를 설정하였다.

또한 조직들은 필요한 근무 시간을 보다 다양하게 재설계하여 시간제라는 선택지와 전문직 및 관리직에서 유연화된 일자리를 창출할 수 있다.[13] STAR 조치는 풀타임 직책을 더 관리하기 쉽고 스트레스가 적은 직책으로 만드는 것을 목표로 했지만, 더 적은 시간(그리고 더 적은 급여와 비례 배분된 혜택)으로 매력적인 일자리를 창출하는 것도 또 다른 가능성이 될 수 있다. 시간제 전문직 일자리는 고령자, 아이가 있는 사람, 건강 문제나 제약이 있는 사람, 복학이나 지역사회에 대한 헌신을 우선시하는 직원 등 다양한 직원에게 어필할 수 있을 것이다. 직원이 원하는 경우 일정 기간이 지나면 정규직으로 복귀할 수 있다는 사실을 알면서, 파트타임 근무자가 시간제 급여를 받기 위해 더 많은 시간을 일하지 않도록 업무량을 조정하고 추적할 수 있다면 더 큰 매력을 느낄 수 있을 것이다. STAR의 원격 근무 및 가변 근무 시간 증가에서 볼 수 있듯이, 팀이나 작업 그룹은 업무를 조정하고 시간제 근무를 하는 일부 사람들과 효과적으로 소통하기 위해 신중한 대화를 나누어야 한다. 그렇지 않으면, 특히 시간 근무제 활용이 해고를 유발할 수 있다거나 경력을 영구적으로 막다른 골목에 몰아넣는다고 이해되는 경우, 시간 근무제에 대해 개별적으로 협상할 수 있지만 위험하다고 간주되는 경우를 가끔 볼 수 있을 것이다. 로펌, 의료기관, 일부 컨설팅 회사에서는 전문가를 위한 시간제 근무라는 선택지를 실험해 왔으며, 몇몇 유럽 국가에서는 고용주가 가능한 한 더 짧은 근무 시간을 허용하도록 요구하고 있다. 그리고 우리가 제시하는 이중 의제 근무 재설계 전략과 통합할 수 있는 좋은 모델도 있다.14

지금까지는 전문직과 관리직에 초점을 맞추었지만, 예측할 수 없고 가변적인 일정, 상시 근무 가능 여부, 새로운 인력 배치 전략은 다른 분야에서도 문제가 되고 있다. 특히 소매업, 숙박업, 요식업 등 서비스 분야의 시간제 근로자는 더 많은 근무 시간과 더욱 예측 가능한 근무 시간을 원하는 경우가 많다. 이러한 근로자 중 상당수는 위기나 극심한 스트레스로부터 완충 역할을 할 수 있는 경제적 자원(예: 저축, 배우자의 높은 임금)이 없어 실질적인 불안정성에 직면해 있다. 불합리한 근무 시간, 예측할 수 없는 일정, 직장에서의 통제력 부족은 이러한 근로자의 건강과 삶의 질, 가족을 돌보는 능력, 업무 수행 능력에 영향을 미친다. 이러한 일자리는 상대적으로 낮은 임금과 제한된 통제권이라는 측면에서 항상 좋지 않았지만, 이제는 다른 측면에서도 좋지 않다. 예를 들어, 소매업과 식당에서는 많은 근로자가 항상 일할 수 있어야 하고, 급하게 호출될 수 있다. 또한 이런 시간제 근로자는 매주 몇 시간을 일할지 모르기 때문에 변동하는 근무 시간, 취소된 교대 근무, 기대보다 적은 근무 시간, 예측할 수 없는 수입을 받아들여야 한다.[15]

이들에게는 업무 과부하가 핵심적인 문제는 아니며, 이들 중 상당수는 더 많은 급여를 집에 가져올 수 있도록 더 많은 시간 일하기를 원한다. 하지만 우리가 연구한 전문가와 관리자 그룹 그리고 소매점, 호텔, 고객 서비스 센터 등에서 일하는 근로자들 사이에는 몇 가지 유사한 점이 있다. 이러한 모든 환경에서 근로자는 자신의 스케줄을 통제할 수 있는 권한이 제한되어 있으며 업무에 대해서는 언제나 일할 수 있다는 기대에 노출되어 있다. 산업 전반에 걸쳐 기술은 이러한 문제를 심화시키고 있다. 시간제 서비스 근로자의 경우, '적시 인력 배치' 소프트웨어가 고객 흐름을 추적하고 그에 따라 일정을 재조정하고 있다. 또한 기술은 각 근로자가 생산하거나 판매하는 제품을 정확히 추적하여, 인력이 부족하거나 장비가 불안정한 경우에도 더 많은 작업을 수행하도록 압력을 가한다.[16] 전문가와 관리자들 사이에서 기술은 글로벌 노동 체인과 시공간을 초월한 조정을 용이하게 한다. 자동화와 AI 지원으로 인해 소매점에 필요한 계산원 수가 줄어들고 소프트웨어 테스터도 줄어드는 등 산업 전반에 걸쳐 일자리가 위험에 처할 수 있다.

조직 변화는 여러 유형의 산업과 다양한 직무에서 고용주와 직원에게 혜택을 줄 수 있다. 전문직 및 관리직 사무직 직원을 대상으로 한 STAR의 실험은 이를 잘 보여 주었다. 하지만 다른 환경에서도 흥미로운 혁신이 일어나고 있으며, 이러한 혁신은 현재 관행의 비용을 인식하는 것에서 시작된다. 매장 손님 수와 직원의 근무 시간을 맞추는 데 중점을 두는 소매점은 실제로 높은 이직률, 결근, 지각과 같은 다른 문제를 겪을 뿐만 아니라 재고, 상품 추적, 고객 서비스에서도 어려움을 겪을 수 있다. 소매점은 이러한 악순환을 피하고, 보다 안정적인 일정, 교차 교육을 받아 유연하게 대응할 수 있는 직원, 고객 수요가 가장 많은 시간이나 그 외의 시간 모두에서 원활한 운영을 통해 선순환 구조를 구축할 수 있다. 최근 GAP 매장에서 보다 안정적인 스케줄을 실험한 결과, 매출과 생산성이 증가하고 숙련된 직원을 더 많이 확보하는 등 비즈니스에 분명한 이점이 있는 것으로 나타났다. 중국의 콜센터에서 실시한 또 다른 실험에서는 재택근무가 만족도 향상, 이직률 감소, 생산성 향상 등의 이점을 가져다주었으며, 특히 일선 직원이 자신의 근무 장소에 대한 결정권을 가졌을 때 더 큰 효과를 발휘한 것으로 나타났다.[17]

개별 관리자와 직원이 만들 수 있는 변화

우리는 과부하의 원인이 특정 관리 관행과 인력 배치 전략을 포함한 조직적 요인이며, 진정한 해결책은 일상적인 관행의 변화와 개인 및 팀 성과 평가에 대한 가정을 재고하는 등 조직적 변화를 수반해야 한다고 주장해 왔다.

STAR 및 기타 프로그램과 같은 업무 재설계 조치는 앞으로 나아갈 길을 제시하지만, 새로운 업무 방식을 시도할 준비가 되어 있지 않은 경영진과 관리자에 의해 이러한 길이 막히는 경우도 있다. 이러한 상황에서는 일선 관리자와 개별 직원이 적은 노력을 요하는 몇 가지 방법으로 고착화된 문화에 도전할 수 있다. 우리는 업무 재설계 조치와 같은 이러한 변화는 향후 더 광범위한 개혁을 위한 토대를 마련할 수 있는 '당장의' 변화라고 생각한다. 이러한 변화를 추구하기 위한 몇 가지 아이디어는 여기와 〈부록 3〉에서 제시된 '실천을 위한 아이디어'에서 확인할 수 있다. 업무 방식을 바꾸고 싶지만 스스로 공식적인 업무 재설계 조치를 시작할 권한이 없는 직원이나 관리자라면 〈부록 3〉을 읽어보길 권한다.

일선 관리자와 다른 직원들은 이중 의제와 관련된 간단한 질문을 제기하는 대화를 시작할 수 있다. 이러한 대화의 목표는 현상 유지를 불안정하게 만들고 자신과 다른 사람들이 새로운 가능성을 상상하도록 돕는 것이다. 학자들은 이를 제도적 작업과 "가정에 이름 붙이기"라고 부른다는 점을 기억하자! 현상 유지를 고수하며 일함으로써 우리가 잃는 것은 무엇일까? 다시 말해, 우리가 아직 충분히 논의한 적 없지만 우리 조직에서 현재 작동하지 않는 것은 무엇일까? 어떻게 하면 노동 강도를 줄이고 지속 가능하게 더 효과적으로 일할 수 있을까? 어떻게 하면 더 다양한 근무 일정, 더 많은 외부 근무, 실제 업무를 위한 더 많은 집중 시간 등의 형태로 더 큰 유연성을 촉진할 수 있을까? 최우선 과제에 최선을 다할 수 있도록, 현재 진행 중인 업무나 회의 중 어떤 것을 떼어 낼 수 있을까? 통신 기술을 사용하여 필요할 때 원활하게 소통하되 즉각적인 답변과 상시 근무를 기대하지 않게 하려면 어떻게 해야 할까? 실제로 휴가를 보내고, 주말을 온전히 쉬고, 매일 저녁 방해받지 않는 회복 시간 등 업무에서 벗어나는 시간을 장려하려면 어떻게 해야 할까? 팀과 조직으로서 우리는 서로의 가족을 지원함으로써 무엇을 얻을 수 있을까? 개인적인 의무, 목표, 관심사를 지원함으로써 팀과 조직이 얻는 것은 무엇일까? 이와 같은 질문들을 제기해 볼 수 있다.

특히 (개인 또는 팀의) 업무 성과를 평가하는 사람들이 여전히 근무 시간이 길면 항상 생산성이 높아지고, 업무 문제나 질문에 즉시 응답하면 업무에 대한 헌신적인 자세가 드러나며, 사무실에 늦게 또는 더 오래 있으면 다음 승진에 유리하다고 생각하는 경우, 이러한 종류의 질문은 위험하게 느껴질 수 있다. 조직이 직원 감축이나 조직 개편을 준비하고 있다면 작은 변화도 현명하지 못한 것처럼 느껴질 수 있다. 업무 과중을 피할 수 없는 것으로 받아들이는 문화에서, 눈에 띄게 행동하는 것은 특히 실직의 위협이 있을 때 도박처럼 느껴질 수 있다. 전문가와 관리자는 배에서 떨어질까 두려워 배를 흔들지 않고 조용히 있기를 원할 때가 많다. 임금이 훨씬 적고 회사가 원하는 인재로 간주되지 않는 낮은 직급의 근로자가 제안하는 변화는 회사와 개인에게 이익이 될 수 있는 경우에도 묵인될 가능성이 훨씬 더 높다.

하지만 새로운 업무 방식에 대한 논의가 일어날 수 있는 시기를 포착하는 것은 가치 있는 일이라 할 수 있다. 누구나 "조용히 일하면서 통념에 도전하고 조직 문화가 적응하도록 부드럽게 도발하는" 사람, 데브라 마이어슨의 용어를 빌려 말하자면 "절제된 급진주의자tempered radical"가 될 수 있다.18 관리자는 팀 내에서 이러한 대화를 시작하고 동료들과 함께 다르게 일하는 방식에 대한 아이디어를 제기할 수 있다. 직원들은 프로젝트 회의를 다르게 운영하거나, 오후 퇴근 시간에는 이메일과 메시지를 끄고, 주말에 이메일을 보낼 때는 답장을 기대하지 않는다고 명시하거나, 동료의 휴가 및 기타 업무에서 완전히 벗어나는 시간을 명시적으로 지원함으로써 조용히 자신의 행동을 바꿀 수 있다. 직원들은 프로젝트에 배정된 인원을 고려할 때 관리자가 제안한 일정이 비현실적으로 느껴진다고 지적할 수 있다. 이러한 대화는 무리하고 위험해 보일 수 있지만 정중하고 전문적으로 수행될 수 있다. 업무 과부하에 시달리는 한 직원은 현재 진행 중인 프로젝트의 긴 목록을 관리자에게 가져와 우선순위를 정하는 데 도움을 요청한다고 말했다. 모든 것을 다 할 수는 없음이 금방 분명해지기 때문에 관리자는 그녀를 도와줄 추가 직원을 찾거나 기대치를 조정해야 할 것이다. 일부 조직에서는 요구 사항이 비현실적으로 많다고 지적하는 것조차 적절하지 않다고 느끼는 것도 (우리가 제기할 수 있는) 문제의 일부다.

이러한 작은 변화는 동료 또는 지원적인 관리자와 함께 논의하고 서로 윈윈할 수 있는 의제로 구성할 때 그 효과가 증폭된다. 이는 업무 재설계를 조직은 물론 직원들에게도 가치 있는 움직임으로 보는 임계점critical mass으로 가는 길이 될 수 있다. 최소한 직원과 일선 관리자는 역기능적 관행을 강화하지 않도록 다른 사람과 상호 작용하는 방식을 바꿀 수 있다. ROWE를 개발하고 STAR의 핵심적인 역할을 담당했던 조디 톰슨과 칼리 레슬러는 누구나 대면 시간과 장시간 근무에 관한 오래된 규범을 강화하는 일상적인 언어와 루틴이라고 할 수 있는 슬러지를 근절할 수 있다고 강조한다. 즉, 주말 근무, 자정이 넘는 시간까지 사무실에 있는 것, 화상 회의에 참여하기 위해 휴가를 중단하는 것을 어떠한 방식으로든 칭찬하지 않는 것이다. 대신 직원, 특히 관리자는 업무 목표와 그 업무를 잘 수행하기 위해 필요한 것에 명확하게 집중할 수 있다. 또한 이러한 대화는 올바른 성과 지표, 현실적인 타임라인, 특정 팀에서 우수한 업무가 어떤 모습인지 명확히하는 데 도움이 될 수 있다. 톰슨과 레슬러는 이를 "직원 관리가 아닌 업무 관리"라고 말하며, 이러한 체계는 직원들에게 동기 부여가 될 수 있다고 말한다. 이러한 변화는 또한 성과 평가 프로세스를 개선하고 장시간 근무와 지속적인 근무 가능성이 생산성, 품질 또는 헌신의 유효한 지표라는 가정을 무너뜨리는 데 도움이 될 수 있다. 이러한 제도적 노력은 대화와 조용한 실험을 통해 게임의 규칙을 변화시키는 촉매가 된다.

직원과 일선 관리자는 또한 자신의 개인 생활과 가족 우선순위를 공유하고 나머지 삶을 돌보기 위해 업무를 재배치할 때 이를 숨기지 않고 인정함으로써 서로를 지지하는 문화를 조성할 수 있다. 다른 사람의 개인 및 가족 생활에 대한 지원은 다양한 연령과 삶의 단계에 있는 동료와 부하 직원에게 제공될 수 있다. 팀은 모든 사람의 돌봄 업무, 가족 및 커뮤니티 참여, 충분한 수면과 같은 개인적 필요를 의도적이고 적극적으로 인식할 수 있다. 이렇게 함으로써 업무 외 생활의 중요성을 강조하고 강도 높고 방해가 되는 업무는 모두에게 문제가 될 수 있음을 인식할 수 있다. 또한 직원과 관리자는 일과 나머지 삶을 통합하거나 역할과 시간을 구분하는 것에 대한 사람들의 선호가 다양하다는 점을 인식해야 한다. 이 아이디어는 일과 삶을 통합하고 이를 공유하는 하나의 새로운 모델을 제시하는 것이 아니라, 동료와 관리자가 그룹의 목표와 필요를 염두에 두면서 자신에게 적합한 방식으로 업무 관행을 맞춤화하는 방법을 모색하는 것이다.[19]

특히 관리자는 공식적인 정책이나 새로운 프로그램이 없더라도 조직이 더 나은 근무 방식으로 전환하는 데 도움을 줄 수 있다. 첫째, 유연 근무제를 승인할 재량권을 가진 관리자는 (유연 근무제 정책에 따라) 대부분의 상황에서 다양한 일정과 근무 장소가 잘 작동한다고 기본 가정을 바꿀 수 있다. 회사 정책에 따라 유연 근무제를 신청하는 직원은 다른 방식으로 근무하는 것에 대해 문서를 제출해야 하는 경우가 많다. 즉, 업무를 수행할 수 있는 방법을 정당화하고 새로운 근무 방식이 회사에 어떤 이점이 있는지 설명해야 한다. 여기서 기본 가정은 현재의 (유연하지 않고 고강도인) 업무 패턴이 최적이며, 변화를 허용하는 유일한 이유는 직원들의 생산성을 높이기 위해서라는 것이다. 하지만 이러한 가정은 대체로 잘못된 것이다. 관리자는 유연 근무에 대한 요청이 가치가 있다고 판단하고 특별한 상황이 아니라면 이를 승인할 수 있다. 언제나 근무할 수 있어야 하고 고객과의 접촉이 필요한 것처럼 보이는 업무도 새로운 통신 기술을 활용하는 혁신적인 협력 루틴을 통해 다양한 방식으로 수행할 수 있지만, 업무가 끝없이 이어지지 않도록 몇 가지 경계를 설정할 수도 있다. 업무가 이루어지는 시간과 장소의 변화는 종종 업무 수행 방식에도 약간의 변화를 요구한다. 하지만 그렇다고 해서 기존의 경직된 방식이 더 낫거나 실현 가능한 유일한 방식이라는 의미는 아니다.

관리자는 유연 근무제 낙인이 평가에 반영되고 있는지 스스로 점검해 볼 수도 있다. 유연 근무제가 허용된 직원의 승진을 더디게 하거나 더 적은 연봉을 주는 불이익이 있어서는 안 된다. 직원의 근무 장소, 직원의 구체적인 스케줄, 야근 빈도 등을 평가하기보다는 근무 시간 및 업무량을 줄인 경우 적절한 비례 배분을 통해 업무 결과를 평가할 수 있다. 유연 근무를 하는 직원에게 성과 문제가 있음이 분명한 경우, 그 문제는 해당 직원과 해결할 문제로 취급해야 한다. 성과 문제가 발생할 수 있다는 사실이 반드시 전통적인 근무 패턴이 더 낫다는 증거는 될 수 없다. 고성과자로 평가되지 않는 일부 직원(따라서 유연 근무제 정책에 따라 유연 근무제 혜택을 받을 수 없는 경우가 많은 직원)은 개인의 필요와 스타일에 맞게 업무를 재배치하면 더 나은 성과를 낼 수 있다. 관리자는 생산성과 헌신을 장시간 근무 및 상시 근무

가능성과 동일시하는, 강화된 이상적 근로자 규범의 준수 여부를 기준으로 평가하지 말고, 무엇보다도 업무 품질과 시간 준수를 최우선으로 고려해야 함을 자신에게 상기시켜야 한다.

정책적 맥락 바꾸기

더욱 지속 가능한 노동의 미래를 위해서는 지난 세기 중반의 노동과 인력을 위해 만들어진 낡은 공공 정책도 개선해야 한다. TOMO와 같이 조직 또는 팀 수준에서 구현된 업무 재설계는 오래된 기대치를 없애고 새로운 (노동) 개념에 대해 증명하는 중요한 혁신이라 할 수 있다. 하지만 이 역시 국가 전반의 새로운 노동 수행 방식을 만들어 내기에는 충분하지 않다. 합병 후 STAR가 무산된 사례에서 보았듯이 성공적인 조직 변화 전략도 항상 위험에 노출되어 있다. 또한 상대적으로 특권을 누리는 전문직, 관리직, 기술직 직원이나 노조로 대표되는 인력을 보유한 조직은 높은 수준의 고용 정책을 추구할 가능성이 높지만, 서비스 직종의 시간제 근로자와 취약 계층 근로자가 느끼는 부담은 무시하는 경우가 많다. 업무 과부하를 줄이고 예측할 수 없는 근무 시간을 해결하기 위한 공공 정책 조치는 모든 사람을 위한 방식이자 마땅히 그래야 하는 것으로 새로운 근무 방식을 제도화할 수 있다.

공공 정책은 오늘과 내일의 현실을 위한 충분한 안전망을 제공해야 한다. 즉, 근로자에게 업무 일정을 더 잘 통제할 권한을 부여하는 동시에 업무 외의 중요한 우선순위와 약속을 인정해야 한다. 미국의 노동법은 블루칼라 업무가 주를 이루던 산업 시대, 화이트칼라 조직 업무가 확대되고 한 회사에서 안정적인 승진을 의미하던 시대, 유급 노동이 직장에서만 이루어지던 시대(농부와 매우 제한된 가내 생산을 제외하고), 노조가 더 많은 근로자를 대표하고 더 많은 고용주와 임금, 시간, 안전 규칙을 협상하던 시대를 위해 설계되었다. 또한 이러한 정책은 대부분의 근로자인 남성 생계부양자가 가정주부인 아내가 집과 자녀, 연약한 친척을 돌보고 남성 근로자 자신도 부양할 수 있을 정도의 임금을 받는 '분리된 영역separate sphere*' 전략에 종사하고 있다고 가정하고 있다. 경제학자 헤더 부쉬Heather Boushey의 말처럼, 미국에서 근무 시간을 규제하는 주요 법률인 공정근로기준법Fair Labor Standard Act은 "컴퓨터가 발명되기 전, 시간제 근로자의 과로가 스케줄링과 관련한 가장 중요한 문제였던 시절"에 초안이 작성된 것이다. 또한 부쉬는 수십 년 동안 미국 기업들은 유급 직원의 업무에 기여하는 "조용한 파트너"로서 "미국인 아내"에 의존해 왔다는 사실을 상기시켰다.20 분명히 미국은 오늘날 노동력과 업무 유형, 고용 관계의 불안정성, 근로자의 다양한 개인적 상황의 변화를 반영하여 안전망과 노동 규정을 개선해야 한다.

20세기의 정책 및 관행과 21세기의 현실 사이의 근본적인 불일치로 인해 직원들은 어떻게든 직장에서 일하고(사무실이나 작업장에서 정해진 시간에 근무), 언제 어디서나 일할 수 있을 것(불가능한 요구와 마감일을 맞추기 위해 집으로 업무를 가져옴)이라는 기대를 받게 되었다. 이러한 유연성은 고용주가 급여 근로자에게는 더 긴 근무 시간을 요구하고, 시간제 근로자에게는 예측 가능한 시간(또는 수입) 및 일정 혹은 정해진 최소 근무 시간 없이 필요에 따라 일할 수 있기를 기대한다는 것을

* 성별 이데올로기의 일종으로, 성별 차이는 문화적으로 구성되었다기보다는 사회 내에 존재하는 고유한 특성이며, 이러한 차이가 남성과 여성이 사회 내에서 차지하는 영역의 차이를 만들고, 나아가 남성과 여성이 공적 영역과 사적 영역에서 차지하는 위치의 차이도 만들어 낸다고 전제한다.

의미한다.

한 가지 중요한 정책 변화는 현재 공정근로기준법에서 예외로 분류되는 전문직 및 기타 근로자에게도 초과 근무 수당을 지급하도록 초과 근무 관련 법률을 개정하는 것이다. 이러한 변화는 장시간 근무로 인한 비용을 고용주와 근로자가 더 공평하게 분담하는 것을 의미한다. 그러면 고용주는 소규모 인력을 장시간 열심히 일하도록 강요하는 린 운영 전략을 재고할 재정적 동기를 갖게 될 것이다. 오바마 행정부는 더 많은 직원이 초과 근무 수당을 받을 수 있도록 소득 기준을 연간 약 25,000달러에서 상향 조정하는 새로운 초과 근무 규정을 제안했다. 법원 판례와 트럼프 행정부의 지시로 인해 이 규정은 당초 계획대로 시행되지 못했지만, 현재 개정 작업을 진행 중인 노동부는 이 기준을 연간 약 35,000달러로 인상할 것을 제안하고 있다. 실행 여부와 시기에 관계없이 초과 근무 수당에 대한 규정을 개선할 필요성에 대한 공개적인 논의가 시작되었으며, 이는 진전될 수 있다.[21]

미국인의 귀에는 초과 근무 적용 범위 확대가 미친 소리처럼 들릴지 모르지만, 다른 부유한 국가에서는 전문직을 포함한 대부분의 근로자에게 주당 표준 근무 시간이 정해져 있고, 이를 초과할 경우 초과 근무 수당을 지급한다. 예를 들어 프랑스의 공식 주당 근무 시간은 35시간이다. 프랑스 전문직 근로자가 항상 자신의 추가 근무 시간을 계산하거나 추가 수당을 받는 것은 아니지만, 법적 기준은 문화적 규범으로서 더욱 적정한 경계를 설정하여 심각한 경우 법으로 강제할 수 있도록 했다. 또한 프랑스는 최근 노동자가 저녁이나 주말에는 이메일에 응답할 수 없도록 강제하는 '연결 해제 권리' 법안을 통과시켰다. 뉴욕시의회에서도 이와 유사한 법안이 제안되었다. 직원들이 때때로 이메일을 확인하고 답장을 보낼 수는 있지만, 그들이 업무 외 시간을 보호한다는 이유로 공식적인 불이익을 줄 수 없다. 이러한 규정은 시행하기 어렵고 때로는 노동자가 이를 무시하고 싶겠지만, 이러한 혁신적인 법적 기준의 싹은 근로자의 제한 없는 상시 업무 가능성에 대한 고용주와 직원의 기대에 도전하고 있다.[22]

초과 근무 수당 지급을 의무화하여 적정 근무 시간을 장려하는 것 외에도 노동법은 장시간 근무를 거부하는 직원을 보호할 수 있다. 현재 미국에서는 시간제 근로자에게 의무적인 초과 근무 요구가 허용되고 있으며, 급여를 받는 직원들은 장시간 근무, 주말 출근, 이른 아침 또는 늦은 밤 회의, 24시간 내내 전화, 문자, 이메일에 응대해야 한다는 압박을 받을 수 있다. 그러나 법률에 따라 근로자에게 근무를 강요할 수 없는 총 근무 시간이 정해질 수 있다. 또한 새로운 법률은 초과 근무가 필요한 월 최대 일수 또는 교대 근무를 지정할 수 있으며, 그 외의 시간에는 초과 근무를 거부할 권리를 부여할 수 있다. 스웨덴의 근로시간법은 주당 근무 시간을 40시간으로 정하고 있으며, 이는 고위 임원이 아닌 관리자를 포함한 거의 모든 직원에게 적용된다. 초과 근무는 연간 200시간, 월 최대 50시간으로 제한된다. 물론 스웨덴은 노조 조직률이 높고 사회 정책과 우선순위가 미국과 상당히 다르지만, 이것은 많은 미국 근로자가 시키는 대로 일해야 한다거나 일자리가 위태로워질 위험을 감수해야 한다고 느끼는 현재 상황을 바꿀 수 있는 실행 가능한 기준의 한 예라고 할 수 있다.[23]

유연한 스케줄과 원격 근무라는 선택지에 대한 접근성이 확대되면, 우리가 TOMO에서 STAR에 참여한 IT 관리자나 전문가의 사례에서 본 것처럼 퇴근 후나 주말에도 근무할 수 있어 장시간 근무로 인한 스트레스를 완화할 수 있다. 그리고 이 역시 법률을 통해 시행할 수 있다. 예를 들어 영국, 호주, 독일을 비롯한 여러 국가에서는 유연 근무제를 요청할 수 있는 권리를 보장하는 법률이 있다. 이러한 규정은 강제성은 없으므로, 고용주가 근로자에게 유연 근무제를 허용하도록 의무화하지는 않는다. 대신, 법은 직원이 자신에게 적합한 근무 일정이나 근무 장소를 요청할 수 있으며, 고용주는 이를 허용할 수 없는 구체적인 업무상 사유가 없는 한 요청을 진지하게 검토하고 이를 승인해야 한다고 규정하고 있다. 실제로 고용주는 여전히 유연 근무 요청을 승인하거나 거부할 수 있는 상당한 여지가 있지만, 이 법안은 조직이 유연 근무 옵션을 충분히 고려해야 한다는 새로운 기대를 공개적으로 선언한 것이다.24 이는 현재 미국의 관행과 달리, 새로운 근무 방식이 가능함을 직원에게 증명하도록 요구하기보다는, 고용주에게 새로운 근무 방식이 작동하지 않는 이유를 설명하도록 요구한다. 많은 국가에서, 자신의 요청이 부당한 이유로 거부되었다고 생각하는 직원은 정부 기관이나 고용 재판소에 이의를 제기할 수 있다.

시간제 근무도 이러한 요청권right-to-request과 관련한 법의 적용을 받으며, 유럽 연합에서는 시간제 근무자에게 유사한 시간당 임금을 지급하고 다른 혜택도 비례 배분하여 제공하도록 하는 시간제 평등법part-time parity laws을 시행하고 있다. 물론 일부 직원은 준비가 되었을 때 풀타임으로 복귀할 권리가 있음이 명확하지 않기 때문에 여전히 시간제 근무를 주저하고 있다. 특히 남성의 경우 시간 선택제 근무를 꺼릴 수 있다.25 그럼에도 불구하고 시간제 근무가 합리적이고 이용 가능한 선택이라는 분명하고 공개적인 진술이 있으며, 많은 사람들이 시간제 근무를 택하고 있다.

유급 휴가를 사용하면 고강도 업무와 과부하를 조금 더 쉽게 견딜 수 있다. 유급 휴가는 대부분의 선진국에서 대부분의 근로자에게 법률 또는 단체 협약(노조가 협상)에 의해 제공된다. 미국에서는 유급 휴가가 모든 직원은 아니지만 대부분의 직원에게 제공되는 고용주 기반 혜택이다.[26] 유급 휴가는 전문직 및 관리직 근로자에게 좀 더 보편적으로 제공되지만, 이러한 근로자는 휴가를 다 사용하지 못하거나 공식 휴가 기간에도 출근해야 한다는 압박감을 느끼는 경우가 많다.

유급 병가paid sick leave 및 유급 육아 휴직paid parental leave은 대부분의 다른 부유한 국가에서도 제공되며, 실제로 미국은 세계에서 유일하게 산모에게 유급 출산 휴가를 제공하지 않는 선진국이지만, 현재 일부 미국 주에서는 유급 가족 휴가 법이 있다. 유급 휴가는 일반적으로 사회 보험 프로그램으로 관리되며, 이는 모든 고용주가 휴가 기금에 기여함을 의미한다(때로는 고용인도 급여세를 통해 기금을 납부하기도 함). 그리고 근로자는 해당 기금에서 급여의 일부를 지급받는다. 유급 가족 휴가 보험이 10년 넘게 시행되고 있는 다른 국가와 캘리포니아의 육아 휴직에 관한 연구에 따르면, 1년 미만의 단기 및 중기 휴가는 어머니의 지속적인 고용을 장려하고 가족의 재정적, 정서적, 신체적 안녕을 지원하는 것으로 나타났다.[27]

유급 가족 및 의료 휴가paid family and medical leave는 자녀를 출산하거나 입양할 때, 가족을 돌봐야 할 때, 또는 근로자 본인이 중병에 걸렸을 때, 짧지만 중요한 기간 동안 직장을 잠시 떠날 수 있다는 타임아웃의 가치를 우리 사회가 인정하고 있다는 신호이다. 유급 휴가에 관한 법률을 통해 직원들은 장기적으로 커리어를 위험에 빠뜨리거나 포기하지 않고도 인생의 중요한 시기에 합법적으로 휴식을 취할 수 있다는 사실을 알게 되었다. 고용주 역시 유급 휴가를 거부하거나 비공식적으로 막는 대신 유급 휴가를 활용할 필요가 있다는 메시지를 받게 된다. 현재 유급 휴가는 소득이 높고 전문직이나 관리직에 종사하는 근로자에게 불균형하게 제공되고 있다. 하지만 모든 근로자에게 유급 휴가를 제공하고, 근로자가 난폭한 상사와 협상할 때 지원군이 필요할 경우, 법적 보호를 제공하는 법이 필요하다.28

장시간 근무와 휴가 시간 제한에 초점을 맞춘 정책 변화와 더불어, 새로운 노동법은 예측할 수 없는 근무 시간을 대상으로 삼아야 한다. 예측할 수 없는 근무 시간은 언제 문제를 해결해야 할지, 고객에게 답변해야 할지, 질문이 있는 상사를 안심시켜야 할지 모르는 전문가와 관리자에게는 문제가 된다. 그러나 예측할 수 없는 장시간 근무는 과중한 업무에 시달리고 지친 상태에서 육체적으로 힘든 일을 하는 창고 직원과 배송 기사에게도 문제가 된다. 실제로 회사는 고객에게 빠른 배송을 약속했기 때문에 경영진은 직원들의 삶의 질에 실질적인 영향을 미치면서까지 그들을 점점 더 무리하게 밀어붙이곤 한다. 예를 들어, 주문별로 물건을 찾는 사람들을 비롯한 물류 창고 직원들은 업무의 물리적 요건과 함께 정신없는 속도가 유산을 포함해 건강 문제를 유발한다고 보고하고 있으며, 일부 직원들은 이러한 요구를 집단적으로 거부하려고 노력하고 있다.29 이러한 환경과 그 밖의 많은 환경에서 교대 근무가 예고 없이 연장되는 경우, 근로자는 종종 직장을 떠날 수밖에 없다고 느낀다. 다른 인력 배치 및 스케줄링 전략으로 회사의 관련 비용을 줄일 수 있음에도 불구하고 높은 이직률은 일상적으로 받아들여진다.30 초과 근무 관련 법률을 개정하여 강제 초과 근무를 금지하거나 제한하고,

보다 관대한 휴가 관련 법률을 적극적으로 시행하면, 이러한 상황에 처한 근로자에게 도움이 될 수 있다.

어떤 근로자들에게는 예측할 수 없는 스케줄이 매우 긴 노동 시간보다는 아주 짧은 노동 시간과 결부된 경우가 있다. 이러한 상황을 해결할 수 있는 공공 정책의 변화도 있다. 실제로 뉴욕, 샌프란시스코, 시애틀 등 여러 도시(매달 새로운 정책이 논의되고 있음)와 미국의 한 주(오리건주)에서는 근무 일정에 대한 몇 가지 기준을 설정하는 '공정 근무 주법fair workweek laws'을 채택했다. 이러한 규정은 지금까지 소매업, 요식업, 서비스업, 특히 대규모 고용주를 대상으로 적용되었다. 이 법에 따라 고용주는 근무 일정을 2주 전에 미리 알려야 하며, 예기치 않은 일정 변경이 발생하거나 근로자가 필요에 따라 당직 근무를 요청받는 경우 더 많은 수당을 지급해야 한다. 직원은 교대 근무가 끝날 때 추가 교대 근무 또는 추가 근무 시간을 거부할 수 있다(의무적 초과 근무 문제를 제기하면서). 또한 직원이 밤에 매장을 닫고 바로 다음날 아침에 여는 '클로오프닝clopening' 근무는 권장되지 않는다. 일부 규정에서는 근로자가 학교, 가족 또는 다른 직업과 근무 시간을 맞출 수 있도록 다른 근무 일정을 요청할 수 있는 권리도 있다. 중요한 메시지는 고용주가 마음대로 일정을 정할 수 없으며, 시간제 근로자를 위한 예측 가능하고 합리적인 스케줄을 제공하기 위해 노력해야 한다는 것이다.[31]

고용주가 주당 근무 시간을 명시적으로 약속하지 않고도 근로자를 고용할 수 있는 미국에서는 주당 공정 근로법이 특히 중요한 의미를 가진다. 시간제 근로자의 경우, 이는 소득이 크게 변동될 수 있으며 실제로 많은 수입을 얻지 못해도 공식적으로는 급여 명세서를 받을 수 있음을 의미한다. 최저

임금 인상 일정과 최근의 최저 임금 인상 법안에 관한 어떤 뉴스 기사에서 "근로자가 매주 몇 시간을 일하고 있는지 모르는데 임금 인상이 무슨 소용이 있겠습니까?"라는 질문이 나왔다.32 다른 나라에서는 이를 제로 아워zero-hour 계약이라고 부르며, 이러한 계약이 근로자와 그 가족에게 초래하는 경제적 불안정에 대한 정책적 논의와 대중의 우려가 있었다. 미국에서는 이러한 상황이 일반적이다. 사실, 우리는 시간제 근로자가 약속된 근무 시간이 없고 근무 시간에 대한 발언권이 거의 없는 경우를 강조하기 위해 '제로아워 계약'이라는 용어조차 사용하지 않는다. 이것이 우리의 표준값이다. 하지만 시애틀의 새로운 규정인 '시애틀 안정적 근무 일정 조례Seattle Secure Scheduling Ordinance'는 이러한 관행을 다루고 있으며, 여기에는 고용주가 신입 직원이 근무할 것으로 예상되는 평균 시간을 성실하게 추정하고, 신입 직원을 채용하기 전에 기존 직원에게 추가 근무 시간을 제공하도록 요구하는 내용이 포함되어 있다. 이 조례는 꽤나 새로우며 현재 진행 중이다. 고용주는 실현 가능하고 직원들에게 도움이 되는 방식으로 안정적인 근무 일정을 구현하는 방법에 대해 더 많이 배워야 할 것이다. 이는 서비스 부문의 시간제 근로자에게 더욱 안정적인 소득과 예측 가능성을 제공하기 위해 정책이 근무 시간을 어떻게 다룰 수 있는지를 보여 주는 또 다른 예라 할 수 있다.

더 나은 미래 설계하기

이 책에서 다루는 이야기의 핵심은 현재 고용주가 근무 시간과 업무량에 대해 거의 전적으로 결정권을 가지고 있다는 점이다. 글로벌 경제의 불안정성과 일에 대한 기술의 '간섭'이 가져오는 위협에 직면한 고용주들은 직원들에게 더 많은 것을 요구하는 동시에 (미국 및 기타 고비용 노동 시장에서) 인력을 감축하고, 업무를 해외로 이전하고, 기술을 사용하여 업무 프로세스를 간소화하고, 글로벌 팀을 구성하고, 직원을 대체하려고 노력해 왔다. 즉, 점점 더 많은 샐러리맨들이 장시간 근무와 과중한 업무에 시달리고 있으며, 업무가 다른 삶을 모두 밀어내고 있다. 또한, 점점 더 많은 시간제 근로자는 불충분한 근무 시간과 만성적인 예측 불가능성에 대처해야 하기에, 삶을 계획하고 재정을 관리하기가 어려워지고 있다.

특히 미국에서는 고용주가 일방적으로 근무 시간과 일정을 결정하는 경우가 많았다.33 일부 조직에서 창의적이고 유연한 선택지을 제공하는 경우에도, (본 연구의 일환으로 IT 부서에 STAR를 기꺼이 도입한 TOMO의 사례에서 볼 수 있듯이) 이는 전적으로 고용주의 결정으로 이해된다. 따라서 유연성 조치와 우리가 평가한 이중 의제 업무 재설계는 불균등하게 분배되어, 경영진이 채용하고 유지하고자 하는 고위급 전문가, 관리자, 숙련된 기술 인력에게만 제공될 가능성이 높았다. 그러나 앞서 살펴본 바와 같이, 이러한 유연하고 지원적인 근무 방식은 특권을 누리고 있는 근로자에게조차 완전히 보장되지는 않았다.

우리는 업무 과부하와 부적절한 업무로 이어지는 길고 예측할 수 없는 일정에 대응하기 위해 가능한 정책 변경의 틀을 제시했다. 하지만 정부 또한 고용주이며, 법안이 없더라도 새로운 근무 방식을 위한 길을 열 수 있다. 특히, 시, 카운티, 주, 연방 단위에서는 근무 시간을 재설계하고 공무원 인력을 위한 안전망을 개선할 수 있다. 이러한 방식으로 공공 부문은 민간 및 비영리 부문의 고용주를 위한 혁신적 관행의 모델이 될 수 있다.
또 다른 방법은 노조 또는 노사협의회를 통해 직원의 목소리를 대변하여 근무 일정 및 관련 직원 배치 관행에 대해 공식적이고 집단적으로 협상하는 것이다. 미국 근로자의 11%만이 노조에 가입되어 있지만, 그렇다고 해서 나머지 근로자가 노조에 반대하거나 조직 운영 방식에 대해 발언권을 갖는 데 관심이 없다는 의미는 아니다. 2017년 설문 조사에 따르면 비노조 근로자의 거의 50%가 현재 직장에서 노조에 투표할 의향이 있다고 답했다. 또한 1/3 이상이 업무 수행 방식, 일정, 업무 가능 시간에 대해 자신이 원하는 것보다 적은 정보를 얻는다고 답했다.[34] 독일에서 흔하며 다른 나라에서도 볼 수 있는 직장평의회는 선출된 직원 대표가 경영진과 협력하여 지역 사업장의 의사결정을 내리고, 기업 이사회에 근로자 대표를 앉힐 수 있도록 한다. 노사협의회를 통해 일정, 업무량 등에 관한 회사 정책을 경영진과 현장 직원이 함께 검토하고 공동 수립할 수도 있다. 또한 협상형 시스템은 고용주가 일방적으로 통제하는 미국 기업의 여러 조치(STAR를 포함)에서 볼 수 있듯이, CEO나 소규모 경영진이 특정 정책이나 프로그램을 밀어붙이는 일을 어렵게 만들 수 있다.[35]

미국 또한 점점 더 불안정해지는 일자리를 해결할 수 있는 개선되고 재설계된 안전망이 필요하다. 우리의 주요 주장 중 하나는 높은 고용 불안정성 속에서 직원들은 정상적이고 지속 가능한 근무 일정과 합리적인 업무량을 요구하기를 경계한다는 것이다. 모두가 두려움에 떨며 달리고 있을 때 속도를 늦추는 것은 위험할 수 있다. 더 적당한 속도가 더 높은 품질의 결과물을 생산하고, 창의성과 혁신을 촉진하며, 이직률을 낮춰 조직에 도움이 되더라도 말이다.

현재와 미래의 고용 관계 변화에 따른 위험에 더 잘 대처하기 위해서는 정책적 변화가 필요하다. 근로자들이 더 자주 고용주를 바꾸는 현실을 반영하기 위해 건강 보험과 퇴직금과 같은 중요한 혜택은 이동성이 있어야 한다. 더 근본적으로, 우리의 사회 안전망은 이윤을 창출하는 노동자가 그 이윤을 얻는 조직의 직원이 아닌 경우가 더 많다는 사실에 적응해야 한다. (〈부록 2〉에서 설명하겠지만, 본 연구에서는 미국 TOMO 직원들의 업무와 회사의 비즈니스 전략이 미국과 인도의 하청 업체와 밀접하게 연관되어 있음에도 불구하고 미국 직원들만 조사 대상에 포함할 수 있었다.) 독립 계약자, 프리랜서, 긱 워커gig worker* 등 공식적으로 자영업을 하는 사람들이 늘어남에 따라 고용주에 얽매이지 않는 새로운 이동식 복리후생이 필요하다. 이러한 혜택은 또한 이미 이 새로운 시스템에서 많은 위험을 감수하고 있는 근로자에게 저렴해야 한다. 그리고 계약직 및 비정규직 근로자가 직면한 문제를 해결하기 위해서 실업 보험을 개선해야 한다. 정규직 근로자의 경우에도 실업 보험은 개선할 필요가 있다. 스케줄링 법**과 마찬가지로, 수당 및 실업 보험에 관한 현행 법률은 20세기 중반 제조업 근로자의 경험을 바탕으로 만들어졌다. 이것의 가정은 이직이 드물고 대체 일자리가 풍부하기 때문에 상대적으로 낮은 소득대체율과 상대적으로 짧은 기간에만 주어지는 혜택이 적절하다는 것이었다. 그러나 글로벌 노동 사슬, 자동화를 촉진하는 신기술, 그리고 급격한 시장 변화는 이직을 훨씬 더 흔하게 만들고, 실직한 또는 할 일이 충분하지 않은 성인에 대한 현재 정책의 부적절성을 드러낸다.36

우리가 제안하는 정책 혁신 중 일부는 말 그대로 외국에서 온

---

* 고용주의 필요에 따라 단기로 계약을 맺거나 일회성 일을 맡는 등 초단기 노동을 제공하는 근로자를 의미한다. 공유경제 비즈니스 모델이 확산되면서 노동력의 중개가 디지털 플랫폼에서 이루어진다는 점에서 기존의 단기 근로 형태와는 구별된다.

** 노동 시간과 교대 및 휴게에 관련한 법을 의미한다.

것처럼 보일 수 있지만, 유럽 국가들의 증거는 더 지원적이고 안전한 시스템이 가능하다는 사실을 보여 주고 있다. 또한 오늘날 미국의 여러 도시와 주에서 창의적인 정책적 움직임이 나타나고 있다. 게다가, 질서 정연한 경로와 기존의 9시에서 5시까지라는 근무 시간에 익숙한 노년층에게 일 자체는 점점 더 낯설게 느껴진다. 반면 밀레니얼 세대는 글로벌 디지털 경제의 변화하는 환경과 시대상을 잘 알고 있다. 이 세대는 여성과 남성이 일과 가정생활을 어떻게 조화롭게 병행할 것인지에 대해 서로 다른 이상을 표명하지만, 이러한 이상을 추구할 수 없는 직장 조직에 맞서고 있다.[37] 밀레니얼 세대는 이제 미국 노동 인구에서 가장 큰 부분을 차지하고 있으며 정치적으로도 성장하는 세력이다. 밀레니얼 세대는 기성세대와 함께 기술 기반의 글로벌 경제를 상정하고 근로자가 자신과 가족, 지역사회를 돌보는 데 우선순위를 두는 방식으로 업무를 재설계하고 고용법을 개선할 준비가 되어 있을 것이다.

노동의 미래가 여기에 있다. 우리는 규제되지 않은 근무 시간과 예측할 수 없는 업무 일정이라는 문제를 직업적, 경제적 스펙트럼의 상층부와 하층부 모두에서 볼 수 있다. 고용주들은 적은 비용으로 더 많은 일을 하고 인건비를 포함한 비용을 절감할 수 있는 새로운 방법을 찾아야 한다는 압박을 시장으로부터 받고 있다. 기술은 글로벌 노동 사슬을 촉진한다. 이는 저개발국이나 공식적으로는 다른 회사에 고용된 하청 업체에서 일하기 때문에 훨씬 적은 임금을 받는 사람들이 전문 지식 업무를 수행할 수 있다는 의미다. IT 전문가와 변호사, 회계사, 일부 의료 전문가 등은 이전에 제조업을 강타했던 해외 업무 위탁과 다운사이징이라는 현실에 직면하고 있으며, 인공지능과 자동화는 곧 이러한 불안정성을 더욱 악화시킬 것이다. 또한 기술은 항상 준비되어 있고 항상 일할 수 있는 상태를 유지하도록 우리를 유혹하고 있다. 이러한 유혹은 일 자체에 대한 애정이 아니라, 휴대폰과 메시지를 확인함으로써 일과 삶의 경계가 쉽게 모호해진다는 특성, 그리고 일자리를 유지하기 위해 최선을 다해야 한다는 압박감 때문이다. 물론 개인은 자신의 수면과 건강을 보호해야 한다고 결정하기 앞서, 업무가 자신의 삶을 얼마나 지배하도록 할지, 얼마나 많은 시간을 일에 투자할지에 대해 더 현명하게 판단할 수 있다. 하지만 개인에게는 혼자서 이러한 변화를 이끌어 낼 영향력이 없다. 그러나 우리가 함께하면 가능하다. 지금이 바로 그 변화를 실현할 때다.

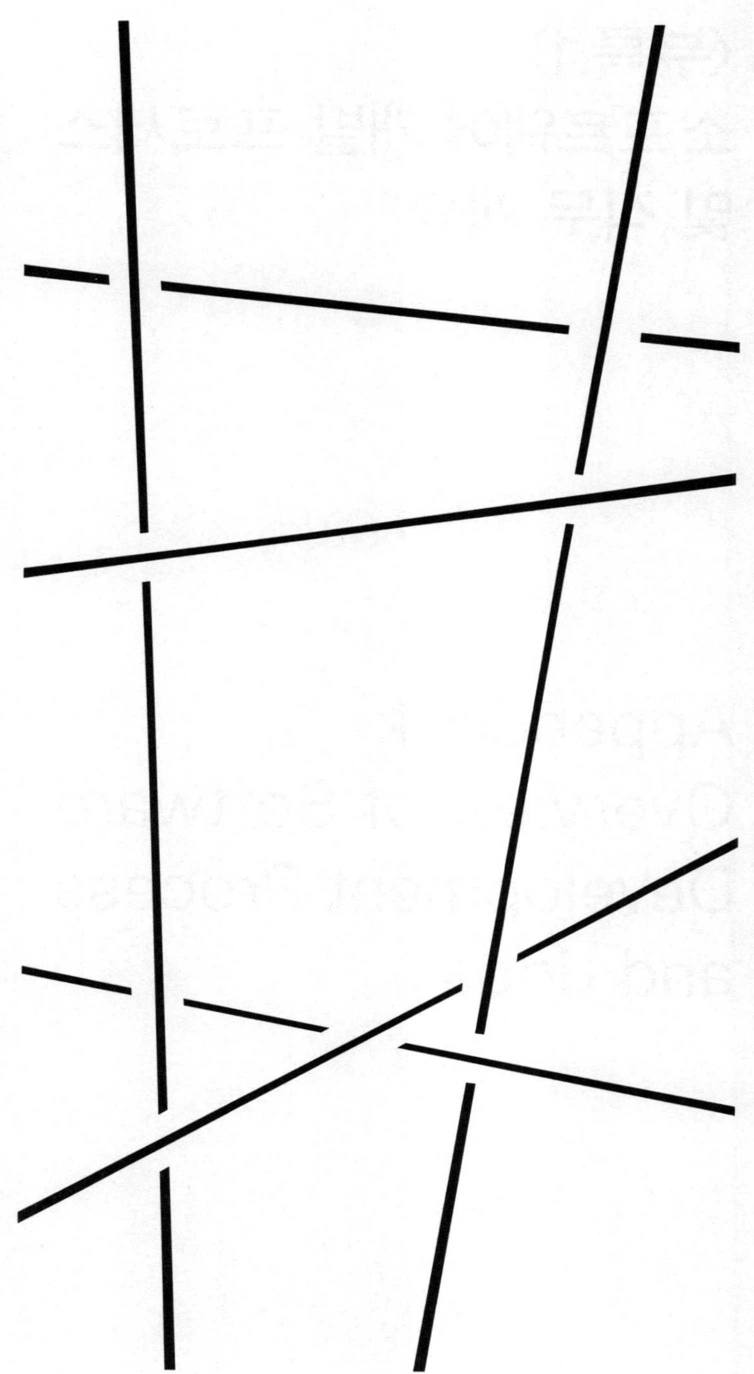

〈부록 1〉 소프트웨어 개발 프로세스 및 직무 개요

Appendix 1: Overview of Software Development Process and Jobs

직함	역할	주요 업무와 상호 작용
계획 단계		
사업 단위	고객	1) IT 솔루션이 필요한 문제 파악 2) 예산 및 일정 협상 3) 시작 후 문제에 대한 보고
프로그램 매니저	IT–사업 부서 연락 담당자	1) 비즈니스 부서와 긴밀히 협력하여 사업 운영상 문제 파악 2) 가능한 IT 솔루션에 대해 시스템 엔지니어와 상의
시스템 기술자	IT–기술 관련 전문가	1) 프로그램 관리자, 사업부와 긴밀히 협력하여 요구 사항을 파악 2) 가능한 IT 솔루션(작은 변경 사항, 기성 옵션 또는 새로운 소프트웨어)을 파악 3) 요구 사항 개발(IT 솔루션이 수행할 작업에 대한 기술적 설명 필요)
발전 단계		
분석 전문가	IT–기술 관련 전문가	1) 요구 사항(IT 솔루션으로 수행할 작업에 대한 기술적 설명)을 구체화하고 프로젝트가 발전함에 따라 업데이트 2) 시스템 엔지니어, 개발자, 프로젝트 관리자와 협력
프로젝트 매니저	IT–업무 운영	1) 특정 프로젝트에 대한 인력 배치 계획을 수립 2) 예산이나 요구 사항이 변경되면 조정 3) 프로젝트의 진행 상황(상태 업데이트)을 모니터링하고 지표를 추적하며, 개발자, 테스터(온/오프라인에서)와 협력
개발자 (소프트웨어 개발 기술자)	IT–핵심 기술자	코드 작성 및 수정, 분석가, 프로젝트 관리자 및 테스터와 협업
테스터 (품질 확인)	IT–기술 관련 전문가	테스트 케이스를 작성하여 코드의 버그, 최종 사용자의 사용성을 평가하고, 개발자, 프로젝트 관리자와 긴밀히 협력하며, 해외에 있는 많은 테스터와 협업
개발 이후 (런칭 이후)		
생산 지원	IT–사업 및 기술 전문가	사용자가 경험하는 문제들에 대응하고, 필요한 경우 기술적인 수정이나 개발자와의 상담을 통해 문제를 해결하며, 매일 24시간 지원이 가능하도록 당직 근무를 순환하며, 해외에 있는 생산 지원 그룹, 국내의 개발자와 협력
데이터베이스 관리	IT–기술 관련 전문가	1) 이미 운영 중인 시스템에서 데이터를 캡처하여 사용, 중단 등을 추적 2) 규정에서 요구하는 데이터를 안전하게 저장하고 액세스하는 방법을 결정 3) 이러한 시스템의 개발 및 유지보수를 담당하고, 다른 그룹과의 조정을 최소화

〈부록 2〉 연구 방법론과 기업 현장 연구에 대한 성찰

Appendix 2: Methodology and Reflections on Corporate Fieldwork

'일, 가족, 건강 네트워크'

우리는 2006년부터 2016년까지 공식적으로 '일, 가족, 건강 네트워크'라는 더 큰 팀의 일원으로 본 연구를 수행했다. 일부 협업은 지금까지도 계속되고 있으며, 이 (네트워크에 소속된) 연구자들과도 유대감을 유지하고 있다. 먼저 공식적으로 소개하자면, '일, 가족, 건강 네트워크'는 미국 국립보건원National Institutes of Health: NIH과 미국 질병통제예방센터Centers for Disease Control and Prevention: CDC와의 협약에 따라 자금을 지원받은 학제간 연구팀이다. 이 외에도 유니스 케네디 슈라이버 국립아동보건 및 인간발달연구소Eunice Kennedy Shriver National Institute of Child Health and Human Development: NICHD; 지원금 번호 #U01HD051217, U01HD051218, U01HD051256, U01HD051276, 국립노화연구소National Institute on Aging: NIA; 지원금 번호 #U01AG027669, 행동 및 사회과학 연구실Office of Behavioral and Social Sciences Research, 국립산업안전보건연구소National Institute for Occupational Safety and Health: NIOSH; 지원금 번호 #U010H008788, U01HD059773, 윌리엄 T. 그랜트 재단, 알프레드 P. 슬론 재단, 미국 아동 가족부의 보조금으로부터 추가 자금이 제공되었다. 이 간행물의 내용은 전적으로 저자의 책임이며 해당 기관 및 사무소의 공식적인 견해를 나타내는 것은 아니다.

우리가 알고 있는 비공식적인 이야기로 '일, 가족, 건강 네트워크'는 린 캐스퍼(NICHD의 프로그램 책임자였을 때), 로잘린드 킹(NICHD의 프로그램 책임자), 리스 닐슨(NIA의 프로그램 책임자), 그렉 와그너(NIOSH의 프로그램 책임자)와 NIH와 NIOSH의 다른 사람들(특히 레지나 뷰어스와 레베카 클락)이 구상하고 개발한 것이다. 이 네트워크의 목표는 일과 가정의 경계, 일과 건강 및 복지의 관계에 대한 연구를 통합, 발전, 확대하는 것이었다. 이 협력을 구상한 프로그램 책임자들은 직장 정책 및 프로그램, 부모와 자녀의 발달, 고령 근로자 문제를 포함한 다양한 노동 인구 등에 전문성을 갖춘 연구자들을 한데 모으기를 원했다. 그들은 공중 보건에 영향을 미칠 수 있는 흥미로운 연구를 보았지만, 연구들은 흩어져 있고 학자들은 서로를 모르는 것처럼 보였다. 그리고 대부분의 학술 연구가 그렇듯이, 그들은 연구 결과를 활용할 수 있는 사람들에게 널리 읽히는 것보다 출판에 더 많은 관심을 기울이는 것으로 보였다. 그들은 엄격함과 현실 세계와의 관련성 모두를 고취하고자 했다.

이러한 목표를 염두에 두고 NIH와 NIOSH 프로그램 책임자들은 이 네트워크를 공동의 지도부를 가진 특이한 유형의 보조금을 바탕으로 하는 협력적 계약으로서 설립했다. 자세히 말하자면, 주요 의사 결정은 연구 책임자와 소속 직원인 연구자가 공동으로 내리면서, 학제 간 협업을 통해 참여 연구자들이 자신이 훈련받은 분야만 대변하는 것이 아니라 다른 분야에 대해 충분히 배워 새로운 무언가를 만들어 내는 진정한 협업을 지향하고자 했다. 선정된 연구팀은 서로에게 배우고, 일과 가정, 건강의 상호 작용에 대해 우리가 이미 알고 있는 것과 더 배워야 할 것을 정확히 파악하는 데 상당한 시간을 보냈다. 또한 NIH와 NIOSH 담당자들은 특정 직장 환경 변화의 효과를 엄격하게 평가하기 위해, 무작위 대조 시험(또는 현장 실험) 수행에 도움이 될 시범 연구를 할 시간을 확보했다. 그리고 그들은 이 연구가 관심 있는 고용주, 근로자, 옹호 단체, 정책 입안자 등 다양한 청중에게 중요하게 다가갈 수 있도록 시간과 에너지를 투자할 것을 주장하였다.

필리스와 에린은 실무와 사람들의 삶에 실질적인 영향을 미치는 연구에 매료되어 네트워크에 합류하였다. 우리는 현대 직장 생활의 어려움과 가정의 스트레스를 단지 기록만 하는 데 지쳐 있었다. 우리는 무언가 변화를 만드는 데 일조하고 싶었다. 하지만 당시에는 이 작업이 우리를 어떻게 변화시킬지 완전히 이해하지는 못했다. 에린은 종종 이 일에 대해 10년 동안의 박사후 연구원 생활과 같았다고 말하는데, 그 이유는 (이 작업을 통해) 우리가 엄청난 것을 배웠고 우리의 연구와 경력을 새로운 방향으로 이끌었기 때문이다.

본 네트워크에 속한 동료들은 발달 심리학, 경제학, 산업 보건, 정책 평가, 심리학, 조직 행동학, 수면 과학, 사회 역학, 사회학 등 다양한 분야의 전문 지식을 갖춘 놀라운 사람들이었다. 우리 둘을 비롯해 스태프 과학자로 참여한 프로그램 책임자 외에도 네트워크의 핵심에는 여러 차례에 걸쳐 데이비드 알메이다(펜실베이니아 주립대), 리사 버크만(하버드대), 제레미 브레이(로체스터 기술원, 당시 노스캐롤라이나 그린즈버러대), 오르페우 벅스턴(하버드대, 당시 펜실베이니아 주립대), 켈리 챈들러(펜실베이니아 주립대, 당시 오리건주립대), 앤 C. 크라우터(펜실베이니아 주립대), 짐 디어링(카이저 퍼머넌트 건강 연구 센터), 메리 더럼(카이저 퍼머넌트 건강 연구 센터), 레슬리 햄머(포틀랜드 주립대와 오리건 보건과학대), 진저 핸슨(카이저 퍼머넌트 건강 연구 센터), 조지아 카룬초스(RTI), 엘런 코섹(미시간 주립대와 퍼듀대), 수잔 맥할(펜실베이니아 주립대), 카산드라 오케추쿠(하버드대) 등이었다. 한두 명의 연구 책임자가 이끄는 여섯 개의 팀 또는 센터가 있었지만, 주요 연구진 명단은 훨씬 더 길었다. 또한 프로그램 설립 초기에 미네소타 대학의 교수인 패트리샤 맥거번, J. 마이클 오크스, 앤드류 반 드 벤의 현명한 조언도 큰 도움이 되었다.

미네소타 대학교의 연구팀은 경이로운 팀이었으며, 각기 다른 분야에서 이 프로젝트에 큰 도움을 주었다. 시범 연구 기간 동안 대학원 연구 조교로 참여한 사람은 샘 애먼스, 켈리 처맥, 라다 대거, 에릭 달린, 일레인 에르난데스, 레이셸 힐, 퀸레이 후앙, 레이핑 후앙, 도나 스펜서, 에릭 트랜비 등이다. TOMO를 연구하는 기간 동안 웬 판, 자크 프로스트, 카이아 히에스, 에린 호엑스트라, 앤 카둑, 야그무르 카라카야, 에릭 코졸라, 사라 라제슨, 잭 람, 쉬롱 리, 래피 레치스키, 매디슨 반 울트가 대학원 연구 조교로서 참여했다. 연구원 및 박사후 연구원으로는 킴 폭스, 케이티 제나덱, 줄리아 밀러-칸츨러, 홀리 화이트사이즈, 로리 패트리샤, 존 본이 참여하였다. 우리는 당신들에게 많은 것을 배웠다. 그리고 프로젝트를 위해 애써 주신 여러분의 노고에 진심으로 감사드린다.

학부생 연구 조교들은 주로 녹취록 작업, 비식별화de-identification*, 데이터 관리 업무를 담당하였다. 지칠 줄 모르는 학부생 팀에는 사피야 압둘-알림, 사라 아우프더마우어, 레베카 바니, 나타샤 비스토도, 콜레나 콜먼, 찰스 크로포드, 지나 도미니체티, 매트 포스티, 제임스 프릭스타드, 아나스미타 고쉬, 사만다 어케, 에린 E. 켈리, 켈시 니쉬, 지노 마체티, 커클랜드 마린, 로라 밀러, 바오 모우아, 테일러 넬슨, 라이언 포테바움, 미셸 포즈, 마리카 리스, 애쉴리 롤프, 에밀리 슐츠, 앨리슨 스탐바우, 페이지 스트로샤인, 마이크 바서, 카라린 왈쉬, 윌 워즈식, 메건 재커 및 쉬리 자오가 참여했다. 이 지루하지만 중요한 업무에 세심한 주의를 기울여주고 밝은 모습으로 참여해 준 모든 이들에게 감사드린다.

---

* 연구 또는 설문에 참여한 특정한 개인을 알아보지 못하도록 개인 정보를 삭제 또는 대체하거나, 다른 정보와 연결 짓지 못하도록 처리하는 작업을 말한다.

네트워크의 첫 3년 동안 연구 책임자와 일부 대학원생들은 정기적으로 만나 숙면을 측정하는 방법, 일과 가정 갈등의 실제 의미, 청소년에게 자신의 삶에 대해 질문하는 방법, 고용주와의 연구 파트너십 구축 전략 등과 같은 주제에 대해 서로 배울 수 있는 시간을 가졌다. 그리고 그룹 외부의 연사들을 초청하여 현재 진행 중인 4개의 시범 연구에 대해 함께 작업하는 시간을 가졌다. 하버드 팀은 네 곳의 요양원을 연구하여 해당 인력에 대해 알아보고 심혈관 대사 위험, 수면 및 거주자의 결과를 측정하기 위한 새로운 전략을 개발했다.(이는 이러한 기관의 중요한 성과 측정 지표이자 공중 보건의 중요한 관심사다.) 펜실베이니아 주립대 팀은 한 호텔의 일선 관리자와 직원을 연구하면서, 호텔에 방문하여 직원 부모와 자녀 모두와 함께 참여한 일기日記 작성 방법을 세밀하게 조정하기도 하였다. 포틀랜드 주립대/미시간 주립대 팀은 레슬리 햄머와 엘런 코섹의 지휘 아래 식료품점 그룹과 파트너십을 맺었다. 이들은 가족을 지지하는 상사의 행동에 대한 새로운 척도를 검증하고, 직원과의 상호 작용 추적을 통해 일선 관리자가 적극적으로 지지를 표현하는 새로운 습관을 기를 수 있도록 소규모 교육 프로그램을 개발하기도 했다. 우리는 ROWE 조치의 실행을 연구하고 질적 현장 조사와 인터뷰를 조직 변화에 대한 연구에 통합하는 연습을 했던, 베스트바이 본사에서 우리의 시범 연구를 수행했다.

이 모든 시범 연구는 TOMO의 현장 실험과 30개의 장기 요양 기관 또는 요양원에서 병행한 연구에 직접적으로 영향을 미쳤다. 두 가지 시범 조치(가족 및 개인 생활 지원에 관한 관리자 교육과 ROWE)가 함께 어우러져 STAR가 탄생하였다. 하지만 먼저, 우리는 TOMO와 요양원에 들어가 그들의 우려 사항과 노동자를 위해 시범 연구를 맞춤화할 수 있는 방법을 찾아 내었다. 이러한 맞춤화 작업에는 레슬리 햄머, 엘런 코섹, 그들의 학생, 우리 학생, 그리고 조직 개발 컨설턴트인 조디 톰슨과 칼리 레슬러가 참여했는데, 이들은 ROWE를 개척하고 STAR 제공을 촉진할 수 있도록 도와주었다. 우리는 오리건 보건과학대학의 과학자인 켄트 앵거와 라이언 올슨에게 관리자의 지원 행동을 추적하고 장려하는 도구를 개발해 달라고 요청했다.

우리는 웹사이트(www.workfamilyhealthnetwork.org)에 TOMO에서 사용된 버전과 의료 연구에 맞춤화된 버전을 포함한 모든 STAR 교육 자료를 업로드했다. 또한 네트워크에서 제공하는 100개 이상의 연구 간행물에 대한 링크, 연구자가 설문 조사 및 건강 데이터에 접근해 연구를 더욱 발전시킬 방법에 대한 지침도 제공하고 있다.

TOMO라는 회사의 맥락 분석과 인터뷰를 기반으로 하는 질적 데이터 해석은 각자의 몫이지만, 이 책은 우리가 함께 배운 내용을 담고 있다. 10명 정도의 인원으로 구성된 위원회에서 이런 종류의 해석적 분석을 하는 것은 가능하지도 않고 바람직하지도 않다. 네트워크에 속한 훌륭한 동료들이 없었다면 이 프로젝트를 수행할 수 없었을 뿐만 아니라 하고 싶지도 않았을 것이다.

기업과 함께, 그리고 기업 내부에서 연구하기

이 작업을 수행하려면 대규모 조직에 대한 접근 권한과 일부 업무 부서에 STAR를 시범적으로 도입하여 정책과 관행을 변경할 수 있는 권한이 필요했다. 이는 매우 큰 요청이었으며, 네트워크에서 최상의 과학적 결과를 얻기 위해 일부 작업 그룹을 조치 또는 개입 조건STAR에 무작위 배정하는 데 동의한 조직만 연구하고 다른 부서는 기존 회사 정책에 따라 계속 대조군으로 운영하기로 결론을 내렸기 때문에 우리의 요청은 더욱 커질 수밖에 없었다. 또한 응답률, 범위, 품질 측면에서 최상의 데이터를 얻기 위해 회사 시간에 맞춰 대면 설문 조사를 실시하고, 그 과정에서 반구조화된 인터뷰도 네 차례에 걸쳐 실시하고자 했다. 몇 달 동안 데이터 수집을 위한 전용 소규모 회의실이 필요했다. 연구에 참여한 모든 직원과 관리자는 프로젝트 코드를 통해 업무 시간에 참여했으며, 이는 해당 주에 연구에 소요된 시간이 업무 시간에 포함됨을 뜻했다. 아이러니하게도 이 급여를 받는 직원들은 업무 과부하와 고강도 업무에 대한 질문에 답하기 위해 시간을 할애했기 때문에 더 늦게까지 일했을 것이다. STAR 교육 세션과 후속 활동도 회사 시간에 진행되었으며, 이에 대한 프로젝트 코드도 제공되었다. 언제나 그렇듯이 이 정도 규모의 프로젝트는 핵심 직원들의 조율 시간이 많이 필요하기 때문에 혼란을 야기할 수 있다. 우리는 또한 여기에서 분석한 정성적 데이터의 대부분을 수집한 연구 현장 관리자와 STAR 코디네이터(우리가 고용하고 우리에게 보고하는 연구자)에게 접근 권한, 책상 공간, 비공식적인 지원을 요청했다. 이러한 현장에 파견된 연구자들이 매일 현장에 상주하는 것이 관계 구축과 풍부한 데이터 수집의 핵심이었다.

— 서로를 알아 가기

운이 좋게도 TOMO가 우리를 초대했고, 이 모든 요건을 충족했다. 우리의 작업을 그저 경영진의 지시에 따라 주로 경영진의 질문에 답하는 유료 컨설턴트와 구별하기 위해 우리가 사용하는 용어인 '연구 파트너십'을 그들은 수용했다. 또한 중요한 게이트 키퍼 역할을 했던 임원 후원자와 인사 관리자들은 합병이라는 격변의 시기에도 연구와 실험적 조치를 보호하기 위해 적극적으로 노력했다. 우리는 합병이 발표되던 날을 생생하게 기억하고 있다. 합병 소식은 CEO가 TOMO의 직원들에게 발표하는 동시에 언론에 보도되었다. 우리는 혹시나 퇴출당할까 봐 두려웠다. 하지만 내부 직원들은 원래 계획된 종료일까지 프로젝트를 계속 진행하기 위해 보이지 않는 곳에서 노력했다.

경영진이 참여에 동의하고 인사 관리자가 이 연구를 지속했던 이유는 무엇일까? 비즈니스적인 이유와 개인적인 믿음이 모두 이들의 참여에 동기를 부여한 것으로 보인다. 베스트바이에서 ROWE에 대해 들어본 적이 있는 한 이사는 (그리고 ROWE를 평가한 이전 연구를 통해) 이 프로그램으로 부사장의 관심을 끌었고, 부사장은 신뢰할 수 있는 인사 관리자 및 IT 부서의 최고 인사 책임자와 해당 정보를 공유했다. 이 두 여성은 초기 및 주요 정보원이 되어 조직에 접근하고, 우리의 필요와 목표에 맞게 디자인하고, 주요 경영진의 지지를 얻기 위해 신중하게 연구를 소개하고, 우리의 타임라인 및 보고 스타일과 기업 규범 간의 차이를 협상하는 과정을 안내해 주었다.

우리는 HR 전문가들과 처음 만났을 때부터 그들이 우리의 이중 의제 재설계 연구에 내재한 가능성에 대해 무척 기대하고 있다는 것을 느꼈다. 그중 어떤 이들은 합병 후 회사를 떠나면서 이 프로젝트가 TOMO에서 일하면서 가장 의미 있는 작업이었다고 말하기도 하였다. HR 전문가들은 종종 직원을 지원하는 동시에 프로그램이나 조치가 비즈니스 목표와 수익에 기여하는 '전략적 파트너'가 될 방법을 찾고자 하였다. 처음에 이 HR 전문가들은 STAR가 자신들이 파악한 여러 문제에 대한 잠재적인 해결책이라고 생각했다. 이들은 회사의 "태양을 따라가는follow-the-sun*" 모델에 수반한, 언제나 일할 수 있어야 한다는 기대와 긴 근무 시간은 위험하고 때로는 비생산적이라는 사실을 인식했다. 그들은 많은 관리자들이 심야 및 주말 재택근무를 포함해 모든 시간대에 근무해야 함에도 불구하고, 사무실 근무 시간에 대한 기대치를 재조정하지 않는 것을 보아 왔다. 그러나 그들은 이러한 "구식 관리자"(직원들의 표현을 빌리자면)들이 어떻게 하면 다르게 관리하도록 격려할 수 있을지 알지 못했다. 게다가 회사 자체적으로도 문서 작업 증가와 같은 다른 관행으로 인해 업무량와 시간이 늘어나고 있었다. 이전에 부사장이 모든 직원이 주 5일 출근해 근무해야 한다고 선언했을 때, 사기 문제를 해결하기 위해 이 HR 전문가들은 투입된 적이 있었다. 이들은 경영진의 당연한 권한에 반하지 않으면서 직원들의 태도를 개선할 수 있는 방법을 고민했다. 그들은 "유감스러운 손실", 즉 고도로 가치 있는 기술을 보유한 직원과 고성과자로 평가받는 직원들의 이직률을 줄여야 한다는 과제를 안고 있었다. 이들은 채용에 관여하면서 회사가 혁신적이기보다는 고루하다는 인식을 갖게 되었고, 어떻게 하면 젊은 세대에서 최고의 인재를 채용할 수 있을지 고민했다. 연구 프로젝트가 진행됨에 따라 이 게이트키퍼들은 STAR가 직원과 관리자에게 도움이 된다는 사실을 알게 되었고, 이러한 사기 향상과 참여도 개선이 회사에 도움이 될 것이라고 믿게 되었다.

이러한 인사 정보 제공자의 도움으로 우리는 잠재적 옹호자 사이에 광범위한 네트워크를 구축하려고 노력했다. '옹호자'라는 용어는 기업 환경에서 특정 정책, 프로그램 또는 전략을 옹호하는 사람을 지칭할 때 자주 사용된다. 우리는 STAR를 통해 일어날 수

---

* 글로벌 업무 분담을 통한 24시간 업무 체계를 의미한다.

있는 변화가 이들에게 매력적임을 알고 있었다. 하지만 반복적인 데이터 수집을 넘어 STAR 조치를 적용하지 않는 대조군과 STAR 조치를 시행한 그룹을 모두 추적하는 연구 설계를 위해, 이들을 참여시켜야 하였다. 우리는 우리가 STAR를 엄격하게 평가하고 발견한 모든 것을 보고할 연구자라는 점을 강조했고, 시범 연구에서 얻은 긍정적인 결과(베스트바이의 ROWE에 대한 평가, 레슬리 햄머와 엘런 코섹의 슈퍼바이저 교육 연구 등)를 보고했다. 우리는 STAR 조치가 회사에 도움이 될 수 있다고 설득하는 동시에 독립적인 학자로서의 정체성을 강조해야 했고, 이는 STAR가 회사, 직원 또는 직원들의 이해관계에 구체적으로 해를 끼칠 수 있다는 현실을 인정하는 것을 의미했다. 우리는 일, 가족, 건강에 관한 광범위한 질문에 관심이 있으며, 회사나 개인의 이름은 밝히지 않더라도, 우리가 발견한 것은 무엇이든 발표할 것임을 TOMO의 사람들에게 거듭 상기시켰다. 우리는 곧 여러 부사장과 우리에 대해 지지 의사를 가지고 있는 임원들을 만났고, 그 후 동료들과 이 프로젝트에 대해 논의하면서 이후 대화의 토대를 마련하였다. 법무 부서와의 논의(기밀 유지 계약을 마무리하는 데 필수적인)는 여러 명의 영향력 있는 부사장이 합류하고 인사팀이 계획을 소개한 후에 이루어졌다. 이는 회사를 보호해야 할 책임이 있는 사람들이 회사 내부자들이 이 일을 원하고 있음을 알았다는 사실을 의미했다.

IT 경영진은 종종 글로벌 노동 사슬의 현실을 반영하여 기업 문화를 재구성할 수 있는 그럴듯한 방법, 즉 "소프트웨어 개발에 있어서 태양을 따르는 모델"로 STAR를 구상했다. 경영진은 번아웃과 이직을 방지하고 생산성 또는 성과 향상을 도모하기를 바랐지만, 이를 측정하는 가장 좋은 방법에 대해서는 서로 의견이 달랐다. '일, 가족, 건강 네트워크'의 수석 경제학자인 제레미 브레이가 참여한 한 회의에서 우리는, 회의에 참석한 이사 및 부사장은 어떤 생산성 및 성과 측정에 집중하길 원하는지 검토했다. 우리는 그들에게 중요한 것이 무엇인지 확실히 알고 싶었다. 한 부사장은 특정 지표를 신뢰해서는 안 되는 이유를 말하고, 다른 부사장은 이전 부사장이 제안한 지표가 왜 쓸모없는지 설명하는 등 그들은 회의실을 돌며 제안된 모든 내부 성과 지표를 비판하였다. 직원들을 평가하는 데 사용하는 성과 지표(이 지표들은 종종 그들의 상사들이 그들 자신을 평가하는 데 사용되었던 지표였다)가 신뢰할 수 없고, 제대로 보고되지 않으며, 쉽게 조작되고, 업무의 질에 대한 정보가 부족하며, 대규모 프로젝트에 대한 개인의 기여도를 파악하는 데 불충분하다는 이야기를 듣는 것은 유익한 시간이었다.

가장 중요한 비즈니스 성과에 대해 서로 의견이 일치하지 않았기 때문에 우리는 여러 측정 항목에 대한 STAR의 효과를 테스트하기 위해 최선을 다하였다. 하지만 대부분의 측정이 (성과를 측정하기 위한) 애플리케이션이나 프로그램을 추적함으로써 이루어지는데, STAR에 참여하는 팀이나 회사의 일반적인 관행에 따라 일하는 팀의 성과를 측정하기 위해 완전히 적용될 수 있는 애플리케이션이나 프로그램이 거의 없다는 사실 때문에, 성과와 생산성에 대한 분석이 복잡해졌다. 예를 들어, 우리는 STAR에 참여하는 실험군인 60%와 대조군인 나머지 40%에 개별적으로, 성과를 측정하기 위해 개발된 애플리케이션의 효과를 추정해야 했기 때문에 분석에 매우 많은 잡음이 발생할 수밖에 없었다. 몇 년이 지난 후, STAR 시범 연구가 종료되었음을 발표한 대규모 경영진 회의에서 한 고위 임원은 직원들의 경험, 직무 만족도, 낮은 이직률의 관점에서 긍정적인 결과를 발표한 후, 생산성 및 성과에 대한 부정적인 결과를 보고하였다. 이 문제는 복잡하고 지저분한 데이터에 일어나 회사에 새로운 문제가 있다는 증거가 없었음에도, 그가 이러한 결과를 STAR가 효과가 없다는 증거로 받아들여 우리는 낙담할 수밖에 없었다. 다시 말해, 내부자들은 내부에서 사용된 성과 측정치와 관련된 모든 문제점을 알고 있었지만, 이 고위 임원은 STAR에 대해 평가할 때 오로지 해당 지표의 이동에만 집중하고 있었다.

연구의 초기 단계로 돌아가 보자. 우리는 업무 재설계 조치에 대한 아이디어를 처음 제안한 부사장과 다양한 직무를 대표하는 여러 일선 관리자 및 IT 전문가, 그리고 인사 기록, 생산성 및 성과 지표와 같은 내부 데이터를 다루는 직원들로 내부 자문 그룹도 구성했다. 우리는 연구의 첫 2년 동안 이 그룹을 반복적으로 만나 데이터 수집 계획과 우리 연구 및 STAR에 관해 구성원들과 의사소통하는 방식에 대해 의견을 구했다(STAR가 회사 시범 연구로 도입되었기 때문에 사내 구성원들은 각기 다른 목소리를 냈다). 궁금한 점이 생기거나 다양한 역할, 다양한 사람 또는 가능한 데이터 소스에 대해 자세히 알아보기 위해서도 이들과 상의했다.

사실 회사에서도 우리가 꽤 많은 것을 제안하고 요구는 적게 하였기에 우리를 받아 주었다. NIH과 NIOHS의 자금 지원으로 우리가 연구 중인 STAR 직장 내 개입 프로그램의 개발과 제공이 가능했기 때문에, '일, 가족, 건강 네트워크'는 회사의 직접적인 비용 부담 없이 광범위한 컨설팅과 교육을 제공할 수 있었다. 특히 합병 전 회사의 재정 상황을 고려할 때, 파트너십 덕분에 IT 부서가 과부하, 번아웃, 이직률 문제를 해결하고 혁신적이고 유례없이 유연한 조직으로 거듭날 수 있게 조치를 취하는 일이 훨씬 더 실현 가능해졌다. 직접적인 비용 없이 교육과 평가를 제공하는 재정적 기여 외에도, 우리는 특정 임원들에게 스마트하고 합리적인 의사결정권자로서의 지위와 정체성을 확인시켜 주었다. 지위 측면에서 임원들은 종종 NIH와 CDC 기금에 대한 이야기를 꺼냈고, 하버드가 참여 기관 중 하나라는 것도 나쁘지 않았다. 정체성 측면에서 고위 경영진은 스스로를 혁신적이고 데이터 중심적이라고 믿었다. STAR는 분명 혁신적이었고, 우리는 초기 회의에서 이러한 이중 의제 업무 재설계 접근 방식이 일반적인 유연성 정책을 훨씬 뛰어넘는다고 설명했다. 그들은 STAR를 도입하면 해당 지역의 다른 IT 기업과 차별화되어 채용과 회사 브랜드에 도움이 되기를 바랐다. 또한 무작위 대조 임상 시험을 지원함으로써(우리가 제대로 된 연구를 할 수 있도록 허용함으로써) 이 경영진은 자신과 다른 사람들에게 데이터와 엄격한 과학적 증거를 중요하게 여긴다는 태도를 보였다.

— 누가 참여했고 누가 나갔는가?

TOMO에 대한 권한을 얻은 후에는 누가 연구에 참여할 자격이 있는지, 그리고 그중 누가 STAR에 참여할 자격이 있는지(실험군이 해당 조건에 무작위로 배정될 경우)를 명확히 해야 했다. 연구 설계와 예산적 제약이 이 작업의 일부를 규정지었다. 설문 조사 및 건강 데이터를 현장에서 직접 수집해야 했기 때문에 가장 규모가 큰 작업장에 데이터 수집을 집중해야 했다. 네트워크 내 RTI 팀(제레미 브레이Jeremy Bray, 조지아 카룬초스Georgia Karuntzos, 프랭크 미에르자Frank Mierzwa가 이끄는 팀)은 이들 지역사회에 거주하는 현장 면접관을 고용하고 감독했지만, 진행자와 일부 연구 직원의 출장비 또한 고려해야 했다. TOMO의 IT 직원은 미국 내 최소 10개 도시에서 근무하지만, 우리는 IT 직원이 가장 많은 두 대도시의 직원과 관리자를 조사 대상에 포함하기로 했고, 이 결정으로 미국 내 IT 부서 직원의 4분의 3 이상이 연구 대상에 포함되었다. 또한 IT 사업부 내의 한 소규모 부서가 단체협약의 적용을 받기 때문에 우리는 노조 지도자들과도 대화를 나누었다(여기서 설명한 전문가와 관리자들은 협약의 적용을 받지 않거나 노조와 전혀 관련이 없다). 노조 지도자들은 STAR와 이 연구에 흥미를 보였지만 가장 간단하게 내릴 수 있는 결정은 해당 부서를 제외하여 협상된 계약에 따라 계속 운영할 수 있도록 하는 것이라고 제안했고, 우리는 그렇게 하였다. 노조 지도자들은 이 프로그램을 초기 시범 연구 이상으로 확대할지 여부와 시기를 논의해 달라고 요청했다.

STAR에 누가 참여할지에 대한 결정은 조금 달랐다. 업무 재설계는 팀 또는 작업 그룹 단위로 진행되기 때문에, 모든 IT 작업 그룹을 무작위로 추출하여 STAR에 참여하거나 아니면 회사의 일반적인 관행을 따라 계속 작업하도록 했다. STAR에 무작위로 배정된 작업 그룹의 모든 직원은 STAR 교육에 참여하도록 초대되었지만, 가장 큰 두 개의 대도시 지역에 있는 직원만 웹 컨퍼런스가 아닌 대면 교육에 참여할 수 있었다. 예를 들어, 이러한 도시 중 한 곳에 거주하는 관리자와 10명의 직원이 있는 작업 그룹을 가정해 보자. 이 관리자와 해당 도시에서 근무하는 8명의 직원은 연구에 참여하도록 초대하지만, 다른 지역의 소도시에서 근무하는 2명의 직원은 연구에 참여하지 않는다(모든 사무실에 현장 면접관을 보낼 수 없기 때문이다). 시범적 STAR가 시작되면 이 작업 그룹은 무작위로 STAR에 배정되고 관리자와 10명의 직원 모두 모든 STAR 교육에 초대된다. 규모가 큰 사업장에서 근무하는 8명의 직원은 회의실에 들어와 직접 교육을 체험하고, 다른 곳에 있는 2명의 직원은 웹 컨퍼런스 시스템에 로그인하여 실시간으로 진행자의 말을 듣고 슬라이드를 보며 채팅과 대화를 통해 질문하고 참여할 수 있다. 회의실의 퍼실리테이터와 STAR 코디네이터는 원격 참가자를 적극적으로 교육하지만, 데이터 수집에 포함하지 않았기 때문에 웹 컨퍼런스를 통해 STAR를 진행한 사람들이 직접 참여한 사람들만큼 변화했는지 평가할 수는 없다.

우리가 연구한 직원 및 관리자의 곁에서 근무하는 계약직 직원과 해외에 있는 모든 직원은 우리 연구에서 제외하였다. 우리는 이 글로벌 인력 중 가장 상층에 속하는 직원들만 연구했고, 소위 정규직은 아니지만 TOMO IT 부서의 업무에 기여하는 많은 직원들의 이야기는 듣지 못했다. 특히 우리는 미국 직원들의 경험에서 글로벌 노동 사슬과 이로 인한 불안정성이 중요한 부분임을 알고 있었기에, 이는 어려운 타협점이었다. 또한 해외 근로자와 미국 하청 업체의 관점에서도 글로벌 노동 사슬과 노동의 불안정성을 연구했으면 좋았을 텐데 하는 아쉬움이 남는 부분이다.

하지만 미국 고용법에 따라 기업은 직원과 계약자 사이에 명확한 경계를 유지하려고 노력한다. 공식적으로 회사는 독립 계약자의 근무 조건이나 작업 환경을 지시하지 않는다. 제3자를 통해 일하는 모든 계약자(예: TOMO에서 특정 프로젝트를 수행하기 위해 IT 전문가를 파견하는 IT 컨설팅 회사)는 (TOMO가 아닌) 해당 조직의 직원으로 간주된다. 정부 지침에 따르면 기업이 특정 업무의 수행을 통제하거나 업무 수행 방법을 지시하는 경우, 계약자는 잘못 분류되었을 가능성이 높으며 (업무 수행을 통제하거나 지시한 회사의) 직원으로 간주하여 세금을 지불해야 한다. TOMO 경영진은 계약직 근로자를 포함하면 근로자 분류에 대한 의문이 제기될 수 있기 때문에, 모든 계약직 근로자를 STAR에서 제외해야 한다고 생각한 것으로 보인다. 계약직이 TOMO의 규칙과 기대치에 대한 STAR 토론에 참여하고 팀의 반성과 재설계 노력에 참여하도록 초대받았다면, 이는 그들이 실제로는 독립 계약자가 아니라 회사의 일부임을 시사하는 것이다. 회사는 IRS* 또는 다른 기관으로부터 해당 계약자의 지위를 정당화하라는 요청을 받았을 수 있다. TOMO의 대규모 인력 배치 전략과 재정적 책임을 고려할 때 더 안전한 방법은 계약직 직원을 STAR와 이를 평가하는 연구에서 아예 제외하는 것이었다.

TOMO의 해외 직원에는 인도 IT 인력 에이전시를 통해 고용한 계약직 직원과 TOMO 자회사의 일부 직원이 포함되어 있다. 인도 및 기타 지역 근로자의 경험과 복지를 연구할 수 있는 자금이 없었기 때문에 모든 해외 직원을 제외할 수밖에 없었다. 이러한 연구 질문은 중요하긴 하지만 이를 해결하기 위한 보조금이 책정되지 않았고 미국 이외의 지역에서 데이터를 수집할 예산 또한 없었기 때문이다. 우리는 (약간의 아쉬움이 있지만) 이러한 예외를 받아들일 수밖에 없었다. 그리고 이 프로젝트는 회사의 긴밀한 협조가 필요했고, 회사는 미국 내 직원을 넘어서는 모든 프로젝트에 대해서는 우려를 표명할 수 있기 때문이었다.

— 기업 내부에서 팀 기반 민족지학 수행하기

이 연구는 팀 기반 민족지학에 있어서 모험이자 현장 조사와 프로젝트 관리의 결합이라고 말할 수 있다. 에린과 필리스는

* 미국 국세청(Internal Revenue Service)을 의미한다.

짧게는 며칠, 길게는 몇 달 동안 TOMO에 자주 방문했고, 인사팀 및 경영진의 주요 연락 대상자와 예상보다 훨씬 더 많이 통화했다. 또한 프로젝트 기간 동안 TOMO의 가장 큰 IT 사무실에 상주하며 연구를 맡은 직원과 STAR를 조율하는 직원으로 구성된 훌륭한 연구진의 도움을 받을 수 있었다. 킴 폭스는 TOMO의 연구 프로젝트 매니저로서 다양한 이해관계자와 관계를 구축하고 유지하는 데 중요한 역할을 수행했다. 그녀는 설문 조사 데이터를 수집하고, 팀원들에게 직접 또는 전화로 연구를 소개하고, 현장 면접관이 비공개로 인터뷰를 진행할 수 있도록 회의실을 예약하고, 각 팀이 직면한 주요 마감일과 결과물에 맞춰 데이터 수집을 계획하는 등 모든 물류 및 관계에 대한 사내 전문가의 역할을 수행했다. 또한 킴은 일선 관리자 및 감독관들이 현재 상황과 느낌, 합병 및 문서 변경이 어떻게 진행되고 있는지에 대한 그들의 관점을 공유하는, 상황 인터뷰를 많이 수행한 뛰어난 인터뷰어기도 했다. 이러한 인터뷰는 의도적으로 STAR에 초점을 맞추지 않았지만, 인터뷰 응답자들은 종종 이러한 변화에 대해서도 논의하곤 하였다. 또한 보조 사이트 관리자로서 이 인터뷰를 진행했던 줄리아 밀러-칸츨러와 존 본의 뛰어난 업무 능력도 큰 도움이 되었다.

STAR 프로그램을 조직하는 과정에서 대인관계에 능숙하고 인터뷰 스킬이 뛰어난 홀리 화이트사이드와 로리 파스리차와 함께 일하게 된 것은 행운이었다. STAR 코디네이터는 이 조치를 위해 회사를 대표하는 얼굴로서 관리자와 직원에게 교육 초대장을 보내고, 회의실을 예약하고, 웹 컨퍼런스 시스템을 설정하고, CultureRx 진행자와 조율하고, 참가자의 질문에 답하는 역할을 담당하였다. 이들은 50개가 넘는 교육 세션에 대한 전체 현장 노트를 작성하고, 더 많은 교육 세션에 참석하여 교육이 원활하게 진행되었는지 확인하고, 참가자들의 반응을 관찰하였다. 또한 홀리와 로리는 관리자와 일대일 교육 세션을 통해 STAR를 소개한 다음, 관리자에게 지원 행동 추적 연습(직원과 어떻게 상호 작용할지 목표를 설정하고 일주일 동안 이를 추적하는 연습)을 안내했다. 또한 STAR 코디네이터는 직원 및 관리자와 반구조화된 피드백 인터뷰를 실시하여 STAR에 대한 경험을 보다 직접적이고 상세하게 질문했다. STAR 코디네이터는 해당 조치에 실질적인 지원을 제공하는 동시에 직원과 관리자에게 참가자들의 피드백을 듣고 싶다는 의사를 전달해야 하는 복잡한 역할을 맡았다. 코디네이터들은 좋은 경험, 나쁜 경험, 혼합된 경험 등 모든 사람의 경험을 듣고 싶다고 거듭 말했고, 이러한 인터뷰를 통해 STAR에 대한 문제점과 우려 사항을 명시적으로 파악하였다. 우리는 STAR로 전환한 소수의 팀을 심층 조사 대상으로 선정했는데, 직책과 해당 팀을 감독하는 부사장에 따라 차이가 있음을 발견하였다. 우리는 이 팀들의 교육 세션을 모두 참관하고 더 많은 인터뷰를 진행했으며, 일선 관리자뿐만 아니라 더 많은 직원들과 이야기를 나누고 STAR가 전개됨에 따라 여러 차례 인터뷰를 진행하였다. 이 팀들을 더 잘 알게 되었고(에린과 필리스가 이 팀들의 인터뷰를 더 많이 진행했다), STAR가 공식적으로 종료된 후에도 더 많은 인터뷰를 위해 이 팀들을 다시 찾았기에, 이 책에는 이 팀들이 많이 등장한다.

TOMO의 추가 인터뷰와 최종 웹 기반 설문 조사를 위한 설문 조사 관리에는 켈리 처맥, 레이첼 힐, 에린 호엑스트라, 에릭 코졸라, 사라 라제슨, 잭 람 등 연구 조교로 일하는 미네소타 대학교 박사과정 학생들의 도움을 받았다. 네트워크 동료인 엘런 코섹과 레슬리 햄머도 몇 차례 인터뷰를 진행하였다. 우리는 대면 인터뷰(주로 현장에서, 때로는 커피숍에서, 때로는 직원의 집에서)를 권장했다. 특히 STAR는 직원들이 언제, 어디서, 어떻게 일할지 스스로 결정할 수 있다고 했기 때문에 응답자가 요청할 경우 전화 인터뷰를 진행하였다.

분산된 데이터 수집을 통해 연구 기간 동안 약 400건의 인터뷰를 진행하고 다양한 회의, 교육, 행사는 물론 사무실에서의 일상적인 상호 작용과 대화에 대한 현장 노트를 작성할 수 있었다. 이러한 연구 전략은 연구자 한 명이 수행하는 조직 민족지학에서 볼 수 있는 것보다 더 많은 표준화가 필요했다. 우리는 (서로 다른 역할을 모든 사람에게 동일한 방식으로 설명할 수 있도록) 소개를 위한 프로토콜을 개발하고 "무엇을 배우고 있습니까?", "합병 후에도 STAR가 살아남을 수 있을까요?"와 같은 일반적인 질문에 어떻게 응답할지 논의했다. 모든 면접관은 응답자가 관심 있는 주제에 대해 자세히 알아보기 위해 질문을 던지고 응답자가 이끄는 대로 따라가는 데 능숙했지만, 우리는 거의 동일한 질문을 거의 동일한 순서로 던지는 반구조화된 면접 가이드를 사용했다. 인터뷰 요약을 작성하는 루틴이 있었기 때문에 에린과 필리스는 인터뷰가 들어오는 대로(그리고 학부 조교가 녹음된 인터뷰를 필사하느라 바빠지기 전에) 인터뷰 하이라이트를 쉽게 검토할 수 있었다. 그리고 정기적인 미팅을 통해 연구와 STAR에 대한 실질적인 질문, 전문가 및 관리자의 경험에 대해 보고 듣고 궁금한 점을 논의하였다. 또한 STAR 코디네이터 및 퍼실리테이터와 정기적으로 만나 교육 세션이 계획된 자료에 얼마나 충실하게 진행되었는지, 특히 회의적이거나 인사팀의 주의가 필요한 질문(예: STAR의 인사 시스템에서 휴가 시간을 신청하는 방법)을 제기한 팀이나 개인에 대한 인상을 평가했다.

IT 전문가와 관리자를 따라다니며 IT 업무에 대해 가장 순진한 질문을 던질 수 있는 한 소규모 작업장에서 몇 달간의 형식적 조사로 프로젝트를 시작했지만, 생각보다 일상적인 업무를 관찰하는 시간이 적었다. IM(사내 채팅 애플리케이션)이나 전화 회의에서 많은 업무 상호 작용이 이루어졌기 때문에 현장 업무 관찰은 어려운 일이었다(물론 정보원과 함께 큐브에 앉아 IM을 지켜보면서 많은 통화를 하긴 했지만). 또한 '진짜 업무'라고 불리는 기술적인 업무를 수행하는 조용한 시간이 소중하다는 사실을 잘 알고 있었다. 우리는 대부분 조용히 있었지만 너무 자주 IT 전문가들과 함께 앉아 관찰하는 일은 삼가했다. 이러한 어려움은 사무직, 전문직 환경에서 민족지학적 현장 조사를 하는 연구자들에게 공통적으로 나타나는 문제이므로, 많은 관찰이 회의, 점심 식사 또는 교육에 오가는 길에 나누는 대화에서 나온다는 것은 그닥 놀라운 일이 아니었다.

TOMO에서의 모든 작업은 미네소타 대학교의 자체 홈 오피스에서 다양한 업무 훌륭하게 수행해 준 덕분에 무리 없이 진행되었다. 우리는 훌륭한 프로젝트 매니저인 레이첼 마게니스와 함께 전체 연구를 총괄할 수 있었다. 레이첼은 우리의 일정부터 TOMO로의 출장, 예산 책정, 질적 데이터를 옮기고 비식별화 작업을 할 학부생 연구 조교 고용 및 감독, 안전한 데이터 전송부터 코드북 미세 조정에 이르기까지 모든 것을 조율하여, 우리와 다른 사람들이 안심하고 설문 조사 데이터를 사용할 수 있도록 하였다. 레이첼은 파견 리서치 직원, TOMO 내의 여러 사람, 그리고 네트워크 동료들과 긴밀하게 협력했다. 또한 그녀는 이 기간 동안 웬 판Wen Fan, 자크 프로스트Jacqui Frost, 카티에 제나덱Katie Genadek, 카이아 히에스Kia Hiese, 에린 호엑스트라Erin Hoekstra, 앤 카둑Anne Kaduk, 야그무르 카라카야Yagmur Karakaya, 에릭 코졸라Erik Kojola, 사라 라제슨Sarah Lageson, 잭 람Jack Lam,

쉬롱 리Shi-Rong Lee, 래피 레치스키Raphi Rechisky, 매디슨 반 울트Madison Van Oort 등 훌륭한 대학원 연구 조교 및 포스트닥의 작업을 촉진하고 지원했다. 또한 제인 피터슨, 힐다 모크, 크리스 마이클슨의 행정 및 예산 지원도 큰 도움이 되었다. 특히 이 책의 분석 과정에서 우리는 코딩, 논증 구성 지원, 참고 문헌 조율 등 많은 도움을 준 야그무르 카라카야에게 큰 빚을 지고 있다.

요컨대, 이러한 유형의 연구는 많은 사람과 연구 파트너십을 유지하기 위해, 많은 관계를 관리해야 한다. 여기에 제시된 과부하와 그 완화에 대한 우리의 견해는 우리만의 생각이지만, 실제 연구는 매우 공동의 노력으로 이루어졌다. 이 모든 협력자들의 많은 기여와 선의에 대해 이 지면을 빌려 감사드린다.

— 관계의 진화

이 연구는 약 5년 동안 진행되었다. 연구 현장이 큰 혼란을 겪은 후 새로운 조직으로 변모했기 때문에, 시간이 지남에 따라 우리의 관계와 관점이 달라진 것은 놀라운 일은 아니었다. 우리는 TOMO와 함께 일하기 시작했을 당시 HR 파트너와 경영진에 대한 우리의 생각을 설명했다. 그러나 합병과 함께, 이러한 HR 파트너는 누가 일자리를 유지할지, 누가 누구에게 보고할지, 복리후생과 보너스를 어떻게 재구성할지 결정하는 등 다른 중요한 업무에 투입되었다. 합병 발표 후 거의 2년 동안, 주요 HR 담당자들은 이러한 업무를 수행하면서 동시에 연구와 STAR를 계속 유지할 수 있도록 사려 깊은 조언을 아끼지 않았다. 때때로 그들은 진행 상황을 묻는 경영진을 위해 더 선명한 브리핑을 준비하는 방법에 대해 코칭하기도 하였다. (물론 경영진은 우리가 보고한 연구 결과나 연구 결과의 내용에 대해 전혀 관여하지 않았다. 하지만 특정 의사결정권자가 얼마나 세부적인 내용을 받아들일 수 있는지, 주의가 산만한 경영진이 따라갈 수 있는 슬라이드를 만드는 방법을 배울 수 있었다.)

TOMO 내부의 HR 파트너와 IT 부서의 다른 HR 전문가들은 우리에게 숙련된 코치가 되어 주었다. 이들은 스스로를 기술 전문가라고 생각하지만, 인사 전문가가 아닌 IT 관리자가 관리자로서의 기술을 개발하도록 도울 수 있었다. 또한 이 HR 파트너들은 STAR를 위해 수행될 수 있는 비공식적 코칭에 대한 훌륭한 아이디어를 가지고 있었는데, 여기에는 STAR를 좋아하는 관리자가 다른 관리자에게 자신의 이야기를 들려주도록 하는 것도 포함되었다. 그러나 결국 합병이 워낙 급박하게 진행되었기 때문에 원하는 것보다 코칭이 덜 이루어 지긴 하였다. 명확한 보고 체계를 수립하지 않고 직원들에게 새로운 직책을 부여하지 못한다면, STAR와 같은 혁신 사례를 지원하는 데 많은 관심을 쏟을 수는 없을 것이다. 그리고 가장 시급한 합병 통합 작업이 완료된 후, 주요 HR 파트너들은 더 나은, 또는 적어도 스트레스가 덜한 직장을 찾아 자발적으로 회사를 떠나게 되었다. 다른 글에서 언급했듯이, STAR를 관리하고 경영진이 STAR를 확장, 폐지 또는 수정할지 여부를 결정하는 데 도움을 주도록 배정된 새로운 HR 전문가들은 STAR 대한 교육을 전혀 받지 않았다. 한 핵심 담당자는 회사에 새로 입사한 사람이었기 때문에 STAR에 따라 팀을 성공적으로 관리하고 있는 관리자들과도 교류가 제한적이었다. 이들과 만나 자료를 공유했지만, 이들은 주로 앞으로 함께 일하게 될 경영진과 긍정적인 관계를 구축하는 데 중점을 두었고, 일부(특히 ZZT의 경우)는 STAR에 관심이 없었다.

우리는 기존 TOMO 경영진에게 이 연구를 끝까지 완수하겠다는 의지가 있음을 알고 있었다. 우리의 양해 각서에 따라, 그들은 우리에게 4차 설문 조사를 완료한 후 분석하고 최종 브리핑을 준비할 시간을 주기로 했다. 그 시점에 도달하고 경영진이 STAR에 대한 결정을 내릴 것으로 예상되자, 대부분의 경영진이 우리와 프로젝트에 대해 거리를 두는 것을 느끼기 시작했다. 우리가 포함되지 않은 회의가 더 많이 열렸고, 우리는 정보에 대한 접근성이 떨어지고 있다고 느꼈다. 민족지학자와 현장 조사자는 항상 일종의 침입자이기에, 문을 닫고 다른 곳에서 대화를 나눌 수 있는 조직 환경에서 우리는 정보 제공자가 공유하는 정보만을 알 수 있다. 하지만 우리는 운 좋게도 이 단계에서 핵심 경영진과의 여러 회의에 참석할 수 있었고, 모든 관리자에게 STAR 종료 결정이 발표되는 대규모 행사에도 참석할 수 있었다. 또한 일부 부사장 및 새로운 인사 파트너들과 비공식적으로나마 인터뷰를 통해 계속 이야기를 나누었지만, 연구가 공식적으로 종료되고 가장 지지적이었던 부사장 중 한 명이 회사를 떠나기로 결정하면서, 관계가 변화했다.

이러한 변화는 (더 이상 독립적인 기관으로 존재하지 않는) TOMO와 협력하여 (공식적인 지침이나 정책으로 존재하지 않는) STAR를 연구하고 일, 가족, 건강의 상호 작용에 관한 광범위한 질문을 조사했기 때문에 이해가 될 수 있는 상황이었다. 하지만 지속 가능성에 대한 의문과 이 접근법을 더 많은 사람들에게 전파할 수 있는 가능성 때문에 우리는 가능한 한 오래 머물면서 배우려고 노력하였다. 심지어 다섯 번째 설문 조사를 실시하여 경영진의 우려를 평가하고 STAR에 대해 결정할 더 나은 데이터를 얻으려고 노력하였다. 이 시점에서 우리는 연구 파트너십이 공식적으로 종료하는 시점에 이르렀고, 그들은 우리가 회사 시간에 현장에서 직접 설문 조사를 하는 것을 원하지 않았다. 하지만 1차 설문 조사를 완료한 직원과 관리자에게 회사 이메일과 개인 이메일을 보내 다시 연락해도 좋다는 허락을 받았다. 웹 기반 설문 조사로 전환하여 이전과 동일한 질문과 함께 협업, 팀 성과, 동료 및 관리자와의 소통에 관한 새로운 질문을 추가하였다. 그 결과 기존 설문 조사 응답자(N = 698명)의 약 3분의 2가 다시 설문 조사에 참여했으며, 이 중에는 STAR에 참여한 적이 있는 응답자와 대조군 응답자가 비슷한 수로 포함되었다. 7장에서 논의하겠지만, STAR에 참여한 팀에서 특별한 문제점은 발견되지 않았고 성공 사례도 많이 들을 수 있었다.

이 단계에서 우리는 설문 조사와 마지막 인터뷰의 내용을 기꺼이 공유했지만, 경영진은 더 이상 우리의 의견을 묻지 않았다. 우리는 공식적인 의사결정권자, 그리고 우리에게 관점을 아낌없이 공유해 준 IT 전문가 및 관리자와 함께 모든 것을 공유하였다.

이 프로젝트는 분명 다양한 이해관계자가 참여한 대규모의 야심 찬 연구였다. 때때로 피곤하고 지칠 때도 있었지만 과부하가 걸리거나 번아웃되지 않았고, 이는 부분적으로는 NIH, NIOSH, 윌리엄 T. 그랜트 재단, 알프레드 P. 슬론 재단, 아동가족부, 그리고 우리 소속 기관에서 적절한 자원(직원 예산과 지적 역량)을 제공했기 때문이었다. '일, 가족, 건강 네트워크', 특히 미네소타 대학교와 MIT의 환상적인 협력자들과도 많은 도움을 주고받았다. TOMO에서 데이터를 수집하고 분석한 후 배운 것을 이해하며 보낸 지난 몇 년은 진정한 의미로 성장의 시간이었고, 회사 안팎의 사람들을 위해 어떻게 하면 업무가 더 잘 이루어질 수 있을지 고민하면서 가능성에 대한 감각을 되살릴 수 있었다. 또한 미국 기업 내부에 깊이 들어가 흥미롭고 열심히 일하는 수많은 직원,

관리자, HR 전문가들과 교류할 기회를 갖게 된 것도 감사한 일이었다. 이 작업은 우리 둘 중 누구에게도 여지껏 훈련받은 스타일의 사회과학은 아니었지만, 보람과 깨달음을 얻었고 진정으로 즐거운 일이었다.

〈부록 3〉 행동을 위한 아이디어

Appendix 3 : Ideas for Action

이 책의 핵심 전제는 과부하가 새로운 커뮤니케이션 및 정보 기술과 함께, 경영과 관련된 특정 결정 사항과 인력 배치 전략에 의해 조직 내에서 발생하며, 이로 인해 근로자는 점점 더 적은 자원으로 점점 더 많은 일을 하게 된다는 것이다. 즉, 업무 강도는 점점 더 높아져 근로자는 만성적인 과부하를 느끼게 된다. 이러한 업무 방식은 건강하지도 않고 지속 가능하지도 않다. 직장은 변화해야 하며, 직원의 필요와 건강은 물론, 회사의 필요와 건강한 성과에 부합하는 방식으로 재설계되어야 한다. 이 책에서는 조직의 변화를 위한 조치인 STAR를 평가하고, 유망하다고 생각되는 다른 업무 재설계 조치에 대해 논의하였다. 하지만 우리는 많은 독자가 이중 의제 업무 재설계 조치를 도입, 실행할 수 있는 기업의 임원이 아니라는 점도 잘 알고 있다. 그렇다면 업무 과부하가 급증하고 있지만 공식적인 정책 변화를 기대하기 힘든 경우 가능한 대응은 무엇일까?

여기에서는 일선 관리자와 개별 직원이 새로운 업무 방식으로 전환하기 위해, 업무 과부하와 높은 업무 강도에 저항하기 위해 무엇을 할 수 있는지, 몇 가지 아이디어를 공유하고자 한다. 업무 방식의 변화와 업무 강도에 대한 저항은 좋은 노동과 이상적인 근로자를 구성하는 문화적 맥락의 관점에서, 직장 조직과 사회 전반에 걸친 광범위한 정책 변화를 위한 토대를 마련할 수 있는 '근본적' 변화라고 생각한다. 이러한 아이디어는 24시간 연중무휴로 운영되는 한 글로벌 기업의 전문가와 관리자를 대상으로 한 연구를 통해 도출되었다. 이는 다양한 업종의 사무직 근로자에게 적용 가능하지만, 의료나 제조업과 같은 다른 유형의 노동자나 다른 산업에도 적용하기 위해서는 수정될 필요가 있을 수 있다.

관리자는 공식적인 회사 정책이 다소 엄격하고 깐깐할지라도, 보다 유연하고 서로를 지지하는 팀 문화를 만들 수 있다. 다음은 팀이나 부서의 업무를 재설계하고자 하는 관리자, 팀장 또는 감독자를 위한 몇 가지 아이디어다.

— **업무가 언제, 어디서, 어떻게 이루어지는지에 집중하기보다 결과에 더 집중하라.**
많은 사람들이 팀 프로젝트에서 협업하고, 서로에게서 배우고, 동료 및 고객과 좋은 관계를 구축해야 하기에, 직원들이 직장에서 사라지는 것을 허가한다는 의미는 아니다. 직원 관리가 단순히 '자리에 앉아 있는 직원'을 감시하거나 이메일, 문자, 전화에 즉시 응답하는 직원에게 보상을 주는 것이 아니라는 점을 인식해야 한다는 의미이다.

— **가치가 낮은 업무를 식별하고, 이를 줄여라.**
모든 관료 조직에서 불필요한 형식과 회의는 조직의 실제 업무를 위한 시간을 빼앗아 간다. 관리자는 팀 및 작업 그룹과 협력하여 실제 안건이 없고, 중복 작업을 요구하며, 불필요한 기록 보관을 하게 만드는 "정기 회의"를 없애야 한다.

— **업무 결과물 및 기타 결과물에 대해 각 직원에게 기대하는 바를 명확히 하라.**
단순히 성과 검토를 위한 문서를 형식적으로 채우는 것이 아니라, 직원들의 의견을 반영하여 실질적인 계획 수립을 위해 이를 수행하라. 업무 목록이나 캘린더에 추가된 작업과 활동이 주요 업무 목표 달성에 크게 중요하지 않아 보일 때 직원들이 의문을 제기할 수 있도록 상기시켜라. 직원들이 야근 또는 주말 근무 없이는 일을 완수할 없다고 생각하면 말해 달라고 요구하라.

— **직원들이 업무 과부하를 느낄 때 이를 공유하도록 장려하라.**
모든 경우에 직원을 추가로 고용하거나 마감일을 조정할 수는 없겠지만, 작업의 우선순위를 정하고 일부 업무를 인수인계하며 함께 일할 수 있는 다른 직원을 찾을 수 있다. 최소한 업무 과부하와 번아웃 가능성에 대해 미리 알아채고 해결책을 모색할 수 있다.

— **장시간 근무를 헌신적인 노력의 표시로 여기지 마라.**
이는 업무 강도가 높은 산업과 조직 문화에서 흔히 볼 수 있는 일이지만, 이 대신 지속 가능한 근무 시간으로 높은 성과를 달성한다는 목표를 세우고, 그 목표를 팀원들과 공유하라.

— **직원이 스스로 근무 시간과 장소를 결정하는 것을 기본으로 하라.**
특정 근무 방식(예: 일주일에 3일 정기적으로 재택근무, 또는 대부분의 요일에 오전 7시부터 오후 3시 30분까지 근무)이 실현 가능하지 않다면 직원 또는 팀과 논의하라. 서로가 정보를 공유할 수 있는 새로운 루틴으로 재택근무가 더 원활하게 이루어질 수 있는 방법을 함께 모색할 수도 있다. 목표는 유연성을 전제로 새로운 팀 문화를 구축하여 모두가 만족할 수 있는 문제 해결책을 찾는 것이다.

— **업무 수행 방식에 대해서도 이야기하라.**
직원들에게 언제 가장 생산적이고 활력이 넘치며 집중력이 높아지는지 물어보라. 직원들이 적어도 일정 시간 동안은 그런 방식으로 일하도록 권장하라. 사람들이 이렇게 다양한 방식으로 일하는 동안 필요에 따라 어떻게 협업하고 소통할 수 있는지에 대해 팀 차원으로 토론을 수행하라. 그리고 직원들에게 자신에게 적합한 방식으로 일상을 바꾼 사례를 공유해 달라고 요청하라.

— **실제 업무를 잘 수행하려면 집중할 시간(종종 네트워크와 차단된 시간)이 필요함을 인식하라.** 끊임없는 방해와 멀티태스킹은 지식 업무에 도움이 되지 않으며, 창의성과 혁신을 촉진하지도 않는다. 특정 업무에 집중하거나 개인적인 시간을 갖기 위해 몇 시간 동안 플러그를 뽑고 싶어 하는 직원을 지지해 주어야 한다. 이는 슬랙이나 메신저 대화가 활발한 회사나 많은 사람들이 이메일을 주고받는 조직에서 특히 중요하다. 팀원들과 함께 네트워크와 차단된 시간에 개입해야 하는 긴급한 상황과 그 상황에서 서로 연락할 수 있는 방법에 대해 논의하라.

— **유연한 근무 패턴이 문제라고 가정하기보다는 성과에 관해 특정 직원에게 실제로 어떤 문제가 있는지 파악하라.** 예를 들어, 원격으로 근무하거나 다른 일정을 소화하는 직원의 성과가 좋지 않다고 해서 사무실에 풀타임으로 출근하거나 표준 근무 시간을 준수하는 것이 해결책이라고 생각하지 마라. 해당 직원과 팀에 더 효과적인 방법을 모색하되, 유연 근무가 언제든 취소할 수 있는 특권이라고 생각하지 마라.

— **성과에 대한 자체 평가가 실제로는 상시 업무 가능성에 대한 평가가 아닌지 확인하라.**
긴 근무 시간, 이메일, 문자, 채팅 메시지에 대한 즉각적인 응답, 다른 무엇보다 업무의 우선순위를 두는 태도 등을 기준으로 직원에게 보상을 주고 있지는 않은지 확인하라. 직원의 빠른 응답에 대해 칭찬하지 마라. 빠른 응답과 야근이 실제로 필요한 경우가 있을 수 있지만, 그것이 일상적인 일이라면 문제로 인식하라.

— **고객 관리자나 기술 지원과 같이 상시 업무 가능성과 빠른 응답이 요구되는 직책의 경우, 2~3명의 직원이 하나의 시스템을 모니터링하도록 배정하는 것이 좋다.**
TOMO에서 IT 시스템을 온라인 상태로 복원하는 일을 담당했던 팀들은 부분적으로 이미 교대로 근무하는 루틴이 있었기 때문에 STAR 프로그램에서 적응을 잘했다. 필요할 때 여러 사람에게 연락할 수 있었지만, 한 사람만 온라인에 접속하여 즉시 대응할 준비가 되어 있는 것으로 충분했다. 일부 로펌과 컨설팅 회사에서도 공동 관리가 이루어지고 있다. 두 사람이 파트타임으로 일하면서 하나의 풀타임 일자리를 공유하는, 일자리 공유제와 마찬가지로 이 전략은 새로운 루틴을 구축하고 신뢰를 쌓아야 하지만, 업무에서 완전히 벗어난 시간을 통해 성과를 거둘 수 있다.

— **직원들의 업무 외적인 삶과 우선순위를 인정하고 지원하라.**
업무 외적으로 어떤 일이 일어나고 있는지 물어보고 직원들이 자신에게 중요한 일을 하도록 격려하라. 아이가 있거나 돌봄 책임이 있는 직원들이 지원받고 있다고 느끼도록 하고, 가족에 대한 책임이 있는 직원도 (때때로 친구나 개인적인 우선순위가 있는 직원도) 자신의 의견이 존중받고 있다고 느끼는지 확인하라.

— **개인, 가족 또는 건강상의 이유로 업무 루틴을 변경해 보라.** 보다 지속 가능한 방식으로 일하는 롤모델로서 죄책감 없이 공개적으로 그렇게 하라.

이러한 변화 중 상당수는 간단하고 좋은 관리의 기본으로 보일 수 있다. 하지만 많은 조직은 업무 강도를 높이고 직원과 일선 관리자로부터 점점 더 많은 것을 얻어 내기 위한 방식의 문화와 보상 방식을 갖추고 있다. 이러한 상황에서 여기서 설명한 방식으로 운영하기 시작하는 팀은 지배적인 문화와 상충되는 반反문화를 형성하게 된다.[1] 이 길을 추구하는 관리자는 이러한 변화가 왜 팀에 도움이 되는지 설명하고, 팀 문화에 맞지 않는 행동으로 비판을 받는 직원을 위해 싸울 준비가 되어 있어야 한다. 또한 이러한 변화에 대해 우려하는 사람들을 안심시키기 위해, 마감일과 목표 달성에 대한 성공의 증거를 문서화해 두는 것도 도움이 될 수 있다. (일선 관리자가 업무 재설계 조치를 지원하는 방법에 대한 자세한 내용은 5장을 참조하라.)

개인을 위한 아이디어

고용주와 관리자가 업무 강도를 강화하는 데만 매몰되어 있을 때, 직원 개개인이 업무 과부하를 해결하고 더 나은 업무 환경을 조성하기 위해 할 수 있는 일은 무엇일까? 우리는 개인의 행동 변화가 그 자체로는 효과적이지 않고 적어도 우리가 필수적이라고 생각하는 제도적 개혁을 위해서는 충분하지 않다고 생각하기 때문에, 이 질문은 까다롭다. 또한 상시 근무, 장시간 근무, 무슨 일이 있어도 업무 완수해야 한다는 강한 기대가 있을 때, 이에 어긋나는 직원은 상사로부터 불이익을 받거나 최악의 경우 해고 대상이 될 실질적인 위험도 있다. 과부하를 피할 수 없는 것으로 받아들이는 문화에서 눈에 띄는 것은 도박처럼 느껴질 수 있으며, 그 도박이 좋은지에 대해서는 조언할 수 없다.

그럼에도, 여기서는 사람들이 다르게 일할 수 있는 가능성을 발견하는 데 도움이 될 작은 변화를 위한 몇 가지 아이디어를 공유하고자 한다. 이러한 아이디어는 여러분과 다른 사람들이 더 광범위하고 집단적인 변화에 대비할 수 있도록 준비시키면서, 팀이나 회사 문화가 더 광범위하게 적응하는지, 아니면 반발하는지 알아보기 위한 일종의 리트머스 종이라고 생각할 수 있다.

— **장시간 근무, 휴가 중 근무, 업무 때문에 수면에 지장받은 일 등을 자랑스럽게 이야기하지 마라.**
이러한 자축自祝은 이상적인 직원은 고강도로 일할 것이라는 기대를 강화하고, 이러한 관행으로 인해 개인, 가족, 회사가 치러야 할 대가가 무시될 수 있다.

— **재택근무에 대해 간식 시간, 집안일, 기타 게으름을 피우는 시간이라고 농담하지 마라.**
팀원 중 다른 사람이 팀 목표를 달성하기 위해 자신의 역할을 다하지 않는다면, 그들의 업무 방식을 탓하기보다는 그 사람이나 상사에게 직접 이야기하라. 우리를 포함한 많은 사무직, 전문직, 기술직, 관리직 근로자들은 집에서 조용히 집중해서 일하는 날이 가장 생산적이라고 생각하지만,

재택근무 중에도 생산성이 매우 떨어지는 날도 있을 수 있다. 이러한 생산성 차이는 사무실에서 일할 때도 마찬가지로 일어날 수 있다.

— **다른 사람의 근무 시간이나 그를 사무실에서 본 지 얼마나 되었는지에 대해 언급하지 마라.**
이는 4장에서 설명한 것처럼, 대면 시간이 소중하며 업무는 특정 장소에서 이루어질 때만 중요하다는 기대를 강화할 수 있다.[2]

— **언제, 어디서, 어떻게 일할 때 가장 생산성이 높고 활력이 넘치며 집중력이 높아지는지 생각해 보라.**
어떻게 하면 더 자주 그렇게 일할 수 있을지 관리자나 팀과 상의하라. 그리고 필요에 따라 어떻게 협업하고 소통할 수 있을지 논의하라. (〈부록 2〉에서 관리자가 이러한 대화를 시작하는 방법을 참조하라.)

— **실제 업무를 위해 네트워크로부터 분리되는 시간을 확보하라.**
커뮤니케이션 계획에 대해 그 관리자 또는 팀과 논의하라. (이에 대한 관리자용 참고 사항도 참조하라.)

— **가치가 낮은 업무를 정리하는 것에 대해 (조심스럽게) 이야기하라.**
여러분과 동료들은 특정 업무와 회의가 실제 업무 수행에 방해가 된다는 사실을 알고 있을 것이다. 불필요한 업무로 인한 생산성 손실이나, 특정 활동이 가장 중요한 업무를 방해하는 방식에 대해 간단히 언급하는 것부터 이러한 대화를 시작할 수 있을 것이다.

— **모든 회의나 전화를 전적으로 수락하지는 마라.**
회의 참석 요청을 받으면 의제, 기여 방법 또는 대화가 주요 목표와 어떤 관련이 있는지 명확하게 설명해 달라고 요청하고, 그것이 명확하지 않은 경우 회의 참석을 거절하라. 이 책에서 우리는 STAR에서 일어났던 이러한 사례들을 공유하지만, 일부 직장에서는 이러한 대응이 문제를 일으킬 수 있음을 알고 있다. 이 전략에 대해 관리자와 논의하고 우선순위를 점하고 있는 다른 업무(또는 개인적인 일이 우선순위를 점해야 할 필요성)에 대해 설명하라.

— **개인, 가족 또는 건강상의 이유에 맞춰 업무 루틴를 변경하라.**
팀 내에서 죄책감 없이 이를 공유하라. 특히 남성의 경우, 개인 및 가족과의 약속으로 인해 직장에서 근무 시간을 조정하고 있다는 사실을 공유하는 것은 유용할 수 있다. 아이가 있는 여성(근로자)은 종종 가족의 필요를 돌보는 것으로 간주되지만, 이로 인해 불이익을 받을 수도 있다.

— **동료들이 지속 가능한 업무와 개인적 우선순위를 지키기 위해 노력할 수 있도록 지원하라.**
예를 들어, 회의를 대신 참석하거나 통화 메모 공유를 제안함으로써 동료의 사생활이 번거로운 것이 아니라 중요하다고 여기고 있음을 전달하라. 모든 연령대, 생애 단계, 가족 형태, 성별의 직원들에게 이 같은 조치를 취해야 한다.

— **자기 관점에서 자신이 업무 과부하에 걸리거나 특정 업무나 일정이 현실적이지 않다고 느껴질 때, 이를 공유하라.**
무조건 시키는 대로 해야만 하는 환경에서는 이런 일이 어렵지만, 업무가 결과 없이 확장되고 강화될 수 있다는 가정을 깨는 것이 중요하다. 우리는 직원들이 관리자에게 "이제 X에 집중해야 하니 제 업무 중 어떤 것을 제쳐 두면 좋겠습니까?" 또는 "6가지 우선순위에 대해 이야기했는데, 어떤 것을 최우선 순위로 처리해야 하는지, 이 목록에서 다른 사람이 할 수 있는 일이 있는지 알려 주세요."와 같이 요구하는 것을 들어 본 적이 있을 것이다.

— **업무 강도나 근무 시간으로 인해 번아웃이나 건강이 위험함을 느끼거나 혹은 이직을 고려하고 있다면, 여러 사람에게 이 사실을 알리고 이야기하라.**
이를 통해 변화를 일으키는 힘을 얻을 수 있다. 변화가 일어나지 않더라도 현재 상황에 문제가 있다는 신호를 회사에 보낼 수 있다. 여성은 일과 삶의 균형을 고려하여 직업을 선택하는 반면, 남성은 그렇지 않다고 가정하는 경우가 많기에, 이는 남성에게 특히 중요할 수 있다.

이러한 변화는, 특히 여러 가지 변화를 함께 추구하고 다른 사람들이 동참할 때, 오래된 기대치를 없애고 업무를 더 완전히 재설계할 길을 마련할 수 있다.

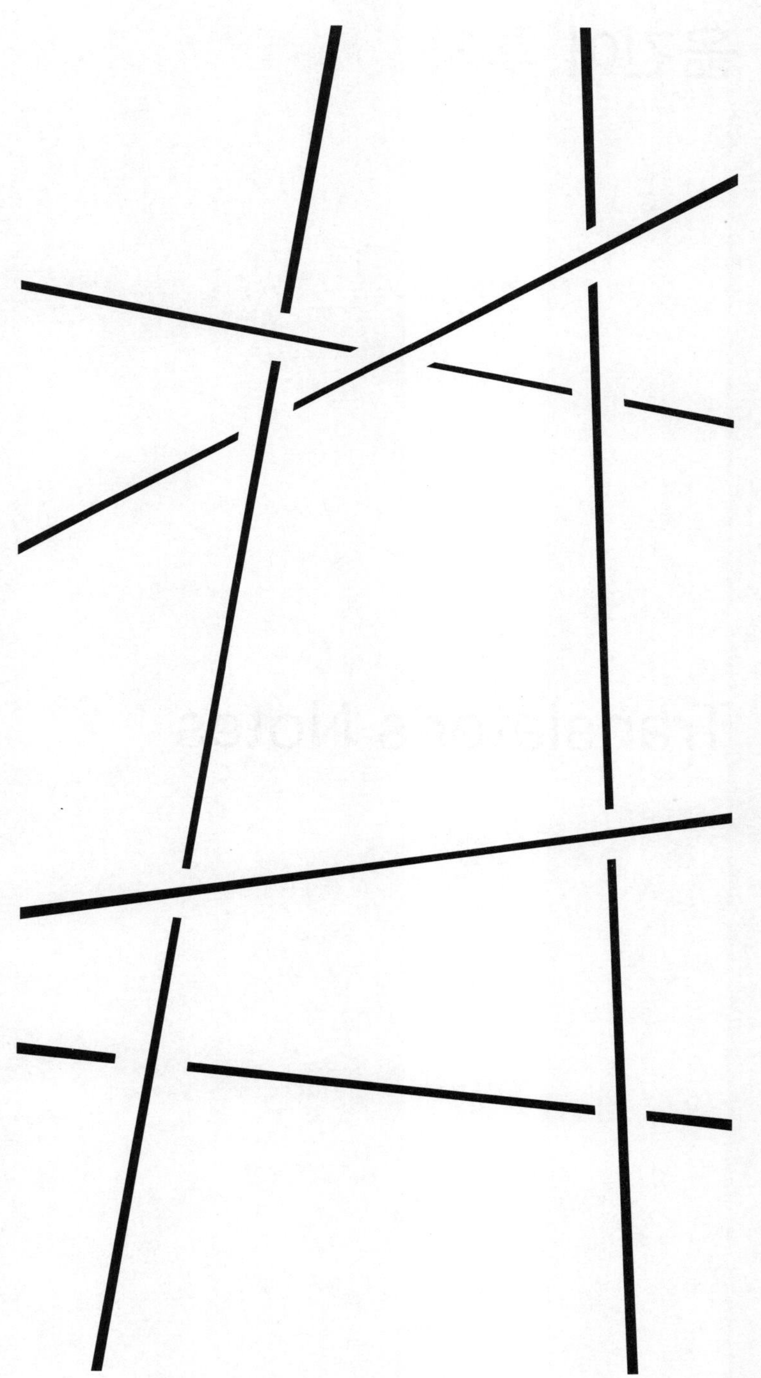

〈부록 3〉

옮긴이 후기

Translator's Notes

코로나19 시기를 통과하면서 한국 사회는 또 한번 급격한 변화를 맞이하고 있습니다. 특히 코로나19 시기에 재택근무, 온라인 학습 등 미래에는 실용화될 것으로 예상하고는 있지만 현재는 부차적인 것으로 치부해 왔던 업무 방식이, 갑작스레 현재에 주된 생활 방식으로 불쑥 들어오게 되는 사회적 실험 양상을 겪게 되었습니다. 기대한 것보다 미래가 너무 빨리 그리고 준비 없이 펼쳐지면서 사회 곳곳에서 다양한 파열음이 들려왔습니다. 하지만 코로나19가 진정 국면으로 접어들고 일상으로의 복귀가 이루어지면서 이러한 실험을 통해 얻은 교훈을 되새기고, 진짜 미래를 풍요로운 현실로 전환하기 위해 어떤 고민을 해야 하는지 생각해 보게 되었습니다.

『정상 과로』는 미국 기업의 경험을 통해, 한국 사회가 코로나19를 겪으며 발견한 노동과 관련된 화두에 어떻게 답을 할 것인지에 대해 힌트를 제공하고 있습니다. 이 책은 유연 근무의 가능성을 발견하고, 기업이 이를 어떻게 지원하고 활용할 수 있을지에 대해 많은 정보를 제공합니다. 하지만 더욱 중요한 점은 근로자 개인의 정체성과 개성을 인정하고 이에 대한 신뢰를 제공하는 방향으로 기업이 움직여야 한다는 것입니다. 언제 어디서 어떻게 일을 할지에 대해 전적으로 신뢰하고, 근로자는 이러한 신뢰에 부응할 때 기업은 다양한 비용을 절감하고 기업의 최고 가치인 성장을 달성할 수 있음을 이 책은 알려주고 있습니다.
노사 갈등, 성별 갈등, 그리고 세대 간 갈등으로 점철된 한국 기업이 상호 간 신뢰를 획득하고 서로를 인정하는 방식으로 움직일 수 있을지는 여전히 의문입니다. 하지만 이 책에서 제시하고 있는 가능성이 중요한 변화의 동인動因이 되기를 희망합니다. 그럴 때 한국 사회는 또 한번 진보할 수 있을 것이라 확신합니다.

『정상 과로』를 번역하기로 마음을 먹은 지가 도대체 언제인지 이제는 가늠할 수조차 없는 시간이 흘렀습니다. 지도 교수였던 에린 켈리의 연구를 미네소타 대학 재학 시절부터 지켜보면서, 그녀의 연구를 꼭 한번 한국에 소개하고 싶었습니다. 하지만 역자의 게으름으로 인해 이제야 번역을 마무리 짓게 되었습니다.

오랜 시간 번역에 공을 들였지만, 완전하지는 않습니다. 다양한 오류가 발견되지 못한 채 숨어 있으며, 이는 전적으로 역자의 부족함으로 돌리고자 합니다. 이 책을 출판하기까지 큰 인내와 기다림으로 도와주신 출판사 '이음'의 주일우 대표님과 강지웅 박사님 그리고 편집을 맡아 주신 이유나 편집자께 감사의 인사를 드립니다. 그리고 번역을 수행하는 오랜 시간 동안 아버지로서 남편으로서 부족했던 저를 지원해 주었던 사랑하는 딸 '이은'과 아내 '혜성'에게 이 공을 돌립니다.

감사합니다.

옮긴이 후기

미주

Endnotes

1 좋은 일자리와 나쁜 일자리, 미국 내 일자리 양극화에 대한 아니 캘러버그Arne Kalleberg(2009, 2011)의 논의을 참조하라. 경제학자들은 종종 좋은 일자리의 주요 척도로 임금에 초점을 맞추고 있지만, 우리는 캘러버그와 마찬가지로 일자리의 질에 대한 더 폭넓은 관점을 채택하고 있다.

2 우리는 롯데 베일린Lotte Bailyn, 데보라 콜브Deborah Kolb 및 그 동료들이 개발한 이중 의제 접근법을 기반으로 성평등 향상(종종 일과 삶의 문제를 해결함으로써)과 업무 효율성 향상이라는 두 가지 목표를 추구하고자 한다. 베일린Bailyn(2006), 플레처Fletcher, 베일린Bailyn, 그리고 블레이크 비어드Blake Beard(2009), 라포포트Rapoport 외(2001)를 참조하라. 이 책 전체에서 '이중 의제'는 업무 효율성과 근로자의 건강한 삶, 개인 혹은 가족에 대한 헌신을 추구하는 능력을 모두 다루는 조직의 제반 변화를 폭넓게 지칭하는 용어로 사용하고 있다.

3 '일, 가족, 건강 네트워크'는 미국 국립보건원과 질병통제예방센터와 상호 협력을 위한 협약에 따라 자금을 지원받은 학제 간 연구팀이다. 이 외에도 유니스 케네디 슈라이버 국립 아동 건강 및 인간 발달 연구소(보조금 #U01HD051217, U01HD051218, U01HD051256, U01HD051276), 국립 노화 연구소(보조금 #U01AG027669), 행동 및 사회 과학 연구실, 국립 산업 안전 보건 연구소(보조금 #U010H008788, U01HD059773). 윌리엄 T. 그랜트 재단, 알프레드 P. 슬론 재단, 미국 아동가족부으로부터 추가 자금을 위한 보조금을 수령했다. 이 간행물의 내용은 전적으로 저자의 책임이며 해당 기관 및 사무소의 공식적인 견해를 반드시 대변하는 것은 아니다. 이 공동 연구에 대한 자세한 내용은 〈부록 2〉와 4장, 5장, 6장에서 확인할 수 있으며, 4장, 5장, 6장에서는 TOMO에서 수행한 구체적인 연구 결과를 검토한다. 연구팀은 흔히 양로원이라고 불리는 30개의 장기요양기관에서 병행 연구를 수행하였다. STAR 조치는 해당 인력과 업계의 관심사에 맞게 조정, 변형되었으며, 일부 긍정적인 효과를 거두었다. 버크만Berkman 외(2015), 햄머Hammer 외(2016), 허타도Hertado 외(2016), 코섹Kossek 외(2019), 마리노Marino 외(2016)를 참조하라. 요양원 연구에 대한 분석은 현재 진행 중이며, 새로운 간행물은 www.workfamilyhealthnetwork.org에 게시될 예정이다. 미주

4 시간제 서비스 근로자에 대한 연구는 슈나이더Schneider와 하르크넷Harknett(2019), 헨리Henly와 램버트Lambert(2014), 뉴먼Newman(1999)을 참조하라. 전문직 엘리트에 대한 연구는 블레어-로이Blair-Loy(2003), 퍼로Perlow(2012), 호Ho(2009), 윈Wynn과 라오Rao(2019), 엡스타인Epstein 외(2014)를 참조하라. 계층에 따른 근로자의 경험과 가족 생활에 대한 중요한 비교는 쿠퍼Cooper(2014)를 참조하라.

5 자금 제공자에 대한 정보는 미주 3번과 〈부록 2〉를 참조하라. 훌륭한 협력자들과 그들의 역할도 〈부록 2〉에 설명되어 있다.

6 이는 에버렛 휴즈Everett Hughes와 관련된 고전적인 사회학적 질문으로, 제도적 변화의 가능성에 주의를 환기시키기 위한 것이다(스트라우스Strauss 1996 참조). 또한 역사적 연구와 국가 간 연구를 통해 사람들은 다른 사회 시스템, 제도적 규칙, 일상적 관행이 실현 가능하다는 것을 알 수 있다. 육아 휴직과 공공 보육에 관한 많은 인기 언론 기사가 스웨덴이나 다른 북유럽 국가로 시작하는 데에는 그만한 이유가 있다. 이러한 비교를 통해 미국인들에게 공공 정책이 전반적으로 경제를 포기하지 않고도 다른 방향으로 나아갈 수 있다는 가능성을 제안할 수 있다.

7 이 인용문은 조직 개발 분야의 기초가 된 르윈Lewin의 연구에 기반을 두고 있다. 르윈은 "좋은 이론만큼 실용적인 것은 없다"고 말한 것으로도 알려져 있다(https://en.wikiquote.org/wiki/KurtLewin 참조). 필리스Phyllis는 자신의 멘토이자 친구인 유명한 발달 심리학자 유리에 브론페브레너Urie Bronfenbrenner가 "특정 정책에 대한 연구보다 기초적인 이론 중심 학문을 발전시키는 것이 더 유용하다"고 주장하는 것을 자주 들었다. .

8 어머니는 덜 헌신적이고 덜 유능한 반면, 아버지는 헌신적이고 좋은 근로자일 가능성이 높다는 인식이 깊숙이 자리 잡고 있으며, 이는 채용 시 발생하는 모성 불이익(motherhood penalty)의 근간을 이루고 있다(예: 코렐Correll 외, 2007).

9 최근 밀레니얼 세대에서 나타나는 번아웃에 대한 이야기가 화제가 되었다(피터슨Petersen 2019 참조). 해리스Harris(2017)는 불평등이 심하고 고용 안정성이 낮은 시대에 살아남기 위해 더 많은 일을 하려는 밀레니얼 세대의 광적인 노력에 대해 보다 확장된 사회학적 분석을 제공하고 있다. 그는 많은 밀레니얼 세대가 "일과 삶의 균형을 맞출 만큼 일과 삶을 분리하는 법을 배운 적이 없다"(8쪽)고 지적하고 있지만, 동시에 이러한 패턴은 단순히 특정 세대의 선호가 아니라 비정규직 및 프리랜서로 일하는 사람들 사이에서 나타나는 강화된 업무, 불안정한 일자리, 추가 성과의 필요성을 반영한다고 말한다.

1 조직 계층 구조에서 나타나는 다양한 역할을 지칭하는 용어에 대해 간단히 설명하자면, 우리는 관리 책임이 없는 모든 근로자를 '직원' 또는 '전문가'라고 부르지만 많은 기업에서는 이들을 '개인 기여자(individual contributors)'라고 부르고 있다. 물론 이들도 근로자에 해당하며 우리도 이 용어를 사용하고 있다. 다른 사무직 조직과 마찬가지로 TOMO는 조직도에서 핵심 작업자 바로 위에 있는 감독자를 설명할 때 관리자라는 용어를 사용하고 있다. 관리자는 최소 한 명의 근로자에 대한 성과 검토 및 관련 급여, 보너스 결정에 대한 책임을 포함하여 감독 책임을 가지지만, 상황에 따라 최대 100명의 직원을 감독할 수도 있다. 우리는 이 그룹에 대해 '관리자' 및 '일선 관리자'라는 용어를 사용한다. '리드'라고 불리는 선임 전문가는 비공식적으로 팀에서 경험이 적은 IT 전문가의 업무를 지도하지만 공식적으로 '인사 관리자'(성과 검토를 담당)가 아니므로 직원이라고도 부른다. 관리자는 여러 매니저와 그들에게 보고하는 직원들의 업무를 감독한다. 매니저와 관리자 위의 임원급에는 부사장과 몇몇 수석 부사장이 포함된다. 부사장은 IT 부서를 이끌며 회사의 CEO에게 직접 보고한다.

2 제이콥스Jacobs와 거슨Gerson(2004)은 『시간 분할(The Time Divide)』이라는 책에서 이러한 분기(分岐)에에 대해 자세히 설명하고 있다. 캘러버그Kallerberg(2011), 쿤Kuhn과 로렌조Lorenzo(2008), 차Cha와 위든Weeden(2014), 미셸Mishel(2013)도 참조하라. 차Cha와 위든Weeden(2014)은 2000년대 들어 소폭 감소했다고 보고하지만 2000년대에는 IT를 비롯한 광범위한 글로벌화와 다운사이징이 이루어진 산업(미국 및 기타 고비용 시장)에서는 다른 패턴을 보였을 수 있다.

3 미셸Mishel(2013)은 여성의 연간 추가 근무 주수가 이러한 추세에 어떻게 기여하는지에 대해 설명한다. 가족을 위한 경향에 대해서는 제이콥스Jacobs와 거슨Gerson(2004)과 보우쉬Boushey(2016)를 참조하라.

4 2006년경까지의 미국 상황에 대해서는 캘러버그Kalleberg(2011)를 참조하라. 비교 분석에 대해서는 겔리Gallie(2017) 및 그린Green(2006)을 참조하라. 노동조합의 쇠퇴, 오프쇼어링(해외 업무 위탁)으로 인한 경제적 불안감의 증가, 비정규직 및 임시직 노동력의 증가로 인해 노동 강도가 높아진 것으로 추정된다. 경영진이 여유 시간을 줄이고 생산량과 품질을 더 쉽게 모니터링할 수 있게 해 주는 기술의 변화도 노동 강도를 높이는 것으로 보이지만, 체감 강도의 추세는 핵심 기술의 도입과 잘 일치하지는 않고 있다(Gallie 2017).

5 퍼린Pearlin(2010)을 참조하라.

6 이 설문 조사에서 과부하를 측정하는 항목은 카라섹Karasek(1979)이 개념화한 심리적 직무 요구 척도의 한 항목이다. 이 척도의 다른 두 항목은 업무에서 매우 열심히 일해야 한다는 느낌과 매우 빠르게 일해야 한다는 느낌이다. 1970년대부터 2000년대까지의 주관적 업무 강도의 변화에 대해서는 캘러버그Kalleberg(2011)를 참조하라. 다른 학자들은 일반적으로 주당 50시간 이상 일하는 것으로 이해되는 '과로(overwork)'를 설명하기도 하고(예: Cha and Weeden 2014), 자신의 모든 역할에서 처리해야 할 일이 너무 많다는 느낌으로 '과부하(overload)'를 논의하기도 했다(Blair-Loy and Cech 2017). 우리가 다루는 것과 동일한 딜레마 중 일부를 요약한 브리짓 슐테Bridge Schulte의 저서에서는 '과부하'를 여러 영역에 걸쳐 처리해야 할 일이 너무 많다는 주관적인 느낌으로 논의하고 있다(Schulte 2015). 슐테의 광범위한 저서(그리고 이전 업무 재설계 연구에 대한 논의)를 높이 평가하지만, 슐테의 초점은 주로 여성의 경험과 일과 삶의 도전에 맞춰져 있다. 우리는 업무 과부하, 즉 자신의 업무와 관련하여 해야 할 일은 너무 많은데 자원은 너무 적다고 느끼는 것을 다시 논의하고자 하는데, 이는 일과 가정의 책임의 결합이 아니라 직장에서의 상황이 문제의 근원이 되고 있다고 보기 때문이다.

7 2018년 일반 사회조사(General Social Survey)에서 동의하거나 매우 동의한다는 응답이 35%로 2002년과 2006년의 27%에서 증가했다(변수: 과로).

8 예를 들어 퍼로Perlow(2012)와 라이드Reid(2015)는 경영 컨설턴트가 고객의 질문과 동료 및 관리자의 문의에 긴급한지 여부에 관계없이 밤낮이나 주말에 응답하는 것에 대해 기대하는 바를 설명한다. 마즈마니안Mazmanian과 에릭슨Erickson(2014)은 로펌, 경영 컨설팅 회사, 회계 회사 등 전문 서비스 회사들이 직원의 업무 및 경력 잠재력을 평가하는 핵심 요소로서 직원의 상시 근무 가능성을 기대할 뿐만 아니라, 이러한 회사들은 "상시 연락 가능성을 제품의 필수 요소로 판매하고 있다"고 주장한다. 이러한 통찰은 경제학자 클라우디아 골딘(Claudia Goldin, 2014)이 성별 임금 격차의 원인이 되는 매우 길고 구체적인 근무 시간에 대한 보상에 대해 분석한 결과와 관련이 있다. 골딘은 기업이 이러한 업무 관행에 대해 더 많은 비용을 지불하는 이유는 부분적으로 고객이 특정인에게 연락할 수 있기를 기대하기 때문이라고 주장한다. 고객이 필요로 하는 것이 있을 때마다(또는 질문이나 공유할 생각이 있을 때마다) 특정 사람이 고객 관계를 돌볼 수 있어야 하는 경우, 근무 시간이 늘어나고 즉각적인 대응이 보상으로 주어질 가능성이 높다. 클라우슨Clawson과 거스텔Gerstel(2014)과 브리스코Briscoe(2007)의 연구에서 알 수 있듯이 의료 분야에서는 직종에 따라 기대하는 상시 근무 가능성이 다르다. 간호사, 간호조무사, 응급구조사와 같이 주로 직접적인 간호 업무를 담당하는 직종은 근무 시간이 정해져 있지만 스케줄을 재협상하기 위해 연락을 취해야 한다. 반면에 의사는 진료 시간 외에 더 많은 질문을 받을 수 있기에, 당직 또는 비공식적으로 환자를 진료하는 빈도와 시간을 제한하기 위해 많은 의사들이 특정 유형의 진료 방식을 찾고 있다.

9 윈Wynn(2018)은 경영 컨설턴트를 대상으로 한 연구에서 장시간 근무, 지속적인 상시 근무 가능성, 제한된 일정 통제, 대면 시간 등의 유사한 특성을 확인했다. 그녀는 "상시 근무"라는 용어를 사용하며 이를 "이상적인 근로자 규범의 초강력 진화"라고 설명한다. 우리의 과부하와 집중 업무에 대한 개념은 우리가 윈의 연구를 읽기 전에 다른 업계에서 개발된 개념이다.

10 해당 약사의 인용문은 쿠르츠Kurutz(2018), 간호사의 장시간 근무 관리를 위한 팁은 콘론Conlon(2016), 점심시간에 관한 내용은 월런Wollan(2016)을 참조하라.

11 업무 과부하의 다른 잠재적 예측 요인을 조정하기 위해 로짓 모형(logit model)을 활용하여 다양한 업무 및 개인적 특성이 업무 과부하를 보고하는지 여부를 추정하였다 (즉, 업무를 수행할 시간이 충분하지 않다는 것에 동의하거나 매우 동의하는 경우). 이 모델은 기본 설문 조사를 완료한 956명의 IT 전문가 및 관리자를 기반으로 한다. 결론은 프로빗(probit) 및 일반 최소 제곱 모델(ordinary least square model)과 동일했다. 50시간 이상 근무하는 사람은 그렇지 않은 사람보다 업무 과부하를 보고할 승산(odds)이 2.48배 더 높았다. (근무 시간을 연속적으로 측정하는 비교 모형에 따르면 근무 시간이 1시간 늘어날 때마다 과부하를 보고할 확률이 13%씩 증가한다.) 저녁, 야간, 새벽에 주당 10시간 이상 근무한다고 답한 응답자는 과부하를 보고할 승산이 1.46배, 한 달에 4일 이상 주말에 근무한다고 답한 응답자는 1.74배 더 높았다. 이는 가법 모형(additive model)이기 때문에 장시간 근무와 야간, 아침, 주말 근무를 보고하는 직원과 관리자는 이러한 과부하를 느낄 승산이 훨씬 더 높다고 할 수 있다. 근무 시간을 고려하더라도 관리자는 비관리직 직원보다 과부하를 느낄 승산이 1.8배 더 높았다. 프로젝트 관리자(소프트웨어 개발 기능 전반에 걸쳐 프로젝트를 조정하지만 해당 프로젝트의 분석가, 개발자, 테스터에 대한 공식적인 권한은 없음)도 소프트웨어 개발자라는 기준 범주에 비해 과부하를 느낄 승산이 2.25배 더 높다. 그리고 여성이 남성보다 과부하를 느낀다고 응답할 확률이 1.8배 더 높았다. 이 장의 뒷부분에서 성별 차이에 대해 설명한다. IT 전문가와 관리자가 근무 시간과 장소를 더 많이 통제할 수 있고(일정 통제 측정), 가족과 개인 생활에 대해 상사로부터 더 많은 지원을 받는다고 느낄 때(가족 지원 감독 행동 측정) 업무 과부하를 느낄 가능성이 현저히 낮아진다. 이러한 업무 환경의 측면은 4장에서 설명하는 바와 같이 STAR의 주요 목표이다.

12 가족 돌봄 요구는 직원과 관리자가 그들의 업무가 가정과 충돌하거나 방해가 된다고 느낄 확률을 높이지만, 업무 과부하에는 영향을 미치지 않았다. 기혼 또는 파트너 유무도 업무 과부하와 연관이 없다. 직장에 다니지 않거나 파트타임으로 일하는 배우자가 있는 경우, 업무를 완수하기에 시간이 부족하다고 느끼는 비율이 약간 낮았다. 이는 배우자나 파트너가 집에 있으면 집안일이나 돌봄 업무를 더 많이 맡을 수 있기에 더 많은 시간을 일할 수 있다는 점에서 흥미롭지만, 여기서는 업무 시간을 고려한 후에도 증가한다는 증거를 볼 수 있다. 아마도 집에 배우자나 파트너가 있는 사람들은 일하는 동안 업무에 더욱 집중할 수 있는 것으로 보인다.

13 3장에서는 이러한 기대치와 이를 준수하도록 조장하는 고용 불안에 대해 설명한다. 이후 장에서는 기술을 과부하의 통로뿐만 아니라 직원들이 과부하를 조절하는 데 도움이 되는 방식으로 사용할 수 있는 방법을 다룬다. 또한 전문가와 관리자가 기술 사용을 경영 압력에 대한 어쩔 수 없는 대응이 아니라 자신의 선택으로 이해하는 경우가 많다고 지적한 매즈마니안Mazmanian, 올리코우스키Orlikowski, 예이츠Yates(2013)와 와츠먼Wajcman(2015)도 참고하라. 퍼로Perlow(2012)는 동료들이 어떻게 상시 근무 가능성에 대한 기대를 강화하는지에 대해 설명한다.

14 클라우스Clawson과 거스텔Gerstel(2014)은 의료 부문의 네 가지 직종에서 어떻게 업무 일정이 수립되는지, 업무 중단은 어떻게 나타나는지 그리고 업무를 어떻게 통제하는지를 비교했다. 이들은 예측 불가능성(일정 변경, 예상치 못한 초과 근무 등)이 너무 자주 발생하여 예상치 못한 상황이라고는 이해할 수 없지만, 이러한 일정 문제나 추가 근무의 발생 시기는 알 수 없다고 지적한다. 이러한 예측 불가능성은 자격을 갖춘 전문가를 채용하고 유지하기가 어렵기 때문에 노동 시장에서 더 많은 영향력을 가진 간호사에게는 큰 영향이 없었지만, 조직이 빈약하고 특정 개인의 부재로 인해 이미 타이트한 시스템이 혼란에 빠질 때 더 조직을 어렵게 만들 수 있다. 3장에서 설명하겠지만, TOMO의 IT 전문가와 관리자들은 이미 조직이 축소된 후 간소하게 운영되고 있었던 상황에서, 계약직이나 해외 근로자에게 일자리를 잃을까 봐 걱정했기 때문에 안정성이나 근무 시간 제한을 요구할 수 있는 힘이 거의 없었다.

15 베커Becker 외(2018)를 참조하라. 안타깝게도 설문 조사에서는 TOMO 전문가와 관리자에게 가용성 기준이나 언제든 연락할 수 있어야 한다는 압박감에 대해 묻지 않았다.

16 여기서 기준은 주당 최소 10시간의 저녁 또는 야간 근무와 한 달에 최소 4일의 주말 근무(또는 사용 가능한 주말 근무일수의 약 절반)이다. 또한 총 근무 시간, 이러한 '늘어난' 근무 시간 측정치 및 기타 특성을 포함하는 다변량 모델을 구성하였다. 이러한 회귀 모델에서 근무 시간의 범주형 측정값(주당 50시간 이상 대 50시간 미만)을 포함할 경우 야간 및 아침 근무와 주말 근무는 유의미한 예측 변수이지만, 연속형으로 측정한 근무 시간이 있는 모델에서는 통계적 유의성에 도달하지 못하였는데, 특정 시간에 일하는 것과 더 많이 일하는 것 사이에 상관관계가 있기 때문일 수 있기 때문이다.

17 이 분석은 전문가와 관리자 또는 급여를 받는 사무직 근로자에 국한된 것이 아니므로 TOMO 연구와 직접 비교할 수는 없다, 하머메쉬Hamermesh와 스탄카넬리Stancanelli의 2015년 연구를 참조하라.

18 불안정하고 예측할 수 없는 일정에 대한 노출에 있어 최선의 추정치는 램버트Lambert 외(2014)를 참조하라. 특히 소매업 종사자에 대한 연구는 헨리Henly와 램버트Lambert(2014), Henly 외(2006), 슈나이더Schneider와 하크넷Harknett(2019)을 참조하라.

19 안정적인 일상은 어린이와 청소년에게 특히 중요하며, 부모의 일정과 직장 내 지원의 예측 가능성은 부모의 경험과 자녀의 복지에 영향을 미친다. 예를 들어, 카리요Carillo 외(2017), 존슨Johnson 외(2012), 페리 젠킨스Perry Jenkins(2014)를 참조하라.

20 이전 연구를 수행하였던 베스트바이 본사를 포함한 다른 사무직 직장에서 동시에 예정된 그리고 서로 비슷하게 중요한 비중을 가진 회의에 이중, 삼중으로 예약된 직원들을 볼 수 있었다. 이러한 조직 문화에서 특정 직원이 회의에 이중으로 참여 요청을 받는다는 것은 회사에서 그 직원의 중요성이나 가치를 나타내는 신호로 간주된다. 하지만 이런 사람들이 실제로 모든 회의에 참석할 수는 없으며, 전화 회의를 통해 TOMO의 일부 직원들은 그렇게 하려고 노력하고 있었다.

21 기술과 업무 중단(그리고 그것이 업무 자체가 되는)에 대해서는 발리Barley, 마이어슨Meyerson, 그로달Grodal(2010), 매즈마니언Mazmanian, 올리코우스키Orlikowski, 예이츠Yates(2013), 퍼로Perlow(2012), 버드Bird, 리커Rieker(2008), 클로츠Klotz, 로젠Rosen(2017), 버달Berdahl, 글릭Glick, 앨런소Alanso(2017)를 참조하라. 이러한 기술적으로 매개된 커뮤니케이션이 관료주의를 어떻게 재구성하는지에 대해서는 터르코Turco(2016)를 참조하라.

22 TOMO에서 두 사람 간의 전화 통화(전화 회의와는 반대)는 정전이나 기타 기술적 문제를 알리기 위해 누군가에게 전화하는 것과 같이 긴급하거나 논쟁의 여지가 있거나 민감한 문제로 간주되는 사안에서 권장된다. 전화 통화는 보다 솔직하고 사적인 대화를 나눌 수 있기 때문에 관리자는 참조를 통해 더 많은 사람에게 전달할 수 있는 이메일보다 전화로 상급자에게 문제를 보고하는 것을 덜 공격적인 것으로 간주하는 경향이 있다.

23 우리는 TOMO에서 현장 조사를 진행하면서 이러한 업무 관행에 대해 자세히 알게 되었지만, 안타깝게도 초기 설문 조사에서는 멀티태스킹이나 업무 중단에 대해 질문하지는 않았다. 과도한 회의로 인해 저녁과 야간으로 밀려난 실제 업무의 고전적인 예는 퍼로Perlow(1999)를 참조하라. 하지만 오늘날에는 기술을 통해 언제 어디서나 쉽게 연락할 수 있게 되었다.

24 근무 시간과 장소를 선택할 수 있는 등 일정 관리의 폭이 넓은 직원과 관리자는 업무 과부하를 느낄 가능성이 훨씬 적다(미주 8번 참조). 직원이 외부에서 일할 수 있지만 메신저, 이메일, 전화로 연락해야 하는 '가상 대면 시간'도 문제가 될 수 있다. 하지만 장시간 근무하는 동안 사무실에 있어야 한다는 압박을 받고 저녁, 밤, 아침, 주말에도 전자적 수단을 통해 연락할 수 있는 것보다는 부담이 덜한 것 같다.

25 이러한 신념은 윌리엄스Williams(2000)와 베일린Bailyn(2006)에서도 명확히 드러났다. '유연성 낙인'(Williams, Blair-Loy, Berdahl 2013)과 유연한 근무 패턴을 숨기고 '통과'하는 것의 이점에 관한 문헌도 참고하라(Reid 2015).

26 누난Noonan과 글래스Glass(2012), 40페이지에 나타난 인용, 그리고 글래스Glass와 누난Noonan(2016) 및 블레어-로이Blair-Loy(2009)도 참조하라.

27 이 밖에도 실업, 건강 보험 부족, 직장에서의 제한된 사회적 지원, 경영진의 결정이 공정하지 않거나 정의롭지 않다는 느낌 등이 연구 대상에 포함되었다. 고Goh, 페퍼Pfeffer, 제니오스Zenios의 연구는 자가 보고된(self-reported) 건강 상태, 자가 보고된 정신 건강 상태, 의사가 진단한 건강 상태(또는 만성 질환), 사망률 등을 검토하였다. 이러한 근무 환경 중 상당수는 이러한 건강 결과에 대해 간접 흡연 노출만큼이나 큰 영향을 미친다. 자세한 내용은 페퍼Pfeffer(2018)가 작성한 요약과 고Goh 외(2015a, 2015b)의 세부 내용을 참조하라.

28 STAR 업무 재설계가 시작되면서 일선 관리자 인터뷰를 시작하고 직원을 추가했기 때문에 이 섹션에서는 관리직이 아닌 직원의 관점보다 관리자의 관점에 더 많이 의존하고 있다. 표본에 포함된 관리자들은 직원들보다 더 집중적으로 일하고 있으며(평균 근무 시간이 더 길고 과부하가 더 많이 보고됨), 평균 연령이 몇 살 더 높았기에 그들은 자신의 건강 문제를 직접 해결하고 있었다. 또한 우리는 이들 관리자에게 업무가 자신들이 관리하는 직원들에게 어떤 영향을 미쳤는지에 대한 생각도 물었다. 이 섹션의 인용문 대부분은 "업무가 직원들의 건강, 그들의 사생활에 미치는 영향에 대해 직원들로부터 어떤 이야기를 들으셨나요? 어떤 점이 눈에 띄나요?"라는 인터뷰 질문에서 발췌한 것이다. 이와 더불어 "개인 생활이나 건강 측면에서 관리자로서의 삶은 어떤가요?"라는 질문도 포함되었다.

29 물론 어떤 건강 상태나 위기를 특정 업무 조건이나 업무 스트레스와 단정적으로 연결 짓기는 어렵다. 하지만 멜리사가 자신의 진단에 대해 설명하는 것을 보면 스트레스가 뇌졸중의 원인이라는 말을 들은 것은 분명하다. 또한 멜리사의 뇌졸중은 이 책의 뒷부분에서 설명하는 조치인 STAR가 시작된 이후에 발생했다는 점에 주목해야 한다. 멜리사는 STAR를 매우 긍정적으로 묘사하며 이러한 변화로 직원들이 더 행복하고 건강해졌다고 보고했다. 하지만 멜리사의 관리자는 STAR 이후에도 여전히 멜리사가 일주일에 최소 4일은 사무실에 출근하고 더 오랜 시간 동안 근무하기를 기대했다. 게다가 STAR가 팀에 도입될 무렵, 다른 관리자가 해고되어 멜리사의 팀 규모는 두 배로 늘어났고 업무량도 더욱 증가하였다.

30 알렉산드라 미셸Alexandra Michel(2011)은 투자 은행가를 대상으로 과중한 업무가 신체를 어떻게 변화시키는지를 조사하는 연구를 수행하였다. 그녀는 또한 이 젊은 전문가들이 처음에는 자신의 몸을 훈련하거나 숙달해야 할 대상으로 여기고 건강 위기와 피로를 극복해야 할 과제로 여기며 자신의 몸에 대해 어떻게 저항했는지 밝혀내었다. 시간이 지나면서 이들 은행원 중 일부는 자신의 몸을 하나의 주체로서, 업무 강도가 비생산적으로 변했을 때 귀 기울이고 배울 수 있는 안내자로서 이해하기 시작했다. 아마도 TOMO IT 전문가와 관리자들이 젊은 은행원들보다 나이가 많았기 때문에 신체의 질병과 한계를 동정적으로, 그리고 오랫동안 함께해야 할 동반자로 여기고 있었다. 셔윈처럼 건강의 위기를 마음에 새기고 수면, 운동, 업무 방식을 재구성하여 신체를 더 잘 지탱할 수 있도록 노력한 사람도 있었다. 1장에서 언급했듯이 STAR는 셔윈과 다른 TOMO 직원들에게 이러한 변화를 위한 기회와 정당성을 제공하였다.

31 우리는 심리적 고통에 대한 K-6 척도(R. C. Kessler 외 2003)를 설문 조사에서 사용하였다. 이러한 결과는 과부하 또는 근무 시간에 따른 삶의 질의 결과들에 대한 이변량 분석 결과로부터 도출되었다.

32 이러한 결과는 앤 카둑Anne Kaduk과 케이티 제네덱Katie Genedek이 TOMO의 첫 번째 직원 설문 조사를 분석한 결과로부터 도출되었다. 비자발적인 가변(可變) 스케줄에 대한 이러한 결과는 개인적 특성, 사회경제적 지위, 가족의 요구, 근무 시간 및 기타 여러 가지 업무 환경 측정치를 고려한 결과이며, 작업 그룹 내 직원들의 집단화(clustering)도 통계적으로 설명할 수 있다. 카둑Kaduk 외(2019)를 참조하라.

33 이 조사 결과는 최소 3일 이상의 유효한 액티그래피 데이터가 있는 618명의 IT 직원을 대상으로 한 것으로, 이 액티그래피 연구에는 관리자는 포함되지 않았다. 올슨Olson 외(2015)를 참조하라.

34 이 연구에서 수면의 질은 직원들에게 수면에 대한 평가를 묻는 질문('나쁘다' 또는 '상당히 나쁘다')과 얼마나 자주 충분한 휴식을 취했다는 느낌으로 잠에서 깨는지('전혀' 또는 '거의' 휴식을 취하지 않았다)를 묻는 질문으로 측정하였다. 슈나이더Schneider와 하르크넷Harknett(2019)이 소매업 종사자를 대상으로 한 연구에서 밝혀낸 것처럼, 불안정한 근무 일정은 매우 다양한 직군에서 수면의 질 저하를 예측한다.

35 일과 가정 사이의 갈등에 대한 연구들의 검토는 쉬만Schieman 외(2009), 미셸Michel 외(2011), 그리고 켈리Kelly 외(2014)를 참조하라.

36 쉬만Schieman(2013), 쉬만Schieman과 글래빈Glavin(2008), 체슬리Chesley(2005, 2011, 2014), 체슬리Chesley와 모엔Moen(2006)도 참조하라.

37 이 용어와 다양한 의료 직종 내 예측 불가능성에 대한 분석은 클라우슨Clawson과 거스텔Gerstel(2014)을 참조하라.

38 가족 구성원을 대상으로 한 반구조화된 인터뷰는 없지만 이러한 유형의 연구도 가치가 있을 것이다. 부부에 대한 분석은 초기 연구(Moen 2003)의 중심이었으며, 현재 근무 조건과 부부 역학 관계에 대해 여전히 더 많은 것을 배울 수 있다. 최근의 한 연구에 따르면 조직에서 정규 근무 시간 이후에 이메일을 감시한다고 느끼는 직원은 더 불안해하며, 배우자도 더 불안해하고 부부 관계에 대한 만족도가 낮은 것으로 나타났다(베커Becker 외. 2018).

39 라마라잔Ramarajan과 리드Reid(2013)를 참조하라. 파다비치Padavic, 엘리Ely, 그리고 리드Reid(2019)는 경영진이 성 불평등 문제를 일과 가정의 문제로 정의하는 것을 선호하는 '사회적 방어'가 작동하고 있다고 주장한다. 저자들에 따르면, 일-가정 양립 프레임은 여성의 갈등을 강조하지만 광범위한 업무 과부하 경험을 간과하며, 경영진이 직장 내 성 불평등을 해결하기 위한 다른 조치를 취하라는 요구를 완화시킨다.

40 미로우스키Mirowsky와 로스Ross(1998)의 고전적인 연구에 따르면 여성은 설문 조사에서 감정을 더 잘 표현하며, 표현 정도를 조정한 후에도 더 많은 고통에 직면하고 있다고 보고한다. 로젠펠드Rosenfeld와 모우존Mouzon(2013)은 성별과 정신 건강에 관한 연구를 철저히 검토하였다.

41 남성들이 힘과 체력, 강인함과 경쟁력으로 자신을 진정한 남성으로 증명하는 '남성성 경연대회'로서의 일에 대한 쿠퍼Cooper(2000), 윌리암스Williams(2010), 버달Berdahl 외(2018)의 연구를 참조하라.

42 의사인 아버지와 응급 의료 기술자인 아버지를 비교한 쇼Shows와 거스텔Gerstel(2009)의 연구를 참조하라.

43 일상적인 돌봄과 정신적 노동을 더 많이 하는 남성은 편부, 변호사나 의사 등 지위가 높은 전문직 여성과 결혼한 남성, 그리고 아내가 교사 등 직업상 스케줄이 유연하지 않아 자녀가 아플 때 전화를 받거나 학교 회의를 위해 낮에 한 시간 정도 시간을 낼 수 있는 '기본 부모' 역할을 맡는 남성을 포함하고 있다. 설문 조사 표본에는 동성 교제 및 결혼 관계에 있는 일부 전문가와 관리자가 포함되었지만, 인터뷰 응답자 중 동성 가정에 속한 사람은 단 두 명뿐이었다(트랜스젠더, 논바이너리(성별 구분을 하지 않겠다고 주장하는 이들) 또는 양성애자라고 공개적으로 밝힌 사람은 없었다). 따라서 TOMO의 성소수자 직원들이 어떻게 업무 과부하를 경험하는지는 조사할 수 없었다.

44 캐나다의 직장인을 대상으로 한 대규모 설문 조사에 따르면, 집에 있을 때 직장에서 연락받는 것이 여성에게 더 큰 고통을 주며, 이는 여성이 이러한 업무 방해에 대해 죄책감을 느낄 가능성이 더 높기 때문이라는 사실을 발견한 글래빈Glavin 외(2011)의 연구 결과를 참조하라. 엄마와 아빠가 겪는 '시간 압박'은 비슷한 수준이지만 엄마가 더 크게 영향을 받는다는 노마구치Nomaguchi 외(2005)의 연구도 참조하라.

45 물론 모든 결혼과 파트너십이 이성애 관계인 것은 아니다. 파트너 또는 결혼한 동성 관계에 있는 설문 조사 응답자는 약 20명으로, 성적 지향에 대해 직접 묻지 않았기 때문에 배우자 또는 파트너의 성별을 기준으로만 확인할 수 있었다. 다른 연구에 따르면 레즈비언 커플은 다른 커플에 비해 유급 및 무급 노동을 더 평등하게 분담하는 것으로 나타났다(Shafer 외. 2017). 인터뷰에 응한 동성 결혼 또는 파트너십 관계에 있는 사람 중 풀타임 이하로 일하는 배우자 또는 파트너가 있는 사람은 없었다. 인터뷰에서 남편의 업무 패턴에 대한 불만을 토로한 한 게이 남성의 말처럼, 이러한 배우자나 파트너 역시 장시간 근무와 업무 중단으로 인해 불만을 가질 것이며, 배우자 자신의 업무 약속이 동성 커플의 업무 과부하에도 영향을 미칠 것으로 예상된다.

46 이 수치는 사회학자 에밀리 셰이퍼(Emily Shafer, 2017)가 이성애자 커플 590쌍의 TOMO 응답자를 분석한 결과이다. 장시간 근무하는 남성의 파트너인 여성은 스트레스를 더 많이 받고 관계의 질, 특히 배우자나 파트너로부터 이해받고, 배려받고, 편안함을 느끼는지에 대한 질문으로 측정한 '정서적 연대감'이 낮다고 보고하였다. 반면, 남성의 스트레스와 관계의 질은 자신의 업무 상황의 효과를 배제하고 파트너의 장시간 근무에 영향을 받지 않는 것으로 나타났다. 베커Becker와 모엔Moen(1999), 마우미Maume(2006), 스톤Stone(2007)의 연구도 참조하라.

47 체슬리Chesley(2011) 및 크레이머Kramer, 켈리Kelly, 맥컬록McCullouch(2015)을 참조하라.

48 에이커Acker(1990), 149쪽에서 인용을 참조하라.

49 이러한 역학 관계는 최근 뉴욕타임스 기사 '여성은 모든 것을 올바르게 했다. 그러다 일이 탐욕스러워졌다(Women Did Everything Right. Then Work Got 'Greedy')'에 요약되어 있다(Miller 2019). 근무 시간의 성별 차이와 이로 인해 성별 임금 격차가 점점 더 커지는 현상에 대해서는 차Cha와 킴 위든Kim Weeden(2014) 및 골딘Goldin(2014)을 참조하라. 제도화된 기대와 '옵팅아웃(Opting Out)'에 대해서는 스톤Stone(2007)과 모엔Moen과 로링Roehling(2005)을 참조하라. 배우자의 장시간 근무에 따른 남성과 여성의 이직에 대해서는 차Cha(2010)를 참조하라.

50 앨비스턴Albiston(2010)과 미셸Michel(2011)의 고된 작업으로 인한 신체의 변화에 관한 연구를 참조하라.

51 쿠퍼Cooper(2000) 및 버달Berdahl 외(2018) 참조. 장Chang(2018)은 오늘날 실리콘밸리의 장시간 근무와 과부하에 대해 설명하지만, 이를 대부분의 직원에게 영향을 미치는 일련의 지속 불가능하고 현명하지 못한 관행이라기보다는 일과 가정의 문제로 규정하고 있다.

3장 우리는 왜 이런 상황에 처했는가? 그리고 그건 왜 중요한가?

1 이러한 질문은 TOMO에서 연구를 착수할 당시 가졌던 주요 연구 질문이 아니었기에, 과부하의 원인에 대해 직접적으로 묻기 위해 인터뷰를 준비하지는 않았다(과부하 경험에 대해 자세히 듣기는 했지만). 대신, 과부하와 관련 관행이 얼마나 만연해 있는지를 파악한 후 수집된 정보로 전체적인 이해를 얻기 위해 귀납적으로 분석했다.

2 유모, 청소부 등 가사 노동자를 미국 노동 기준에 포함시키기 위한 현재 일어나고 있는 캠페인에 대해서는 보우쉬Boushey(2016), 페레아Perea(2011), 전국 가사 노동자 연합(www.domesticworkers .org)을 참조하라.

3 1938년 공정근로기준법이 제정될 당시 변호사나 의사와 같은 전문직은 일반적으로 대규모 조직에 소속되어 있지 않았으며, 대신 개인 사업체를 운영하면서 근무 시간과 근무 조건을 스스로 정했을 것으로 추정된다. 이들은 어떤 의미에서 전문직 협회에 의해 자격을 인정받고 규제를 받았다. 또한 이러한 노동법이 만들어질 당시에는 우리가 연구한 IT 전문가와 같은 급여를 받는 지식 근로자의 수가 훨씬 적었다. 작업장의 주요 구분은 경영진(급여를 받는)과 블루칼라 근로자(시간제 근로자로서 근무 시간과 노조 결성권을 규제하는 노동법의 적용을 받는)로 나뉘었다(캘러버그Kalleberg(2011) 및 카펠리Cappelli(1999) 참조). FLSA 면제 규정은 시간급이 아닌 급여로 지급되는 연간 수입과 수행되는 업무의 유형(또는 '직무' 테스트)을 기준으로 한다. 직원의 채용, 해고 또는 평가에 대한 발언권을 가진 거의 모든 관리자는 면제 대상이 되었다. 전문가의 지위를 결정하는 것은 더 복잡할 수 있었는데 이러한 직원은 '고급 지식'을 보유하고 있으며 '자신의 재량과 판단력을 발휘해야 하는' 업무를 수행하는 인원으로 묘사되었다. 본 연구에서 면제되지 않았을 수도 있는 유일한 TOMO 직원은 설문 조사에는 참여했지만 인터뷰에는 응하지 않은 소수의 행정 보조원과 코디네이터였다.

4 주 및 지방 자치 단체의 휴가 및 병가 관련 법률에 대해서는 보우쉬Boushey(2016) 또는 전국 여성 및 가족 파트너십(www.nationalpartnership.org)을 참조하라. 미국의 일방적인 근로 시간 관행과 다른 국가와의 비교에 대해서는 버그Berg, 보쉬Bosch, 캐레스트Charest(2014)를 참조하라.

5 심리적 특성 또는 상태로서의 일 중독에 대한 연구는 버크Burke와 픽센바움Fiksenbaum (2009), 맥밀란McMillan과 오드리스콜O'Driscoll(2008)을 참조하라.

6 블레어-로이Blair-Loy(2003), 블레어-로이Blair-Loy와 체흐Cech(2017), 퓨Pugh(2015, 21쪽) 참조. 미셸 라몽Michele Lamont(1992, 2000)의 연구에 따르면 미국의 노동 계급과 전문직 남성 모두 열심히 일하는 사람과 그렇지 않은 사람 사이에 강력한 상징적 경계가 존재하며, 이는 부분적으로는 불쾌한 일을 기꺼이 감수하고 경영진이 필요하거나 요청하는 시간을 기꺼이 투입하는 것으로 입증된다. 남성성(특히 화이트칼라, 중산층 남성성)과 이상적인 근로자 규범 및 장시간 근무를 연결 짓는 논증에 대해서는 쿠퍼Cooper(2000), 타운센드Townsend(2002), 윌리암스Williams(2000, 2010)를 참조하라.

7 퍼로Perlow(2012) 참조. 업무 몰입에 대한 개념과 행동 양식은 미국 문화에서 두드러지고 많은 조직에서 강화되고 있지만, 개인이 반드시 이를 수용하지는 않을 수도 있다. 금융계 엘리트 여성을 대상으로 한 블레어-로이Blair-Loy(2003)의 기존 연구에서도 여성의 절반 정도만이 완전하고 열정적으로 업무에 전념하는 것으로 나타났다. 직원들이 이런 식으로 일하고 싶지 않고 도덕적인 근로자 또는 전문가로서의 정체성을 입증하기 위해 집중적인 업무를 경험하지 않더라도, 승진하기 위해서는 집중적인 업무에 참여하는 것(그리고 그렇게 보이는 것)이 필요하다는 것을 알고 있다. 예를 들어, 오퍼 샤론Ofer Sharone(2004)은 성과 평가가 경쟁적으로 이루어지나 성과가 어떻게 평가되는지 명확하지 않은 IT 인력에서는 직원들이 스스로 야심 찬 마감 기한을 설정하고 이를 지키기 위해 매우 긴 시간 동안 일함으로써 자신의 헌신과 승진에 대한 준비성을 입증하려고 한다는 사실을 발견했다.

8 조직 문화가 근로자에 대한 '규범적 통제'를 어떻게 만들어 내는지에 대한 더 많은 사례는 호흐차일드Hochschild(1997)와 기드온 쿤다Gideon Kunda(2009)의 고전적인 엔지니어링 회사에 대한 민족지학을 참조하라. 직업적 정체성도 규범적 통제의 원천이 될 수 있는데, 예를 들어 블레어-로이Blair-Loy와 체흐Cech(2017)는 업무에 헌신하는 여성 과학자들이 업무 과부하를 덜 느낀다는 사실을 발견했다. 또한 자신의 노력과 업무 정체성을 인정하는 조직 문화의 매력에 대한 거스텔Gerstel과 클라우슨Clawson(2014)의 연구도 참조하라.

9 주주 가치와 전문가 및 관리자의 쇠락하는 근로 조건에 대해서는 플리그슈타인Fligstein과 신Shin(2004)을 참조하라. 기업은 또한 자본 투자(예: 신규 장비 또는 기존 장비의 유지보수)를 줄이거나 연구개발에 소홀히 함으로써 비용을 절감할 수 있다. '단기 성과 주의' 또는 재무 분석가들이 기대하는 '숫자 맞추기'에 주로 초점을 맞추는 것이 경영 행동을 주도하는 경우가 많다. 그레이엄Graham, 하비Harvey, 라즈고팔Rajgopal(2005)은 "관리자들은 '수익 창출'이라는 단기적 필요성과 가치 극대화를 위한 투자 결정이라는 장기적 목표 사이에서 절충점을 찾는다"며 "설문 조사에 참여한 경영진 중 놀랍게도 78%가 원활한 수익을 위해 경제적 가치를 포기할 수 있다"고 설명했다. 라흐만다드Rahmandad, 헨더슨Henderson, 리페닝Repenning(2018) 및 코찬Kochan(2015)도 참조하라.

10 우리가 불안정성을 강조하지만 '불안정한 일자리' 또는 '불안정성'이라는 용어를 사용하지 않는 이유는 우리가 연구하는 TOMO 직원과 관리자들이 비정규직이나 계약직이 아닌 정규직이기 때문이다. 또한 이들의 급여가 높고 복리 후생이 좋다는 것은 현재, 즉 일자리를 유지하는 동안에는 경제적으로 취약하지 않다는 것을 의미한다. 우리의 주장은 불안정한 일자리와 고임금의 안정된 일자리를 찾을 기회 감소의 배경이 이러한 특권층 전문가와 관리자에게도 영향을 미친다는 것이지만, 우리는 이들의 현재 상황을 심각하고 즉각적인 경제적 어려움에 직면한 근로자와 구별하고 싶다. 불안정한 일자리에 대한 다양한 정의에 대한 최근 논의는 캘러버그Kalleberg와 밸라스Vallas(2018)를 참조하라.

11 캘러버그(2011, 154쪽), 피터 카펠리Peter Cappelli의 '겁에 질린 노동자 모델'(1999)에 대한 초창기 설명, 맥거번McGovern과 동료들의 마르크스Marx의 주장에 대한 검토(2007), 장시간 노동과 고강도 노동 관행을 유발하는 시장 규율에 대한 최근 증거 등을 참조하라.

12 해리스Harris(2017, 70쪽)를 참조하라.

13 불안정성의 증가, 노동자의 힘의 감소, 업무 강도의 증가 사이의 연관성은 캘러버그Kalleberg(2011), 버첼Burchell, 라디포Ladipo, 윌킨슨Wilkinson(2002)을 비롯한 다른 연구자들에 의해서도 제시된 바 있다. 그러나 사회학 및 조직 관련 연구는 이러한 연관성을 충분히 탐구하거나 이러한 압력을 만들어 내는 주관적 경험과 구체적인 직장 관행을 파헤친 경우는 거의 없다(거의 20년 전의 한 가지 예외는 스미스Smith(2001)를 참조하라). 그러나 규범적 통제를 강조하는 일부 연구에서도 고용 불안과 관련 관리 관행이 강도 높은 요구와 과부하의 원인이라는 암시가 숨어 있다. 실제로 쿤다Kunda(1992, 2006)와 호흐차일드Hochschild(1997)는 그들의 고전적인 민족지의 결론에서 자신들의 회사를 다시 방문했을 때, 강하고 매력적인 조직 문화가 불안과 압박이 가중되는 더 간결하고 비열한 관행에 밀려나는 것을 목격했었다. IT 근로자를 대상으로 한 두 건의 연구에서도 경영상의 압박(Cooper 2000)과 일상적으로 '순위 매기기'가 이루어지는 보상 체계의 사용 가능성 문제를 지적한다(Sharone 2004). 퓨Pugh(2015, 23쪽)는 "이러한 행동 중 일부는 두려움에 의한 것으로, 자리를 잃을 가능성이 더 높다고 인식하면 고용주가 자신의 자리를 유지해 주기를 원하도록 더 열심히 일할 수 있다"고 주장하지만, 그녀의 분석에서는 다시 업무 애착과 정체성으로 돌아갔다.

14 미국에서는 공정 근로 기준법에 따라 초과 근무 규정이 면제되는 직원이 아닌 한 주당 40시간을 초과하여 근무한 시간에 대해 임금 할증률을 적용해야 한다. 연간 소득이 약 47,000달러를 초과하고 임원 또는 전문직 업무를 수행하며 급여를 받는 직원은 초과 근무 수당 요건에서 면제된다. https://www.dol.gov/whd/overtime_pay.htm을 참조하라.

15 직원을 감원하거나 해외에서 더 저렴한 인력을 고용하면 인건비가 줄어드는 것처럼 보이기 때문에 대중 언론은 "월스트리트는 해고를 사랑한다"(La Monica 2013), "해고는 CEO를 영웅처럼 보이게 한다. 그리고 이것이 미국 기업이 병든 이유이다"(McGee 2014)라고 주장하고 있다. 다운사이징과 이후 주식 시장 성과 사이의 실제 관계는 해당 기업의 제품에 대한 수요가 낮은지 여부, 업계의 다른 기업들도 인력을 감축하고 있는지 여부, 감축 규모에 대한 시장의 인식에 따라 더 복잡해진다(브라우어Brauer와 짐머만Zimmerman 2017). 그러나 다운사이징과 해외 업무 위탁은 매출 손실, 혁신의 상실, 사기 저하, 높은 업무량, 일부 우수 인재의 퇴사 등 간접적인 비용을 발생시켜 "고용 축소로 기대했던 많은 혜택이 실현되지 않는다"는 것을 의미한다(Cascio 2010). 마에르츠Maertz 외(2010)를 참조하라.

16 애자일 개발은 다른 프로세스와 철학을 나타낸다. 선형적이고 클라이언트 또는 최종 사용자와 코더 간의 상호 작용이 더 많이 포함된다. 리페닝Repenning 외(2017)를 참조하라.

17 예를 들어, 경영 컨설턴트들의 업무 집중과 과부하에 관한 파다비치Padavic, 엘리Ely, 리드Reid(2019)의 연구에서는 관리자가 고객에게 비현실적인 프로젝트 범위나 일정을 제시하고, 때로는 부하 직원에게 명시된 작업 결과물을 뛰어넘어 고객(또는 컨설팅 회사 내부의 다른 사람들)에게 분석의 깊이나 정교함을 보여 주도록 강요하는 '과잉 판매 및 과잉 납품'에 대해 설명하였다.

18 다른 사람들은 문제를 해결하는 사람은 보상을 받는 반면, 처음부터 문제를 방지하는 방식으로 일하는 사람은 보상을 받지 못한다는 사실을 인식하였다. 예를 들어, '방화범 소방관'에 대한 보상에 대한 논의를 참조하라(Ely and Meyerson 2000a, Kelly 외. 2010, Perlow 1997). 주드는 또한 전문가의 기준이 프로젝트 관리자가 신속하게 평가하여 고위 경영진에게 보고하는 것보다 더 상세하고 미묘한 차이가 있다는 사실을 강조하였다.

19 TOMO는 공식적으로 부정확한 근무 시간 보고를 권장하지 않으며, 실제로 모든 직원과 계약자에게 정확한 근무 시간 보고의 필요성을 강조하는 연례 '규정 준수 교육'을 이수하도록 요구하고 있다. 따라서 이 인용문에서 응답자의 역할이나 사생활에 대한 자세한 내용은 더 이상 제공하지 않는다. 시간 숨기기 또는 '먹기'는 시간 단위로 프로젝트 비용이 청구되지만 고객이 프로젝트 비용에 민감하다고 여겨지는 다른 산업에서 발생할 가능성이 높다. 급여를 받는 전문가들은 이러한 시간을 '먹어 치워' 인정받지 못한 초과 근무를 하고 비현실적인 기대치를 만들어 향후 프로젝트 예산을 삭감할 수 있다. 그러나 독립 계약자 역시 새로운 비즈니스를 수주하기 위해 실제 소요 시간보다 더 짧은 시간 안에 작업을 완료하겠다고 약속하여 실제 시간당 급여를 효과적으로 낮춰 입찰한다.

20 "역량 함정(capability trap)"에 대한 이 두 학자와 그 동료들의 다른 연구, 그리고 리페닝Repenning과 스터만Sterman(2001, 75쪽)을 참조하라.

21 맥거번McGovern이 수행한 (2007, 138~140쪽) 영국 노동력을 대상으로 한 대규모 설문 조사를 참조하라. 2000년 데이터에 따르면, 근로자의 27%가 지난 3년 동안 인력 감축(다운사이징)을 경험한 것으로 나타났다. TOMO의 데이터에서는 인력 감축이 너무 자주 발생하여 연구에 참여한 모든 사람이 최근 동료를 잃는 스트레스에 '노출'된 적이 있다고 보고하고 있다.

22 다른 연구에 따르면 규모를 축소하고 계약직 또는 임시직 근로자를 더 많이 고용한 조직에서 공통적으로 나타나는 불안감과 불확실성이 협력 감소 및 협업 효과 감소와 관련이 있다는 증거가 있다. 크라울리Crowley와 헛슨Hodson(2014)의 연구를 참조하라.

23 주관적 과부하와 조직 시민 의식 행동 사이에는 아무런 관계가 없는 것으로 나타났지만, 근무 시간이 길어질수록 이러한 행동이 더 많이 예측되는 것으로 나타났다(인과적 방향은 동료를 돕는 사람이 더 오래 일한다는 것일 수 있지만).

24 실질적인 일자리 손실의 범위와 구체적인 위치에 대한 논의는 현재 진행 중이지만, 중저숙련 일자리가 처한 위험에 대해서는 아우터Autor 외(2003) 및 마이클스Michaels 외(2013)를 참조하라.

25 이 회사와 맺은 연구 계약의 규정를 감안하여, 미국과 인도에서 지급된 TOMO의 인건비 데이터가 아니라 미국과 인도의 소프트웨어 개발자 및 엔지니어에 대한 공개적으로 이용 가능한 급여 데이터를 기반으로 이러한 추정치를 계산했다. 여기에 제공된 10~25%의 추정치는 (a) payscale.com을 사용하여 TOMO 본사 도시에 있는 소프트웨어 개발자의 평균 연봉을 TOMO 직원이 가장 많은 해외 도시에 있는 소프트웨어 개발자의 평균 연봉과 비교하고, (b) wageindicator.org를 사용하여 미국과 인도에서 10년 경력을 가진 IT 소프트웨어 엔지니어를 비교한 결과이다. 이 후자의 비교는 미국과 인도의 비용 차이를 과소평가한 것으로 보이는데, 이는 응답자들이 인도 직원은 신입 사원인 반면 미국 직원은 숙련된 전문가이기 때문이다.

26 본 연구는 미국 내 직원으로 한정되어 있으므로 미국 내 TOMO 직원의 관점을 다른 국가의 TOMO 직원과 비교할 수는 없다. 인도 IT 근로자의 경험을 이해하려면 다국적 기업에서 직접 근무하는지 아니면 여러 대기업에 하청을 주는 하청 업체에서 근무하는지에 따라 스트레스와 만족도가 어떻게 달라지는지, 미국 내 직원과 협력할 때 어떤 점이 불만인지 등을 조사하는 등 더 많은 연구가 필요하다.

27 앞서 논의한 표준화 및 문서화는 글로벌 노동 전략에 의해 명시적으로 촉발된 것은 아니지만, 이러한 프로세스의 변화는 직원의 일자리를 더욱 불안정하게 만들 수 있다. 모든 사람이 동일한 프로세스를 따르고 특정 프로젝트의 각 단계가 철저하게 문서화되면 특정 직원의 관계적, 기술적 전문성이 감소한다. 따라서 프로젝트에 큰 위험을 초래하지 않으면서도 직원의 규모를 줄이거나 해외 인력으로 대체할 수 있다. 보다 기술 지향적이거나 통합된 시스템에서는 특정 개발자가 비즈니스 고객의 요구 사항에 대한 깊은 지식을 머릿속에 담고 있고, 해당 고객을 잘 알고 있으며, 특정 문제를 해결하기 위해 이미 시도된 전략과 접근 방식도 알고 있을 수 있다. 이러한 개발자의 전문성을 잃게 되면 모든 사람이 표준화된 절차를 따르고 매우 상세한 문서를 제공할 때보다 프로젝트가 실패하거나 지연될 위험이 훨씬 더 커진다.

28 이러한 관리자의 조언은 경영계와 대중 언론에서 근로자들에게 고용주로부터 고용 안정성이나 충성도를 기대하기보다는 항상 다음 직장을 준비하는 '경계 없는 경력'을 계획하라는 메시지를 반영하고 있다(Cappelli 1999, Osterman 1999, Pugh 2016b).

29 20년 전 카펠리Cappelli(1999)가 설명한 '겁에 질린 근로자 모델'은 직원들이 자신의 회사가 업계(또는 미국 경제)의 다른 기업들이 하고 있는 일을 하고 있다고 느낄 때, 부정적인 결과를 줄이면서 더 많은 순응을 이끌어 내는 데 더 효과적이라는 것을 보여 주고 있다. 직원들이 반복되는 인원 감축에 불만을 품었다면 열심히 일을 하지 않는 것과 같은 조용한 방식으로 프로젝트를 방해할 수도 있다. 그러나 이것이 평소와 같은 업무라고 생각하면 그렇게 할 가능성이 줄어들 수 있다. 우리의 인터뷰에 따르면 다운사이징은 일상적인 일이며 직원들이 이에 대해 의문을 제기하지 않는 반면, TOMO의 특정 해외 위탁 업무 전략은 인도에서 가장 저렴하고 경험이 적은 개발자나 테스터를 고용하는 것이 미국에 기반을 둔 인력에게는 비효율적임이 분명하기 때문에 비공개 인터뷰에서도 (시끄럽거나 격렬한 비판은 아니지만 약간 더 많은) 비판을 받고 있는 것으로 나타났다. 이러한 관행의 일상성에 대한 맥거번McGovern 외(2007)의 연구와 미국 직장인들의 고용주에 대한 낮은 기대치, 특히 장기적인 약속과 고용 안정성에 대한 앨리슨 퓨Allison Pugh의(2015) 인터뷰 연구도 참조하라.

30 최근 전문직과 관리자를 대상으로 한 많은 연구에서 강조된 규범적 통제와 내면화된 자기 규율(직업적 또는 조직적 정체성 또는 경력 및 생계 유지자로서 성공함으로써 남성성을 증명하는 것과 연관된)과는 매우 다른 과정이 글로벌화된 IT 인력에서 작동하고 있음을 알 수 있었다. 이러한 연구 중 상당수는 세계화와 자동화로 인해 전문직과 관리직 근로자의 고용 불안정이 두드러지기 직전에 수행되었다. 우리 연구가 앞서 논의한 연구들과 차이가 나는 또 다른 이유는 우리 연구에 참여한 전문직 및 관리자들이 대부분 다른 연구들(Cooper [2000], Michel [2011], Sharone [2004] 등)에 참여한 젊은 근로자들과는 다른 생애 단계에 있다는 것이다. 설문 조사 표본의 평균 연령은 직원의 경우 마흔여섯 살, 관리자의 경우 그보다 조금 더 높다. 이러한 전문가와 관리자들은 현재 가지고 있는 일자리와 좋은 복리 후생을 유지하기를 열망하기 때문에 이 집단에서 고용 불안과 고강도 노동 사이의 연관성이 더 명확할 수 있다. 고용 시 연령 차별의 현실과 실직 후 직면하는 위험에 대한 고령 근로자의 인식에 대해서는 모엔Moen(2016)의 저서 『앙코르 성년(Encore Adulthood)』과 사회학자 라수스Lassus, 로페즈Lopez, 로치노Roscigno(2015), 경제학자 데이비드 노이마크David Neumark(2016)의 연구를 참조하라. 일, 가족, 건강 연구의 데이터를 사용한 두 편의 논문에서는 연구 기간 중 발표된 TOMO의 합병으로 인한 추가적인 복잡성(즉, 고용 불안정성 증가)과 이러한 불확실성이 젊은 코호트에 비해 베이비 부머 세대의 삶의 질에 미치는 영향을 검토하였다(Lam 외. 2015, 2016). 합병이 발표되기 훨씬 전부터 다운사이징, 해외 업무 위탁 및 이와 관련된 업무 프로세스 변화의 역학 관계가 작용하고 있었기 때문에 여기서 합병에 대한 논의를 전면에 내세우지는 않았다. 또한 합병 발표로 인해 고용 불안이 높아지긴 했지만, 합병 발표 후 첫 2년 동안 IT 부서 내에서 해고는 증가하지 않았다. 하지만 다른 맥락에서는 합병이 인력 감축을 촉발하고 여기에서 설명하는 높은 수요와 인력 감축의 즉각적인 촉매제가 될 수 있다.

31 그렇다면 이러한 업무 강도와 과부하와 관련된 문제를 피하려면 기업의 비용 구조를 바꿔야 한다. 예를 들어, 법인세를 높이면 건강 문제와 조기 퇴직으로 인한 생산성 손실을 상쇄하고, 근로자가 지역 사회 생활에 투자할 수 있는 금액이 제한되는 문제를 부분적으로 해결할 수 있다. 또한 해외 노동력에 의존하는 기업에 대한 법인세를 인상하여 해외로 업무를 이전함으로써 절감되는 인건비를 효과적으로 감소시킬 수 있다(국내 근로자가 추가 조정 업무를 맡음). 또는 이러한 업무 관행과 관련된 문제를 막기 위해 전문가 및 관리자로 분류되는 근로자에게도 초과 근무 수당을 지급하도록 노동법을 개정할 수도 있다.

32 여기에 요약된 결과는 다양한 개인 및 직무 특성을 조정한 통계 모델(일반 최소제곱 회귀 모형으로 추정)로부터 산출된 결과이다. 주관적 업무 과중과 고용 불안의 영향에 초점을 맞추었지만, 이러한 모델에는 근무 시간(별도의 모델에서 연속 변수 측정치와 50시간 이상 근무 여부의 더미 변수로 추정), 야간/오전 근무 및 주말 근무 보고량, 일정 통제, 가족 지원 감독, 업무 통제(또는 의사 결정 자율성), 연령, 성별, 결혼 여부, 응답자의 집에 배우자 또는 파트너가 있는지 여부(풀타임으로 일하는 배우자 또는 독신자와 비교하여), 응답자의 집에 18세 미만의 자녀가 있는지 여부, 응답자가 성인 친척을 돌보는 책임이 있는지 여부, 응답자가 관리자인지 여부, 그리고 직무 기능 변수를 포함하였다. 직무 만족도와 이직 의도의 경우 주관적 과부하가 핵심 변수이며, 번아웃은 전문직 및 관리직 인력의 실제 근무 시간과 과부하 모두에 의해 예측되었다.

33 시아노자Sianoja 외(2018) 참조. 이 분석은 부모이기도 한 TOMO IT 전문가들의 일일 일기 하위 연구를 활용했다. 이 직원들은 8일 연속으로 간단한 인터뷰를 통해 각 업무의 시작과 종료 시간, 취침과 취침 시간, 업무 성과 및 직장에서의 특정 상황에 대한 질문에 대해 매일 보고했다. IT 전문가들이 하루의 마지막 업무와 다음 날 업무 시작 사이의 휴식 시간이 짧으면 직장에서 업무와 회의를 잊어버리고 집중력이 떨어질 가능성이 더 높았다. 이러한 연구 결과는 주당 총 근무 시간, 수면 시간, 직장에서의 스트레스 사건 보고, 육아 및 가사에 소요되는 시간 등을 고려할 때 근무일 사이의 제한된 휴식이 중요함을 보여 준다.

34 자체 강화 프로세스로서의 소방(또는 제품이나 프로그램의 초기 개발 후 문제 해결에 할애하는 시간)에 대해서는 라호만다드Rahmandad와 리페닝Repenning(2016), 리페닝Repenning(2001)을 참조하라.

35 "역량 침식 역학(capability erosion dynamics)"에 대해서는 라흐만다드Rahmandad와 리페닝Repenning(2016)을 참조하라. 고용 불안은 또한 업무의 질과 협업 및 참여 정도에 부정적인 영향을 미칠 수 있으며, 우리는 TOMO 내 직원들이 높은 압박감과 높은 불안감을 모두 가지고 있음을 확인했다. 고용 불안은 (관리자와 직원이 '같은 편'이라는 합의로 측정되는) 선의의 감소와 동기 부여 저하를 예측한다. 다운사이징은 창의력도 감소시키는 것으로 보이며, 다음 차례의 해고에서 살아남는 데 집중하는 사람들은 자신의 기술을 심화시키거나(보상은 단지 일의 완수에 대한 것이기 때문에) 동료의 발전을 지원하는 데 투자하지 않을 가능성이 높다. 불안정성과 인원 감축의 영향에 대해서는 애머바일Amabile과 콘티Conti(1999), 크로울리Crowley와 헛슨Hodson(2014)을 참조하라.

36 와일Weil(2014)을 참조하라.

37 2000년부터 2007년까지 미국 제조업 일자리가 18.7% 감소했다고 보고한 아세모글루Acemoglu 외(2016)는 제조업 일자리 감소의 10%가 포괄적인 '다운스트림 효과'와 더불어 중국산 수입품에 직접적으로 기인한 것일 수 있다고 정량적으로 추정했다.

38 법률 아웃소싱에 관한 쿠루빌라Kuruvilla와 노론하Noronha(2016), 업무 프로세스 재구성에 관한 리오르단Riordan(2018), 법률 업무 자동화에 관한 레무스Remus와 레비Levy(2016) 및 칼리드Khalid(2017)를 참조하라.

39 다양한 비즈니스 업무 및 전문 업무의 해외 업무 위탁에 대해서는 사코Sako(2013, 186쪽) 및 쿠루빌라Kuruvilla와 랜가나단Ranganathan(2008)을 참조하라. 어떤 직무와 업무가 해외 업무 위탁에 더 취약한지에 대해서는 블라인더Blinder(2006)를, 어떤 직무와 업무가 자동화에 더 취약한지에 대해서는 브리뇰프슨Brynolfsson, 미셸Mitchell, 락Rock(2018)을 참조하라.

40 근로자가 고용주에게 모든 것을 바치기를 기대하지만 그 대가로 고용 안정이나 충성도를 기대하지 않는 '일방향 명예 시스템'에 대해서는 앨리슨 퓨Allison Pugh의 『굴러다니는 풀의 사회(The Tumbleweed Society)』(2015)와 퓨Pugh(2016)를 참조하라. 일자리를 얻고 유지하기 위한 전략으로서 '개인 브랜딩'에 대한 전문직 근로자의 이해와 때때로 저항에 관해서는 밸라스Vallas와 크리스틴Christin(2018)을 참조하라.

41 의사의 소진에 관해서는 의료 연구 및 품질 기관의 보고서와 교육 자료(https://www.ahrq.gov/professionals/clinicians providers/ahrq-works/burnout/index.html)를 참조하라. '의사가 컴퓨터를 싫어하는 이유'라는 적절한 제목의 가완드Gawande(2018)의 글과 기술과 의사의 스트레스를 연결한 바보트Babbott 외(2014)의 논문도 참조하라. 새로운 기술과 함께 전문적 관행을 바꾸라는 외부의 압력으로 인해 의료 기관은 의사나 간호사보다 훨씬 적은 임금을 받는 '준전문가'(예: 의료 보조원)에게 특정 업무를 맡기게 되었다. 그러나 캘로그Kellogg(2018)가 설명한 것처럼 실제로는 높은 지위의 전문가와 다른 근로자가 효과적으로 협력하도록 하는 것이 복잡하다는 것이 밝혀졌다. 페트라카키Petrakaki 외(2016)를 참조하라.

42 이는 과도한 시간 사용과 더불어 고객에게 직접적으로 도움이 되지 않음에도 "100개의 슬라이드 데크로 고객에게 보여 주어야 한다"는 압박이 존재하는 경영 컨설팅의 '과잉 제공'에 대한 파다비치Padavic 외(2019)의 논의를 연상시킨다.

43 스타트업에 대한 설명은 부분적으로 에린Erin이 자문한 MBA 팀을 기반으로 하고 있다. 이 학생 팀들은 기업이 중요한 조직 변화를 헤쳐 나갈 수 있도록 돕고 있으며, 스타트업과 함께 일하는 사람들은 혼란, 피로, 혼돈에 대한 이야기를 연이어 보고하고 있다. 굴라티Gulati와 데산톨라DeSantola(2016)도 참조하라.

44 중산층과 상류층 가정에 영향을 미치는 경제적 불안과 불안감에 대한 생생한 설명은 쿠퍼Cooper(2014)를, 일자리를 잃을지도 모른다는 두려움과 고용 가능성에 대한 우려에 대한 최근 논의는 로우Lowe(2018)를 참조하라.

1 1장의 참고 자료와 1993년에 처음 출간된 베일린Bailyn(2006), 플레처Fletcher, 베일린Bailyn, 그리고 블레이크 비어드Blake Beard(2009), 라포포트Rapoport 외(2001)를 참조하라. 뒤에서 논의하겠지만, 우리가 연구하는 업무 재설계 조치는 성평등 목표를 명시적으로 선언하지는 않는다(콜브Kolb와 마이어슨Meyerson 1999).

2 〈부록 2〉에 다양한 기여자의 역할이 설명되어 있다. 〈부록 3〉(1장의 참고 사항)과 일가정양립지원 네트워크(workfamilyhealthnetwork.org)도 참조하라. 또한 우리는 ROWE의 설립자이며, 조직 개발 전문가인 CultureRx의 칼리 레슬러Cali Ressler와 조디 톰슨Jody Thompson에 많이 의지하였다. 4장, 5장, 〈부록 2〉 및 www.gorowe.com을 참조하라.

3 다음 장에서는 실험 설계에 대해 더 자세히 설명하였다. 브레이Bray 외(2013), 켈리Kelly 외(2014)도 참조하라.

4 1차 예방의 정의는 코섹Kossek 외(2014)의 58페이지에 나타난 STAR에 대한 이전 설명에 자세히 나와 있다. 이 접근법은 '업무의 조직화'를 목표로 하는 접근법이라고 설명할 수 있다.

5 존스Jones, 몰리터Moliter, 레이프Reif(2018)를 참조하라.

6 직장 내 웰니스 프로그램의 효과에 대한 증거는 확실히 엇갈리고 있다. 한 검토에 따르면 운동 빈도, 흡연 행동, 체중 조절에서 "임상적으로 의미 있는 유의미한 개선"이 있었으며, 고용주를 대상으로 한 설문 조사에서는 대부분의 고용주가 "직장 내 웰니스 프로그램이 의료 비용, 결근, 건강 관련 생산성 손실을 줄인다"고 확신하는 것으로 나타났다(마키Mattke 외. 2013). 그러나 실제로 이러한 주장을 면밀히 평가하는 기업은 거의 없으며, 주요 실험 연구에서도 웰니스 프로그램이 건강 행동, 자가 보고 건강 또는 의료비 지출에 영향을 미친다는 인과적 증거를 찾지 못했다. 존스Jones 외(2018)를 참조하라.

7 사무직 직장과 식료품점에 대한 시범 프로젝트에서 우리가 살펴본 업무 환경 변화를 통합하여 STAR를 개발하기 위해 레슬리 햄머Leslie Hammer, 엘런 코섹Ellen Kossek, 켄트 앵거Kent Anger, 라이언 올슨Ryan Olson, 칼리 레슬러Cali Ressler, 조디 톰슨Jody Thompson과 협력한 자세한 내용은 〈부록 2〉를 참조하라.

8 직무 요구-통제-지원 모델에 대한 자세한 내용은 카라섹Karasek(1979)과, 카라섹Karasek과 테오렐Theorell(1990)을 참조하라. 일과 건강의 연관성에 관한 다양한 모형들이나 이론들이 존재하며, 이들 중 다수가 유사한 가설들을 제시한다. 파커Parker, 모지슨Morgeson, 존스Johns(2017)는 최근 '100년간의 업무 설계 연구'를 검토하면서 이러한 모형들을 잘 요약했다. STAR에 대한 설명에서 직무 요구-통제-지원 모형을 강조하는 이유는 우리(필리스와 에린)가 사업장의 변화를 위해 함께 일하기 시작하고 일, 가족, 건강 네트워크에 가입하면서 일정 통제에 대한 생각을 시작하게 된 배경이 바로 이 모형이기 때문이다. 또한 이 모형을 명시적으로 검증하는 건강 및 삶의 질의 결과에 관한 강력한 연구 문헌들이 존재하고,

카라섹Karasek과 테오렐Theorell(1990)이 업무 재설계를 업무 환경 개선, 건강 문제 해결, 긍정적 웰빙 장려를 위한 전략으로 간주하기 때문에 이 모형이 우리의 목적에 적합하다고 생각한다. 바커Bakker와 데메로티Demerouti(2009)의 직무 요구-자원 모형도 근로자의 삶의 질이 요구와 자원(통제와 지원뿐만 아니라 다른 업무 조건도 포함하여)의 혼합에 의해 영향을 받을 수 있다고 제안한다.

---

9 직무 통제에는 업무 수행 방식에 관한 주요 결정권 또는 재량권과 자신의 기술이 활용되는 방식에 대한 감각이 모두 포함된다(Karasek and Theorell 1990). 우리는 직무 통제에 대한 논의에서 결정권을 강조하고자 한다. 일정 통제는 직무 통제와는 별개의 개념이지만, 연구 결과에 따르면 일하는 방식을 더 많이 통제하는(직무 통제) 사람은 일하는 시간과 장소도 더 많이 통제하는(일정 통제) 경향이 있는 것으로 나타났다. 많은 조직에서 직급이 높은 직원은 더 많은 자율성과 유연성을 갖는 경향이 있는 반면, 직급이 낮은 직원은 업무 접근 방식을 결정할 자유가 적고 일정과 관련하여 더 면밀히 모니터링되기 때문에 이는 놀라운 일은 아니다.

---

10 켈리Kelly 외(2011), 모엔Moen 외(2008), 모엔Moen, 켈리Kelly, 그리고 힐Hill(2011), 모엔Moen 외(2011), 모엔Moen 외(2013) 참조.

---

11 레슬리 햄머Leslie Hammer와 엘런 코섹Ellen Kossek은 사회적 지원의 저명한 이론가인 셸던 코헨Sheldon Cohen과 토마스 윌스Thomas Wills의 연구를 바탕으로 사회적 지원이 긍정적인 심리적 삶의 질과 근로자의 업무 성과에 어떤 영향을 미칠 수 있는지에 대한 가설을 세웠다. 그런 다음 개인 및 가족 생활에 대한 관리자의 지원을 나타내는 지표로 해석되는 구체적인 행동을 파악하고, 일선 관리자가 이러한 행동을 보다 일관되게 시행하도록 장려하는 교육을 개발했으며, '일, 가정 건강 네트워크'의 시범 연구 단계의 일환으로 식료품점에서 이러한 교육 조치를 수행하고 평가하였다. 다시 말하지만, 이러한 형태의 지원은 이전 이론의 지원 개념을 대체하거나 그에 속하지 않는다. 대신, 이 연구는 관리자로부터 직원의 개인 및 가족 생활에 초점을 맞춘 특정 형태의 지원이 일자리 질을 완전히 이해하기 위해서는 검토되어야 함을 강조한다. 햄머Hammer 외(2009), 햄머Hammer 외(2011), 햄머Hammer 외(2013), 코섹Kossek 외(2011), 코섹Kossek 외(2018)를 참조하라.

---

12 '이상적인 근로자 규범'에 대한 비판은 윌리암스Williams(2000), 에이커Acker(1990), 베일린Bailyn(1993/2006), 모엔Moen과 로엘링Roehling(2005)을 참조하라. 우리는 이 '성별에 따른 이상적인 근로자 규범'에 도전하기 위해 ROWE를 연구했으며, 켈리Kelly, 모엔Moen, 처맥Chermack, 그리고 애먼스Ammons(2010)에서 이를 설명하였다.

---

13 결과 지향이라는 아이디어가 산업 보건 이론에서 나온 것은 아니지만, 이러한 메시지가 사람들이 높은 업무 요구에 의문을 제기하고 관리하는 데 어떻게 도움이 되는지 알게 되었다.

---

14 퍼로Perlow(2012) 및 터르코Turco(2016)를 참조하라.

15 STAR 교육의 흐름과 진행자가 사용하는 자세한 스크립트는 www.workfamilyhealthnetwork.org의 툴킷에서 확인할 수 있으며 무료로 다운로드할 수 있다. 다음은 관리자의 경험에 대한 자세한 정보이다. 관리자는 먼저 퍼실리테이터와 함께 짧은 교육 세션을 통해 STAR 조치에 대한 오리엔테이션을 받는다. 직원들은 참석하지 않으며, 관리자는 해당 조치에 대한 불안이나 걱정을 공유하도록 권유받는다. 그런 다음 약 한 시간 동안 자기 주도적으로 컴퓨터 기반 교육을 이수한다. 이 컴퓨터 기반 교육은 미국에서 더 많은 직원이 가족과 간병을 책임지고 있는 인구통계학적 변화를 검토하고, 스트레스와 일과 가정의 갈등이 비즈니스 성과(예: 이직률 및 낮은 직원 참여도)에 미치는 영향을 설명하며, 부하 직원의 개인 및 가정 생활에 대한 지원을 보여 주는 것이 직원과 조직 모두에게 도움이 될 수 있음을 보여 준다. 짧은 동영상에서 TOMO의 한 고위 임원은 STAR에 대한 자신의 관심을 설명하고 관리자들의 동참을 촉구한다. 이 교육에서는 관리자가 '개인적 지원'과 '성과 지원'을 보여 줄 수 있는 방법을 검토하고, 관리자에게 다음 주 동안 지원적인 행동을 보여 주기 위한 목표를 설정하도록 요청한다. 그런 다음 관리자는 설치된 앱에 이러한 행동을 기록할 수 있는 알림 기능이 있는 기기(본 연구에서는 iPod Touch)를 휴대하게 된다. 몇 주 후, 각 관리자는 개인화된 피드백 차트를 받게 된다. 이 피드백은 관리자가 집중한 지원 행동의 유형, 목표 달성 여부, STAR에서 다른 관리자의 평균 점수를 알려준다. 피드백은 개별적으로 전달되며, 정보는 경영진과 공유되지 않는다. 두 번째 자가 모니터링 작업은 첫 번째 작업 후 약 한 달 후에 완료된다. 또한 관리자는 STAR에 대한 공개적 시연이 끝날 무렵에 진행되는 '관리자 전용' 교육 세션에 참여하여 팀에서 잘된 점을 공유하고 진행자와 동료에게 질문할 수 있는 기회를 갖게 된다.

16 마토스Matos와 갈린스키Galinsky(2015)를 참조하라. 전국 고용주 설문 조사(The National Survey of Employers)는 2014년에 실시되었으며, 50명 이상의 직원을 둔 1,051개 고용주를 대상으로 실시되었다. 표본에는 영리 조직(67%)과 비영리 조직(33%)이 모두 포함되어 있다.

17 편의 제공으로서의 유연성의 한계에 대한 이전 논의는 켈리Kelly 외(2010), 켈리Kelly와 모엔Moen(2007), 켈리Kelly와 칼레브Kalev(2006)를 참조하라. 편의 제공으로서의 유연성과 직장 및 개인적 문제를 모두 고려한 업무 재설계 사이의 대조에 대해서는 퍼로Perlow와 켈리Kelly(2014)를 참조하라. 유연한 근무 시간 또는 재택근무는 미국 장애인법에 따라 적절한 편의 제공인 경우가 많지만, 우리가 말하는 편의 제공으로서의 유연성은 이러한 법에 의한 변화로서의 유연성을 말하는 것은 아니다.

18 같은 설문 조사에 따르면 대부분의 직원이 출근 및 퇴근 시간을 변경할 수 있도록 허용하는 조직은 27%에 불과했으며, 대부분의 직원이 가끔씩 재택근무를 할 수 있도록 허용하는 조직은 8%에 불과했습니다. 마토스Matos와 칼린스키Galinsky(2015)를 참조하라.

19 관리자가 게이트 키퍼 역할을 하기 때문에 회사가 명확한 정책을 가지고 있어도 누가 유연 근무제를 받을지 예측하기는 어렵다. 스윗Sweet과 동료들(2016)은 관리자의 특성과 태도가 부하직원의 유연 근무제에 영향을 미치는 복잡한 방식을 조사하였다. 레슬리Leslie와 동료들(2012)은 직원이 유연 근무제를 원하는 이유에 대한 관리자의 신념이 유연 근무제가 직원의 경력에 어떤 영향을 미치는지 이해하는 데 중요하다는 사실을 발견하였다.

20 골든Golden(2001), 글라우버Glauber(2011), 스완버그Swanberg 외(2005)를 참조하라. 그러나 직종에 따라 유연성을 확보하기 위한 상반된 전략을 제시하는 연구도 있다. 예를 들어, 와튼Wharton, 치버Chivers, 블레어-로이Blair-Loy(2008)는 시간제 근로자는 경력에 미칠 수 있는 부정적인 결과를 덜 우려하기 때문에 유연 근무제를 사용할 가능성이 높지만, 관리자는 비공식적인 유연성을 협상할 가능성이 더 높다는 사실을 발견했다. 클라우슨Clawson과 거스텔Gerstel(2014)은 다양한 직종에서 일정 통제에 대한 협상에서 계급 및 성별 역학 관계를 강조하였다.

21 유연 근무 옵션을 추구하는 근로자에 대한 부정적인 평가를 보여 주는 실험실 또는 온라인 실험 문헌이 증가하고 있다. 이에 대한 개요는 윌리암스Williams 외(2013) 및 문쉬Munsch(2016)를 참조하라. 실험 연구에 따르면 평가자가 유연 근무제를 사용하는 근로자의 임금(및 승진 가능성)을 낮게 평가한다는 강력한 증거가 발견되었지만, 근로자를 추적 관찰한 연구는 좀 더 엇갈린 결과를 제시한다. 성과 평가에 영향을 미치는 유연 근무제에 대해서는 와튼Wharton, 치버스Chivers, 블레어-로이Blair-Loy(2008), 레슬리Leslie 외(2012)를 참조하라. 승진에 대해서는 주디에쉬Judiesh와 린네스Lyness(1999)를 참조하라. 임금에 대해서는 글래스Glass(2004), 콜트레인Coltrane 외(2013), 골딘Goldin(2014)을 참조하라. 이 분야의 연구 결과는 부분적으로 복잡한데, 그 이유는 이러한 방식으로 일할 수 있는 기회를 얻는 것은 종종 고성과자이며 이러한 근로자는 높은 임금을 받을 가능성이 높기 때문이다(Kelly and Kalev 2006, Weeden 2005). 또한 유연 근무제가 흔하지 않은 경우, 유연 근무제를 협상하는 사람들은 관리자나 조직이 유연 근무제를 허용한 것에 감사하는 마음으로 더 많은 노력을 기울일 수도 있다(Kelliher and Anderson 2010). 셋째, 유연 근무제를 통해 근로자가 더 쉽게 좋은 일을 할 수 있다면(예를 들어, 긴장을 없애거나 집중력을 높이는 등) 이러한 '행복한 근로자'는 생산성이 향상되고 정당하게 더 많은 수입을 올릴 수 있다(Konrad and Yang 2012, Weeden 2005). 이 모든 것은 유연 근무제를 사용하는 사람들의 임금에 영향을 미치는 상쇄 과정이 있을 수 있음을 의미한다. 다시 말하면 '유연 근무자 낙인' 또는 그들의 헌신과 약속에 대한 부정적인 평가가 높은 성과와 추가 노력에 대한 금전적 보상으로 상쇄될 수 있다는 것이다. 하지만 로리 러드먼Laurie Rudman과 크리스 메셔Kris Mescher(2013)의 실험실 연구와 데이비드 페둘라David Pedulla(2016)의 현장 실험에서 알 수 있듯이 남성의 경력 단절과 시간제 근무는 분명히 불이익을 받고 있다.

22 리드Reid (2015, 16쪽) 참조. 또한 베일린Bailyn (2006), 모엔Moen과 로엘링Roehling (2005), 베커Becker와 모엔Moen (1999)도 참조하라.

23 일과 가정의 양립에 대한 관련 비평은 파다비치Padavic, 엘리Ely, 리드Reid(2019)를 참조하라.

24 사회과학에서 제도에 대한 정의는 매우 다양하다. 우리가 '중간 범위 제도'에 초점을 맞추는 이유는 부분적으로는 우리가 더 넓은 조직 분야나 사회 전체가 아닌 조직 내부를 살펴보고 있고, 우리가 참고하는 '제도적 연구' 문헌이 일반적으로 이 수준의 제도를 살펴보고 있기 때문이다. 햄펠Hampel, 로렌스Lawrence, 트레이시Tracey(2017)를 참조하라.

25 또한 누가 무엇을 하고 누가 어떤 종류의 결정을 내릴 수 있는지를 명시함으로써 행동을 유도하는 역할이 있는데, 이러한 역할은 공식적인 직무 설명서에 명시되어 있을 수도 있지만 특정 사람들이 할 수 있는 일과 해야 하는 일에 대한 불문율에도 분명히 존재한다. 기관은 사회적 권력을 가지고 있다. 사람들이 기대되는 방식으로 행동할 때, 그들의 행동은 주목받지 못하거나 적어도 언급할 가치가 없을 수도 있지만, 사람들이 그러한 신념과 일반적인 관행에 부합하지 않는 방식으로 행동할 때, 그들은 제재를 받거나 그들의 행동에 의문을 제기함으로써 책임을 져야 할 수 있다.

26 제도적 작업(institutional work)은 "제도를 구축, 해체, 정교화 및 억제하려는 행위자들의 노력과 관련된 관행 및 프로세스"로 정의되어 왔다(Hampel 외. [2017]); Lawrence와 Suddaby(2006) 참조).

27 STAR가 TOMO에 도입되었을 때, 업무 재설계 경험을 촉진하는 부분적인 정책 변경이 있었다. TOMO의 재택근무 정책은 아주 가끔씩 임시로 재택근무를 하는 것이 아니라 정기적으로 재택근무를 하고자 하는 직원이 재택근무를 하려면 관리자와 상급자의 승인이 필요하다는 것이었다. STAR로 전환한 그룹은 개인의 관심사나 재택근무 계획에 관계없이 관련 부사장이 해당 그룹의 모든 직원에 대해 재택근무에 대한 '포괄적 승인'을 받도록 했다. 이는 직원들에게 공식적인 정책(부사장 승인 필요)의 적용을 받는다는 점을 안심시키는 동시에 STAR 시범 연구에 참여하는 그룹을 위해 이러한 규정을 변경한다는 사실을 알리기 위한 임시방편이었다. 하향식 및 상향식 변화와 함께 작동하는 다단계 변화 전략은 최근 산업 보건 문헌과 관련된 스트레스 중재에 대한 연구에서도 지지되고 있다. (Kossek 외. [2014], Semmer [2006] 참조).

28 다시 한번, 베일린Bailyn(1993/2006), 라포포트Rappoport 외(2001)를 참조하라. 직원의 복지, 특히 업무 외적인 삶에 초점을 맞춘다는 점에서 이중 의제 업무 재설계 접근법은 일부 업무 프로세스에 대한 직원의 통제권 변화를 유도하는 많은 '직무 재설계' 조치와 업무 수행의 효율성 또는 효과를 최적화하는 '린 관리' 조치와 구별될 수도 있지만, 이중 의제 업무 재설계 접근법 역시 초점은 업무 영역에 맞춰져 있다고 할 수 있다. 직원들은 생산성이나 품질 향상을 목표로 업무 수행 방식을 재고하도록 요청받지만, 업무가 개인의 헌신(건강, 지역 사회, 진학)이나 가족에 대한 책임에 어떻게 더 잘 부합할 수 있는지에 대해서는 관심을 두지 않는 경우가 많다.

29 예를 들어, 중상류층 남성성이 일 우선의 정체성을 가진다고 가정하고 이상적인 근로자로서의 역할을 수행하지 못하는 남성을 단속하는 방식에 대해서는 윌리암스Williams(2010)를 참조하라. 이와 매우 유사한 업무 재설계 조치인 베스트바이의 ROWE를 접한 남성들의 '더 스마트하게 일하기'에 대한 관심에 대해서는 켈리Kelly 외(2010)의 연구를 참조하라. 근무 시간 단축(주당 120시간 이하로!)에 대한 외과 의사들의 반응에 대한 켈로그Kellogg(2011)의 연구도 참조하라. 켈로그는 근무 시간 단축을 지지하는 사람들은 여성(일부 남성도 포함)일 가능성이 높은 반면, 기존 시스템에서 성공했거나 장시간 근무에서 살아남는 것을 자신의 힘과 남성성을 증명하는 것으로 여기는 '아이언 맨(철인)'은 변화에 적극적으로 저항한다는 사실을 발견했다. STAR 교육에서 개인과 가족의 복리후생에 대해 논의할 때 우리는 논의의 폭을 넓히기 위해 의도적으로 노력하였다. 퍼실리테이터는 여성이나 어머니와 관련이 적은 개인적인 상황(예: 치과 예약, 유아 돌보기보다는 노부모의 수술 후 회복 지원)을 강조하고, 교육에서 몇 가지 육아에

초점을 맞춘 역할극에 남성을 선택하는 경우가 많았다.

30 팀의 사회적 역학 관계에 영향을 미치는 조직 변화를 위한 성찰과 실험을 위한 공간을 만드는 것의 중요성에 대해서는 리Lee, 매즈마니언Mazmanian, 퍼로Perlow(2018)를 참조하라. 제도적 변화를 지지하는 사람들이 새로운 업무 방식을 촉진하는 방법에 대해 함께 전략을 세울 수 있는 '관계적 공간(relational space)'에 대해서는 켈로그Kellogg(2009, 2011)를 참조하라.

31 STAR 교육을 실시하는 퍼실리테이터와 STAR를 추진하고 실행을 안내한 TOMO 내부자들은 모두 "그 환경에서 이미 운영되고 있는 기존 제도와 상반되는 변화를 주도"하고 "변화를 실행하기 위해 적극적으로 자원을 동원"하는 "변화의 주체"인 제도적인 기업가(institutional entrepreneurs)들이다(Battilana, Leca, Boxenbaum 2009). 이 연구는 고용법 준수에서 HR의 역할에 대한 협소한 이해를 넘어 근로자의 요구와 기업의 목표를 달성하기 위해 업무가 어떻게 재편될 수 있는지 상상해 본 주요 HR 관리자들의 의견에 의존하고 있다(Dobbin 2009 참조). 이러한 HR 관리자들은 최고 경영진과 함께 '변화를 사회화'하는 방법과 변화에 일찍 합류한 임원을 활용하여 동료들에게 영향을 미치는 방법을 계획하였다. 제도적 기업가로서 성공하려면 타인의 관심사와 불안에 대한 공감과 깊은 이해, 지지를 얻고 반대를 피하거나 해소하기 위한 좋은 전략 등 뛰어난 사회적 기술이 필요하다. 공공 기관의 업무(예: STAR 교육 세션)를 성공적으로 수행하기 위해 필요한 '보이지 않는 기관의 업무'에 대해서는 바틸라나Battilana 외(2009), 플리그슈타인Fligstein(1997, 2001), 커네일스Canales(2016)를 참조하라. 행동 연구자(영향을 받는 집단과 협력하여 변화를 실행하고 동시에 연구하는 사람들)는 이러한 기술 중 일부를 스스로 개발해야 하며, 이러한 유형의 프로젝트를 안내할 수 있는 내부 동료를 찾아야 한다. 참여형 행동 연구를 통해 수행되는 '적용 가능한 제도적 작업(applied institutional work)'에 대해서는 햄펠Hampel, 로렌스Lawrence, 트레이시Tracey(2017)를 참조하라.

32 제도적 기업가 정신과 제도적 작업에 대한 이론적 설명은 제도적 변화를 만드는 데 필요한 프레임 전략(낡은 것은 문제가 있는 것으로, 새로운 것은 실행 가능한 해결책으로 구성하는 것 포함)과 상징적 작업(주어진 청중에게 호소할 수 있는 더 큰 이야기와 정체성을 끌어내는 것 포함)을 강조한다. 바틸라나Battilana 외(2009)와 햄펠Hampel 외(2017)는 이러한 문헌에 대한 유용한 개요를 제공한다. 페미니스트 포스트 구조주의 이론을 바탕으로 한 이중 의제 재설계에서 내러티브를 바꾸고 초기 변화('종자 운반자')를 가능하게 하는 유사한 형태의 노력에 대해서는 플레처Fletcher 외(2009)도 참조하라.

33 큰 단어일수록 더 자주 답변이 제시된 것이다. 긍정적인 느낌을 주는 단어는 명조체로, 부정적인 느낌을 주는 단어는 고딕체로 표시했다. 이 질문은 모든 그룹을 대상으로 한 교육 세션에서 제기된 질문이다. 이 10개의 교육 세션에서 공유된 모든 단어에 대한 전체 목록이 있지만, 공유된 단어의 유형은 우리가 관찰한 다른 교육 세션에서도 일관되게 나타났다.

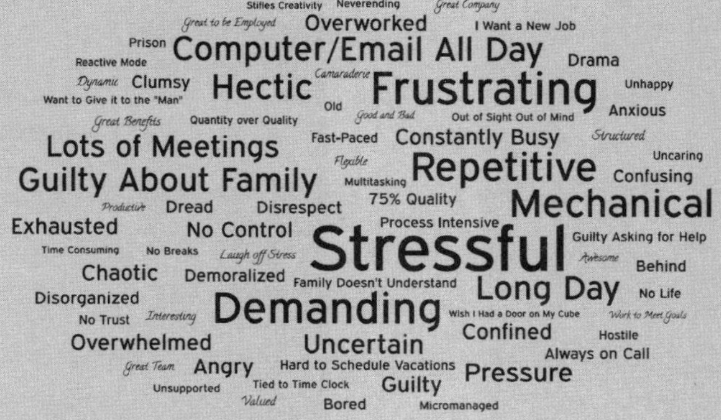

34 이러한 세션은 플레처Fletcher, 베일린Bailyn, 블레이크 비어드Blake Beard(2009)에서 설명한 바와 같이 포스트 구조주의 관점의 담론적 개입으로도 이해할 수 있다. 이러한 관점에서 STAR는 일반적으로 침묵하거나 소외된 목소리를 환영하고 주류로 끌어들이는 담론적 공간을 제공할 수 있다. 이 경우 공간과 관심을 받는 소외된 목소리는 현재의 업무 방식이 더 이상 지속될 수 없다고 인식하는 일선 직원과 많은 일선 관리자들로부터 나온다. 이에 반해 이전에 지식이 풍부하고 정당한 것으로 인정받았던 목소리는 앞서 설명한 인력 배치 계획, 글로벌 노동 체인, 비현실적인 타임라인을 설정한 최고 경영진의 목소리라고 할 수 있다. 당연하게 여겨지는 게임의 규칙에 도전하는 '전복적인 이야기'에 관한 유윅Ewick과 실비Silbey(1995)의 글도 참조하라.

35 일부 일반적인 관행에 대해서는 의문을 제기하지만, 과부하의 주요 원인인 다운사이징 빈도, 해외 노동력에 대한 의존도 등 다른 일반적인 관행에 대해서는 STAR에서 명시적으로 의문을 제기하지 않는다. 기본 비즈니스 전략과 관련 경영 의사 결정(3장에서 다루고 있음)보다는 업무 수행 방식(2장에서 다루고 있음)에 더 중점을 두고 있다. 이에 대해 다음과 같은 중요한 질문을 제기할 수 있다. 세계화된 자본주의, 고용 불안정, 기업에 대한 시장의 압력이라는 더 큰 맥락을 고려할 때 STAR를 통해 제시된 것과 같은 제한적인 변화가 도움이 될 것인가? 이는 이후 장에서 설명하는 STAR의 이점이 이러한 맥락에서도 발견되지만, 우리가 연구한 변화가 직원 채용 관행의 다른 변화나 주요 비즈니스 결정에 대한 근로자의 목소리 확대와 어떻게 겹쳐질 수 있는지를 다루는 열린 질문이 될 수 있다. 이는 중요한 탐구 주제가 될 수 있다.

36 TOMO에서 STAR 조치는 숙련되고 능숙한 외부 퍼실리테이터가 주도했으며, 우리는 외부인의 지위가 이러한 종류의 변화를 촉진하는 데 유용하다고 생각했다. 외부인의 도전은 덜 방어적으로 들릴 수 있으며(외부인이 비판적이라고 해서 조직에 충성하지 않는 것이 아니기 때문에), 외부인은 이전 상호 작용의 역사나 공식적인 권력 사슬에 반하는 일을 하지 않는다. 그리고 그들은 내부자가 종종 할 수 없는 방식으로 리더에게 도전할 수 있다. 그러나 현재의 조직 관행과 규범으로부터 인지적, 심리적으로 거리를 둘 수 있는 내부자라면 이러한 변화를 주도할 수도 있을 것이다. '절제된 급진주의자' 또는 현재 조직에서 받아들여지지 않는 대의명분이나 새로운 관행에 대한 확고한 신념을 가지고 있으며 온건하고 종종 조용한 방법을

통해 중요한 변화를 장려하는 내부자에 관한 데브라 마이어슨Debra Meyerson의 연구를 참조하라(Meyerson [2001a] 참조). 퍼로Perlow는 처음에 외부 연구자로서 또 다른 중요한 업무 재설계인 PTO 조치를 개발했지만, 도입이 확대됨에 따라 컨설팅 회사의 내부자가 변화 노력을 주도했다(Perlow 2012). 이처럼 우리는 내부자 주도형과 외부자 주도형의 성공과 프로세스를 비교하는 더 많은 연구가 필요하다.

---

37 TOMO의 STAR 세션은 컬처알엑스CultureRx 컨설턴트들이 진행했다. 이 장에서는 STAR 교육 개발에 깊이 관여한 두 명의 컬처알엑스CultureRx 설립자 칼리 레슬러Cali Ressler와 조디 톰슨Jody Thompson의 이름을 언급했지만, 교육을 진행한 다른 퍼실리테이터의 이름은 밝히지 않았다. 여러 퍼실리테이터의 교육 세션을 관찰한 결과, 누가 교육을 진행하든 TOMO 팀은 동일한 메시지를 받았다는 사실을 확인할 수 있었다. 한 가지 예외가 있었는데, 레슬러Ressler와 톰슨Thompson은 청중을 상대하는 데 어려움을 겪은 진행자를 교체하고 해당 팀에 추가 코칭을 제공하여 빠르게 적응할 수 있도록 하였다.

---

38 퍼로Perlow(2012) 및 켈로그Kellogg(2011)를 참조하라.

---

39 작업의 의도된 흐름과 실제 흐름에 대한 논의는 3장 및 〈부록 1〉을 참조하라. 지금에 와서 우리는 실제 신속한 대응이 각 팀과 역할에 얼마나 필요한지 그리고 신속한 대응을 위한 현재 루틴에 대해 자세히 논의하는 데 더 많은 시간을 할애했다면, STAR를 IT라는 업무에 더 잘 맞출 수 있었을 것이라고 생각한다. 표준화된 질문들은 그룹이 빠른 응답이 필요한 시기와 응답에 대한 보상이 주어지고 상시 근무 가능성이 헌신적인 것으로 간주되는 문화를 반영하는 관행을 파악하는 데 도움이 되었다. 또한 실제 긴급 상황에 대비해 교대로 호출기를 사용하고 명확한 프로토콜을 가지고 있는 프로덕션 지원팀의 관행을 다른 팀과 공유함으로써 그룹이 상시 근무 가능성이 대한 기대치를 개발하는 방법을 모색할 수 있었을 것이다.

---

40 레슬러Ressler와 톰슨Thompson(2008)을 참조하라.

---

41 학자들은 전문가들이 새로운 관행을 통해 전문가로서의 자율성을 강화할 것이라고 주장함으로써 제도적 변화를 촉진(즉, 새로운 게임 규칙을 옹호)할 수 있다는 사실을 오래전부터 알고 있었다. 이에 대해 조직학자인 라오Rao, 모닌Monin, 듀란드Durand(2003)가 프랑스 엘리트 셰프들의 누벨 요리에 대한 옹호라는 매우 다른 독특한 사례에서 설명한 바 있다. 우리의 경우, STAR를 통한 전문가 자율성과 권한 부여에 대한 논의는 TOMO 직원과 관리자가 자율성을 박탈하거나 제한하는 것으로 경험하는 최근의 다른 변화에 대응하는 데 도움이 될 수 있었다. 새로운 소프트웨어 개발 모델은 광범위하게 훈련되고 자율적인 전문가들이 이끌던 기술 프로젝트의 탈숙련화 과정이라고 볼 수 있다. 최근 이 회사를 비롯한 여러 기업에서는 3장에서 설명한 대로 소프트웨어 개발 프로젝트를 다양한 역할과 대륙에 걸쳐 점점 더 세분화하여 나누고 있었다. STAR는 직원들에게 업무 수행 시간과 장소에 대한 더 많은 통제권을 부여하고, 회의를 통한 조정과 같은 일부 업무 수행 방식에 대해 직원들이 정당한 발언권을 갖도록 하였다. 업무 재설계는 특히 업무가 탈숙련화되고 축소되는 상황에 직면한 직원들에게 매력적일 수 있다. 경영진은 업무 프로세스의 다른 변화를 통해 직원들의 불만을 일부 상쇄할 수 있기를 바랄 수 있다. TOMO의 경영진은 STAR와 이를 통한 자율성의 경험이 전문직 업무의 탈숙련화를 상쇄할 수 있기를 바란다고 명시적으로 말한 적은 없지만, 그러한 동기는 그럴듯해 보인다.

42 이 관리자들은 대부분 소프트웨어 개발 직군에서 직접 승진했으며, TOMO에서 오랫동안 근무한 경우가 많았다. 이러한 일선 관리자와 그들이 감독하는 직원들 사이에는 교육, 기술, 그리고 종종 공통된 계층적 배경이라는 측면에서 사회적 거리가 상대적으로 적었다. 이들은 대부분 부하 직원들이 이미 업무 목표를 달성할 수 있는 능력과 조직에 대한 헌신을 갖추고 있다고 가정한다. 동료와 관리자의 관계를 다루는 또 다른 유형의 조직 변화에 대한 검토에서 지텔Gittell(2016, 10쪽)은 새로운 상호 작용 방식이 "종종 우리의 직업적 정체성을 혼란스럽게 하고", "기존의 당연시되고 종종 눈에 보이지 않는 특권과 권력의 패턴을 혼란스럽게 한다"고 지적한다. 또한 지텔Gittell은 이러한 혼란으로 인해 조직의 변화는 "많은 방어적 반응과 잘못된 출발로 인해 고통스러울 수 있다"고 주장한다(Gittell 2016, 10쪽). 우리는 TOMO에서 고통과 중간 관리자의 저항이 미미했던 이유를 STAR가 IT 전문가와 IT 관리자의 가치 있는 정체성과 일치하는 방향으로 설득력 있게 제시되었기 때문이라고 생각한다.

43 요양원 업계에서 맞춤형 STAR에 대한 긍정적인 효과도 있었다. 참여와 안전 문화에 관한 햄머Hammer 외(2016), 흡연에 관한 후타도Hurtado 외(2016), 그리고 노인 돌봄을 담당하는 직원들의 스트레스와 심리적 고통 측면에서 STAR가 도움이 되었다는 코섹Kossek과 동료들의(2019) 연구를 참조하라. 오케추쿠Okechukwu 외(2016)도 가족을 지지하는 관리자와 문화가 거주자의 건강에 도움이 된다는 증거를 발견했다.

44 요양원에서 STAR와 같은 업무 재설계 개입을 구현하는 데는 다른 실제적인 어려움이 있다. 각 현장마다 상당히 자율적이며 변화 조치에 대한 역사가 다르고 경영진과 직원 간의 관계도 다르다. 현재 엘런 코섹Ellen Kossek과 동료들(2019)은 STAR 개입이 여러 작업 현장에서 어떻게 전개되었는지 분석하고 있다. 또한 업계 전반에 걸쳐 일관되게 나타나는 문제도 있었다. 변하는 업무 일정 및 기타 업무 프로세스 변경은 엄격하게 조정되고 규제된 환경에서 구현하기가 더 어렵지만, 의료 분야에서 일정과 관련된 성공적인 업무 재설계 사례(Pryce, Albertsen, Nielsen 2006)와 많은 산업에서 운영 결정에 대한 근로자의 의견을 반영한 사례가 있었다(검토는 파커Parker 외. 2017 참조). 장기 요양 분야에서는 수익 마진이 적고 본사에서 인건비를 매우 신중하게 관리해야 한다는 압박이 있기 때문에 인력이 부족하고 예측할 수 없는 초과 근무가 발생하게 된다. 클라우슨Clawson과 거스텔Gerstel(2014), 코섹Kossek 외(2016)를 참조하라. 또한, 이미 감정 노동과 돌봄 업무에 대한 요구가 매우 높은 업계에서 부하 직원과 동료의 개인 및 가족 생활을 지원하는 것은 추가적인 부담으로 느껴질 수 있다. 요컨대, 요양원에 STAR를 도입하기 어려웠던 이유는 여러 가지가 있지만, 일부 일선 관리자와 고위 관리자들이 직원들이 일상적으로 전문 지식과 최선을 다해 업무에 임하는 전문가라고 믿지 않는 것도 그중 하나였다. 요양원의 사례를 넘어, 단체 교섭의 역사가 '우리 대 그들'(us vs. them) 문화를 강화해 왔다면 노조가 있는 환경에서 업무 재설계를 실행하는 것이 더 어려울 수 있다. TOMO의 IT 전문가와 관리자는 서로의 이해관계가 일치하고 직원에 대한 신뢰가 상대적으로 높았다. 노조가 있는 사업장의 상황은 상당히 다르지만, 관리 직원의 통제권을 공유하는 단체 교섭 제도가 확립되어 있는 경우, 직원과 관리자의 이해관계가 일치하지 않아 직원에게 더 많은 개별 통제권을 이전하는 것이 더 어려울 수 있다. 우리는 노동조합이 업무를 재설계하고 직원의 건강, 복지, 지속 가능한 생산성을 증진하기 위한 대안이자 역사적으로 중요한 채널을 대표하는 집단적 통제와 목소리의 한 형태라고 생각한다. 그러나 오늘날 미국의 사무직 직장에서는 이러한 경로가 실현될 가능성이 높지 않다. 마지막

장에서는 정책과 고용 관계의 광범위한 변화에 대해 자세히 다룬다.

45 간혹 세션 참가자가 '구식 관리자(old-school managers)'에 대한 이야기를 꺼내는 경우가 있지만, 직원과 관리자는 일반적으로 회사 내 특정인을 비판하는 데 신중을 기한다. 예외적으로 관리자 전용 세션에서는 동료 관리자가 변화를 가로막는다고 생각하는 특정 부사장이나 임원의 이름을 거론할 수 있었다. TOMO의 조직 문화는 뻔뻔하거나 갈등이 심한 편이 아니었기 때문에 다른 환경에서는 이러한 역학 관계를 관리하는 것이 더 어려울 수 있다.

46 조직학자인 마이클 리Michael Lee, 멜리사 매즈마니언Melissa Mazmanian, 레슬리 퍼로Leslie Perlow(2018)는 상호 작용 방식을 바꾸려는 팀에게 구체적인 지침을 제공하는 '상호 작용 스크립트'의 중요성에 대해 논의하였다. 여기서 "필요한 게 있으세요?"라는 방향 전환형 질문을 사용하도록 가르치면 관리자가 부하 직원의 근무 시간, 장소, 방법을 지시하는 이전의 기대치를 회복하는 데 도움이 되기도 한 '직급이 낮은 직원이 상사에게 자신을 설명하는 것'을 피하게 해 주었다. 또한 포스트구조주의자들은 언어가 일상적으로 권력을 재구성하므로 권력을 이동시키기 위해서는 새로운 언어가 필요하다는 점을 인식하고 있다. 이중 의제 업무 재설계 조치에 페미니스트 포스트 구조주의 관점을 적용한 플레처Fletcher 외(2009)의 연구를 참조하라.

47 관리자들의 불안감을 세심하게 관리하여 이처럼 중요한 참여자가 자신의 걱정을 들어주었다는 느낌을 받으면서도 직원들이 변화를 시도하고 변화를 시작할 수 있도록 격려받아야 한다. 관리자 전용 교육 세션이 열리는 사적인 공간에서는 일선 관리자들이 자유롭게 이야기하고 신중한 경영진을 상대로 어떻게 변화를 촉진할 수 있을지 전략을 세울 수 있었다(Kellogg 2009, 2011). 직원과 관리자가 모두 참여하는 공개 세션이 많아질수록 이러한 변화가 앞으로 진행될 것이라는 기대감이 형성되고 관리자가 STAR의 실행을 제한하려는 시도를 더 어렵게 만들 수 있다.

48 예를 들어 코렐Correll(2017), 마이어슨Meyerson(2001b), 와익Weick(1984) 등을 참조하라.

49 다른 이중 의제 업무 재설계 조치는 TOMO보다 더 적극적으로 내부자 지원을 활용했다. 예를 들어, 베스트바이 본사에서 ROWE를 구현했을 때 다양한 관리자와 직원으로 구성된 연사 패널이 초기 교육 세션에 참석하여 ROWE에 대한 긍정적인 경험을 공유하고 변화 프로세스를 막 시작한 직원들의 질문에 답을 하였다. 또한 ROWE 팀은 열정적인 베스트바이 직원들과의 짧은 비디오 인터뷰를 준비하여 세션에서 상영하거나 당시 자신의 부서를 ROWE에 참여시킬지 여부를 고려 중인 경영진에게 제공하였다. (베스트바이의 ROWE에 대한 자세한 내용은 레슬러Ressler와 톰슨Thompson [2008]을 참조하라.) 경영 컨설팅 회사인 BCG가 다른 업무 재설계 조치인 PTO를 미국 전역의 컨설팅 팀에서 시행했을 때, 열정적인 내부자들이 퍼실리테이터로 훈련받아 변화 과정을 이끌었다.(Perlow 2012).

50 전략을 세우고 동맹을 동원하는 사적 공간은 사회 운동 이론에서 오랫동안 사회 변화의 핵심으로 여겨져 왔으며, 조직 내 제도적 변화에도 중요한 역할을 하는 것으로 여겨져 왔다. 예를 들어, 켈로그Kellogg(2009, 2011)는 레지던트 근무 시간 단축을 위한 병원의 규제 요건 이행에 대한 연구에서 '관계적 공간(relational spaces)'이 얼마나 중요한지 밝혀냈다. 변화를 지지하는 다양한 역할의 사람들이

서로의 유대를 확인하고 '현상 유지 옹호자'에 대응할 방법을 계획할 수 있는 관계적 공간을 찾아 육성한 병원은 근무 시간 변경을 완전히 이행한 반면, 이러한 공간을 활용하지 않은 병원은 그러지 못했다.

---

51 돌이켜 보면, 퍼실리테이터들이 이러한 우려를 표명했을 때 직접적으로 해결하지 않은 것은 이러한 우려를 완전히 이해하지 못했거나 기존 직원에 맞게 업무량을 조정하거나 숙련된 직원을 늘리는 등의 뻔한 해결책이 최고 경영진에게 받아들여지지 않을 것임을 깨달았기 때문이라고 보인다. 솔직히 말해서 STAR 교육 세션 당시에도 이러한 문제를 완전히 이해하지 못했다. 하지만 이 책을 위해 인터뷰와 관찰 자료를 분석하면서(STAR 교육 세션이 끝난 후였다) 근본적인 원인, 즉 상호 연관된 경영 전략과 그에 따른 고용 불안으로 인해 직원들이 업무량과 업무 속도의 증가에 저항할 수 있는 여력이 거의 없다는 사실을 더 명확히 알게 되었다. 그리고 이러한 문제는 STAR 교육에서 잠깐 언급되거나 코드화된 방식으로만 언급되었다. 관리자들은 "책임감을 가지면 권한이 있나요?"와 같은 질문을 던졌다. 우리는 이 질문(STAR의 강력한 지지자가 된 펠리시아Felicia가 제기한 질문)을 다음과 같이 해석했다. 관리자로서 주어진 결과를 달성해야 하는 책임이 있다면 팀이 그 결과를 달성할 수 있도록 결정을 내릴 권한이 있는가? 프로덕션 지원팀을 관리하는 펠리시아Felicia의 경우, 지원 시스템이 '다운'되거나 오프라인 상태인 시간으로 평가받을 수 있다. 펠리시아Felicia는 시스템을 계속 가동하는 데 필요한 충분한 직원 또는 적절한 기술을 갖춘 사람을 고용할 권한이 있는지 여부를 묻고 있다. 즉, STAR가 인력 부족 문제를 해결하지 못한다면, 그녀는 근본적인 문제를 해결할 수 있을지 계속해서 묻게 될 것이다.

---

52 이 분석은 합병 발표 후 데이터 수집을 완료한 직원들의 기본 설문 조사 응답과 발표 전에 설문 조사를 완료한 직원들의 응답을 비교한 램Lam 외(2015)의 연구 결과이다. 인지된 고용 불안의 다른 주요 예측 변수는 연령, 인종(히스패닉과 아프리카계 미국인이 백인이나 아시아인보다 더 높은 고용 불안감을 보고함), 소득, 교육, 보고된 업무 통제력이었다. 또한 아시아계 관리자에게 보고한 직원은 해당 조직의 직무 불안감을 덜 보고했으며, 관리자의 직무 불안감이 더 높을 때 직원들이 더 많은 직무 불안감을 보고한 것으로 나타났다.

---

53 켈리Kelly, 모엔Moen, 처맥Chermack, 애몬스Ammons(2010)를 참조하라. 베스트바이 연구에서는 업무 재설계 조치에 대해 남성과 여성 관리자가 우려를 표명하는 방식도 다르게 나타났다. 베스트바이의 여성 관리자들은 표준 근무 시간에 사무실에 출근하지 않은 직원이 "고속도로에서 죽거나 사망한 것 같다"는 우려를 표명하기도 했으며, 이를 관리자에게 알려야 하는 "일반적인 예의"를 언급하기도 했다. 우리는 이를 '모성애에 의한 감시'라고 불렀고, 남성 관리자들이 업무 재설계 변경에 저항하기 위해 이러한 이야기를 하지 않는다는 점에 주목했다. TOMO에서 일반적인 예의에 대한 몇 가지 이야기를 들었지만 성별과 관련이 있는 것 같지는 않았다. 아마도 IT 관리자로 성공한 여성은 모성애로 비칠 수 있는 부하 직원과의 대인 관계에 덜 의존하는 것 같았다.

1 연구 설계에 대한 자세한 내용은 브레이Bray 외(2017) 및 켈리Kelly 외(2014)를 참조하라. 우리는 56개의 작업 그룹을 두 가지 조건에 무작위 배정하되, 작업 단위 또는 부서의 규모, 그룹 기능(예: 소프트웨어 개발, 프로젝트 관리, 품질 보증), 부사장의 직급에 따라 균형을 유지하는 방식으로 무작위 배정을 수행했다. 이러한 무작위 배정 전략은 내부자의 조언에 따라 모든 임원이 일부 그룹에 무작위로 STAR에 배정되도록 했다. 여기에 보고된 결과는 치료 의향 분석에 기반한 것으로, STAR에 무작위로 배정된 모든 그룹을 비교 그룹에 무작위로 배정된 모든 그룹과 비교한 것이다. 일부 직원과 관리자는 STAR 교육 세션에 참석하지 않거나 어떤 식으로든 행동을 바꾸기로 선택하지 않았을 수 있다. 치료 의향 분석은 STAR에 참여하지 않은 사람들의 제한된 변화를 STAR를 열정적으로 수용한 사람들과 평균화하기 때문에 STAR의 효과를 보수적으로 추정할 수 있다. 이러한 유형의 현장 실험에서는 조직 변화 전후의 직원을 단순히 비교하는 것이 아니라 비교 그룹 또는 대조 그룹을 두는 것이 중요하다. 이 경우 모든 연구 참여자는 결국 예상치 못한 합병과 관련된 두 번째 처치 또는 외생적 충격에 노출되었다. 단순한 사전 사후 비교만으로는 관찰된 변화 중 어느 정도가 STAR로 인한 것이고 어느 정도가 합병으로 인한 것인지 알 수 없었을 것이다. 비교 그룹을 사용하면 차이점 내 차이점 논리를 활용할 수 있다. 비교 그룹에서 관찰된 변화는 합병 및 실업률 변화와 같은 기타 외부 변화를 반영하지만, 처치 그룹의 추가 변화(차이 내 차이)는 STAR에 기인한 것으로 확신할 수 있었다.

2 번아웃은 마슬라치Maslach와 잭슨Jackson이 확립한 정서적 피로 척도(Maslach와 Jackson 1986)의 이 세 가지 질문으로 측정하였다. 마슬라치Maslach와 잭슨Jackson의 번아웃 척도의 두 번째 요소는 비인격화, 즉 서비스를 필요로 하는 사람들로부터의 소외를 포착한다. 하지만 이러한 질문은 이 척도가 개발된 휴먼 서비스나 의료 환경보다 IT 인력과 관련이 적기 때문에 설문 조사에 포함하지는 않았다.

3 모엔Moen, 켈리Kelly 외(2016) 참조. 일선 관리자들은 기준 시점에 더 높은 직무 만족도를 보고했으며, 1년 후 STAR 그룹과 대조군 관리자들 사이에는 차이가 없었다. 이는 STAR에 참여한 관리자의 역할과 권한이 어느 정도 바뀌었고 이로 인해 업무에 불만을 가질 수 있었기 때문에 안심할 수 있는 결과라고 할 수 있다.

4 모엔Moen, 켈리Kelly 외(2016) 참조. STAR의 전신이자 칼리 레슬러Cali Ressler와 조디 톰슨Jody Thompson이 개발한 또 다른 업무 재설계 조치인 ROWE에 대한 이전 연구에서도 비슷한 효과를 발견했다. 이 연구는 무작위 실험이 아니었고 업무 재설계가 시작된 지 6개월 후의 결과만 살펴본 것이었다. 이 연구에서 사무직 직원의 번아웃이나 에너지 변화와 ROWE 사이에 직접적인 연관성은 발견되지 않았다. 하지만 ROWE가 근무 시간과 장소에 대한 직원들의 통제력을 높이고 일과 가정의 양립을 감소시켜 번아웃, 에너지, 기타 삶의 질에 간접적인 혜택을 준다는 증거는 있었다. 모엔Moen 외(2011), 레슬러Ressler와 톰슨Thompson(2008)을 참조하라.

5 모엔Moen 외(2017) 참조. 이직 의도는 "TOMO를 그만두는 것을 진지하게 고려하고 있는지", "향후 12개월 동안 TOMO 외부에서 새로운 일자리를 찾을 것인지"에 대한 질문으로 측정하였다. 연구 기간 3년 동안 STAR 직원의 7.6%가 퇴사한 반면, 대조군은 11.3%가 퇴사했다. 우리를 TOMO에 초대했던 경영진은 회사가 너무 '기업적이고' 규칙에 얽매여 있으며 전통적이어서 기술 분야의 젊은이들에게 어필하기 어렵다고 우려했고, STAR가 자신들이 선호하는 지원자를 채용하는 데 도움이 되기를 바랐다. 하지만 합병으로 인해 많은 신입 사원이 ZZT에서 영입되었기 때문에 연구 기간 동안 외부 채용은 거의 없었다. 따라서 STAR가 채용과 직원 유지에 도움이 되었는지 평가할 수는 없었다. 또한 이러한 변화가 특히 젊은 직원들을 어필할 것이라는 경영진의 예상을 조사하기 위해 STAR의 효과에 세대별 차이(사회과학 연구에서는 코호트 차이라고 함)가 있는지 조사했지만, 연령대별 차이는 거의 발견할 수 없었다.

6 모엔Moen, 코졸라Kojola 외(2016)를 참조하라.

7 이 인터뷰는 다른 많은 인터뷰와 마찬가지로 킴 폭스Kim Fox가 진행하였다. 연구팀은 완전히 다른 직원을 대상으로 두 가지 유형의 심층 인터뷰를 실시하였다. 이 인터뷰는 '맥락 인터뷰'로, 치료 및 통제 조건에 있는 관리자들을 대상으로 관리자들이 우려하는 점, 합병이 어떻게 진행되고 있는지 등을 듣기 위해 실시되었다. STAR는 이 인터뷰의 초점이 아니었으며, 면접관은 응답자가 언급하지 않는 한 STAR에 대해 언급하지 않았다. 두 번째 유형의 인터뷰는 별도의 직원(주로 홀리 화이트사이드Holly Whitesides와 로리 파스리샤Laurie Pasricha)이 진행했으며, STAR에 대한 긍정적, 부정적, 중립적인 피드백을 제공할 수 있는 기회로 실시되었다. 분석 전반에 걸쳐 맥락 인터뷰와 피드백 인터뷰를 모두 활용했다.

8 이 수치는 '일, 가족, 건강 네트워크' 설문 조사 웨이브 1-4를 완료하고 주당 근무 시간 및 집이나 다른 외부 장소에서 근무하는 시간에 대한 질문에 답한 728명의 직원 및 관리자를 기준으로 도출되었다. 이는 이변량 분석(평균 t-검정)으로, 2, 3, 4 웨이브의 경우 STAR 그룹과 대조군 간에 유의미한 차이가 $p<.0001$로 나타났다. 2, 3, 4 웨이브에 걸친 업무 관행의 변화를 추적하는 다변량 종단 모형에서도 STAR웨이브 공변인에 유의미한 효과가 있는 것으로 나타났다. 켈리Kelly 외(2016)를 참조하라.

9 STAR가 전개됨에 따라 대조군의 직원과 관리자에게 어떤 일이 일어나는지에 대해 항상 질문을 받았다. 대조군은 동료들 사이에서 STAR라는 시범 조치가 진행 중이라는 사실을 알고 동료와 관리자에게 이에 대해 물어보았다(특히 다른 작업장이 아닌 무작위로 작업 그룹을 배정했기 때문에). 실험적 측면에서 볼 때, 유연 근무제에 대한 새로운 메시지가 확산해 그 메시지에 전혀 노출되지 않아야 할 사람들의 행동에 영향을 미치는 '오염'의 위험이 있다. 우리의 관점은 사회적 변화는 항상 사람들의 입에 오르내리기 마련이므로, 대조군의 TOMO 직원과 일선 관리자가 STAR 팀에서 본 몇 가지 아이디어를 얻고 일부 사례를 모방할 것으로 예상하였다. 실제로 대조군에서는 원격 근무가 증가하여 기준점에서 전체 근무 시간의 평균 22%였던 원격 근무 비율이 웨이브4에서는 30%로 증가했다. 이러한 직원들은 STAR 시범 연구에 참여한 다른 직원들을 보고 영향을 받았을 수도 있지만, STAR 직원들 간의 차이는 여전히 상당하며 통계적으로도 유의미하게 나타났다.

10 재택 근무와 성별 및 부모 여부에 따른 자발적인 가변 근무제에 대한 자세한 내용은 켈리Kelly 외(2016)를 참조하라.

11 다각적인 업무 재설계 조치에 대한 체계적인 평가가 거의 이루어지지 않았기 때문에 이 연구는 중요한 비교 대상이 될 수 있다. 하지만 네덜란드의 연구는 적어도 두 가지 중요한 점에서 차이가 있다. 첫째, 회사 경영진이 재택근무 목표를 설정하여 공식적으로는 재택근무가 자율적으로 이루어졌지만, 직원들은 일주일에 2~3일은 사무실에서 근무하고 나머지 2일은 재택근무를 강력히 권고받았다. 둘째, 직원들에게 개인 책상이나 칸막이를 배정하지 않고 재택근무 목표 수준에 맞게 업무 공간의 수를 줄이도록 업무 공간을 재구성했다. 이러한 요소는 직원들이 재택근무를 하도록 유도할 수 있지만, 직원들이 재택근무 장소, 시간, 방식에 대한 통제권이나 발언권이 없다고 느끼는 경우 전략은 새로운 문제를 야기할 수 있다. 이 연구에서는 근무 시간에 대한 인지된 통제력에서 개입 그룹과 대조 그룹(새로운 업무 방식 조치로 전환하지 않은 그룹) 간에 유의미한 차이가 없었지만, 다른 효과의 핵심일 수 있는 STAR 직원들의 일정 통제력이 크게 증가한 것으로 나타났다. 니즈프Nijp 외(2016)를 참조하라.

12 이러한 계산은 니즈프Nijp 외(2016)의 [표2]에서 도출한 것으로, 새로운 업무 방식 개입 그룹은 평균 약 13시간, 주당 평균 36.54시간을 재택근무 한 반면, 기준 그룹은 평균 6.29시간, 주당 평균 35.54시간을 재택근무 한 것을 알 수 있었다.

13 일과 개인 생활의 높은 통합성 또는 높은 세분화와 같은 '경계 전략'을 설명하는 연구에 대해서는 코섹Kossek 외(1999), 로스바드Rothbard 외(2005), 애몬스Ammons(2013)를 참조하라.

14 이 수치는 STAR 그룹과 대조군 직원 및 관리자가 보고한 가변 스케줄을 비교한 이변량 분석에서 도출된 것이다(설문 조사 기준 시점 후 6개월, 12개월, 18개월 시점에 설문을 완료한 760명의 표본을 활용). STAR 그룹은 6개월과 12개월 시점에 가변적인 일정이 있다고 답할 확률이 훨씬 더 높았다. 특히 자발적인 가변 스케줄, 즉 가변 스케줄이 있다고 답한 응답자 중 업무 시간에 대한 통제력이 높다고 답한 응답자에 초점을 맞추면 전체 기간에 걸쳐 STAR 응답자와 동료 응답자 간에 유의미한 차이가 있음을 알 수 있었다. 켈리Kelly 외(2016)의 다변량 분석도 참조하라.

15 첫 번째 후속 조사(관리자가 아닌 직원으로 한정된 분석)에서의 일정 관리 변화에 대한 전체 분석과 일정 관리 측정에 대한 자세한 내용은 켈리Kelly, 모엔Moen 등(2014)을 참조하라. 간단한 이변량 분석을 통해 네 차례의 설문 조사를 완료한 760명의 직원 및 관리자 표본에서 12개월 및 18개월 설문 조사에서 일정 통제에 유의미한 차이가 있음을 확인할 수 있었다.

16 TOMO 직원들은 대체로 동료들과 사이가 좋다고 답했으며, 오랜 기간 함께 일한 팀도 많았다. 개인 및 가정 생활에 대한 논의는 일상적이었지만, 더 이상 특정 일정이나 재택근무 결정에 대한 설명의 이유로 제시되지는 않았다. 외부와의 약속이 '프로페셔널'하고 이상적인 노동자가 되는 데 큰 위협으로 여겨지기 때문에 다른 업무 재설계 조치에서는 개인적인 업무 공유를 명시적으로 권장하기도 한다. 한 유명 컨설팅 회사에서 시행한 레슬리 퍼로Leslie Perlow(2012)의 업무 재설계 조치에서 중요한 변화는 개인 및 가족 생활과 우선순위에 대한 정기적인 토론을 추진한 것이었다. 이 조치가 도입되기 전에는 많은 사람들이 프로젝트 팀 토론에서 개인 및 가정 생활에 대한 이야기를 피했는데, 그 이유는 업무 외에 다른 중요한 일정이 있다는 사실이 드러날 수 있기 때문이었다.

17 이러한 용어('슬러지' 및 '슬러지에 대한 정당화')는 STAR에 맞게 조정한 결과 중심 업무 환경 조치에서 가져온 것이다(Ressler와 Thompson 2008, Thompson과 Ressler 2013).

18 다른 환경의 업무 재설계 조치에 대한 연구를 수행하여 일선 관리자들이 어떻게 대응하는지 살펴보는 것도 가치가 있을 것이다. TOMO에서 일선 관리자는 기술적 전문성과 공식적인 권위를 바탕으로 자신의 정체성을 구축하는 것으로 보인다. 이들은 '복도 감시자'(STAR 교육 세션에서 자주 등장하는 표현)가 아닌 직원들을 '코치'할 수 있다는 점을 높이 평가하지만, 다른 환경의 관리자들은 업무가 언제, 어디서, 어떻게 수행되는지에 대한 감독에 더 집착할 수 있다. 업무별 지식이 많은 관리자가 이러한 유형의 변화를 더 편안하게 받아들인다는 증거는 처맥Chermack 외(2015)를 참조하라. 전문성 및 제한된 지위 거리에 관해서는 4장의 참고 사항도 참조하라.

19 골딘Goldin(2014)은 관계를 조정하는 역할을 하는 직원의 경우 유연성을 발휘하기가 훨씬 더 어렵다고 주장했다. 여기서 우리는 조정 및 관계 유지와 관련된 업무를 하는 직원들도 근무 장소와 방식을 통제할 수 있음을 알 수 있다. TOMO 인력의 지리적 분산과 공간 간 조정을 용이하게 하는 데 이미 사용된 기술도 여기에 유용할 수 있다.

20 첫 번째 후속 조사에서 가족을 지원하는 관리자의 행동 변화에 대한 전체 분석(관리자가 아닌 직원으로 한정된 분석)은 켈리Kelly, 모엔Moen 외(2014)를 참조하라. 이 측정에 대해서는 햄머Hammer(2008)를 참조하라. 1년간 STAR 직원들의 상사에 대한 평가는 감소하지 않았으며, 이후 설문 조사에서 STAR 그룹과 대조군 간의 격차는 크지 않았다. 대조군의 상사 지원에 대한 평가는 시간이 지남에 따라 상승했지만 그 이유는 정확히 알 수 없었다. 아마도 대조군의 관리자들은 STAR에 속한 동료들의 영향을 받았을 수 있으며, 이는 대조군의 경우 공식적으로 정책이 바뀌지 않았음에도 불구하고 지원적이고 유연한 관리에 대한 새로운 규범이 IT 부서 전반에 걸쳐 발전했음을 시사한다. 또는 합병과 관련이 있을 수도 있는데, 합병 기간 동안 TOMO 관리자가 적극적으로 직원들을 점검하기 때문에 직원들(STAR 그룹과 대조군 모두)이 지원받고 있다고 느낄 수 있었다. 이 분석은 네 차례의 설문 조사를 완료한 760명의 직원 및 관리자 표본을 대상으로 STAR 그룹과 대조 그룹을 비교한 이변량 분석을 기반으로 한다.

21 예를 들어, 슐트Schulte(2014)는 업무 과중을 피하기 위해 우선순위를 명확히 하는 방법에 대한 조언을 검토하고, 에너지 프로젝트를 이끌고 있는 토니 슈워츠가 제안한 90분 동안 집중적으로 일한 다음 진짜 휴식을 취하라는 제안에 대해 논의하였다. 우리는 이 조언의 지혜에 의문을 제기하는 것이 아니라, 현재 많은 조직에서 이러한 집중적이고 중단 없는 업무 패턴을 허용하고 있는지, 비현실적인 시간표와 높은 불안감 속에서 직원들이 자신의 업무 시간을 스스로 통제할 수 있다고 느끼는지 의문을 제기하고자 한다. 물론 STAR와 같은 업무 재설계 조치는 팀이 변화를 추구하고 경영진이 동참할 때 이러한 의지와 스마트한 업무 관행을 촉진할 수 있다. 하지만 그렇지 않은 경우에는 일부 사람들만 이러한 변화를 시도할 수 있을 것이다.

22 퍼로Perlow (1997)를 참조하라.

23 매즈마니언Mazmanian과 에릭슨Erickson(2014) 및 매즈마니언Mazmanian 외(2013)를 참조하라.

24 우리는 TOMO의 여러 팀을 대상으로 예비 분석을 실시하여 팀들이 변경 사항에 대해 반복적이고 능동적으로 이야기하고 새로운 규범을 개발했는지, 아니면 명시적인 조율과 반영 없이 각자가 합리적으로 생각하는 대로 STAR 체제 내에서 자유로운 일정을 허가받는 것으로 받아들였는지에 따른 차이를 이해하고자 하였다. 관리자는 이러한 논의를 촉진할 수 있고 실제로도 하지만, 관리자가 STAR 회의론자인 팀에서도 직원들이 이러한 대화를 추구할 때 이런 논의들이 일어났다. 차별화 요소 중 하나는 STAR를 도입하기 전 팀의 유연성인 것 같았다. 유연한 일정과 원격 근무가 일반적이었지만 상사에게 보이지 않게 은밀하게 이루어졌던 팀에서는 STAR가 이전 관행을 정당화하는 것으로 인식하는 경우가 더 많았다. 그러나 이러한 팀들은 STAR로 인해 발생할 수 있는 다른 변화(메신저 사용 중지 등)에 대해 논의하는 데는 덜 투자하는 것 같았다. 베스트바이에서 ROWE를 구현하는 데 있어 팀별로 차이가 있는 것에 대한 논의는 처맥Chermack 외(2014)를 참조하라.

25 응답자 중 페기Peggy는 TOMO의 IT 부서에서 몇 안 되는 흑인 여성 중 한 명이다. 팀 내 인종(또는 성별이나 국적)에 따른 역학 관계에 초점을 맞추지는 않았지만, 우리는 페기의 이전 경험이 이러한 환경에서 인종화된 토큰racialized token으로 인해 영향을 받았을 수 있는지 궁금했다(예: Wingfield 2013 참조). 페기Peggy는 팀원들과의 거리감으로 인해 돕고 싶어 하지 않았을 수도 있다. 다른 사람들이 자신의 성과를 면밀히 살피고 있다고 느꼈기 때문에 자신의 업무를 잘 수행하는 데 집중해야 한다고 생각했을 수도 있다. 시간 압박이 줄어들고 효과적으로 협력하고 서로를 지원하는 환경을 조성하기 위해 팀원들과 더 많은 대화를 나누게 된 페기Peggy는 STAR 이후 달라진 것 같았다.

26 예를 들어, 업무 시간과 비업무 시간의 경계를 허무는 기술에 대해서는 첼시Chesley(2005), 글래빈Glavin과 쉬만Schieman(2010)을 참조하라. 개별 협상을 통해 유연성을 확보한 사람들이 이에 대응하여 더 많은 시간과 노력을 기울인다는 증거는 켈리허Kelliher와 앤더슨Anderson(2010)을 참조하라.

27 글래스Glass와 누난Noonan(2016, 217쪽), 누난Noonan과 글래스Glass(2012, 45쪽), 로트Lott과 정Chung(2016)을 참조하라.

28 STAR 출시 후 첫 6개월에 대한 분석은 켈리Kelly, 모엔Moen 외(2014)를 참조하라. 켈리Kelly 등(2016)은 18개월간의 설문 조사를 통한 추가 분석 결과를 발표했는데, STAR가 근무 시간에 미치는 유의미한 영향은 발견되지 않았다. 18개월 후 조사에서 두 조건 간에 약간 유의미한(p=.07) 차이가 있었는데, 이는 대조군의 경우 그 시점에 근무 시간이 약간 줄었기 때문이다. STAR에 참여한 사람들은 시간이 지나도 큰 변화가 없었다.

29 켈리Kelly 외(2014)를 참조하라. STAR를 시작한 지 6개월이 지난 시점에서 아이가 없는 직원이나 독신 직원의 근무 시간이 증가하지 않은 것으로 나타나, 부모의 근무 시간이 소폭 감소해도 다른 직원에게 추가적인 부담을 주지 않는 것으로 확인되었다.

30 이 회사는 수년간의 데이터를 우리와 공유했고, 이러한 질문을 추적하는 데 상당한 직원들의 시간을 할애하였다. 안타깝게도 데이터는 우리의 목적을 달성하기에는 상당히 지저분했다. 우리 연구는 보고 대상에 따라 작업 그룹을 두 가지 조건으로 무작위 배정하였다. (이와 같은 변화에는 경영진의 동의가 필요하기 때문에 조직도에 따라 무작위 배정을 하는 것이 필수적으로 보였다. 직원들이 이러한 변화를 할 수 있다고 믿으려면 관리자도 이러한 과정을 거쳐야 하기 때문이다). 하지만 회사의 생산성 및 성과 데이터에는 많은 그룹과 팀의 작업이 포함된 애플리케이션과 프로그램 등 대규모 프로젝트에 대한 데이터가 수집되어 있었다. 이러한 데이터는 코드 작성에 소요된 인건비 대비 작성된 코드 줄 수, 특정 애플리케이션의 오류율 및 중단률 등을 측정했다. 회사 직원의 지원을 받아 경제학자 제레미 브레이Jeremy Bray, 프로젝트 매니저 킴 폭스Kim Fox, 그리고 연구팀의 다른 직원들은 특정 애플리케이션과 프로그램의 성과 데이터를 해당 업무를 수행하는 직원 중 STAR에 속한 직원의 비율(비교 그룹 대비)과 일치시켰다. 이를 통해 예를 들어, 새로운 소프트웨어 애플리케이션의 경우 STAR에 속한 직원이 70%, 대조군 직원이 30%를 완료했다고 말할 수 있었다. 대부분의 애플리케이션과 프로그램은 두 조건 모두에서 직원들의 기여도를 반영하였다. 이러한 복잡성 때문에 STAR가 생산성 및 성과 측정에 미치는 긍정적 또는 부정적 영향이 없는 무(無)의 결과가 도출되었을 수 있다. 다양한 직장 환경에서 업무 재설계 조치의 영향을 완전히 평가하기 위해서는 다양한 유형의 생산성 및 성과 측정을 사용하는 더 많은 연구가 필요하다.

31 브레이Bray 외(2017)를 참조하라. 지난 7일간 근무한 시간, 주당 예상 근무 시간, 10점 척도의 개인 업무 성과, 동료 업무 성과 등을 묻는 세계보건기구(WHO)에서 제작된 건강 및 업무 성과 설문지(HPQ)를 사용하였다. 그런 다음 케슬러Kessler와 동료들(2003)의 지침에 따라 결근율, 출석률(자신의 성과와 타인의 성과를 비교), 생산성(출석률을 감한 기대 대비 근무 시간)을 계산하였다.

32 예를 들어 켈리Kelly 외(2008) 및 앨렌Allen 외(2015)의 리뷰를 참조하라.

33 블룸Bloom 외(2015)를 참조하라.

34 고다트Godart 외(2017)를 참조하라.

35 바르보사Barbosa 외(2015)를 참조하라. 투자 수익률에 사용된 비용은 기업이 교육과 훈련을 맞춤화하여 제공하는 데 소요되는 모든 직원의 시간에 대한 비용을 지불해야 한다고 가정했으며, 우리의 경우 연구 보조금으로 이러한 비용의 대부분을 충당하였다. 그러나 투자 수익률 분석은 이러한 유형의 개입을 고려 중인 고용주에게 이러한 개입의 상대적인 비용과 이점을 파악할 수 있도록 하기 위한 것이다. 이 분석에서 기업의 비용 절감은 주로 이직률 감소와 관련된 것으로 나타났으며, 이직률과 의료 비용도 또한 감소했다.

6장 건강, 삶의 질, 그리고 개인적 삶에 대한 업무 재설계의 혜택

1 상대적으로 근속 기간이 길고 중장년층 직원이 많은 TOMO와 같은 대기업은 의료 비용에 더 많은 관심을 기울일 가능성이 높다(TOMO가 우리를 영입한 주된 동기는 번아웃과 이직 문제였지만). 하청 근로자, 독립 계약자에 크게 의존하거나 높은 이직률을 용인하는 '이직 및 소진' 노동 전략을 가진 기업은 나중에 근로자에게 발생하는 건강 문제에 대해 조직이 비용을 지불할 것으로 예상하지 않기 때문에 의료 비용을 최소화하는 데 덜 신경을 쓸 수 있다.

2 이 문헌에 대한 요약은 버크만Berkman 외(2014, pp.153-181) 및 페퍼Pfeffer(2018)를 참조하라. 챈도라Chandola, 브러너Brunner, 마못Marmot(2006), 키비마키Kivimaki 외(2002), 스탄스펠드Stansfeld와 캔디Candy(2006)도 참고하라.

3 사회적 지원과 건강 전반에 관해서는 버크만Berkman, 카와치Kawachi, 글리모어Glymour(2014)를 참조하라. 개인 및 가족 생활에 대한 슈퍼바이저의 지원의 이점에 대해서는 햄머Hammer 외(2011)를 참조하라.

4 일정 통제에 대한 체계적인 검토는 니즈프Nijp 외(2012)를 참조하라. 이 논문에서도 실험 또는 중재 연구가 거의 없었다고 언급하고 있다. '일, 가족 및 건강 네트워크' 연구는 이 리뷰에 포함할 수 있을 만큼 제때 발표되지 않았으며, 공동 연구에는 개인 및 가족 생활에 대한 일정 통제 및 상사의 지원 변경의 이점에 대한 여러 중재 및 실험 연구가 포함되어 있다(예: 햄머Hammer 외 [2011]; 모엔Moen 외 [2011]). 특히 업무 수행 방식에 대한 통제(업무 통제라고 함)의 건강상의 이점에 대한 연구 결과는 앞서 언급한 바와 같이 더 강력하다.

5 이 장에서는 인터뷰와 현장 조사에서 얻은 증거를 공유할 뿐만 아니라 일, 가족, 건강 네트워크의 많은 정량적 기사를 요약한다. 그러나 TOMO 데이터와 요양원의 병행 데이터를 통해 더 많은 연구가 계속 발표되고 있다. 2019년 이후의 연구와 장기 요양(요양원) 표본의 더 많은 간행물을 보려면 https://workfamilyhealthnetwork.org/publication을 참조하라.

6 모든 응답자가 일할 수 있을 만큼 건강한 상태였기 때문에 삶의 질에 대한 이러한 측정은, 심신을 쇠약하게 만들 정도는 아니나 문제가 되는 심리적 고통과 스트레스를 파악하는 데 유용했다. 우리는 코헨Cohen과 동료들(1983)이 개발한 지각된 스트레스 척도와 케슬러Kessler와 동료들(2003)이 관련된 K-6 심리적 고통 척도를 사용하였다. 지각된 스트레스 항목은 직원에게만 질문하고, 심리적 고통 질문은 직원과 관리자 모두에게 질문하였다.

7 주관적 삶의 질에 관한 분석에 대한 자세한 내용은 모엔Moen, 켈리Kelly 외(2016)를 참조하라.

8 다른 연구에서도 조직 구조 조정이나 인력 감축이 이루어질 때 직장 내 개입이 건강과 복지에 미치는 영향이 없거나 부정적이라는 결과가 나왔다. 에간Egan 외(2007)를 참조하라.

9 스트레스 모델에서 성별과 상태의 상호작용 효과는 약간만 유의미(p=.06)하다는 점에 유의하라(Moen, Kelly 등, 2016 참조). 즉, STAR가 남성과 여성에게 다른 영향을 미쳤다고 확신할 수 없다는 것을 의미한다. 보고된 정신 건강의 성별 차이에 대해서는 로젠펠드Rosenfeld와 모우존Mouzon(2013)을 참조하라.

10 코티솔은 부신에서 분비되는 호르몬으로, 신체의 거의 모든 주요 기관의 기능에 영향을 미친다. 연구에 따르면 코티솔 각성 반응이 평탄하지 않거나 무뎌지면 심혈관 질환, 우울증, 당뇨병과 같은 부정적인 건강 결과와 관련이 있는 것으로 나타났다. 코티솔 각성 반응과 건강에 미치는 영향에 대한 자세한 내용은 알메이다Almeida 외(2018)에서 확인할 수 있으며, 이러한 방법과 연구 결과에 대한 자세한 내용도 확인할 수 있다. STAR는 1년간의 추적 관찰 기간 동안 직원들의 근무 중 코티솔 패턴에 변화를 주지 않았다는 점에 유의하라. 알메이다Almeida와 동료들은 STAR 직원들이 근무하지 않는 날 또는 휴일에는 더 큰 변화가 있을 것으로 예상했다.

11 크레인Crain 외(2014), 리Lee 외(2017), 벅스톤Buxton 외(2018)를 참조하라. 자녀 수와 높은 업무 요구도(이 두 가지 요인도 수면의 질 악화를 예측함)를 조정한 후에도 일과 업무 간 갈등이 높을수록 수면의 질이 나빠질 것으로 예측되었다. 또한 업무와 업무 외 갈등이 높을수록 수면 시간이 짧고 수면 패턴이 일관적이지 않은 것과도 유의미한 관련이 있다.

12 단기적인 효과에 대해서는 올슨Olson 외(2015)를 참조하라. STAR는 수면 시간에 직접적인 영향을 미치는 것으로 보이며, 수면의 질은 업무 시간과 장소에 대한 통제력 증가(마지막 장에서 보고됨)와 업무 외 갈등의 감소(이 장의 뒷부분에서 설명함)를 통해 영향을 받는 것으로 보인다. 18개월에 걸친 지속 가능성 분석은 크레인Crain 외(2018)를 참조하라.

13 수면 부족이 장기적으로 건강에 미치는 영향에 대한 문헌 검토와 이 분석에 대한 자세한 내용은 벅스톤Buxton 외(2018)를 참조하라.

14 STAR가 심대사 위험에 미치는 영향에 대해서는 버크만Berkman 외(2019)를 참조하라. 장기 요양 표본에서도 비슷한 효과가 발견되었다(고위험군에 속하는 사람들이 처음에 업무 재설계 조치의 혜택을 받는 경우). 심대사 위험 점수와 이후 심혈관 질환과의 관계에 대한 설명은 마리노Marino 외(2014)를 참조하라.

15 켈리Kelly 외(2014)를 참조하라. 우리는 네테마이어Netemeyer와 동료들(1996)이 개발한 잘 정립된 척도를 사용하였다. 게재된 기사에서는 이를 일과 가정, 가정과 직장 간의 갈등 척도라고 불렀지만, 미혼, 부모, 간병인이 아닌 사람들도 이 질문이 자신과 관련이 있다고 느낄 수 있도록 질문 문구에는 항상 가정과 개인 생활을 모두 언급하였다.

16 STAR는 가정에서 무언가를 바꾸기보다는 업무 영역에서 변화를 시도하기 때문에 일과 가정 간의 갈등에 대한 유의미한 효과는 의외로 보일 수 있다. 하지만 동료와 상사의 통제와 지원이 강화되면 직원들은 개인적인 약속으로 인해 업무 시간을 자유롭게 조정할 수 있고 '정시 출근'에 대한 걱정을 덜 하게 된다. 개인적인 약속에 가거나 평소보다 더딘 출근 준비로 아이를 유치원에 급하게 데려다주는 등의 업무 외적 갈등을 경험하지 않게 된다. 심지어 종종 아무 말 없이 회사 누구에게도 알리지 않고도 완벽하게 수용 가능한 조정이 될 수 있다. 두 번째 요점은 무작위로 STAR에 배정된 모든 사람을 대조군에 배정된 사람과 비교하는 치료 의향 분석(intent-to-treat analysis)에서 업무와 비업무 간 갈등이 약간 유의미하게 감소했다는 점이다. 전체 대조군과 비교하여 STAR 교육에 75% 이상 참여한 사람들을 살펴보면 켈리Kelly 외(2014)에서 보고한 바와 같이 업무와 비업무 간 갈등이 더 크고 통계적으로 유의미하게 감소하는 것을 볼 수 있다. 설문 조사 데이터를 기반으로 보고된 STAR의 모든 효과는 달리 명시되지 않는 한 치료 의향 분석에서 나온 것이다.

17 이 연구는 가족뿐만 아니라 여러 영역에서 시간 적절성을 측정했다(모엔Moen, 켈리Kelly, 램Lam(2013) 참조). 부모의 시간 적절성과 가족과의 시간 압박에 관한 연구는 밀키Milkie, 노마구치Nomaguchi, 쉬만Schieman(2019), 노마구치Nomaguchi 외(2005), 슐트Schulte(2015)에서도 확인할 수 있다.

18 톰 페레즈Tom Perez 미국 노동부 장관은 2014년경 연설에서 직장 내 유연성을 얻기 위해 "상사 복권에 당첨될 필요는 없다"는 표현을 사용했는데, 이 표현은 미국진보센터의 회장인 니라 탠든Neera Tanden이 힐러리 클린턴Hillary Clinton이 상사로서 발휘한 유연성 덕분에 탠든이 어린 자녀를 둔 상태에서 워싱턴 D.C.에서 중요한 업무를 맡을 수 있었다고 설명할 때 나온 말인 것 같다(Stevens 2014).

19 기준 시점에 상사의 지원이 적은 경우 STAR의 효과가 더 크다는 켈리Kelly 등(2014)의 연구와 상사의 지원이 직원의 스트레스 생리학에 미치는 업무 외 갈등의 영향을 줄인다는 알메이다Almeida 등(2015)의 연구를 참조하라.

20 미국의 대부분의 회사와 마찬가지로 TOMO는 아버지에게 유급 가족 휴가 또는 육아 휴직을 제공하지 않으며(적어도 연구 당시에는), 척Chuck에게 유급 휴가를 제공하는 연방법이나 주법도 없었다. 미국의 유급 가족 휴가 이용에 관한 보우쉬Boushey(2016) 및 PEW 연구 보고서(2017)를 참조하라.

21 이 연구를 위해 9세에서 17세 사이의 어린이를 모집했다. 성장과 발달을 연구하는 학자들은 일부 아동이 9세 또는 10세에 청소년기에 접어든다는 점에 주목하며, 연구팀은 청소년기 초기 및 중기 발달이 조사 결과의 패턴에 어떤 영향을 미치는지 고려했다. 부모와 자녀의 시간 분석에 대한 자세한 내용은 데이비스Davis 외(2015)를 참조하라. (켈리 챈들러Kelly Chandler는 이전에는 켈리 D. 데이비스Kelly D. Davis라는 이름으로 출판하였다.)

22 자녀가 있는 TOMO 직원에 대한 연구 결과는 데이비스Davis 등(2015)에서 보고되었으며, 어머니와 딸의 양자 관계에 대한 보다 광범위한 패턴은 램Lam 등(2012)에서 검토되었다. 이 연구에서도 아버지와 자녀가 함께 보내는 시간의 긍정적인 효과를 강조하지만, 10대 이후에는 그 효과가 감소하는 경우가 많았다. 자녀가 있는 TOMO 직원을 대상으로 한 분석에서는 STAR에서 아버지의 자녀와의 시간이 증가하는 것으로 나타났으며, 시간이 지남에 따라 아버지에 대한 효과가 더 명확해질 가능성이 있지만, 기준이 되는 조사와 12개월 조사에서 자녀와의 시간에 대해서만 질문했다.

23 정성적 데이터에 따르면 STAR가 가정생활에 평온함을 더하고 갈등을 줄일 수 있는 것으로 나타났지만, 설문 조사 데이터에서는 이러한 패턴이 명확하게 확인되지는 않았다. 일기 설문 조사에서는 가족 내에서 발생하는 스트레스가 많은 상호 작용과 갈등에 대해 질문했는데, 이러한 항목에서 STAR 부모와 대조군 부모 간에 통계적으로 유의미한 차이를 발견하지는 못했다.

24 스필오버(Spillover)와 크로스오버(Crossover) 개념에 대한 개요와 통합에 대해서는 바커Bakker와 데메로티Demerouti(2009)를 참조하라.

25 이 분석은 부모가 TOMO에서 근무하는 9~17세 아동의 데이터를 사용하였다. 정서적 삶의 질과 정서적 반응성 분석에 대한 자세한 내용은 라우슨Lawson 외(2016)를 참조하라.

26 긍정적 및 부정적 정서는 "오늘 얼마나 많은 시간 동안 ( )을 느꼈습니까?"와 같은 질문과 함께 6개의 부정적 정서 항목(예: 슬픔)과 5개의 긍정적 정서 항목(예: 신남)으로 구성된 긍정 및 부정적 정서 스케줄(Watson, Clark, Tellegen 1988)을 사용하여 측정하며, '전혀 없음'에서 '항상'까지 응답할 수 있도록 되어 있다. 청소년들은 일일 스트레스 사건 목록(Almeida, Wethington, Kessler 2002)을 사용하여 이전 인터뷰 이후 스트레스 경험이 있었는지를 물었다. 질문에는 말다툼과 의견 불일치, 부모가 더 많은 것을 요구했다고 느낀 경험, 청소년에게 영향을 준 가족이나 친구의 스트레스 사건, 기타 스트레스로 작용하는 모든 것이 포함되었다. 정서적 반응성 분석은 이러한 일상적인 스트레스 요인에 대해 부모가 STAR에 있는 청소년과 부모가 대조군에 있는 청소년의 긍정적 및 부정적 영향이 어느 정도 변화하는지 비교 검토한다.

27 맥헤일McHale 외(2015) 를 참조하라.

28 일기 조사 표본이 너무 작아서(두 차례의 데이터 수집을 모두 완료한 부모와 자녀가 약 100명) 중재 모델을 통해 이러한 효과가 어떻게 나타나는지 통계적으로 분석하기에는 한계가 있을 수밖에 없다. 부모의 직장 경험과 자녀의 행복에 대한 교차 연구에 대한 검토는 라우슨Lawson 외(2016)를 참조하라.

29 리드Reid(2015), 윈Wynn(2018), 윌리엄스Williams(2010)를 참조하라.

30 켈리Kelly 외(2014)를 참조하라.

7장 2보 전진, 1보 후퇴

1 STAR 시범 연구가 공식적으로 종료된 지 약 10개월 후, 합병된 회사가 업무 유연성 및 업무 재설계와 관련하여 어떤 조치를 취할지 불분명했던 시기에 우리는 웹 설문 조사를 실시하였다. 이 장의 뒷부분에서 설명하겠지만, 이 설문 조사는 부분적으로는 경영진이 STAR에 대해 우려하는 바를 조사하기 위해 실시되었으며, 이러한 정보가 경영진이 STAR의 '조정'이나 수정이 도움이 될지 여부를 결정하는 데 기여할 수 있을 것이라는 의도로 진행되었다. 이 설문 조사의 전체 응답률은 66%였으며, 아직 ZZT에 근무 중인 572명의 응답자와 조사 시점에서 회사를 퇴사한 117명의 응답자가 참여하였다. 이 시점에서 우리는 회사 측과 협력하여 현장에서 데이터를 수집하는 대신 웹 설문 조사를 실시하여 웨이브 1 설문 조사를 완료하여 '일, 가족 및 건강' 연구에 참여한 적이 있는 모든 사람에게 연락을 시도했다. 여기서 우리는 ZZT에서 여전히 근무하고 있으며 무작위로 STAR에 배정된 220명의 직원과 60명의 관리자에 대한 결과를 보고한다. 직원의 96%와 관리자의 85%가 응답자의 팀 또는 작업 그룹에서 STAR가 '매우' 또는 '어느 정도' 성공적이었다고 답했다. 세 가지 질문(자신의 경험, 팀, 조직에 대한 성공) 모두에서 감독을 받는 직원은 관리자에 비해 STAR의 성공에 대해 훨씬 더 높게 평가했지만, 관리자 역시도 여전히 상당히 긍정적이었다. 성별이나 부모의 지위에 따라 STAR의 성공에 대한 인식에는 큰 차이가 없었다.

2 연구 당시 IT 부서의 부사장이 10명 미만이었기 때문에 특정 직책, 성별, 특정 인종을 암시하는 가명 등 신원을 식별할 수 있는 정보는 생략하였다. 공개적으로 STAR에 회의적이었던 임원의 경우, 그들이 우리와 공유한 관점이 그들의 부하 직원 및 다른 임원들에게도 공개적으로 공유되었기 때문에 가명을 사용하기도 했다.

3 우리 연구팀은 시범 프로그램 종료 결정이 내려질 무렵 연구를 마무리하고 있었다. 이 기간 동안 TOMO의 일원이었던(그래서 STAR를 가까이서 지켜본) 여러 임원들과 비공식 인터뷰를 진행할 수 있었고, 임원 및 HR 관리자들이 다음 단계에 대해 논의하는 회의에 여러 차례 참석할 수 있었다. 이 자리에서 우리는 특히 최고 경영진이 보다 전통적인 경영 관행을 선호한다는 점을 감안할 때, 대화와 인터뷰를 통해 지지하는 부사장들로부터 들은 내용과 그룹 내에서 그들이 말한 내용 사이에 차이가 있음을 발견하였다. ZZT 경영진은 모두가 전통적인 정책과 전통적인 방식으로 경영하는 것에 대해 분명하게 동의하였다. 또한 향후 2년간 몇몇 경영진과 새로운 분석 결과를 그들의 관점과 비교하여 확인하기 위해 비공식적으로 대화를 나누었다. STAR의 종료를 공식 발표하기 전에 우리는 기존 ZZT 경영진과 합병된 회사의 CEO를 인터뷰하려고 시도했지만 성공하지 못했다. 우리를 받아 준 기존 TOMO 경영진이 일자리를 걱정하고 있는 것 같아서 강하게 밀어붙이지는 못하였다. 그들에게 더 많은 접근을 요구하거나 주변을 맴돌게 되면 비호감이 되고 있는 조치와 더욱 밀접하게 연결되어, 해고되거나 (더 가능성이 높지만) 정중히

거절당할 위험이 높아질까 우려하였다. 강력한 리더가 내린 결정을 공개적으로 비판하기를 꺼리는 것은 물론 합병이나 대대적인 조직 변화를 겪는 조직에만 국한되지 않는다(Jackall(1988)의 "전략적 침묵(strategic silence)"을 참조하라).

4 '시범 운영'이라는 용어를 사용한 이유는 이 연구를 조치라고 부르거나 이러한 변화와 직접적으로 연관 짓고 싶지 않았기 때문이다. 새로운 관행과 기술을 전체 부서나 회사에 적용하기 전에 시범 연구를 실시하는 경우가 많았기 때문에, STAR를 시범 연구라고 부르는 것이 자연스러워 보였고 설문 조사와 인터뷰에 대한 참가자의 응답에 영향을 줄 가능성도 적었다.

5 중간 관리자가 변화에 저항하는 경우가 많다는 예상에 대해서는 후이Huy(2002), 발로군Balogun(2003)을 참조하라. 특히 재량권을 축소하는 변화에 대한 관리자의 저항에 대해서는 다빈Dobbin 외(2015)를 참조하라. 저항을 최소화하는 방법에 대한 논의는 4장을 참조하라.

6 이 HR 전문가들은 STAR의 미래를 결정하는 경영진을 지원하는 임무를 맡았다. 우리를 TOMO로 초대하고 STAR의 출범을 도왔던 HR 전문가들은 이 무렵 회사를 떠났기 때문에, STAR의 미래를 결정한 사람들은 어떤 경우에는 이 조치에 처음 참여했고 어떤 경우에는 회사에 처음 입사한 사람들이었다. STAR를 지지했던 기관 기업가들은 떠났고, HR 전문가들은 경영진과의 관계를 구축하느라 바빴으며, STAR를 인정하는 중간 관리자 및 일선 직원들과의 관계는 거의 형성하지 못한 상황이었다.

7 이러한 남용 일화는 시간이 지남에 따라 풍부하게 전개되는 본격적인 이야기가 아니라, 직원들의 명백히 터무니없는 행동에 대한 짧고 종종 모호한 언급이었다. 하지만 유윅Ewick과 실비Silbey(2003, 1331쪽)처럼 우리는 "모든 이야기는 사회적 사건"이며 이러한 상황을 언급하는 것은 이러한 상호작용에 내재된 "사회적 구조(예: 역할, 규칙, 위계)"를 드러낸다는 것을 인식하고 있었다. 경영진과 때때로 관리자와 IT 전문가들은 관리자가 직원의 행동을 지시할 것이라는 오래되고 여전히 강력한 기대에 벗어난다는 점을 언급하였다. 이러한 사례를 '남용'의 증거로 제시하는 것은, 비록 실제 사례에 기술된 관행이 재구성된 STAR 팀 내에서 합리적이고 수용 가능한 것일지라도, 기존의 기대치를 규범으로 재확인하는 것이라고 할 수 있다. 경영진이 대규모 경영진 회의에서 이러한 이야기를 하는 것도 중요하였다. 앨런Allen(2001, 78쪽)은 "스토리텔링은 공통의 문제를 상호 확인함으로써 사회적 결속력을 높이는 데 기여한다"고 지적하였다. 여기서 경영진은 무리하게 밀어붙이거나 게임을 하거나 시스템을 악용하는 비합리적인 직원들로 구성된 '그들(them)'을 상대해야 하는 합리적인 관리자를 '우리(we)'로 불러들였다.

8 팻시Patsy는 이 사건이 다른 회사들이 재택근무 정책을 철회할 무렵에 발생했기 때문에 시기가 좋지 않았다고 말하였다. 이 장의 뒷부분에서 유연성과 관련된 다른 기업들의 결정과 특히 야후(Yahoo) 결정의 중요성에 대한 논의를 참조하라.

9 우리가 들은 세 가지 남용 사례는 홈스쿨링, 임원진 회의 불참, 관리자에게 알리지 않고 사무실에서 몇 시간 떨어진 곳으로 이사한 직원에 관한 것이었다. 누가 이사를 갔는지 정확히 아는 사람과는 이야기를 나눈 적은 없다.

10 안타깝게도 이러한 이야기가 퍼질 무렵에는 STAR를 옹호하고 관찰했던 HR 전문가들이 대부분 합병된 회사를 떠났다. 남아있던 HR 전문가들은 직책, 보너스, 연봉의 변화에 직면한 직원과 관리자들이 반발하여 회사를 대량으로 떠나지 않도록 전체 IT 부서를 합리적인 방식으로 재구성하는 방법에 집중하고 있었다.

---

11 이 부사장은 문제를 지적하고 다른 조직에서 다른 사람들이 찾은 해결책을 제시한다. 터르코Turco(2016, 77~88쪽)는 한 기술 기업이 직원들에게 "올바른 판단력을 발휘하라"는 광범위한 지침을 제공한 사례를 검토하였다. 많은 직원들이 이 회사에서 근무 시간, 장소, 방식에 대한 높은 수준의 통제권을 가지고 있으며, STAR와 관련하여 자주 듣는 말인 "신뢰"와 "성인처럼 대우받는다"는 점을 높이 평가하였다. 그러나 일부 직원과 관리자들은 무엇이 '올바른 판단'을 구성하는지에 대한 명확성이 부족하고 이에 대한 평가가 관리자마다 다를 수 있다는 점에 대해 우려했다. 이에 따라 회사는 관리자 교육과 직무별 교육을 제공하기 시작했다. 터르코Turco(2016)는 이를 (구속력 있는 규칙과 정책에서 벗어난) 광범위한 관계형 계약이 촉발할 수 있는 명확성 문제로 설명한다(Gibbons and Henderson(2012) 참조).

---

12 이 분석은 현재 회사에 재직 중이며 웨이브 1 설문 조사를 완료한 521명의 직원 및 관리자를 대상으로 실시한 마지막 웹 설문 조사(이 장의 참고자료 1 참조)를 기반으로 하였다. 첫 번째 질문의 경우 전체 표본을 사용했으며, 개방적인 팀 커뮤니케이션과 업무의 질에 관한 질문은 관리자가 아닌 직원 417명을 기준으로 하였다. (설문 조사에 참여한 관리자 간에는 해당 문항에 대해 유의미한 차이가 없다). 이 설문 조사는 STAR가 공식적으로 종료된 지 거의 1년이 지난 시점에 실시되었다는 점에 유의하라. 웨이브 1~4 설문 조사에서는 이러한 질문을 하지 않았지만 합병 후 몇몇 경영진이 제기한 협업에 대한 우려를 평가하기 위해 추가하였다.

---

13 인터뷰와 설문 조사 분석에서 STAR에서 일했던 팀과의 협업에 문제가 있었다는 증거를 찾지 못했을 때, 우리는 STAR가 다른 결정과 전략에 대한 비난을 받고 있다는 사실을 알게 되었다. 이러한 관점은 숙련된 개발자인 유완Ewan과의 인터뷰를 통해 더욱 확고해졌다. 유완은 자신을 "기민한 열정을 가진 사람"이라고 불렀고, STAR 교육 세션에서 성과와 품질 측정에 대해 어려운 질문을 던졌기 때문에 STAR의 커뮤니케이션이나 조정에 문제가 없는지 조사하기에 좋은 사람이라고 생각하였다. 유완은 부사장과 다소 유사한 이상적인 업무 방식에 대한 비전을 제시했지만, TOMO는 STAR 이전에 이미 이 모델에서 벗어났다고 설명했다.

> 소프트웨어 개발은 모두가 함께 모여서 가까이에서 속 시원한 대화를 나눌 수 있을 때 가장 효율적이라고 생각합니다.

유완은 동료들을 편하게 대할 때 '나이가 어리거나 경험이 적은' 개발자는 회의를 잡아야 하는지 그리고 이메일을 써야 하는지 같은 질문을 할 수 있다고 생각하였다. 실제로 유완은 사람들이 긴밀하게 협력하지 않고 "문서 작성에 대한 믿음"만 가지고 있을 때 IT의 생산성 문제나 성능 위기가 발생할 가능성이 가장 높다고 주장한다. 유완은 현재 TOMO에서 운영되는 글로벌 노동 사슬의 경우 "기술적인 거리, 물류적인 거리 등 수많은 거리를 넘어" 문서를 전달하고 있으며, 작업을 수행하는 사람들이 참조하는 것은 결국 서면 문서뿐이라고 지적하였다. 게다가 TOMO 해외 사업부는 다른 조직에 하청을 주고 있었다. 유완은 코드를 작성하는 사람들이

TOMO의 사업 컨셉과 해당 업무가 고객에게 어떤 이점을 제공하는지 전혀 모른다고 걱정하였다.

> 그렇군요. 얼마나 많은 사람들이 관련되어 있는지 무섭기만 합니다. 전화 게임 아시죠? 처음에 "소프트웨어에 이 기능을 넣어야겠다"는 아이디어를 낸 사람과 그 아이디어에 대해 전화를 받은 7~8 단계 떨어진 사람은 서로 다른 생각을 하죠. 그리고 9단계 떨어진 인도에 있는 누군가가 그 기능을 코딩합니다.

유완은 STAR가 더 많은 직원이 재택근무를 하도록 장려할 수 있고, 개인적으로는 이것이 한 사무실에서 함께 일하는 것보다 효율적이지 않다고 생각하지만, 유완은 "STAR가 최악의 적은 전혀 아니다"라고 말한다.

---

14 다른 연구에 따르면 지위가 높은 조직 변화 지지자들은 변화를 지지하는 것이 자신의 지위를 위협할 수 있다고 우려하는 경우가 많다고 한다. 현상 유지 옹호자들의 '반대 운동'이 어떻게 제도적 변화를 제한할 수 있는지를 강조한 켈로그Kellogg(2012)를 참조하라. 이 사례의 경우, STAR에 대해 높은 지위를 가진 옹호자들은 경영진 내에서 자신의 지위가 위협받고(ZZT 경영진이 최고 경영진과 더 강력하고 긴밀한 관계를 맺고 있기 때문에) 자신의 권한(업무의 규모와 범위에서 알 수 있듯이)이 불확실할 때 이러한 변화에 대한 공개적인 지지를 철회한다.

---

15 STAR 종료 후 실시된 웹 설문 조사에 대한 이전 주석을 참조하라. 여기서는 웨이브1 수행 당시 연구에 모집되었고 여전히 TOMO에서 근무 중인 IT 전문가(N = 411)에 대해 보고한다. 집이나 다른 곳에서 근무하는 평균 시간(STAR 참여자의 주당 근무 시간 49.6%, 대조군 무작위 배정자의 34.2%, $p < .0001$)과 이 직원들이 집에서 하루 이상 근무하는 것과 같은 광범위한 원격 근무를 하는지 여부(73% vs. 61%, $p < .01$)를 고려하였다. STAR에 속해 있던 관리자들 역시 재택근무를 더 많이 하는 것으로 나타났지만, 표본 규모가 작거나 관리자들이 경영진의 지시에 더 잘 따르기 때문인지 명확하지는 않지만 대조군 관리자와의 차이는 크지 않았다.

---

16 학교 개혁의 맥락에서 리커플링(recoupling)을 연구한 할렛Hallett(2010)을 참조하라.

---

17 이 7가지 사례에서 유연성 조치에서 벗어나려는 움직임을 설명하는 주류 언론(예: CNN, Time, 지역 신문), 기술 비즈니스 언론(예: Fast Company, 유명 기술 업계 블로그), 하버드 비즈니스 리뷰에 실린 약 30개의 기사를 수집하고 요약해 준 에이미 북스바움Amy Buxbaum에게 감사한다.

---

18 켈리Kelly 외(2010), 켈리Kelly, 모엔Moen, 트랜비Tranby(2011), 모엔Moen 외(2011) 참조.

---

19 케슬러Kessler(2017)를 참조하라.

---

20 블룸Bloom 외(2018)를 참조하라.

미주

1 우리는 성 불평등에 대한 기존의 패턴과 새로운 업무 방식이 갖는 의미에 대해 깊은 관심을 가져 왔다. 이와 관련된 연구로는 베커Becker와 모엔Moen(1999), 켈리Kelly 외(2010), 모엔Moen과 로엘링Roehling(2004)을 참조하라. 성 불평등을 강화하는 현재의 조직적 기대에 대한 이해에 영향을 준 다른 연구로는 블레어-로이Blair-Loy(2003), 차Cha와 위든Weeden(2014), 거슨Gerson(1985, 1993, 2010), 스톤Stone(2007), 윌리암스Williams(2000, 2010) 등이 있다.

2 해리스Harris(2017) 및 페터슨Petersen(2019)를 참조하라. TOMO의 IT 직원에는 예상만큼 20대와 30대 초반의 젊은 근로자가 많지는 않지만, 많은 젊은 IT 근로자가 TOMO와 같은 회사에 정규직으로 채용되기 전에 먼저 계약직으로 자신을 증명해야 한다는 것을 알게 되었다. 이 역시 불안정한 고용 관계와 변화하는 고용 형태가 장시간 노동을 조장하고, 이러한 전문직에 취업하거나 고용을 유지하기 위해 '무슨 일이든 할 수 있다'는 의욕을 불러일으킨다는 사실을 확인시켜 준다.

3 근무 시간 및 근무 장소에 대한 통제의 단점에 대해서는 쉬만Schieman과 글래빈Glavin(2017), 로트Lott와 정Chung(2016), 앤더슨Anderson과 켈리허Kelliher(2010)를 참조하라. 또한 영국 법률에 따라 도입되어 일과 삶의 문제에 명시적으로 초점을 맞춘 유연성 조치가 고성과 근무 시스템의 일부인 '일정 통제'보다 근무 시간을 늘릴 가능성이 적다는 정Chung과 반더호스트van der Horst(2018)의 연구 결과도 참고하라.

4 6장에서 STAR가 여성의 스트레스와 심리적 고통을 크게 줄인 반면, 남성의 스트레스와 고통을 크게 줄였다는 증거는 설문 조사에서 발견되지 않았다는 점을 기억하라. 대부분의 STAR 효과는 광범위하게 나타나지만, 이는 해당 조치의 영향에 성별 차이가 있음을 보여주는 중요한 사례 중 하나이다. 모엔Moen, 켈리Kelly 외(2016)도 참조하라.

5 참고 자료는 이전 장과 페퍼Pfeffer(2018)를 참조하라. 자체적으로 보험에 가입하고 상당히 안정적인 인력을 보유한 대기업은 의료 비용의 잠재적 절감에 가장 큰 동기를 부여받을 가능성이 높으며, TOMO도 이에 부합한다. 서비스 부문의 경우, 많은 소매업, 식품 및 숙박업 조직은 직원에게 의료 보험을 제공하지 않거나 이직률이 높기 때문에 열악한 근무 환경으로 인해 유발되거나 악화되는 건강 문제가 회사에 직접적인 비용을 발생시키지 않는다고 가정한다.

6 https://workfamilyhealthnetwork.org를 참조하라. TOMO에서 STAR에 사용된 자료는 'Office employees' 아래 'Toolkits' 섹션에서 확인할 수 있다.

7 이 접근 방식에 대한 요약은 플레처Fletcher, 베일린Bailyn, 블레이크비어드Beard(2009)를 참조하라. 라포포트Rapoport(2002), 마이어슨Meyerson과 콜브Kolb(2000), 베일린Bailyn(2011), 엘리Ely와 마이어슨Meyerson(2000b)도 참조하라.

8 퍼로Perlow(2012), 레슬러Ressler와 톰슨Thompson(2008, 2013), gorowe.com을 참조하라. 이러한 업무 재설계 접근 방식에 대한 자세한 설명과 PTO와 ROWE의 확장된 비교는 퍼로Perlow와 켈리Kelly(2014)를 참조하라.

9 경영진이 노동에 대해 가지는 가정(assumption)과 더 넓은 조직 문화를 다룬 새로운 업무 방식에 대한 한 연구는 블록Blok 외(2012)를 참조하라. 또한 새로운 업무 방식을 "시간적, 공간적 유연성을 특징으로 하는 조직으로, 종종 정보통신기술(ICT)의 광범위한 사용 및 성과 기반 관리와 결합된다."라고 설명하는 니즈프Nijp와 동료들(2016)의 연구를 참조하라.

10 http://www.wfd.com/index.html를 참조하라. 또한 우리는 WFD의 팀 플렉스워크 프로세스에 대해 자세히 알아보기 위해 WFD의 대표인 데비 필립스Debbie Philips와 MIT의 시범 연구 연락 담당자인 바라 리트먼Bara Litman을 인터뷰하였다. STAR는 두 가지 이유로 WFD의 팀 플렉스워크 프로세스보다 더 부담스럽거나 위협적으로 보일 수 있다는 점에 유의해야 한다. 첫째, WFD의 프로세스는 STAR보다 직원과 일선 관리자의 시간이 덜 필요하다. 둘째, 이 접근 방식은 관리자의 통제가 더 많기 때문에 좀 더 제한적이어서 경영진이 이 조치를 덜 위협적으로 받아들일 수 있다. 고위 관리자는 제안된 원칙에 대해 비공개로 듣고 우려를 제기하거나 특정 변경안에 대해 거부권을 행사할 수 있다. 하지만 직원들이 언제, 어디서, 어떻게 일할지 결정하는 능력에 실질적인 변화가 없다면 이러한 조치의 영향력은 STAR에서 볼 수 있는 것보다 더 제한적일 수 있다는 위험이 또한 있다. 하지만 에린Erin은 MIT 내 한 부서가 WFD의 팀 플렉스워크 프로세스를 도입했을 때 새로운 가이드라인을 논의하는 검토 세션에 참석하여 사람들이 어떻게 하면 더 효과적이고 유연하게 일할 수 있는지에 대한 집단적 대화의 가치를 확인할 수 있었다. 우리는 이 접근법을 공식적으로 연구하지 않았기 때문에 그 효과를 우리가 연구한 조치와 비교할 수는 없었다. 하지만 내부자들 사이에서는 MIT의 시범 운영이 성공적이었다고 평가하고 있었다. MIT의 첫 번째 시범 연구에 참여했던 임원인 피터 허스트Peter Hirst는 이 접근 방식이 "생산성, 회복력, 신뢰"를 향상시켰다고 칭찬하였다. 이 그룹의 지침은 재택근무와 맞춤형 스케줄을 장려하는 동시에 항상 근무해야 한다는 압박감을 해소하는 데 도움이 되었다. 피터Peter와 그의 직원들은 이러한 팀 기반 접근 방식에 대한 현지의 대표적인 옹호자가 되었다. 허스트Hirst(2016), 플럼Plumb(2015)을 참조하라.

11 코노리Connolly 외(2017), 슐트Schulte(2017)를 참조하라.

12 슐트Schulte(2014), 125쪽에서 인용, 쉐리단Sheridan(2013)을 참조하라. 멘로 이노베이션의 접근 방식은 특정 소프트웨어 개발 프로세스와 이러한 이중 의제 업무 재설계 목표를 결합하여 TOMO에서 연구한 업무 유형과 상당히 다르지만 더 건전하고 지속 가능한 방식으로 업무를 수행할 수 있는 가능성을 제시하였다. 물론 한 가지 큰 차이점은 TOMO의 소프트웨어 개발 프로세스가 값싼 해외 인력이 야근을 하는 글로벌 노동 사슬을 기반으로 했기 때문에 미국의 현장 직원이 '쉬는' 시간에 해외 인력과 조율해야 했다는 점이다.

13 "그다지 크지 않은 일자리"에 대한 논의와 고령 근로자를 위한 업무 재설계에 대한 논의는 모엔Moen(2016)을 참조하라.

14 전문직 파트타임에 대한 논의는 리Lee 외(2000)를, 그 외의 관련 법률에 대해서는 버그Berg 외(2014)를 참조하라.

15 램버트Lambert 외(2014, 2012), 슈나이더Schneider와 하크넷Harknett(2019) 등을 참조하라.

16 소매업의 적시 인력 배치에 대해서는 헨리Henly 외(2006), 램버트Lambert 외(2012)를 참조하라. 기술을 통한 작업장 모니터링에 대한 최근 연구는 반 울트van Oort(2018), 매티스쿠Mateescu와 응우엔Nguyen(2019)을 참조하라.

17 '좋은 일자리 전략'이라는 다른 인력 배치 전략에 대해서는 톤Ton(2014)을 참조하라. GAP의 일정 통제 실험에 대해서는 윌리암스Williams, 램버트Lambert, 케사반Kesavan 외(2018)를 참조하라. 콜센터 실험에 대해서는 블룸Bloom 외(2015)를 참조하라.

18 이 인용문과 이전 단락에서 배에서 떨어지지 않고 배를 흔드는 것에 대한 문구는 마이어슨Meyerson(2001b, 46쪽)을 참조하라.

19 엘런 코섹Ellen Kossek과 브렌다 라우츠Brenda Lautsch(2007)는 선호하는 업무 스타일에 대해 깊이 생각하게 하고, 업무와 비업무의 구분이나 통합을 선호하는 동료나 부하 직원을 지원하기 위해 무엇이 필요한지 고려할 수 있는 실용적인 가이드를 제시하고 있다.

20 오래된 조직 관행과 정책의 성별화된 역사에 대한 논의는 보우쉬Boushey(2016), 모엔Moen과 로엘링Roehling(2005), 윌리암스Williams(2000)를 참조하라.

21 초과 근무 규정의 적용을 받는 급여 근로자의 소득 기준을 높이기 위해 오바마 행정부가 제안한 규칙의 시작과 중단에 대한 미국 인사 전문가 협회(2018)가 제공한 요약과 2019년 3월 현재 제안된 규칙에 대한 미국 노동부(2019)의 내용을 참조하라.

22 프랑스 35시간 법에 대해서는 버그Berg, 보쉬Bosch, 샤레스트Charest(2014)를 참조하라. 프랑스의 '연결 해제 권리' 법안과 뉴욕의 제안에 대해서는 각각 루빈Rubin(2017)과 울프Wolfe(2018)를 참조하라.

23 버그Berg, 보쉬Borsch, 샤레스트Charest(2014)는 세 가지 다른 '근무 시간 구성'을 분석하고 스웨덴을 협상형 시스템의 예로 들어 자세히 설명하였다. 스웨덴 노동법과 유럽연합 지침은 근무 시간과 휴가에 관한 최소한의 기준을 정하고 있지만, 90% 이상의 근로자는 경영진과 근로자가 상호 수용할 수 있으며 일정에 대한 규칙을 포함할 수 있는 단체 협약의 적용을 받는다.

24 쿠퍼Cooper와 베어드Baird(2015)를 참조하라.

25 예를 들어, 로트Lott와 클레너Klenner(2016)를 참조하라.

26 2017년 민간 부문 근로자의 76%가 유급 휴가 및 유급 휴일을 사용했으며, '경영, 비즈니스 및 금융' 직종 근로자의 93%가 유급 휴가를 사용했다. 미국 노동부(2017)를 참조하라.

27 미국 민간 부문 근로자의 13%만이 고용주를 통해 유급 가족 휴가를 받을 수 있는 반면, 68%는 최소한의 유급 병가만을 가지고 있다(노동부(2017) 참조). 휴가가 경제적 성과와 자녀의 행복에 미치는 영향에 대한 최근 검토는 로신-슬레터Rossin-Slater(2018)를 참조하라. 캘리포니아의 근로자와 고용주의 경험에 대해서는 밀크맨Milkman과 아펠바움Appelbaum(2013)을 참조하라.

28 휴가 법이 마련되어 있어도 많은 근로자가 불이익 없이 휴가 권리를 행사하기는 어렵다. 앨비스턴Albiston과 오코너O'Connor(2016) 및 앨비스턴Albiston(2010)을 참조하라.

29 예를 들어, 임신한 물류 창고 근로자의 건강 문제에 대해서는 실버-그린버그Silver-Greenberg와 키트로프Kitroeff(2018)를 참조하라. 아마존 근로자의 조직화와 더 나은 조건 협상을 위한 노력에 대해서는 와이스Weise(2018)를 참조하라. 특히 꽃이나 채소를 수확하는 노동자의 경우, 더 나은 조건을 요구하기 위한 집단적인 노력은 그들의 업무가 곧 자동화('로봇'에 의해 수행됨)될 것이라는 위협이 커지면서 더욱 어려워지고 있다.

30 초과 근무를 제한하는 것이 물류 창고 직원, 운전자, 그리고 이들을 고용하는 조직에 도움이 되는지 여부와 그 방법에 대해서는 더 많은 연구가 필요하다. 소매업(예: Ton 2014)과 의료업(예: Kellogg 2011)의 연구에 따르면 그럴 수 있다고 한다.

31 최근 미국 도시와 주에서 시행되고 있는 공정 근무 및 스케줄링 관련 법률에 대해서는 보우쉬Boushey(2016), 울프Wolfe 외(2018)를 참조하라.

32 부흘Buhl (2017)을 참조하라.

33 여기와 다음 단락에서는 일방적, 협상적, 의무적 근무 시간 구성에 대한 버그Berg, 보쉬Bosch, 샤레스트Charest(2014)의 논의를 많이 참고했다. 지원적이고 유연한 일정에 대한 접근성에서 계층 간 차이를 강조하는 검토에 대해서는 거스텔Gerstel과 클라우슨Clawson(2018)을 참조하라.

34 코찬Kochan 외(2019) [표2] 참조. 이 글의 저자(에린Erin 포함)도 알고 있듯이, 노조에 투표하겠다는 설문 조사 응답과 노조를 위해 적극적으로 조직하거나 경영진의 적극적인 반대에 직면하여 노조 추진을 지지하는 것은 별개의 문제라고 할 수 있다. 또한 업무 수행 시간과 방식에 대한 발언권보다 보상, 복리 후생, 고용 안정에 대한 기대와 실제 투입 사이의 격차가 훨씬 더 크다는 사실에 주목하고 있다. 따라서 일정 관리와 업무 관리도 중요하지만 근로자는 임금, 복리 후생, 고용 안정에 대해서도 발언권을 원한다고 할 수 있다.

35 실무협의회에 대한 논의와 여기서 설명하는 세 가지 광범위한 전략(일방적, 위임형, 협상형)에 대한 자세한 내용은 버그Berg 외(2014)를 참조하라.

36 실직과 불안정성이 증가하는 현실을 반영하여 안전망을 강화하기 위한 몇 가지 아이디어는 캘버그Kalleberg(2011), 코찬Kochan(2016), 크루거Krueger(2018)를 참조하라. 안전망을 업데이트하는 데 있어 중요한 부분 중 하나는 계약자와 직원 사이의 경계를 명확히 하여 근로자가 사회 보장, 실업 보험 등에 대한 고용주 부담금과 함께 직원으로 간주되어야 할 때 회사와 독립적인 것으로 '잘못 분류'되지 않도록 하는 것이다. 하도급과 오분류에 대해서는 와일Weil(2014)을 참조하라.

37 해리스Harris(2017) 외에도 사회학자 캐슬린 거슨Kathleen Gerson(2010), 데이비드 페둘라David Pedulla, 사라 더바우드Sarah Thebaud(페둘라Pedulla와 더바우드Thebaud 2015, 더바우드Thebaud와 페둘라Pedulla 2016)는 청년층의 선호도뿐만 아니라 제한된 공공 정책과 경직된 조직의 기대치라는 '제도적 제약'으로 인해 경력 및 가족생활 관리 방식에 대해 덜 평등적인 결정을 내리도록 강요하게 되는 요인을 조사해 왔다. 또한, 바바라 리스만Babara Risman(2018)은 이 세대가 "젠더 구조와 씨름하는" 다양한 방식을 포착하여 보여 주었다.

〈부록 3〉

1 여기에 제시된 아이디어 중 일부는 8장에서 검토한 STAR 및 기타 업무 재설계 조치와 더불어 ROWE에 대한 관찰과 조디 톰슨, 칼리 레슬러와의 토론을 바탕으로 한 것이다. 관리자를 위한 자세한 지침은 톰슨Thompson과 레슬러Ressler(2013)를 참조하라.

2 레슬러Ressler와 톰슨Thompson(2008)은 조직 문화를 변화시키는 데 있어 중요한 부분으로 '슬러지 제거'(예: 근무 시간, 스케줄, 근무 위치에 대한 의견 등)를 통한 소통 방식의 변화를 강조한다. 4장도 참조하라.

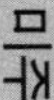
미주

참고 문헌

References

- Acemoglu, Daron, David Autor, David Dorn, Gordon H. Hanson, and Brendan Price. 2016. "Im-port Competition and the Great US Employment Sag of the 2000s." *Journal of Labor Economics* 34(1): S141-98.

- Acker, Joan. 1990. "Hierarchies, Jobs, Bodies: A Theory of Gendered Organizations." *Gender &Society* 4(2): 139-58.

- Albiston, Catherine, and Lindsey O'Connor. 2016. "Just Leave." *Harvard Women's Law Journal* (39)1: 1-65.

- Albiston, Catherine Ruth. 2010. *Institutional Inequality and the Mobilization of the Family and Medical Leave Act: Rights on Leave*. New York: Cambridge University Press.

- Allen, Davina. 2001. "Narrating Nursing Jurisdiction: 'Atrocity Stories' and 'Boundary-Work.'" *Symbolic Interaction* 24(1): 75-103.

- Allen, Tammy D., Timothy D. Golden, and Kristen M. Shockley. 2015. "How Effective Is Telecommuting? Assessing the Status of Our Scientific Findings." *Psychological Science in the Public Interest* 16(2): 40-68.

- Almeida, David M., Kelly D. Davis, Soomi Lee, Katie M. Lawson, Kimberly N. Walter, and Phyllis Moen. 2015. "Supervisor Support Buffers Daily Psychological and Physiological Reactivity to Work-to-Family Conflict." *Journal of Marriage and Family* 78(1): 165-179.

- Almeida, David M., Soomi Lee, Kimberly N. Walter, Katie M. Lawson, Erin L. Kelly, and Orfeu M.Buxton. 2018. "The Effects of a Workplace Intervention on Employees' Cortisol Awakening Response." *Community, Work & Family* 21(2): 151-67.

- Almeida, David M., Elaine Wethington, and Ronald C. Kessler. 2002. "The Daily Inventory of Stressful Events: An Interview-Based Approach for Measuring Daily Stressors." *Assessment* 9(1): 41-55.

- Amabile, Teresa M., and Regina Conti. 1999. "Changes in the Work Environment for Creativity during Downsizing." *Academy of Management Journal* 42(6): 630-40.

- Ammons, Samantha K. 2013. "Work-Family Boundary Strategies: Stability and Alignment between Preferred and Enacted Boundaries." *Journal of Vocational Behavior* 82(1): 49-58.

- Autor, David H., Frank Levy, and Richard J. Murnane. 2003. "The Skill Content of Recent Technological Change: An Empirical Exploration." *Quarterly Journal of Economics* 118(4): 1279-1333.

- Babbott, Stewart, Linda Baier Manwell, Roger Brown, Enid Montague, Eric Williams, Mark Schwartz, Erik Hess, and Mark Linzer. 2014. "Electronic Medical Records and Physician Stress in Primary Care: Results from the MEMO Study." *Journal of the American Medical Informatics Association: JAMIA* 21(1): e100-106.

- Bailyn, Lotte. 2006. *Breaking the Mold: Redesigning Work for Productive and Satisfying Lives*. 2nd ed. Ithaca, NY: ILR Press/Cornell University Press.

- Bailyn, Lotte. 2011. "Redesigning Work for Gender Equity and Work-Personal Life Integration." *Community, Work & Family* 14(1): 97-112.

- Bakker, Arnold B., and Evangelia Demerouti. 2009. "The Crossover of Work Engagement between Working Couples: A Closer Look at the Role of Empathy." *Journal of Managerial Psychology* 24(3): 220-36.

- Balogun, J. 2003. "From Blaming the Middle to Harnessing Its Potential: Creating Change Intermediaries." *British Journal of Management* 14(1): 69-83.

- Barbosa, Carolina, Jeremy W. Bray, William N. Dowd, Michael J. Mills, Phyllis Moen, Brad Wipifli, Ryan Olson, and Erin L. Kelly. 2015. "Return on Investment of a Work-Family Intervention: Evidence from the Work, Family, and Health Network." *Journal of Occupational and Environmental Medicine* 57(9): 943-51.

- Barley, Stephen R., Debra E. Meyerson, and Stine Grodal. 2010. "E-Mail as a Source and Symbol of Stress." *Organization Science* 22(4): 887-906.

- Battilana, Julie, Bernard Leca, and Eva Boxenbaum. 2009. "How Actors Change Institutions: Towards a Theory of Institutional Entrepreneurship. *Academy of Management Annals* 3(1): 65-107.

- Becker, Penny Edgell, and Phyllis Moen. 1999. "Scaling Back: Dual-Earner Couples' Work-Family Strategies." *Journal of Marriage and the Family* 61(4): 995-1007.

- Becker, William J., Liuba Belkin, and Sarah Tuskey, 2018. "Killing Me Softly: Electronic Communications Monitoring and Employee and Spouse Well-Being." *Academy of Management Proceedings* 2018(1): 1-6

- Berdahl, Jennifer L., Marianne Cooper, Peter Glick, Robert W. Livingston, and Joan C. Williams. 2018. "Work as a Masculinity Contest." *Journal of Social Issues* 74(3): 422-48.

- Berg, Peter, Gerhard Bosch, and Jean Charest. 2014. "Working-Time Configurations: A Framework for Analyzing Diversity across Countries." *Industrial & Labor Relations Review* 67(3): 805-37.

- Berkman, Lisa F., Ichirõ Kawachi, and M. Maria Glymour. 2014. *Social Epidemiology*. 2nd ed. Oxford: Oxford University Press.

- Berkman, Lisa F., Erin L. Kelly, Leslie B. Hammer, Frank Mierzwa, Todd Bodner, Tay MacNa-mara, Soomi Lee, Miguel Marino, Thomas W. McDade, Ginger Hanson, Phyllis Moen, and Orteu M. Buxton. 2019. "Effects of a Workplace Intervention on Employee Cardiometabolic Risk: Evidence from the Work, Family, and Health Network." Harvard Center for Population and Development Studies Working Paper, Cambridge, MA.

- Berkman, Lisa F., Sze Yan Liu, Leslie Hammer, Phyllis Moen, Laura Cousino Klein, Erin Kelly, Martha Fay, Kelly Davis, Mary Durham, Georgia Karuntzos, and Orfeu M. Buxton. 2015. "Work-Family Conflict, Cardiometabolic Risk, and Sleep Duration in Nursing Employees." *Journal of Occupational Health Psychology* 20(4): 420-33.

- Bird, Chloe E., and Patricia P. Rieker: 2008. *Gender and Health: The Effects of Constrained Choices and Social Policies*. New York: Cambridge University Press.

- Blair-Loy, Mary, 2003. *Competing Devotions: Career and Family among Women Executives, Cambridge*, MA: Harvard University Press.
- Blair-Loy, Mary. 2009. "Work Without End? Scheduling Flexibility and Work-to-Family Conflict Among Stockbrokers." *Work and Occupations* 36(4): 279-317.
- Blair-Loy, Mary, and Erin A. Cech. 2017. "Demands and Devotion: Cultural Meanings of Work and Overload Among Women Researchers and Professionals in Science and Technology Industries." *Sociological Forum* 32(1): 5-27.
- Blinder, Alan S. 2006. "Offshoring: The Next Industrial Revolution?" *Foreign Affairs* 85(2): 113-28.
- Bloom, Nicholas, James Liang, John Roberts, and Zhichun Jenny Ying. 2015. "Does Working from Home Work? Evidence from a Chinese Experiment." *Quarterly Journal of Economics* 130(1): 165-218.
- Bloom, Nicholas, Aprajit Mahajan, David McKenzie, and John Roberts. 2018. "Do Management Interventions Last? Evidence from India." Working Paper 24249, National Bureau of Economic Research, Cambridge, Massachusetts.
- Boushey, Heather. 2016. *Finding Time*. Cambridge, MA: Harvard University Press.
- Bray, Jeremy, Erin L. Kelly, Leslie Hammer, David Almeida, James Dearing, Rosalind King, and Orfeu Buxton. 2013. *An Integrative, Multilevel, and Transdisciplinary Research Approach to Challenges of Work, Family, and Health*. MR-0024-1303. Research Triangle Park, NC: RTI Press.
- Bray, Jeremy W., Jesse M. Hinde, David J. Kaiser, Michael J. Mills, Georgia T. Karuntzos, Katie R. Genadek, Erin L. Kelly, Ellen E. Kossek, and David A. Hurtado. 2017. Effects of a Flexibility/Support Intervention on Work Performance: Evidence from the Work, Family, and Health Network." *American Journal of Health Promotion* 32(4): 963-70.
- Briscoe, Forrest. 2007. "From Iron Cage to Iron Shield? How Bureaucracy Enables Temporal Flexibility for Professional Service Workers." *Organization Science* 18(2): 297-314.
- Brynjolfsson, Erik, Tom Mitchell, and Daniel Rock. 2018. "What Can Machines Learn, and What Does It Mean for Occupations and the Economy?" *AEA Papers and Proceedings* 108: 43-47.
- Buhl, Larry, 2017. "The Latest Fight for Employee Rights: Work Schedule Predictability." *Mar-ketplace*. www.marketplace.org/2017/09/04/business/latest-fight-employee-rights-work-schedule-predictability.
- Burchell, Brendan, David Ladipo, and Frank Wilkinson. 2002. *Job Insecurity and Work Intensification*. London: Routledge.
- Burke, Ronald J., and Cary L. Cooper. 2008. *The Long Work Hours Culture: Causes, Consequences and Choices*. London: Emerald Group Publishing.
- Burke, Ronald J., and Lisa Fiksenbaum. 2009. "Work Motivations, Satisfactions, and Health Among Managers: Passion Versus Addiction." *Cross-Cultural Research* 43(4): 349-65.
- Buxton, Orfeu M., Soomi Lee, Miguel Marino, Chloe Beverly, David M. Almeida, and Lisa Berkman. 2018. "Sleep

Health and Predicted Cardiometabolic Risk Scores in Employed Adults from Two Industries." *Journal of Clinical Sleep Medicine: JCSM: Official Publication of the American Academy of Sleep Medicine* 14(3): 371-83.

- Canales, Rodrigo. 2016. "From Ideals to Institutions: Institutional Entrepreneurship and the Growth of Mexican Small Business Finance." *Organization Science* 27(6): 1548-73.
- Cappelli, Peter: 1999. *The New Deal at Work: Managing the Market-Driven Workforce*. Cambridge, MA: Harvard Business School Press.
- Carrillo, Dani, Kristen Harknett, Allison Logan, Sigrid Luhr, and Daniel Schneider. 2017. "Insta-bility of Work and Care: How Work Schedules Shape Child-Care Arrangements for Parents Working in the Service Sector." *Social Service Review* 91(3): 422-55.
- Cascio, Wayne F. 2010. "Employment Downsizing: Causes, Costs, and Consequences." In *More than Bricks in the Wall: Organizational Perspectives for Sustainable Success*, edited by Lea Stadtler, Achim Schmitt, Patricia Klarner, Thomas Straub, 87-96. Wiesbaden: Gabler Verlag / Springer Science & Business Media.
- Cha, Youngjoo. 2010. "Reinforcing Separate Spheres: The Effect of Spousal Overwork on Men's and Women's Employment in Dual-Earner Households." *American Sociological Review* 75(2): 303-29.
- Cha, Youngjoo, and Kim A. Weeden. 2014. "Overwork and the Slow Convergence in the Gender Gap in Wages." *American Sociological Review* 79(3): 457-84.
- Chandola, Tarani, Eric Brunner, and Michael Marmot. 2006. "Chronic Stress at Work and the Metabolic Syndrome: Prospective Study." *British Medical Journal* 332(7540): 521-25.
- Chang, Emily, 2018. *Brotopia: Breaking Up the Boys' Club of Silicon Valley*. New York: Penguin.
- Chermack, Kelly, Erin L. Kelly, Phyllis Moen, and Samantha K. Ammons. 2015. "Implementing Institutional Change: Flexible Work and Team Processes in a White Collar Organization." *Research in the Sociology of Work* 26: 331-59.
- Chesley, Noelle. 2005. "Blurring Boundaries? Linking Technology Use, Spillover, Individual Dis-tress, and Family Satisfaction." *Journal of Marriage and Family* 67(5): 1237-48.
- Chesley, Noelle. 2011. "Stay-at-Home Fathers and Breadwinning Mothers: Gender, Couple Dynamics, and Social Change." *Gender & Society* 25(5): 642-64.
- Chesley, Noelle. 2014. "Information and Communication Technology Use, Work Intensification and Employee Strain and Distress." *Work, Employment & Society* 28(4): 589-610.
- Chesley, Noelle, and Phyllis Moen. 2006. "When Workers Care: Dual-Earner Couples' Caregiving Strategies, Benefit Use, and Psychological Well-Being." *American Behavioral Scientist* 49(9): 1248-69.
- Chung, Heejung, and Mariska van der Horst. 2018. "Flexible Working and Unpaid Overtime in the UK: The Role of Gender, Parental and Occupational Status." *Social Indicators Research*. https://doi.org/10.1007/511205-018-2028-7.

- Clawson, Dan, and Naomi Gerstel. 2014. *Unequal Time: Gender, Class, and Family in Employment Schedules.* New York: Russell Sage Foundation.
- Cohen, Sheldon, Tom Kamarck, and Robin Mermelstein. 1983. "A Global Measure of Perceived Stress." *Journal of Health and Social Behavior* 24(4): 385-96.
- Coltrane, Scott, Elizabeth C. Miller, Tracy DeHaan, and Lauren Stewart. 2013. "Fathers and the Flexibility Stigma." *Journal of Social Issues* 69(2): 279-302.
- Conlan, Catherine. 2016. "Nurses, Here's How to Cope with Your Long Hours." *Monster Career Advice.* www.monster.com/career-advice/article/nurses-how-to-cope-long-hours-0716.
- Connoly, Dan, Ung Uyhun, Mattew Darling, Ted Robertson, and Suman Gidwani. 2017. *Work and Life: A Behavioral Approach to Solving Work-Life Conflict* (An Ideas42 Report). www.ideas42.org/wp-content/uploads/2017/03/142-863_RWJ_Report_DesignSolution_final.pdf.
- Cooper, Marianne. 2000. "Being the 'Go-To Guy': Fatherhood, Masculinity, and the Organization of Work in Silicon Valley." *Qualitative Sociology* 23(4): 379-405.
- Cooper, Marianne. 2014. *Cut Adrift: Families in Insecure Times.* Berkeley: University of California Press.
- Cooper, Rae, and Marian Baird. 2015. "Bringing the Right to Request' Flexible Working Arrangements to Life: From Policies to Practices." *Employee Relations* 37(5): 568-81.
- Correll, Shelley J. 2017. "SWS 2016 Feminist Lecture: Reducing Gender Biases in Modern Work-places: A Small Wins Approach to Organizational Change." *Gender & Society* 31(6): 725-50.
- Correll, Shelley J., Stephen Benard, and In Paik. 2007. "Getting a Job: Is There a Motherhood Penalty?" *American Journal of Sociology* 11(5): 1297-1338.
- Crain, Tori L., Leslie B. Hammer, Todd Bodner, Ellen Ernst Kossek, Phyllis Moen, Richard Lil-ienthal, and Orfeu M. Buxton. 2014. "Work-Family Conflict, Family-Supportive Supervisor Behaviors (FSSB), and Sleep Outcomes." *Journal of Occupational Health Psychology* 19(2): 155-67.
- Crowley, Martha, and Randy Hodson, 2014. "Neoliberalism at Work." Social Currents 1(1): 91-108.
- Davis, Kelly D., Katie M. Lawson, David M. Almeida, Erin L. Kelly, Rosalind B. King, Leslie Ham-mer, Lynne M. Casper, Cassandra A. Okechukwu, Ginger Hanson, and Susan M. McHale. 2015. "Parents' Daily Time with Their Children: A Workplace Intervention." *Pediatrics* 135(5): 875-82.
- Desilver, Drew. 2017. "Access to Paid Family Leave Varies Widely in U.S." Pew Research Center. www.pewresearch.org/fact-tank/2017/03/23/access-to-paid-family-leave-varies-widely-across-employers-industries/.
- Dobbin, Frank. 2009. *Inventing Equal Opportunity.* Princeton, NJ: Princeton University Press.
- Dobbin, Frank, Daniel Schrage, and Alexandra Kalev. 2015. "Rage against the Iron Cage: The Varied Effects of Bureaucratic Personnel Reforms on Diversity." *American Sociological Review* 80(5): 1014-44.

- Egan, Matt, Clare Bambra, Sian Thomas, Mark Petticrew, Margaret Whitehead, and Hilary Thom-son. 2007. "The Psychosocial and Health Effects of Workplace Reorganisation. 1. A Systematic Review of Organisational-Level Interventions That Aim to Increase Employee Control." *Journal of Epidemiology and Community Health* 61(11): 945-54.
- Ely, Robin J., and Debra E. Meyerson. 2000a. "Advancing Gender Equity in Organizations: The Challenge and Importance of Maintaining a Gender Narrative." *Organization* 7(4): 589-608.
- Ely, Robin J., and Debra E. Meyerson. 2000b. "Theories of Gender in Organizations: A New Approach to Organizational Analysis and Change." *Research in Organizational Behavior* 22:103-151.
- Epstein, Cynthia Fuchs, and Arne L. Kalleberg. 2004. *Fighting for Time: Shifting Boundaries of Work and Social Life*. New York: Russell Sage Foundation.
- Epstein, Cynthia Fuchs, Carroll Seron, Bonnie Oglensky, and Robert Sauté. 2014. *The Part-Time Paradox: Time Norms, Professional Life, Family and Gender*. New York: Routledge.
- Ewick, Patricia, and Susan S. Silbey. 1995. "Subversive Stories and Hegemonic Tales: Toward a Sociology of Narrative." *Law & Society Review* 29(2): 197-226.
- Ewick, Patricia, and Susan Silbey. 2003. "Narrating Social Structure: Stories of Resistance to Legal Authority." *American Journal of Sociology* 108(6): 1328-72.
- Fletcher, Joyce K., Bailyn Lotte, and Stacy Blake Beard. 2009. "Practical Pushing: Creating Discursive Space in Organizational Narratives." *In Critical Management Studies at Work: Negotiating Tensions between Theory and Practice*, edited by J. W. Cox, 82-93. Northampton, MA: Edward Elgar.
- Fligstein, Neil. 1997. "Social Skill and Institutional Theory. *American Behavioral Scientist* 40(4): 397-405.
- Fligstein, Neil. 200. "Social Skill and the Theory of Fields." *Sociological Theory* 19(2): 105-2.
- Fligstein, Neil, and Taek-Jin Shin. 2004. "The Shareholder Value Society: A Review of the Changes in Working Conditions and Inequality in the United States, 1976 to 2000. In *Social Inequality*, edited by K. M. Neckerman, 401-32. New York: Russell Sage Foundation.
- Gallie, Duncan. 2017. "The Quality of Work in a Changing Labour Market." *Social Policy & Administration* 51(2): 226-43.
- Gawande, Atul. 2018. "Why Doctors Hate Their Computers." *New Yorker*, November 5. www.newyorker.com/magazine/2018/11/12/why-doctors-hate-their-computers.
- Gerson, Kathleen. 1985. Hard Choices: *How Women Decide About Work, Career and Motherhood*. Berkeley: University of California Press.
- Gerson, Kathleen. 1993. *No Man's Land: Men's Changing Commitments to Family and Work*. NewYork: Basic Books.
- Gerson, Kathleen. 2010. *The Unfinished Revolution: How a New Generation Is Reshaping Family, Work, and Gender in America*. New York: Oxford University Press.

- Gerstel, Naomi, and Dan Clawson. 2014. "Class Advantage and the Gender Divide: Flexibility on the Job and at Home." *American Journal of Sociology* 120(2): 395-431.

- Gerstel, Naomi, and Dan Clawson. 2018. "Control over Time: Employers, Workers, and Familiesn Shaping Work Schedules." *Annual Review of Sociology* 44(1): 77-97.

- Gibbons, Robert, and Rebecca Henderson. 2012. "Relational Contracts and Organizational Capabilities." *Organization Science* 23(5): 1350-64.

- Gittell, Jody Hoffer. 2016. *Transforming Relationships for High Performance: The Power of Relational Coordination.* Palo Alto, CA: Stanford University Press.

- Glass, Jennifer L. 2004. "Blessing or Curse?: Work-Family Policies and Mother's Wage Growth Over Time." *Work and Occupations* 31(3): 367-94.

- Glass, Jennifer L., and Mary C. Noonan. 2016. "Telecommuting and Earnings Trajectories Among American Women and Men 1989-2008." *Social Forces* 95(1): 217-50.

- Glauber, Rebecca. 2011. "Limited Access: Gender, Occupational Composition, and Flexible Work Scheduling." *Sociological Quarterly* 52(3): 472-94.

- Glavin, Paul, and Scott Schieman. 2010. "Interpersonal Context at Work and the Frequency, Ap-praisal, and Consequences of Boundary-Spanning Demands." *Sociological Quarterly* 51(2): 205-25.

- Glavin, Paul, Scott Schieman, and Sarah Reid. 201. "Boundary-Spanning Work Demands and Their Consequences for Guilt and Psychological Distress." *Journal of Health and Social Behavior* 52(1): 43-57.

- Godart, Olivier N., Holger Görg, and Aoife Hanley. 2017. "Trust-Based Work Time and Innovation: Evidence from Firm-Level Data." *ILR Review* 70(4): 894-918.

- Goh, Joel, Jeffrey Pfeffer, and Stefanos Zenios. 2015a. "Exposure to Harmful Workplace Practices Could Account for Inequality in Life Spans across Different Demographic Groups." *Health Affairs (Project Hope)* 34(10): 1761-68.

- Goh, Joel, Jeffrey Pfeffer, and Stefanos A. Zenios. 2015b. "The Relationship Between Workplace Stressors and Mortality and Health Costs in the United States." *Management Science* 62(2): 608-28

- Golden, Lonnie. 2001. "Flexible Work Schedules: Which Workers Get Them?" *American Behavioral Scientist* 44(7): 1157-78.

- Goldin, Claudia. 2014. "A Grand Gender Convergence: Its Last Chapter. *American Economic Review* 104(4): 1091-1119.

- Graham, John R., Campbell R. Harvey, and Shiva Rajgopal. 2005. "The Economic Implications of Corporate Financial Reporting." *Journal of Accounting and Economics* 40(1): 3-73.

- Green, Francis. 2006. *Demanding Work: The Paradox of Job Quality in the Afuent Economy.* Prince-ton, NJ: Princeton University Press.

- Gulati, Ranjay, and Alicia Desantola. 2016. "Start-Ups That Last: How to Scale Your Business. (Spotlight on Entrepreneurship for the Long Term)." *Harvard Business Review* 94(3): 54-61.

- Hallett, Tim. 2010. "The Myth Incarnate: Recoupling Processes, Turmoil, and Inhabited Institu-tions in an Urban Elementary School." *American Sociological Review* 75(1): 52-74.

- Hamermesh, Daniel S., and Elena Stancanelli. 2015. "Long Workweeks and Strange Hours." *ILR Review* 68 (5): 1007-18.

- Hammer, Leslie B., Ryan C. Johnson, Tori L. Crain, Todd Bodner, Ellen Ernst Kossek, Kelly D. Davis, Erin L. Kelly, Orfeu M. Buxton, Georgia Karuntzos, L. Casey Chosewood, and Lisa Berkman. 2016. "Intervention Effects on Safety Compliance and Citizenship Behaviors: Evi-dence from the Work, Family, and Health Study." *Journal of Applied Psychology* 101(2): 190-208.

- Hammer, Leslie B., Ellen Ernst Kossek, W. K. Anger, T. Bodner, and K. L. Zimmerman. 2011. "Clarifying Work-Family Intervention Processes: The Roles of Work-Family Conflict and Family-Supportive Supervisor Behaviors." *Journal of Applied Psychology* 96(1): 134-150.

- Hammer, Leslie B., Ellen Ernst Kossek, Todd Bodner, and Tori Crain. 2013. "Measurement Development and Validation of the Family Supportive Supervisor Behavior Short-Form(FSSB-SF)." *Journal of Occupational Health Psychology* 18(3): 285-96.

- Hammer, Leslie B., Ellen Ernst Kossek, Nanette L. Yragui, Todd E. Bodner, and Ginger C. Han-son. 2009. "Development and Validation of a Multidimensional Measure of Family Sup-portive Supervisor Behaviors (FSSB)." *Journal of Management* 35(4): 837-56.

- Harris, Malcolm. 2017. *Kids These Days*. New York: Little Brown and Company.

- Hempel, Christian E., Thomas B. Lawrence, and Paul Tracey. 2017. "Institutional Work: Taking Stock and Making It Matter." In *The SAGE Handbook of Organizational Institutionalism*, edited by R. Greenwood, C. Oliver, K. Sahlin, and R. Suddaby, 558-590. London: Sage Publications.

- Henly, Julia R., and Susan J. Lambert. 2014. "Unpredictable Work Timing in Retail Jobs: Impli-cations for Employee Work-Life Conflict." *Industrial & Labor Relations Review* 67(3): 986-1016.

- Henly, Julia R., H. Luke Shaefer, and Elaine Waxman. 2006. "Nonstandard Work Schedules: Employer- and Employee-Driven Flexibility in Retail Jobs." *Social Service Review* 80(4): 609-34.

- Hirst, Peter. 2016. "How a Flex-Time Program at MIT Improved Productivity, Resilience, and Trust." *Harvard Business Review*. https://hbr.org/2016/06/how-a-flex-time-program-at-mit-improved-productivity-resilience-and-trust.

- Ho, Karen Zouwen. 2009. *Liquidated: An Ethnography of Wall Street*. Durham, NC: Duke University Press.

- Hochschild, Arlie Russell. 1997. *The Time Bind: When Work Becomes Home and Home Becomes Work*. New York: Henry Holt and Company.

- Hurtado, David A., Cassandra A. Okechukwu, Orfeu M. Buxton, Leslie Hammer, Ginger C. Han-son, Phyllis Moen, Laura C. Klein, and Lisa F. Berkman. 2016. "Effects on Cigarette Con-sumption of a Work-Family Supportive Organisational Intervention: 6-Month Results from the Work, Family and Health Network Study." *Journal of Epidemiology and Community Health* 70 (12): 1155-61.

- Huy, Quy Nguyen. 2002. "Emotional Balancing of Organizational Continuity and Radical Change: The Contribution of Middle Managers." *Administrative Science Quarterly* 47(1): 31-69.

- Jackall, Robert. 1988. *Moral Mazes: The World of Corporate Managers.* New York: Oxford University Press.

- Jacobs, Jerry A., and Kathleen Gerson. 2004. The Time Divide: *Work, Family, and Gender Inequality.* Cambridge, MA: Harvard University Press.

- Johnson, R. C., A. Kalil, and Re Dunifon. 2012. "Employment Patterns of Less-Skilled Workers: Links to Children's Behavior and Academic Progress." *Demography* 49(2): 747-72.

- Jones, Damon, David Molitor, and Julian Reif. 2018. "What Do Workplace Wellness Programs Do? Evidence from the Illinois Workplace Wellness Study." Working Paper 24229. National Bureau of Economic Research, Cambridge, Massachusetts. www.nber.org/papers/w24229.

- Judiesch, Michael K., and Karen S. Lyness. 1999. "Left Behind? The Impact of Leaves of Absence on Managers' Career Success." *Academy of Management Journal* 42(6): 641-51.

- Kaduk, Anne, Katie Genadek, Erin L. Kelly, and Phyllis Moen. 2019 (forthcoming). "Involuntary vs. Voluntary Flexible Work: Insights for Scholars and Stakeholders. *Community, Work, and Family.*

- Kalleberg, Arne L. 2009. "Precarious Work, Insecure Workers: Employment Relations in Transition." *American Sociological Review* 74(1): 1-22.

- Kalleberg, Arne L. 2011. *Good Jobs, Bad Jobs: The Rise of Polarized and Precarious Employment Systems in the United States, 1970s to 2000s.* New York: Russell Sage Foundation.

- Kalleberg, Arne L., and Steven P. Vallas. 2018. "Probing Precarious Work: Theory, Research, and Politics." *Research in the Sociology of Work* 31: 1-30.

- Karasek, Robert A. 1979. "Job Demands, Job Decision Latitude, and Mental Strain: Implications for Job Redesign." *Administrative Science Quarterly* 24(2): 285-308.

- Karasek, Robert A., and Tores Theorell. 1990. *Healthy Work: Stress Productivity and the Reconstruction of Working Life.* New York: Basic Books.

- Kelliher, Clare, and Deirdre Anderson. 2010. "Doing More with Less? Flexible Working Practices and the Intensification of Work." *Human Relations* 63(1): 83-106.

- Kellogg, Katherine C. 2009. "Operating Room: Relational Spaces and Microinstitutional Change in Surgery. *American Journal of Sociology* 115 (3): 657-711.

· Kellogg, Katherine C. 2011. *Challenging Operations: Medical Reform and Resistance in Surgery*. Chicago: University of Chicago Press.

· Kellogg, Katherine C. 2012. "Making the Cut: Using Status-Based Countertactics to Block Social Movement Implementation and Microinstitutional Change in Surgery." *Organization Science* 23(6): 1546-70.

· Kellogg, Katherine C. 2018. "Subordinate Activation Tactics: Semi-Professionals and Micro-Level Institutional Change in Professional Organizations." *Administrative Science Quarterly*. 59(3): 375-408.

· Kelly, Erin L., Samantha K. Ammons, Kelly Chermack, and Phyllis Moen. 2010. "Gendered Chal-lenge, Gendered Response: Confronting the Ideal Worker Norm in a White-Collar Organization." *Gender & Society* 24(3): 281-303.

· Kelly, Erin L., Anne Kaduk, Katie Genadek, and Phyllis Moen. 2016. "Free to Flex? Work Practices and Career Consequences in an IT Workplace." Labor and Employment Relations Association Winter Meeting in conjunction with Allied Social Science Association conference, San Francisco, January 5, 2016.

· Kelly, Erin L., and Alexandra Kalev. 2006. "Managing Flexible Work Arrangements in US Organ-izations: Formalized Discretion or 'A Right to Ask.'" *Socio-Economic Review* 4(3): 379-416.

· Kelly, Erin L., Ellen Ernst Kossek, Leslie B. Hammer, Mary Durham, Jeremy Bray, Kelly Cher-mack, Lauren A. Murphy, and Dan Kaskubar. 2008. "Getting There from Here: Research on the Effects of Work-Family Initiatives on Work-Family Conflict and Business Outcomes." *Academy of Management Annals* 2(1): 305-49.

· Kelly, Erin L., and Phyllis Moen. 2007. "Rethinking the ClockWork of Work: Why Schedule Control May Pay Off at Work and at Home." *Advances in Developing Human Resources* 9(4): 487-506.

· Kelly, Erin L., Phyllis Moen, J. Michael Oakes, Wen Fan, Cassandra Okechukwu, Kelly D. Davis, Leslie B. Hammer, Ellen Ernst Kossek, Rosalind Berkowitz King, Ginger C. Hanson, Frank Mierzwa, and Lynne M. Casper. 2014. "Changing Work and Work-Family Conflict Evidence from the Work, Family, and Health Network. *American Sociological Review* 79(3): 485-516.

· Kelly, Erin L., Phyllis Moen, and Eric Tranby. 2011. "Changing Workplaces to Reduce Work-Family Conflict." *American Sociological Review* 76(2): 265-90.

· Kessler, Ronald, Catherine Barber, Arne Beck, Patricia Berglund, Paul Clearly, David McKenas, Nico Pronk, Gregory Simon, Paul Stang, T. Ustun, and Philip Wang. 2003. "The World Health Organization Health and Work Performance Questionnaire (HPQ)." *Journal of Occupational and Environmental Medicine* 45(2): 156-74.

- Kessler, Ronald C., Peggy R. Barker, Lisa J. Colpe, Joan F. Epstein, Joseph C. Gfroerer, Eva Hi-ripi, Mary J. Howes, Sharon-Lise T. Normand, Ronald W. Manderscheid, Ellen E. Walters, and Alan M. Zaslavsky. 2003. "Screening for Serious Mental Illness in the General Popula-tion." *Archives of General Psychiatry* 60(2): 184-89.

- Kessler, Sarah. 2017. "IBM, Remote-Work Pioneer, Is Calling Thousands of Employees Back to the Office." *Quartz*. https://qz.com/924167/ibm-remote-work-pioneer-is-calling-thousands-of-employees-back-to-the-office/.

- Khalid, Asma. 2017. "From Post-It Notes to Algorithms: How Automation Is Changing Legal Work" *NPR.Org*. www.npr.org/sections/alltechconsidered/2017/1/07/561631927/from-post-it-notes-to-algorithms-how-automation-is-changing-legal-work.

- Kivimaki, Mika, Paivi Leino-Arjas, Ritva Luukkonen, Hilkka Riihimaki, Jussi Vahtera, and Ju-hani Kirjonen. 2002. "Work Stress and Risk of Cardiovascular Mortality: Prospective Cohort Study of Industrial Employees." *British Medical Journal* 325(7369): 857-62.

- Klotz, Frieda, and Larry Rosen. 2017. "Heavy Toll of 'Always-On' Technology." *MIT Sloan Management Review*, Spring. https://sloanreview.mit.edu/article/the-heavy-toll-of-always-on-technology/.

- Kochan, Thomas A. 2016. *Shaping the Future of Work: What Future Worker, Business, Government, and Education Leaders Need to Do for All to Prosper.* New York: Business Expert Press.

- Kochan, Thomas A., Duanyi Yang, William T. Kimball, and Erin L. Kelly. 2019. "Worker Voice in America: Is There a Gap between What Workers Expect and What They Experience?" *ILR Review* 72(1): 3-38.

- Kolb, Deborah M., and Debra E. Meyerson. 1999. "Keeping Gender in the Plot: A Case Study of the Body Shop." In *Gender at Work: Organizational Change for Equality*, edited by A. Rao, 129-54. West Hartford, CT: Kumarian Press.

- Konrad, Alison M., and Yang Yang. 2012. "Is Using Work-Life Interface Benefits a Career-Limiting Move? An Examination of Women, Men, Lone Parents, and Parents with Partners." *Journal of Organizational Behavior* 33(8): 1095-119.

- Kossek, Ellen Ernst, Alison E. Barber, and Deborah Winters. 1999. "Using Flexible Schedules in the Managerial World: The Power of Peers." *Human Resource Management* 38(1): 33-46.

- Kossek, Ellen, Patricia Gettings, Lindsay Rosokha, and Rebecca Thompson. 2019. "Work-Life Intervention Crafting and Sustaining Implementation." Conference paper presented at Academy of Management Meetings, August 10-13, Boston.

- Kossek, Ellen Ernst, Leslie B. Hammer, Erin L. Kelly, and Phyllis Moen. 2014. "Designing Organizational Work, Family & Health Change Initiatives." *Organizational Dynamics* 43(1): 53-63.

- Kossek, Ellen Ernst, and Brenda A. Lautsch. 2007. *CEO of Me: Creating a Life That Works in the Flexible Job Age*. Upper Saddle River, NJ: Pearson Education.

- Kossek, Ellen, Ryan Petty, Todd Bodner, Matthew Perrigino, Leslie Hammer, Nanette Yragui, and Jesse Michel. 2018. "Lasting Impression: Transformational Leadership and Family Supportive Supervision as Resources for Well-Being and Performance." *Occupational Health Science* 2(1): 1-24.

- Kossek, Ellen Ernst, Shaun Pichler, Todd Bodner, and Leslie B. Hammer. 2011. "Workplace Social Support and Work-Family Conflict: A Meta-Analysis Clarifying the Influence of General and Work-Family-Specific Supervisor and Organizational Support." *Personnel Psychology* 64(2): 289-313.

- Kossek, Ellen Ernst, Matthew M. Piszczek, Kristie L. McAlpine, Leslie B. Hammer, and Lisa Burke. 2016. "Filling the Holes: Work Schedulers as Job Crafters of Employment Practice in Long-Term Health Care." *ILR Review* 69(4): 961-90.

- Kossek, Ellen Ernst, Rebecca J. Thompson, Katie M. Lawson, Todd Bodner, Matthew B. Perri-gino, Leslie B. Hammer, Orfeu M. Buxton, David M. Almeida, Phyllis Moen, David A. Hurtado, Brad Wipfli, Lisa F. Berkman, and Jeremy W. Bray. 2019. "Caring for the Elderly at Work and Home: Can a Randomized Organizational Intervention Improve Psychological Health?" *Journal of Occupational Health Psychology* 24(1): 36-54.

- Kramer, Karen Z., Erin L. Kelly, and Jan B. McCulloch. 2015. "Stay-at-Home Fathers: Defini-tion and Characteristics Based on 34 Years of CPS Data." *Journal of Family Issues* 36(12): 1651-73.

- Krueger, Alan B. 2018. "Independent Workers: What Role for Public Policy?" *ANNALS of the American Academy of Political and Social Science* 675(1): 8-25.

- Kuhn, Peter, and Fernando Lozano. 2008. "The Expanding Workweek? Understanding Trends in Long Work Hours among U.S. Men, 1979-2006." *Journal of Labor Economics* 26(2): 311-43.

- Kunda, Gideon. 1992. *Engineering Culture: Control and Commitment in a High-Tech Corporation*. Philadelphia: Temple University Press.

- Kunda, Gideon. 2006. *Engineering Culture: Control and Commitment in a High-Tech Corporation*. Rev. ed. Philadelphia: Temple University Press.

- Kurutz, Steven. 2018. "How to Retire in Your 30s with $1 Million in the Bank." *New York Times*, September 1.

- Kuruvilla, Sarosh, and Ernesto Noronha. 2016. "From Pyramids to Diamonds: Legal Process Off-shoring, Employment Systems, and Labor Markets for Lawyers in the United States and India" *ILR Review* 69 (2) : 354-77.

- Kuruvilla, Sarosh, and Aruna Ranganathan. 2008. "Economic Development Strategies and Macro-and Micro-Level Human Resource Policies: The Case of India's 'Outsourcing' Industry." *Industrial & Labor Relations Review* 62(1): 39-72.

- Lam, Chun Bun, Susan M. McHale, and Ann C. Crouter. 2012. "Parent-Child Shared Time from Middle Childhood to Late Adolescence: Developmental Course and Adjustment Correlates." *Child Development* 83(6): 2089-2103.

- Lam, Jack, Kimberly Fox, Wen Fan, Phyllis Moen, Erin Kelly, Leslie Hammer, and Ellen Ernst Kossek. 2015. "Manager Characteristics and Employee Job Insecurity around a Merger An-nouncement: The Role of Status and Crossover." *Sociological Quarterly* 56(3): 558-80.

- Lam, Jack, Phyllis Moen, Shi-Rong Lee, and Orfeu M. Buxton. 2016. “Boomer and Gen X Managers and Employees at Risk: Evident from the Work, Family, and Health Network Study.” In *Beyond the Cubicle: Job Insecurity, Intimacy, and the Flexible Self,* edited by A.J. Pugh, 51-74. New York: Oxford University Press.

- Lambert, Susan J., Peter J. Fugiel, and Julia R. Henly. 2014. *Precarious Work Schedules among Early-Career Employees in the US: A National Snapshot.* https://ssa.uchicago.edu/sites/default/files/uploads/lambert.fugiel.henly_precarious_work_schedules.august2014_o.pdf.

- Lambert, Susan J., Anna Haley-Lock, and Julia R. Henly. 2012. “Schedule Flexibility in Hourly Jobs: Unanticipated Consequences and Promising Directions.” *Community, Work & Family* 15(3): 293-315.

- La Monica, Paul R. 2013. “You’re Fired. Stock Rises. Wall Street Loves Layoffs —The Buzz— Investment and Stock Market News.” *CNNMoney.* http://buzz.money.cnn.com/2013/10/01 /layoffs-stocks/.

- Lamont, Michèle, 1992. *Money, Morals, and Manners: The Culture of the French and American Upper-Middle Class.* Chicago: University of Chicago Press.

- Lamont, Michèle. 2000. *The Dignity of Working Men: Morality and the Boundaries of Race, Class, and Immigration.* Cambridge, MA: Russell Sage Foundation and Harvard University Press.

- Lassus, Lora A. Phillips, Steven Lopez, and Vincent J. Roscigno. 2015. “Aging Workers and the Experience of Job Loss.” *Research in Social Stratification and Mobility* 41: 81-91.

- Lawrence, Thomas B., and Roy Suddaby. 2006. “Institutions and Institutional Work.” In *Handbook of Organization Studies,* edited by S. R. Clegg, C. Hardy, T. B. Lawrence, and W. R. Nord, 215-254. London: Sage Publications.

- Lawson, Katie M., Kelly D. Davis, Susan M. McHale, David M. Almeida, Erin L. Kelly, and Rosalind B. King. 2016. “Effects of Workplace Intervention on Affective Well-Being in Employees’ Children.” *Developmental Psychology* 52(5): 772-77.

- Lee, Mary Dean, Shelley MacDermid, and Michelle L. Buck. 2000. “Organizational Paradigms ofReduced-load Work: Accommodation, Elaboration, and Transformation.” *Academy of Management Journal* 43(6): 1211-26.

- Lee, Michael, Melissa Mazmanian, and Leslie Perlow. 2019. “Fostering Positive Relational Dynamics in Teams: The Power of Interaction Scripts as a Resource for Change.” *Academy of Management Journal.* doi.org/10.5465/amj.2016.0685.

- Lee, Soomi, Tori L. Crain, Susan M. McHale, David M. Almeida, and Orfeu M. Buxton. 2017. “Daily Antecedents and Consequences of Nightly Sleep.” *Journal of Sleep Research* 26(4): 498-509.

- Leslie, Lisa, Colleen Manchester, Tae-Youn Park, and Si Ahn Mehng. 2012. “Flexible Work Prac-tices: A Source of Career Premiums or Penalties?” *Academy of Management Journal* 55(6): 1407-28.

- Lott, Yvonne, and Heejung Chung. 2016. “Gender Discrepancies in the Outcomes of Schedule Control on Overtime Hours and Income in Germany.” *European Sociological Review* 32(6): 752-65.

· Lott, Yvonne, and Christina Klenner. 2016. "Ideal Workers and Ideal Parents: Working-Time Norms and the Acceptance of Part-Time and Parental Leave at the Workplace in Germany." WSI Working Papers 204, The Institute of Economic and Social Research, (WSI), Hans-Böckler-Foundation, Düsseldorf.

· Lowe, Travis Scott. 2018. "Perceived Job and Labor Market Insecurity in the United States: An Assessment of Workers' Attitudes from 2002 to 2014." *Work and Occupations* 45(3): 313-45.

· Maertz, Carl P., Jack W. Wiley, Cynthia Lerouge, and Michael A. Campion. 2010. "Downsizing Effects on Survivors: Layoffs, Offshoring, and Outsourcing." *Industrial Relations: A Journal of Economy and Society* 49(2): 275-85.

· Marino, Miguel, Marie Killerby, Soomi Lee, Laura C. Klein, Phyllis Moen, Ryan Olson, Ellen E. Kossek, Rosalind King, Leslie Erickson, Lisa F. Berkman, and Orfeu M. Buxton. 2016. "The Effects of a Cluster Randomized Controlled Workplace Intervention on Sleep and Work-Family Conflict Outcomes in an Extended Care Setting." *Sleep Health* 2(4): 297-308.

· Marino, Miguel, Yi Li, Michael J. Pencina, Ralph B. D'Agostino, Lisa F. Berkman, and Orfeu M. Buxton. 2014. "Quantifying Cardiometabolic Risk Using Modifiable Non-Self-Reported Risk Factors." *American Journal of Preventive Medicine* 47(2): 131-40.

· Maslach, Christina, and Susan E. Jackson. 1986. *Maslach Burnout Inventory Manual*. and ed. Palo Alto, CA: Consulting Psychologists Press.

· Matos, Kenneth, and Ellen Galinsky. 2015. "Commentary on How Effective Is Telecommuting? Assessing the Status of Our Scientific Findings. *Psychological Science in the Public Interest* 16(2): 38-39.

· Matteescu, Alexandra, and Aiha Nguyen. 2019. "Explainer: Workplace Monitoring & Surveillance." https://datasociety.net/output/explainer-workplace-monitoring-surveillance.

· Mattke, Soeren, Harry H. Liu, John P. Caloyeras, Christina Y. Huang, Kristin R. Van Busum, Dmitry Khodyakov, and Victoria Shier. 2013. *Workplace Wellness Programs Study*. Santa Monica, CA: RAND Corporation.

· Maume, David J. 2006. "Gender Differences in Restricting Work Efforts Because of Family Re-sponsibilities." *Journal of Marriage and Family* 68(4): 859-69.

· Mazmanian, Melissa, and Ingrid Erickson. 2014. "The Product of Availability: Understanding the Economic Underpinnings of Constant Connectivity." In *Proceedings of the SIGCHI Conference on Human Factors in Computing Systems, CHI'*14, 763-72. New York: Association for Computing Machinery.

· Mazmanian, Melissa, Wanda J. Orlikowski, and JoAnne Yates. 2013. "The Autonomy Paradox: The Implications of Mobile Email Devices for Knowledge Professionals." *Organization Science* 24 (5) (October 2013): 1337-57.

· McGee, Suzanne. 2014. "Layoffs Make CEOs Look like Heroes —That's Why Corporate America Is Sick | Money | The Guardian." *The Guardian*, July 24.

- McGovern, Patrick, Stephen Hill, Colin Mills, and Michael White. 2007. *Market, Class, and Employment*. Oxford: Oxford University Press.
- McHale, Susan M., Katie M. Lawson, Kelly D. Davis, Lynne Casper, Erin L. Kelly, and Orfeu Buxton. 2015. "Effects of a Workplace Intervention on Sleep in Employees' Children." *Journal of Adolescent Health* 56(6): 672-77.
- Meyerson, Debra E. 2001a. *Tempered Radicals: How People Use Difference to Inspire Change at Work*. Cambridge, MA: Harvard Business School Press.
- Meyerson, Debra E. 2001b. "Radical Change, the Quiet Way (Changing Corporate Culture)." *Harvard Business Review* 79(9): 92-104.
- Meyerson, Debra E., and Deborah M. Kolb. 2000. "Moving out of the Armchair': Developing a Framework to Bridge the Gap between Feminist Theory and Practice." *Organization* 7(4): 553-71.
- Michaels, Guy, Ashwini Natraj, and John Van Reenen. 2013. "Has ICT Polarized Skill Demand? Evidence from Eleven Countries over Twenty-Five Years." *Review of Economics and Statistics* 96(1): 60-77.
- Michel, Jesse S., Lindsey M. Kotra, Jacqueline K. Mitchelson, Malissa A. Clark, and Boris B. Baltes. 2011. "Antecedents of Work-Family Conflict: A Meta-Analytic Review." *Journal of Organizational Behavior* 32(5): 689-725.
- Milkie, Melissa A., Kei Nomaguchi, and Scott Schieman. 2019. "Time Deficits with Children: The Link to Parents' Mental and Physical Health." *Society and Mental Health* 9(3): 277-95. doi/10.1177/2156869318767488.
- Milkman, Ruth, and Eileen Appelbaum. 2013. *Unfinished Business: Paid Family Leave in California and the Future of U.S. Work-Family Policy*. Ithaca, NY: ILR Press.
- Miller, Claire Cain. 2019. "Women Did Everything Right. Then Work Got 'Greedy." *New York Times*, April 26.
- Mirowsky, John, and Catherine E. Ross. 1998. "Education, Personal Control, Lifestyle and Health: A Human Capital Hypothesis." *Research on Aging* 20(4): 415-49.
- Mishel, Lawrence R. 2013. *Vast Majority of Wage Earners Are Working Harder, and for Not Much More: Trends in U.S. Work Hours and Wages over 1979-2007*. Washington, DC: Economic Policy Institute.
- Moen, Phyllis. 2003. *It's About Time: Couples and Careers*. Ithaca, NY: Cornell University Press.
- Moen, Phyllis. 2016. *Encore Adulthood: Boomers on the Edge of Risk, Renewal, and Purpose*. New York: Oxford University Press.
- Moen, Phyllis, Wen Fan, and Erin L. Kelly. 2013. "Team-Level Flexibility, Work-Home Spillover, and Health Behavior." *Social Science & Medicine* 84 (May): 69-79.

- Moen, Phyllis, Erin L. Kelly, Wen Fan, Shi-Rong Lee, David Almeida, Ellen Ernst Kossek, and Orfeu M. Buxton. 2016. "Does a Flexibility/Support Organizational Initiative Improve High-Tech Employees' Well-Being? Evidence from the Work, Family, and Health Network." *American Sociological Review* 81(1): 134-64.

- Moen, Phyllis, Erin L. Kelly, and Rachelle Hill. 2011. "Does Enhancing Work-Time Control and Flexibility Reduce Turnover? A Naturally Occurring Experiment." *Social Problems* 58(1): 69-98.

- Moen, Phyllis, Erin L. Kelly, and Qinlei Huang. 2008. "Work, Family and Life-Course Fit: Does Control Over Work Time Matter?" *Journal of Vocational Behavior* 73(3): 414-25.

- Moen, Phyllis, Erin L. Kelly, and Jack Lam. 2013. "Healthy Work Revisited: Do Changes in Time Strain Predict Well-Being?" *Journal of Occupational Health Psychology* 18(2): 157-72.

- Moen, Phyllis, Erin L. Kelly, Shi-Rong Lee, J. Michael Oakes, Wen Fan, Jeremy Bray, David Al-meida, Leslie Hammer, David Hurtado, and Orfeu Buxton. 2017. "Can a Flexibility/Support Initiative Reduce Turnover Intentions and Exits? Results from the Work, Family, and Health Network." *Social Problems* 64(1): 53-85.

- Moen, Phyllis, Erin L. Kelly, Eric Tranby, and Qinlei Huang. 2011. "Changing Work, Changing Health: Can Real Work-Time Flexibility Promote Health Behaviors and Well-Being?" *Journal of Health and Social Behavior* 52(4): 404-29.

- Moen, Phyllis, Erik Kojola, Erin L. Kelly, and Yagmur Karakaya. 2016. "Men and Women Expecting to Work Longer: Do Changing Work Conditions Matter?" *Work, Aging and Retirement* 2(3): 321-44.

- Moen, Phyllis, and Patricia Roehling. 2005. *The Career Mystique: Cracks in the American Dream*. Lanham, MD: Rowman & Littlefield.

- Munsch, Christin L. 2016. "Flexible Work, Flexible Penalties: The Effect of Gender, Childcare, and Type of Request on the Flexibility Bias." *Social Forces* 94(4): 1567-91.

- Netemeyer, Richard G., James S. Boles, and Robert McMurrian. 1996. "Development and Validation of Work-Family Conflict and Family-Work Conflict Scales." *Journal of Applied Psychology* 81(4): 400-10.

- Neumark, David. 2016. "Policy Levers to Increase Jobs and Increase Income from Work after the Great Recession." *IZA Journal of Labor Policy* 5(1): 1-38.

- Newman, Katherine S. 1999. *Falling from Grace: Downward Mobility in the Age of Affluence*. Berkeley: University of California Press.

- Nijp, Hylco H., Debby G.J. Beckers, Sabine A. E. Geurts, Philip Tucker, and Michiel A.J. Kom-pier. 2012. "Systematic Review on the Association Between Employee Worktime Control and Work-Non-Work Balance, Health and Well-Being, and Job-Related Outcomes. *Scandinavian Journal of Work, Environment & Health* 38(4): 299-313.

- Nijp, Hylco H., Debby G.J. Beckers, Karina van de Voorde, Sabine A. E. Geurts, and Michiel A. J. Kompier. 2016. "Effects of New Ways of Working on Work Hours and Work Location, Health and Job-Related Outcomes." *Chronobiology International* 33(6): 604-18.

- Nomaguchi, Kei M., Melissa A. Milkie, and Suzanne M. Bianchi. 2005. "Time Strains and Psychological Well-Being Do Dual-Earner Mothers and Fathers Differ?" *Journal of Family Issues* 26(6): 756-92.

- Noonan, Mary C., and Jennifer L. Glass. 2012. "The Hard Truth About Telecommuting. *Monthly Labor Review* (June): 38-45.

- Norbert, K. Semmer. 2006. "Job Stress Interventions and the Organization of Work." *Scandinavian Journal of Work, Environment & Health* 32(6): 515-27.

- Okechukwu, Cassandra A., Erin L. Kelly, Janine Bacic, Nicole DePasquale, David Hurtado, Ellen Kossek, and Grace Sembajwe, 2016. "Supporting Employees' Work-Family Needs Improves Health Care Quality: Longitudinal Evidence from Long-Term Care." *Social Science & Medicine* 157 (May): 111-19.

- Olson, Ryan, Tori L. Crain, Todd E. Bodner, Rosalind King, Leslie B. Hammer, Laura Cous-ino Klein, Leslie Erickson, Phyllis Moen, Lisa F. Berkman, and Orfeu M. Buxton. 2015. "A Workplace Intervention Improves Sleep: Results from the Randomized Controlled Work, Family, and Health Study." *Sleep Health: Journal of the National Sleep Foundation* 1(1): 55-65.

- Osterman, Paul. 1999. *Securing Prosperity: The American Labor Market: How It Has Changed and What to Do about It.* Princeton, NJ: Princeton University Press.

- Padavic, Irene, Robin J. Ely, and Erin M. Reid. 2019. "Explaining the Persistence of Gender Inequality: The Work-Family Narrative as a Social Defense against the 24/7 Work Culture." *Administrative Science Quarterly.* https://doi.org/10.1177/0001839219832310.

- Parker, Sharon K., Frederick P. Morgeson, and Gary Johns. 2017. "One Hundred Years of Work Design Research: Looking Back and Looking Forward." *Journal of Applied Psychology* 102(3): 403-20.

- Pearlin, Leonard I. 2010. "The Life Course and the Stress Process: Some Conceptual Comparisons." *Journals of Gerontology Series B: Psychological Sciences and Social Sciences* 65B (2): 207-15.

- Pedulla, David S. 2016. "Penalized or Protected? Gender and the Consequences of Nonstandard and Mismatched Employment Histories." *American Sociological Review* 81(2): 262-89.

- Pedulla, David S., and Sarah Thebaud. 2015. "Can We Finish the Revolution? Gender, Work-Family Ideals, and Institutional Constraint." *American Sociological Review* 80(1): 116-39.

- Perea, Juan F. 2011. "The Echoes of Slavery: Recognizing the Racist Origins of the Agricultural and Domestic Worker Exclusion from the National Labor Relations Act." *Ohio State Law Journal* 72(1): 95-138.

- Perlow, Leslie A. 1997. *Finding Time: How Corporations, Individuals, and Families Can Benefit from New Work Practices.* Ithaca, NY: Cornell University Press.

- Perlow, Leslie A. 1999. "The Time Famine: Toward a Sociology of Work Time." *Administrative Science Quarterly* 44(1): 57-81.

- Perlow, Leslie A. 2012. *Sleeping with Your Smartphone: How to Break the 24/7 Habit and Change the Way You Work.* Cambridge, MA: Harvard Business Review Press.

· Perlow, Leslie A., and Erin L. Kelly, 2014. "Toward a Model of Work Redesign for Better Work and Better Life." *Work and Occupations* 41(1): 111-34.

· Perry-Jenkins, Maureen. 2014. "The Time and Timing of Work: Unique Challenges for Low-Income Families." In *Work-Family Challenges for Low-Income Children and their Parents,* edited by Ann C. Crouter and Alan Booth, 119-28. New York: Routledge.

· Petersen, Anne Helen. 2019. "How Millennials Became the Burnout Generation." Buzz Feed News. www.buzzfeednews.com/article/annehelenpetersen/millennials-burnout-generation-debt-work.

· Petrakaki, Dimitra, Ela Klecun, and Tony Cornford. 2016. "Changes in Healthcare Professional Work Afforded by Technology: The Introduction of a National Electronic Patient Record in an English Hospital." *Organization* 23(2): 206-26.

· Pfeffer, Jeffrey, 2018. *Dying for a Paycheck: How Modern Management Harms Employee Health and Company Performance— and What We Can Do about It.* New York: Harper Collins.

· Plumb, Emma. 2015. "Tips for Successful Flex from Peter Hirst, MIT Sloan—IMFWF." 1 Million for Work Flexibility. www.workflexibility.org/tips-for-successful-flex-from-peter-hirst-executive-director-of-executive-education-mit-sloan/.

· Pryce, Joanna, Karen Albertsen, and Karina Nielsen. 2006. "Evaluation of an Open-Rota System in a Danish Psychiatric Hospital: A Mechanism for Improving Job Satisfaction and Work-Life Balance." *Journal of Nursing Management* 14(4): 282-88.

· Pugh, Allison J. 2015. T*he Tumbleweed Society: Working and Caring in an Age of Insecurity.* New York: Oxford University Press.

· Pugh, Allison J. 2016. *Beyond the Cubicle: Job Insecurity, Intimacy, and the Flexible Self.* New York: Oxford University Press.

· Rahmandad, Hazhir, Rebecca Henderson, and Nelson P. Repenning. 2018. "Making the Num-bers? 'Short Termism' and the Puzzle of Only Occasional Disaster." *Management Science* 64(3): 1328-47.

· Rahmandad, Hazhir, and Nelson Repenning. 2016. "Capability Erosion Dynamics." *Strategic Management Journal* 37(4): 649-72.

· Ramarajan, Lakshmi, and Erin Reid. 2013. "Shattering the Myth of Separate Worlds: Negotiating Nonwork Identities at Work." *Academy of Management Review* 38(4): 621-44.

· Rao, Hayagreeva, Philippe Monin, and Rodolphe Durand. 2003. "Institutional Change in Toque Ville: Nouvelle Cuisine as an Identity Movement in French Gastronomy." *American Journal of Sociology* 108(4): 795-843.

· Rapoport, Rhona, Lotte Bailyn, Joyce K. Fletcher, and Bettye H. Pruitt. 2001. *Beyond Work-Family Balance: Advancing Gender Equity and Workplace Performance.* San Francisco: Jossey-Bass.

· Reid, Erin. 2015. "Embracing, Passing, Revealing, and the Ideal Worker Image: How People Navigate Expected and Experienced Professional Identities." *Organization Science* 26(4): 997-1017.

- Remus, Dana, and Frank S. Levy. 2016. "Can Robots Be Lawyers? Computers, Lawyers, and the Practice of Law." https://papers.ssrn.com/sol/papers.cfm?abstract_id=2701092.
- Repenning, James, Donald Kieffer, and Nelson Repenning. 2017. "Agile for Everyone Else: Using Triggers and Checks to Create Agility Outside of Software Development." MIT Sloan Working Paper 5198-17, Cambridge, MA.
- Repenning, Nelson P. 2001. "Understanding Fire Fighting in New Product Development." *Journal of Product Innovation Management* 18(5): 285-300.
- Repenning, Nelson P., and John D. Sterman. 2001. "Nobody Ever Gets Credit for Fixing Problems That Never Happened: Creating and Sustaining Process Improvement." *California Management Review* 43(4): 64-88.
- Ressler, Cali, and Jody Thompson. 2008. *Why Work Sucks and How to Fix It: No Schedules, No Meetings, No Joke...* New York: Portfolio.
- Riordan, Christine. 2018. "Task-Based Stratification: How Technical, Social and Relational Characteristics of Tasks Drive Stratification in Corporate Law." MIT Sloan Working Paper, Cam-bridge, MA.
- Risman, Barbara. 2018. *Where Millennials Will Take Us: A New Generation Wrestles with the Gender Structure*. New York: Oxford University Press.
- Rosenfield, Sarah, and Dawne Mouzon. 2013. "Gender and Mental Health." In Handbook of the Sociology of Mental Health, Handbooks of Sociology and Social Research, edited by Carol S. Aneshensel, Jo C. Phelan, and Alex Bierman, 277-96. Dordrecht: Springer.
- Rossin-Slater, Maya. 2018, "Maternity and Family Leave Policy." In *The Oxford Handbook of Women and the Economy*, edited by Susan L. Averett, Laura M. Argys, and Saul D. Hoffman, 323-342. New York: Oxford University Press.
- Rothbard, Nancy P., Katherine W. Phillips, and Tracy L. Dumas. 2005. "Managing Multiple Roles: Work-Family Policies and Individuals' Desires for Segmentation." *Organization Science* 16(3): 243-58.
- Rubin, Alissa J. 2017. "France Lets Workers Turn Off, Tune Out and Live Life." *New York Times*, December 22.
- Rudman, Laurie A., and Kris Mescher. 2013. "Penalizing Men Who Request a Family Leave: Is Flexibility Stigma a Femininity Stigma?" *Journal of Social Issues* 69(2): 322-40.
- Sako, Mari. 2013. "Professionals between Market and Hierarchy: A Comparative Political Economy Perspective." *Socio-Economic Review* 11(1): 185-212.
- Schieman, Scott. 2013. "Job-Related Resources and the Pressures of Working Life." *Social Science Research* 42(2): 271-82.
- Schieman, Scott, and Paul Glavin. 2008. "Trouble at the Border?: Gender, Flexibility at Work, and the Work-Home Interface." *Social Problems* 55(4): 590-611.
- Schieman, Scott, and Paul Glavin. 2017. 'Tronic Flexibility: When Normative Role Blurring Undermines the Benefits of Schedule Control." *Sociological Quarterly* 58(1): 51-71.
- Schneider, Daniel, and Kristen Harknett. 2019. "Consequences of Routine Work Schedule Instability for Worker Health and Wellbeing." *American Sociological*

Review 84(1): 82-114.

- Schulte, Brigid. 2014. *Overwhelmed: How to Work, Love, and Play When No One Has the Time*. New York: Macmillan.

- Schulte, Brigid. 2017. "Why Your Best Productivity Hacks Still Come Up Short (And What Really Needs to Change)." www.fastcompany.com/40400900/why-your-best-productivity-hacks-still-come-up-short-and-what-really-needs-to-change.

- Shafer, Emily Fitzgibbons, Erin L. Kelly, Orfeu M. Buxton, and Lisa F. Berkman. 2017. "Partners' Overwork and Individuals Wellbeing and Experienced Relationship Quality." *Community, Work & Family* 21(4): 410-28.

- Sheridan, Richard. 2013. *Joy, Inc.: How We Built a Workplace People Love*. New York: Penguin.

- Shows, Carla, and Naomi Gerstel. 2009. "Fathering, Class, and Gender: A Comparison of Physicians and Emergency Medical Technicians." *Gender & Society* 23(2): 161-87.

- Sianoja, Marjaana, Erin L. Kelly, Lee Soomi, and David M. Almeida. 2018. "Working Around the Clock: How Uninterrupted Off-Job Time Between Workdays Relates to Energy Levels and Cognitive Functioning at Work." Working paper.

- Silver-Greenberg, Jessica, and Natalie Kitroeff. 2018. "Miscarrying at Work: The Physical Toll of Pregnancy Discrimination." *New York Times*, October 21.

- Smith, Vicki. 2001. *Crossing the Great Divide Worker Risk and Opportunity in the New Economy*. Ithaca, NY: Cornell University Press.

- Society for Human Resources Professionals, 2018. FLSA Overtime Rule Resources. www.shrm.org/resourcesandtools/legal-and-compliance/employment-law/pages/flsa-overtime-rule-resources.aspx.

- Stansfeld, S., and B. Candy. 2006. "Psychosocial Work Environment and Mental Health—a Meta-Analytic Review." *Scandinavian Journal of Work Environment & Health* 32(6): 443-62.

- Stevens, Allison. 2014. "Let's Take Luck Out of the 'Boss Lottery." Women's ENews. https://womensenews.org/2014/10/lets-take-luck-out-of-the-boss-lottery/.

- Stone, Pamela. 2007. *Opting Out?: Why Women Really Quit Careers and Head Home*. Berkeley: University of California Press.

- Strauss, Anselm. 1996. "Everett Hughes: Sociology's Mission." *Symbolic Interaction* 19(4): 271-83.

- Swanberg, Jennifer E., Marcie Pitt-Catsouphes, and Krista Drescher-Burke. 2005. "A Question of Justice: Disparities in Employees' Access to Flexible Schedule Arrangements." *Journal of Family Issues* 26(6): 866-95.

- Sweet, Stephen, Marcie Pitt-Catsouphes, and Jacquelyn Boone James. 2016. "Successes in Changing Flexible Work Arrangement Use: Managers and Work-Unit Variation in a Financial Services Organization." *Work and Occupations* 43(1): 75-109.

- Thébaud, Sarah, and David S. Pedulla. 2016. "Masculinity and the Stalled Revolution: How Gender Ideologies and Norms Shape Young Men's Responses to Work-Family Policies." *Gender & Society* 30(4): 590-617.

· Thompson, Jody, and Cali Ressler. 2013. *Why Managing Sucks and How to Fix It: A Results-Only Guide to Taking Control of Work, Not People.* New York: Wiley.

· Townsend, Nicholas W. 2002. *The Package Deal: Marriage, Work, and Fatherhood in Men's Lives.* Philadelphia: Temple University Press.

· Turco, Catherine. 2016. *The Conversational Firm: Rethinking Bureaucracy in the Age of Social Media.* New York: Columbia University Press.

· US Department of Labor, Bureau of Labor Statistics. 2017. "National Compensation Survey: Employee Benefits in the United States, March 2017. www.bls.gov/ncs/ebs/benefits/2017/ownership/private/table32a.htm.

· US Department of Labor, Wages and Hours Division. 2019. "Notice of Proposed Rule-Making: Overtime Exemption." www.dol.gov/whd/overtime2019/.

· Vallas, Steven P., and Angèle Christin. 2018. "Work and Identity in an Era of Precarious Employ-ment: How Workers Respond to 'Personal Branding' Discourse." *Work and Occupations* 45(1): 3-37.

· Van Oort, Madison. 2018. "The Emotional Labor of Surveillance: Digital Control in Fast Fashion Retail." *Critical Sociology*. https://doi.org/10.1177/0896920518778087.

· Wajcman, Judy. 2015. *Pressed for Time: The Acceleration of Life in Digital Capitalism*. Chicago: University of Chicago Press.

· Watson, David, Lee Anna Clark, and Auke Tellegen. 1988. "Development and Validation of Brief Measures of Positive and Negative Affect: The PANAS Scales. *Journal of Personality and Social Psychology* 54(6): 1063-70.

· Weeden, Kim A. 2005. "Is There a Flexiglass Ceiling? Flexible Work Arrangements and Wages in the United States." *Social Science Research* 34(2): 454-82.

· Weick, Karl E. 1984. "Small Wins: Redefining the Scale of Social Problems." *American Psychologist* 39(1): 40-49.

· Weil, David. 2014. *The Fissured Workplace: Why Work Became So Bad for so Many and What Can Be Done to Improve It.* Cambridge, MA: Harvard University Press.

· Weise, Karen. 2018. "Somali Workers in Minnesota Force Amazon to Negotiate." *New York Times,* November 21.

· Wharton, Amy S., Sarah Chivers, and Mary Blair-Loy. 2008. "Use of Formal and Informal Work-Family Policies on the Digital Assembly Line." *Work and Occupations* 35(3): 327-50.

· Williams, Christine L. 2013. "The Glass Escalator, Revisited: Gender Inequality in Neoliberal Times." *Gender & Society* 27(5): 609-29.

· Williams, Joan C. 2000. *Unbending Gender: Why Family and Work Conflict and What to Do about It.* New York: Oxford University Press.

· Williams, Joan C. 2010. *Reshaping the Work-Family Debate: Why Men and Class Matter.* Cambridge, MA: Harvard University Press.

· Williams, Joan C., Mary Blair-Loy, and Jennifer L. Berdahl. 2013. "Cultural Schemas, Social Class, and the Flexibility Stigma." *Journal of Social Issues* 69(2): 209-34.

· Williams, Joan C., Susan Lambert, Saravanan Kesavan, Peter J. Fugiel, Lori Ann Ospina, Erin Devorah Rapoport, Meghan Jarpe, Dylan Bellisle, Pendem Pradeep, Lisa McCorkell, and Sarah Adler-Milstein. 2018. "Stable Scheduling Increases Productivity and Sales: The Stable Scheduling Study." *WorkLife Law.* https://worklifelaw.org/projects/stable-scheduling-study/report/.

· Wingfield, Adia Harvey. 2013. *No More Invisible Man: Race and Gender in Men's Work.* Philadelphia, PA: Temple University Press.

· Wolfe, Jonathon. 2018. "New York Today: The Right to Disconnect." *New York Times.* www.nytimes.com/ 2018/03/23/nyregion/new-york-today-the-right-to-disconnect.html.

· Wolfe, Julia, Janelle Jones, and David Cooper. 2018. "Fair Workweek' Laws Help More than 1.8 Million Workers: Laws Promote Workplace Flexibility and Protect against Unfair Scheduling Practices." Washington, DC: Economic Policy Institute.

· Wollan, Malie. 2016. "Failure to Lunch." *New York Times,* February 25.

· Wynn, Alison T. 2018. "Misery Has Company: The Shared Emotional Consequences of Everwork Among Women and Men." *Sociological Forum* 33(3): 712-34.

· Wynn, Alison T., and Aliya Hamid Rao. 2019. "Failures of Flexibility: How Perceived Control Motivates the Individualization of Work-Life Conflict." *ILR Review.* https://doi.org/10.1177/0019793919848426.

에린 L. 켈리 Erin L. Kelly

MIT 슬론 경영대학원 교수이며 '노동과 일자리 연구소Institute for Work and Employment Research' 소장이다. 일과 가정의 양립 문제에 대한 미국 최고의 권위자이다. 일과 가정의 양립을 연구하는 학자들에게 주어지는 '로자베스 모스 캔터상Rosabeth Moss Kanter Award'을 2000년과 2015년, 2번 수상했으며 여러 논문을 최고 권위의 학술지에 출판했다. 필리스 모엔Phyllis Moen과 함께 출판한 『정상 과로Overload』는 기업과 노동 및 일자리에 대한 우수한 출판물에게 주어지는 '막스 베버 도서상Max Weber Book Award'을 수상했다. 프린스턴대학교에서 사회학 박사를 취득하고, 미네소타대학교 사회학과에서 교수 생활을 하였으며, 2015년 MIT 슬론 경영대학원으로 자리를 옮겼다.

필리스 모엔 Phyllis Moen

미네소타대학교 사회학과의 교수이다. 일과 가정의 양립과 여성의 노동 문제에 대해 평생 동안 연구해 왔으며, 미국에서 이 분야 최고 권위자다. 그녀의 저서 『직업적 신비The Career Mystique』는 미국 출판사 협회의 전문 및 학술 출판물 부문에서 2005년 사회학 분야 최우수 출판물로 선정되었다. 사회, 문화, 정책 생태계를 비롯해 생애 전반에 걸친 직업, 성별, 가족, 복지에 대해 연구하며, 특히 생애과정Life course을 통해 여성의 노동 문제가 사회적인 문제가 되는 과정과 정책적인 해결 방안에 대해 연구해 왔다. 일과 가정, 그리고 여성에 대한 다양한 논문을 최고 권위의 학술지에 출판해 왔다.

백경민

고려대학교 사회학과에서 학사 및 석사 학위를 취득하고 미네소타대학교 사회학과에서 박사 학위를 취득했다. 에린 L. 켈리의 지도 아래 일과 가정의 양립과 기업의 지속 가능성에 대해 연구했다. 박사 취득 후 러시아 고등경제대학교 사회학과 조교수, 카자흐스탄 나자르바예프대학교 사회학과 조교수를 거쳐 현재 숭실대학교 정보사회학과 부교수로 근무하고 있다. 일과 가정의 양립과 기업의 지속 가능성에 대한 논문을 국내외 학술지에 게재하고 있다.

정상 과로: 유연하지 않은 유연 근무에서 벗어나기

처음 펴낸 날 2024년 7월 30일

지은이 에린 L. 켈리, 필리스 모엔
옮긴이 백경민

펴낸이 주일우
편집 이유나
디자인 cement

펴낸곳 이음
출판등록 제2005-000137호 (2005년 6월 27일)
주소 서울시 마포구 월드컵북로1길 52, 운복빌딩 3층
전화 02-3141-6126
팩스 02-6455-4207
전자우편 editor@eumbooks.com
홈페이지 www.eumbooks.com
인스타그램 @eum_books

ISBN 979-11-94172-02-4 (03330)
값 25,000원